大学与现代中国 ◎ 主编 朱庆葆

忠良 著

南高学派研究

南京大学出版社

图书在版编目(CIP)数据

南高学派研究 / 吴忠良著. — 南京：南京大学出版社，2022.3
(大学与现代中国 / 朱庆葆主编)
ISBN 978-7-305-25013-2

Ⅰ.①南… Ⅱ.①吴… Ⅲ.①史学流派-研究-中国-近代 Ⅳ.①K092.5

中国版本图书馆 CIP 数据核字(2021)第 193757 号

出版发行	南京大学出版社		
社　　址	南京市汉口路 22 号	邮　编	210093

出 版 人　金鑫荣

丛 书 名　大学与现代中国
书　　名　**南高学派研究**
著　　者　吴忠良
责任编辑　黄　睿
责任校对　郑晓宾

照　　排　南京南琳图文制作有限公司
印　　刷　江苏扬中印刷有限公司
开　　本　718×1000　1/16　印张 20.5　字数 276 千
版　　次　2022 年 3 月第 1 版　2022 年 3 月第 1 次印刷
ISBN 978-7-305-25013-2
定　　价　78.00 元

网址：http://www.njupco.com
官方微博：http://weibo.com/njupco
官方微信号：njupress
销售咨询热线：(025) 83594756

* 版权所有，侵权必究
* 凡购买南大版图书，如有印装质量问题，请与所购
　图书销售部门联系调换

序 言

朱庆葆

现代意义上的大学起源于欧洲。19世纪以来,随着西方文明在全球范围内的帝国主义化和殖民化,大学在全世界迅速扩展。著名的比较高等教育学者许美德将这一进程称为"欧洲大学的凯旋"[1]。是否是"凯旋"姑且不论,但大学的扩展给世界各国带来了深远的影响。

（一）

中国传统意义上的高等教育机构源远流长。远者如起源于汉代的太学,鼎盛时期东汉太学生多达三万;近者如宋元以来的书院,讲学之风兴盛,一时蔚为风气。但现代大学在中国的出现,至今不过百余年的历史,梅贻琦便曾指出:"近日中国之大学教育,溯其源流,实自西洋移植而来。"[2]作为一种新兴的组织机构,中国大学自诞生之日便受到社会各界的关注。在现代中国波澜壮阔的变迁历程中,大学以及活跃于大学场域的社会群体,对中国的历史进步和社会发展产生了广泛且深远的影响。这种影响不仅表现在教育、学术和文化领域,而且触及政治的更替、民族的救亡和广泛意义上的社会变革。

首先,大学是推动中国学术独立和文化重建的中心。从根本上

---

[1] 许美德:《中国大学:1895—1995 一个文化冲突的世纪》,许洁英译,教育科学出版社,2000年,第32页。

[2] 梅贻琦:《中国人的教育》,中国工人出版社,2013年,第12页。

来说,大学是由学者组成的学术性组织,并以知识的生产和传播为本职。蔡元培说:"大学者,研究高深学问者也。"①强调的就是大学以学术为本位的组织特征。近代以来,在现代西方学术和文化冲击下,中国传统的知识体系和价值观念分崩离析,如何构建现代中国的学术和知识体系,推动中华文化重建,是大学不可替代的历史责任。罗家伦在就任清华大学校长时说:"要国家在国际间有独立自由平等的地位,必须中国的学术在国际间也有独立自由平等。"②并把追求学术独立作为新清华的使命。胡适在 1915 年留学美国时也说:"中国欲保全固有之文明而创造新文明,非有国家的大学不可。"学术独立和文化重建,是百余年来大学孜孜以求的理想。③

其次,大学成为新兴知识分子汇聚的舞台和社会流动的新阶梯。随着科举的废除和现代学校体系的建立,大学这种新兴的学术机构成为城市知识分子安身立命的新场域。知识阶层在从传统的"士人"向现代知识分子的转变中,学术成为一门职业,使他们在大学找到了施展抱负的舞台,并致力于构建"学术社会"的努力。而对于有着数千年以读书为进身之阶传统的中国社会,"上大学"也成为各个阶层谋求改变社会地位、实现人生理想的重要途径。大学成为社会晋升阶梯中至关重要的一环。

再次,大学是政治变革的先导者和国家建设的担负者。大学还深度介入现代中国的政治变革和国家建设之中。大学对政治和社会有着敏锐的洞察,并有着致力于国家政治建构的时代担当,屡屡成为政治变革的先导力量。正所谓"政治一日不入正轨,学子之心一日不能安宁"④,大学因其特殊地位和知识阶层汇聚的特征,成为近代政党鼓吹主义、发展组织、吸纳成员的重要场域。使得每一次政治变动,

---

① 高平叔编:《蔡元培全集》第 3 卷,中华书局,1984 年,第 5 页。
② 罗家伦先生文存编辑委员会:《罗家伦先生文存》第 5 册,台北"国史馆",1988 年,第 18 页。
③ 姜义华编:《胡适学术文集(教育)》,中华书局,1998 年,第 23 页。
④ 刘伯明:《论学风》,《学衡》第 16 期,1923 年。

都在大学有着相应的呈现。同时大学作为国家培育人才之地,又是国家建设的砥柱中流。如何服务于国家战略目标,应对政府的意志和需求,也深刻体现在大学的知识生产和人才培育之中。

最后,大学是推动中华民族救亡和复兴的先驱力量。在20世纪上半叶国难深重的时代环境中,大学体现出了沉毅的勇气和担当的精神,成为民族救亡的先驱。这不仅仅体现于五四运动、"一二·九"运动这些重大的爱国事件,也表现为大学为推动中华民族学术独立所做的不懈努力。而在当前中华民族实现伟大复兴的历史进程中,作为现代社会的"轴心机构",大学是时代的引领者,也是社会进步最为重要的推动力量。

(二)

由此看来,现代中国的大学早已不再是那种潜心于学术创获的"象牙之塔",其"担负"是如此沉重,乃至难以承受。这也使得人人都在评论大学,但在如此错综复杂的矛盾纠缠中难得要领。

在大学与外界复杂的互动中,大学与国家、大学与政府的关系尤为引人注目。虽然在民国时期曾存在为数不少的私立大学(包括教会大学),但公立大学是现代中国大学的主体。在这种制度环境下,大学受国家政治变动和政策变化的影响更为直接、显著;而大学对外界政治的反应和参与也显得积极且主动,卷入的程度也更为深切。大学与国家、大学与政府的关系对于理解学术与政治、知识与权力在现代中国大学场域的运作和交互影响提供了很好的视角。

在现代中国,大学是培养国家精英和社会栋梁之所,对于国家的发展和社会的变革有着重要的影响。曾任中央大学校长的罗家伦说过:"后十年国家的时事就是现在大学教育的反映,现在的大学教育好,将来的情形也就会好,现在的大学教育坏,将来的情形也就会坏。"①国家的命运和大学教育的得失成败密切相关。现代中国社会的精英阶层来自大学,他们在大学中接受的知识训练、选择的政治立场和养成的文化主张,都深刻关系到国家和社会未来的发展方向。

国家和政府对大学的影响则显得直接且强烈。现代中国的大学是国家教育系统的组成部分,被纳入现代民族国家建构的进程,紧密服务于国家现代化建设和民族性知识生产的需要。国家意志和政府需求深刻影响着,乃至主导着大学的知识生产和传播。大学生产什么样的知识,怎样生产知识,培养何种人才,都紧密围绕国家的目标展开。这既有权力对知识的引导,也有大学对国家需求的主动适应。急国家之所急,想政府之所想,所谓"与民族共命运、与时代同步伐",大学与民族国家的建构紧密结合在一起。

国家对大学的影响还突出体现在意识形态上的控制。无论是清末的忠君尊孔,还是国民政府时期的三民主义教育,抑或是此后的无产阶级专政,政府都把大学视为灌输主流意识形态、加强思想文化统治的主要场域。通过引导、规范乃至钳制大学的知识生产和传播,国家意志和党派观念对于大学学术自由和创造性的知识生产都造成了不同程度的影响。

(三)

基于上述理解,我们组织编写了这套"大学与现代中国"丛书。从宏观上来讲,该丛书的主旨有两个。

第一,以大学作为观察和认识现代中国社会变化的一个重要的着力点。著名教育学家弗莱克斯纳曾说过,大学"是时代的表现",它"处于特定时代总的社会结构之中而不是之外"②。大学不是抽象的概念、结构和组织,大学是它所置身的社会环境的体现。对于大学的

---

① 中国第二历史档案馆编:《中华民国史档案资料汇编》第5辑第1编,教育(一),江苏古籍出版社,1994年,第287页。
② 亚伯拉罕·弗莱克斯纳:《现代大学论——美英德大学研究》,徐辉、陈晓菲译,浙江教育出版社,2001年,第1页。

研究不能局限于大学本身,而要把它置于周遭复杂的社会、政治、文化环境之中,来展示大学对于更为广阔的历史发展和社会变迁的影响。现代中国的社会精英阶层绝大部分都在大学接受教育,他们的知识结构、政治主张、文化立场在很大程度上都是在大学中形成。通过培育社会的精英阶层,大学对于现代中国的历史发展和社会变迁产生了广泛而深远的影响。对中国社会变化的理解,难以绕开大学。不理解大学,不理解大学培养的社会精英,不理解大学在知识生产、社会流动、政治变革和社会变迁中的作用和影响,就很难对现代中国的历史发展和社会变动给予深层次的阐释和解读。

第二,为探索具有中国特色的大学建设道路提供鉴戒。当前,建设具有中国特色、体现民族文化的大学和高等教育体系已经成为国家的意志。这既需要有国际视野,学习西方国家的先进的办学经验;同时更需要有本土情怀,继承现代中国大学发展历程中积累的丰厚历史遗产。作为一种西方文明的产物,大学要植根中国大地,才能生根成长、枝繁叶茂。如何形成自身的大学理念、大学模式和学术文化传统,如何处理大学与国家、大学与社会的关系,近代以来的中国大学有着卓有成效的探索,并积累了很多经验,当然也有教训。这些在今天都需要给予认真的反思和总结,并根据时代环境的变化加以采择。

英国教育家阿什比曾说过:"任何类型的大学都是遗传与环境的产物。"[1]所遗传的是大学对于知识创获和文化传承的一贯责任,而面对的则是变动的历史环境和互异的文化土壤。希望"大学与现代中国"丛书能以大学作为切入点,加深对于现代中国的理解,加深对于大学的理解,加深对于现代中国大学的理解。

---

[1] 杨东平编:《大学二十讲》,天津人民出版社,2009年,第274页。

目 录

引 言 …………………………………………………………… 1

第一章　南高学派的兴起 …………………………………… 8
　　第一节　从南高到东大 ………………………………… 8
　　第二节　传统文化的沉沦 ……………………………… 20
　　第三节　南高学派的形成 ……………………………… 23
　　第四节　南高学派成员组合 …………………………… 37
　　第五节　治学路向 ……………………………………… 43

第二章　南高学派与学衡派 ………………………………… 51
　　第一节　"学衡"中的柳诒徵 ………………………… 51
　　第二节　南高学派与《学衡》 ………………………… 64
　　第三节　两派异同 ……………………………………… 69

第三章　南高学派与北大派 ………………………………… 78
　　第一节　胡适与北大派 ………………………………… 79
　　第二节　未成交锋的交锋 ……………………………… 87
　　第三节　殊途同归 ……………………………………… 99

第四章　南高学派与民国史学 ……………………………… 115
　　第一节　中国文化史研究 ……………………………… 115
　　第二节　中国通史研究 ………………………………… 137
　　第三节　中国史学史研究 ……………………………… 159
　　第四节　中西交通史研究 ……………………………… 181

第五节　中国民族史研究 …………………………………… 200
　　第六节　南高学派与中国史学会 …………………………… 217
第五章　南高学派与民国图书馆事业 ……………………………… 235
　　第一节　独创性的制度 ……………………………………… 235
　　第二节　馆史撰写与书目编纂 ……………………………… 239
　　第三节　创办馆刊与译介西方图书馆学 …………………… 244
　　第四节　文献展览 …………………………………………… 249
　　第五节　战时图书之保存 …………………………………… 253
第六章　南高学派的爱国主义史学 ………………………………… 260
　　第一节　"表章国光" ………………………………………… 260
　　第二节　"明吾民独造之真际" ……………………………… 265
　　第三节　书生报国 …………………………………………… 270
结　语 ………………………………………………………………… 278
主要参考文献 ………………………………………………………… 291
索　引 ………………………………………………………………… 305
后　记 ………………………………………………………………… 315

引 言

民国史学灿烂无比,流派众多。学派研究也成为现代学术史书写中很常见的一种现象。"通过划分流派来梳理学术史几乎成为一种惯例,历来如此,中外皆然。不划分根本无法叙事,至少是无法很好地叙事,否则将难以处置、驾驭如此繁多、芜杂的文献、事件和人物。"[①]关于学派,一般都是出于研究的便利,将一些学者称为某某学派,多他者指称,少群体自许。南高学派之名,亦为他者指称。以当下学派命名方式来看,主要有以下几类:刊物为名,如国粹派、学衡派、古史辨派、食货派;以学校或科研院所为名,如南高学派、北大新文化派之类;以治学方法分类,如史料派、史观派、信古派、疑古派、释古派等。[②]南高学派即以学校为名,且"南高"之名亦为南高学派诸人所珍视。

在民国学术史版图中的南高学派,在当下出版的民国学术史著述中,少有人注意到或论述过。他之所以在民国学术史中缺席,尚未引起研究者广泛重视,主要是因为他们有意无意地被同化于学衡派之内,同时也和他们个人的学术成就遮蔽了学派的光芒有很大关系。事实上,南高学群有其自我期许和团体意识,经过南京高等师范学校—东南大学史地研究会时期的凝练,逐渐形成了一个史学流派。按照黛安娜·克兰对学派的理解:"一个学派,是以其门徒不加批判地接受领袖人物的思想体系为特征的。他拒绝外部的影响,拒绝承认外部工作的正确性。这样一个群体可以依靠自己创办的杂志回避

[①] 王学典、陈峰:《二十世纪中国历史学》,北京大学出版社,2009年,第9页。
[②] 关于学派界定及存在问题等,可参见桑兵:《中国思想学术史上的道统与派分》,《晚清民国的学人与学术》,中华书局,2008年,第70—102页。

来自其他领域之同行的批评。"①很显然,南高学派成员完全符合该界定,他们有自己的领袖(柳诒徵),有自己的刊物(《史地学报》《史学与地学》《史学杂志》《江苏省立国学图书馆年刊》《浙江省立图书馆馆刊》《国风》《思想与时代》等),缪凤林、张其昀、陈训慈和郑鹤声等人多承袭柳诒徵的学术思想。即使按照魏格豪斯在讨论法兰克福学派时给"学派"下的五大特征定义,南高学派也是大体符合的,魏氏自己其实也觉得这标准过于严苛了,"大多数只适用于研究所的霍克海默时期的头十年和它的纽约时期",不但对于其他学派不太适用,甚至难以涵括广阔的法兰克福学派思想的流变,所以"不要太严格地对待'法兰克福学派'这个称号才是明智的做法"。② 另外,形成一个相对稳定的学派,师承当为一重要内核。导师通过自身超卓的学养和人格魅力吸引、培养、凝聚了众多的莘莘学子,那些莘莘学子又通过自身的努力卓然成家,在各自的学术领域卓有建树,并通过师生和同窗之间的各种互动逐渐形成了一个稳定的学术共同体,这一共同体即为一个学派。对此,我们可以借用陈平原解读清华国学研究院的话语:"国学院能有今天的名声,与众弟子的努力分不开。弟子们的贡献,包括日后各自在专业领域取得的巨大成绩,也包括对导师的一往情深,更包括那种强烈的集体荣誉感。""学校办得好不好,不仅仅体现在导师的著述,更重要的是师生之间的对话与互动,以及学生日后的业绩与贡献。"③因此,学脉的延续性对学派的繁荣与稳定有至为关键的作用。

学界已有学者对南高学派进行了界定,于后学以相当启示。如桑兵在《近代中国学术的地缘与流派》(《历史研究》1999年第3期)一

---

① 黛安娜·克兰:《无形学院——知识在科学共同体的扩散》,刘珺珺、顾昕、王德禄译,华夏出版社,1988年,第81页。
② 五大特征是:一个研究机构、一个思想上的超凡人物、一份宣言、一种新范式、学派研究工作的杂志和其他出版物。参见罗尔夫·魏格豪斯:《法兰克福学派:历史、理论及政治影响》(上册),孟登迎、赵文、刘凯译,上海人民出版社,2010年,第5、6页。
③ 陈平原:《大师的意义以及弟子的位置——解读作为神话的"清华国学院"》,《现代中国》第6辑,北京大学出版社,2005年,第301页。

文中，在学分南北的语境下指出："当时东南大学的《学衡》公然树旗，与当时的北大派分庭抗礼，形成所谓'南高学派'"；并在《教学需求与学风转变》(《中国社会科学》2001年第4期)一文中区分了南高学派与北大新文化派在史学研究态度上之异同。周文玖在《从梁启超到白寿彝——中国史学史学科发展的学术系谱》(《回族研究》2005年第2期)中则指出："20年代的南京高等师范学校史地学系，办了多种史学杂志，如《史地学报》《学衡》等，培养了大量史学人才，其研治史学，在国内独树一帜，被称为'南高学派'。"另外如王汎森、章清、沈卫威等都曾在相关论述中提及南高学派，许小青更是有《张其昀与南高学派》(《近代史学刊》第7辑，2010年)、《南高学派与现代中国的文化民族主义：以孔子观为中心的探讨》(《华中师范大学学报》2011年第5期)等文，探讨了南高学派中的张其昀和文化民族主义的治学特征。所以，我们认为南高学派这一名称是可以成立的。

南高学派相关概念界定

为何以"南高"命名？之所以以"南高"来命名该学派，而非东南学派或者学衡派，乃是基于以下两个理由：

第一，"南高"之名为南高学群所珍视。对"南高"这一特定称谓的珍视是我们将其定名为南高学派而非东南学派的根本原因。东南范围较广，可以牵涉到东南地域的一些学者，而"南高"则将这一群体限定为特定的南高师学群。另外，虽然南高师后来与东南大学合并，但南高师学群念兹在兹的是南京高等师范学校，而非东南大学。如1935年9月，南高师成立二十周年，中央大学校方毫无表示，"寂寂无所纪念"。南高师旧人"不无耿耿之意"，故"相约补作文字上的纪念"[①]，撰文者有郭斌龢、吴俊升、严济慈、欧阳翥、王焕镳、张其昀、胡

---

① 张其昀：《南高之精神》，《国风》第7卷第2期，1935年。

焕庸、吴蕴瑞、景昌极、陈训慈和缪凤林等人，文章结集为《南京高等师范学校二十周年纪念刊》。他们在1935年12月8日集会餐叙，到会者78人，其中教师有王伯沆、柳诒徵、竺可桢和秉志四位。餐会上，四位昔日南高师的教授进行了讲演，王伯沆讲《人格教育》，柳诒徵讲《清季教育之国耻》，竺可桢讲《常识之重要》，秉志讲《民性改造论》。除了南高学群自身对"南高"的珍视外，"南高学派"这一称谓也为他们的学生所认可，在后来的史学界也是认可这一学派的存在的。如山东大学路遥在口述新中国成立前后山大文史教授队伍时，就认为郑鹤声是"南高学派"[①]。

第二，在学衡派的身份建构过程中，[②]南高学人甚为稀见。为何将柳诒徵及其弟子或者说将"柳门"从学衡派中分离出来，源自以往的学衡派研究大多将在《学衡》上发表文章的人视为学衡派中人，尤其是将王国维、陈寅恪、柳诒徵等人皆融入其中，从而凸显了学衡派的国学研究。事实上，我们若梳理下学衡派的身份构建历程，就会发现，民国学者眼中的学衡派基本不包括前述诸人。1922年2月9日，鲁迅在《晨报副刊》发表《估学衡》一文，认为"所谓《学衡》者，据我看来，实不过聚在'聚宝之门'左近的几个假古董所放的假毫光"，并逐一指出《学衡》第一期上所刊文章文字上的毛病，但不涉及柳诒徵所撰文，更遑论远未现身《学衡》杂志的王国维和陈寅恪等人了。周作人在1922年10月2日发表的《恶趣味的毒害》一文中直接提出了"学衡派"的名号，认为学衡派不同于礼拜六派，"这所谓反动并不是'学衡'派的行动。'学衡'派崇奉卢梭以前的思想，……只是新文学的旁支，绝不是敌人，我们不必太歧视他的"。"崇奉卢梭以前的思想"很显然是指吴宓、胡先骕和梅光迪等人，而非柳诒徵等人。钱玄同与友人谈及教育界情形时，其友人"谓教育界亦极可悲观：南开主

---

① 路遥口述，胡孝忠整理：《建国前后山东大学的文史教授队伍》，尹作升、李平生主编：《斯文一脉》（上），山东人民出版社，2014年，第255页。
② 关于学衡派的身份建构历程，已有学者注意及此。详见周佩瑶：《"学衡派"的身份想象》，福建教育出版社，2013年，第7—9页。

张读经,东大有《学衡》和《文哲学报》。这都是反六七年来新文化运动的现象"。^① 其中并未提及柳诒徵及其弟子主要活动场域《史地学报》,显然并不认为他们是反新文化运动的。1928年,钱穆在出版的《国学概论》中说:"《学衡》杂志为南京东南大学教授吴宓、刘伯明、梅光迪诸人所主持,创刊于民国十一年,隐然与北大胡、陈所提倡之新文化运动为对抗。"^②1935年出版的《中国新文学大系文学论争集》第三编"学衡派的反攻",明确"学衡派"是指《学衡》杂志上批评新文化—新文学的几个主要人物,即胡先骕、梅光迪等人;同样,在该书导言中,郑振铎讨论"复古派"时指出:"复古派在南京,受了胡先骕、梅光迪们的影响,仿佛自有一个小天地,自在地在写着'金陵王气暗沉销'一类的无病呻吟的诗歌。……他们当时都在南京的东南大学教书,仿佛是要和北京大学形成对抗的局势。林琴南们对于新文学的攻击,是纯然地出于卫道的热忱,是站在传统的立场上来说话的。但胡、梅辈站在'古典派'的立场来说话了。他们引致了好些西洋的文艺理论来做护身符。声势当然和林琴南、张厚载们有些不同。但终于'时势已非',他们是来得太晚了一些。新文学运动已成了燎原之势,决非他们的书生的微力所能撼动其万一的了。"^③李何林在1939年出版的《近二十年中国文艺思潮论》中论及的"学衡派"也主要是指梅光迪、胡先骕、吴宓等人。^④ 可见,在"学衡派"身份建构中,文学史上的著述一再进行身份确认,说明它更多的是一个文学流派。若再梳理下民国之后的学衡派研究,我们也会发现文学界学者对学衡派的研究和关注也多于史学界。我们在第二章将专门论述南高学派与学衡派之间的关联。

关于南高学派的广义与狭义。本书所取为狭义之南高学派,认

---

① 杨天石整理:《钱玄同日记》(中),北京大学出版社,2014年,第494页。
② 钱穆:《国学概论》,《钱宾四先生全集》第1册,台北联经出版事业公司,1998年,第391页。
③ 郑振铎:《中国新文学大系·文学论争集》,上海文艺出版社,2003年,第13页。
④ 李何林:《近二十年中国文艺思潮论》,陕西人民出版社,1981年,第52—62页。

为该学派是以柳诒徵为领袖,以陈训慈、缪凤林、张其昀、郑鹤声、刘掞藜和向达等人为核心。若是广义,则南高师毕业或任教的史学人物当皆可纳于其中,如陈登原、郑师许和郭廷以等人。本书之所以不将他们称为南高学派,其原因在于前述诸人和柳门中人很少互动,正是因为缺少互通声气,所以较难互为同调,更遑论为同一学派成员。必须说明的是,南高学派不是与南京高等师范学校存续阶段相对应的学术流派,南高师存在于1915—1923年,而南高学派成员的活动却绝不限于此时段之内。它可以说萌芽于1919年的地学研究会,经过史地研究会和中国史地学会阶段的融合与淬炼,最终于1928年形成一个稳定的学派。1949年后,由于诸多因素,南高学派成员星散四方,难以互通声气,该学派自动消解。柳诒徵的个人魅力和他们相似的文化认同是这一学派维持至1949年的关键所在。

关于南高学派的内涵。在治学路向上,南高学派致力于昌明国粹,融化新知,宗奉通史致用,力主为学当有益于世,追求的是求真与致用的统一。该治学路向明显不同于胡适和傅斯年等人所倡导的为学只当求真。因为学术理念的不一致,也导致双方在一些学术问题上多有争论。

关于南高学派的外延。南高学派以柳诒徵为领袖,在其个人魅力和学术感召下,"柳门成荫"。其弟子陈训慈、缪凤林、郑鹤声、向达、张其昀、刘掞藜、王庸、束世澂、张廷休等人之间多有互动,且都卓然成家,是南高学派的代表人物。正因为该学派以师生关系为纽带,是一"师承性学派",所以具有相当高的稳定性和紧密性,成员流动性很小。

关于南高学派的盟友与对手方。学派是一个分类的概念,既然是分类,那一般都会有同类和非同类之分,如此才能体现出学派特色。由于学术理念的异同,我们将学衡派和钱穆、蒙文通等人视为南高学派的盟友,而胡适、傅斯年和顾颉刚等人所在学派则为南高学派的对手方。

在民国学术史研究上,南高学派无疑属于非主流①,但本书不预设非此即彼的结论,因为无论是主流抑或是非主流的学术进路,都是为了要找到一种立场和态度,以作为一种学术的参照,是故我们认为主流和非主流的进路都是史学现代化进程中的一体两翼,都为中国史学的现代化贡献了自己的才情。

---

① 王尔敏在论述非主流学派时将南高与学衡并列,关于非主流史学与学派,可参见氏著:《20世纪非主流史学与史家》,广西师范大学出版社,2007年。

第一章
南高学派的兴起

张灏曾提出"转型时代"的概念,意为中国思想文化由传统过渡到现代、承先启后的关键时代,特指1895—1925年前后的30余年间,中国受到传统与西力的双重冲击,产生了"民族救亡的危机意识"与"文化取向的危机意识"。其中,文化取向的危机意识包括价值取向危机、精神取向危机和文化认同危机。[1] 南高学派正兴起于这一"转型时代"。因为柳诒徵和南方学术氛围的影响,尤其是南高、东大学风的影响,南高学派的民族救亡的危机意识尤为强烈,对传统更是抱有敬意。

第一节 从南高到东大

一、南高三校长

南高师的前身是三江师范学堂,三江师范学堂的创始者是1902年前后相继担任或署理两江总督的刘坤一、张之洞和魏光焘。1902年5月8日,刘坤一邀请张謇、缪荃孙、罗振玉等江苏学者和名流商

---

[1] 张灏:《中国近代思想史的转型时代》,《幽暗意识与民主传统》,新星出版社,2006年,第134—152页。

议兴办学堂事宜,达成共识:兴学育才的主要困难是师资匮乏和资金短绌,而开办高等师范学堂,不但可以为各级学堂培育师资,而且"更可比办高等学堂经费减省一半"。刘坤一在当日给张之洞的信中通报了此次商讨的经过,力主兴学"应从师范学堂入手"。① 1903 年 2 月 5 日,张之洞正式奏请创建三江师范学堂。张之洞的《创建三江师范学堂折》开宗明义,重申了"师范学堂为教育造端之地,关系尤为重要"的观点,强调兴办教育,必须"扼要探源",把握先后次序,"唯有专力大举,先办一大师范学堂,以为学务全局之纲领,则目前之致力甚约而日后之发生甚广"。并禀报光绪帝:"兹于江宁省城北极阁前,勘定地址,创建三江师范学堂一所,凡江苏、安徽、江西三省人士皆得入堂受学。"②1906 年 5 月,三江师范学堂更名为两江师范学堂,李瑞清出任学堂监督。

李瑞清(1867—1920),字忠麟,号梅庵,辛亥革命后自号"清道人",并辞去两江师范学堂监督职务,隐居上海。在李瑞清长校的 6 年中,他的教学理念给此后的南高师留下了丰富的遗产。他主张中西教育并重,努力将青年学子造就为中国的培根和笛卡尔;他为了提高学校的教学水准,努力延聘良师,举能任贤,竭力挽留柳诒徵即为一例;他以"嚼得菜根,做得大事"为校训,倡导独立思考、崇实务本的学风。在李瑞清的努力下,一所草创不久、仅为初级师范程度的学堂很快转变成一所具有现代性的高等师范学校,成为"江苏的最高学府,南方各省师范学堂的模范"③。由于战乱,两江师范学堂于 1911 年停办,此后虽有不少师生谋求复校,终未获成功。1914 年 8 月 30 日,江苏巡按使韩国钧接受地方及学界名流的建议,咨请教育部"改两江优级师范为南京高等师范学校";9 月 2 日,韩国钧任命江谦为校

---

① 王德滋主编:《南京大学百年史》,南京大学出版社,2002 年,第 5 页。三校长部分多参考是书。

② 张之洞:《创建三江师范学堂折》,《张文襄公全集》第 58 卷,中国书店,1990 年,第 15—16 页。

③ 王德滋主编:《南京大学百年史》,第 44 页。

长,专门筹建南京高等师范学校。

江谦(1872—1942),字易园,号阳复居士,近代著名教育家。江谦在校长任内,聘请郭秉文为教务主任,此举对南京高等师范学校影响深远。由于江谦长期病居安徽,南高师校务实际上一直由郭秉文主导,郭的很多建树也为江谦所认同,这就不难理解在江谦病休时会推荐郭秉文继任校长了。在江谦的精心筹划下和全体筹备人员的努力下,各项工作均有序有效地进行,任课教师先后受聘到校,柳诒徵即在1915年6月被聘为历史教习。[①] 江谦曾告诫柳诒徵"三不敷衍"宗旨:一不敷衍自己,二不敷衍古人,三不敷衍今人。这也成为柳诒徵一生治学做人的座右铭。柳诒徵对江谦"极端倾倒",后来江谦因病辞职,柳诒徵为之万分惋惜。"可惜他在校时间不久,否则他的人格感化,造成南高学风,真是了不得的。"[②]

南高师创办之初,原定设立预科、本科、研究科、专修科和选科等学制;预科分伦理学、国文、英文、数学、论理学、图画、乐歌、体操,本科由国文部、英文部、历史地理部、数学物理部、物理化学部、博物部等组成。首次招生时,各省报名为534人,最终录取学生126人,实到110人,分设国文专修科、国文预科和理化预科3个班。至1918年,经江谦和郭秉文等人努力,该校已初具规模,建立起国文、理化二部,并设立了体育、工艺、农业、商业、英文和教育等多种门类的专修科。1919年,南高师改国文部为国文史地部,理化部为理化数学部,意在强调国文与史地并重,数学与理化并重,以应社会之需。

1918年3月,江谦积劳成疾,离职休养,推荐教务主任郭秉文代理校务。1919年9月,教育部正式任命郭秉文为国立南京高等师范学校校长。

郭秉文(1879—1967),字鸿声,江苏江浦人,美国哥伦比亚大学教育学硕士、哲学博士。他秉承平衡办学理念,主张人文与科学、中

[①] 王德滋主编:《南京大学百年史》,第12页。
[②] 柳诒徵:《我的自述》,柳曾符、柳佳编:《劬堂学记》,上海书店出版社,2002年,第12页。

学与西学、通才与专才、设备与师资、国内与国际之间的平衡。在此思想指引下，郭秉文为南高师延揽了一大批学有所长的留美学者。据1918年10月郭秉文呈教育部关于该校概况报告书所述教员情况，我们可以发现，1918年，该校教职员工共有职员41人，教员53人，内含各科主任教员6人，专任教员38人，兼任教员9人，美籍3人；教员中在国外大学毕业、肄业的有32人，占教员人数的60%。[①] 留学生占据主流的趋势一直延续到东南大学时代。正如司徒雷登在其回忆录中所言："他搜集了大约五十来名归国留学生，每个人都有突出的专长。他是按美国的模式来推进教育事业的。"[②] 梅光迪、吴宓和胡先骕等人就是当时郭秉文"搜集"来的归国留学生。

1920年4月，郭秉文在南高师校务会议上提出"在南京高等师范学校校址及南洋劝学会旧址建立南京大学"的建议，此后几经努力，北洋政府国务会议一致通过了南高师筹建大学的议案，并定名为国立东南大学。南高师随即组建东南大学筹备处，经数月之努力，东南大学于1921年9月正式开学，自此开始了一地两校时期。1923年，南京高等师范学校停止办学，与同在一校的东南大学合并，南京高等师范学校就此成为历史。校名虽易，但精神一以贯之。"自新建成贤街宿舍而外，校舍教员以逮图书设备，一赖高师之旧"，且"东大之初期，尤多南高之旧同学，中间并无截然之界限，东大之改为中大亦然。其校舍同，其设备同，教职员于学生既新陈代谢，其传统精神亦有了深厚的根基。南高、东大、中大三校先后递嬗，其校史概要如此"。[③] 正是历经李瑞清、江谦和郭秉文三位校长的励精图治，南高师在当时的高等师范乃至大学中具有很高地位，有"北大南高"并称之说。

---

① 《代理校长郭秉文关于本校概况报告书》，《南大百年实录》编辑组编：《南大百年实录·中央大学史料选》（上卷），南京大学出版社，2002年，第58页。
② 司徒雷登：《在华五十年——司徒雷登回忆录》，程宗家译，刘雪芬校，北京出版社，1982年，第96页。
③ 张其昀：《南高的学风》，张宏生、丁帆主编：《走进南大》，四川人民出版社，2000年，第4页。该文大体内容与《南高之精神》相同，但上引文未见于《南高之精神》。

二、师资与学风

南高师的崛起,无疑是与三位校长有很大关系,尤其是江谦和郭秉文,其中关键又在于师资力量的延揽和南高学风的形成。

（一）师资

南高师师资力量雄厚,主要得益于郭秉文主政期间,恰逢留美学人开始大量回国。郭秉文毕业于美国哥伦比亚大学,刘伯明毕业于美国西北大学,他们二人充分利用自身人脉,引进了一大批留美学者。具体可见表1-1:

表1-1　南高—东大教师留美统计表

姓名	毕业学校	学位	教职
郭秉文	哥伦比亚大学	哲学博士	校长
陶知行	哥伦比亚大学	政治学博士	教育系主任
卢颂恩	芝加哥大学	体育学士	体育教授
萧纯锦	加利福尼亚大学	经济学硕士	经济学教授
刘文海	威斯康辛大学	政治学硕士	历史及政治学讲师
刘润生	康奈尔大学	机械工程师	工科教授
钱崇澍	哈佛大学	植物学士	植物学教授
廖世承	勃朗大学	教育科博士	心理学中等教育教授
熊正理	函益令大学	理学硕士	物理学教授
郑晓沧	哥伦比亚大学	教育科硕士	教育学教授
杨炳勋	康萨斯农科大学	农学士	作物学教授
杨杏佛	哈佛大学	商科硕士	工科教授
杨肇燫	麻省理工	电机硕士	工科教授
路敏行	理海大学	化学工程师	数学及化学教授
曾膺联	理海大学	矿师	地质讲师
过探先	康奈尔大学	农学硕士	农艺系主任、作物学教授
邹秉文	康奈尔大学	农学士	农科系主任、植物病理教授
黄华	哈佛大学	法律学士	法政经济教授
陈桢	哥伦比亚大学	硕士	动物学教授

(续表)

姓名	毕业学校	学位	教职
陈鹤琴	哥伦比亚大学	教育院硕士	教务部主任、教育教授
汤用彤	哈佛大学	硕士	哲学教授
梅光迪	哈佛大学	硕士	西洋文学系主任、教授
麦克乐（美籍）	哈佛大学	体育专科	体育系主任、教授
麦苛尔（美籍）			教育系教授
陆志韦	芝加哥大学	哲学博士	心理系主任、教授
张景欧	加州大学	农学硕士	昆虫学教授
张准	麻省理工	学士	化学教授
张鄂	哥伦比亚大学	硕士	英文系主任、教授
原颂周	爱荷华农科大学	农学学士	作物学教授
张巨伯	俄亥俄州立农科大学	昆虫科硕士	病虫害系主任、昆虫学教授
茅以升	卡耐基大学	工学博士	工科主任
涂羽卿	麻省理工大学	土木工程科硕士	工科教授
徐则陵	伊利诺大学	史学硕士	历史系主任、西洋教育史教授
孙洪芬	彭林大学	有机化学助教	化学教授
孙玉书	路易士安那大学	硕士	作物学教授
胡先骕	加利福尼亚大学	农科学士	生物系主任、教授
胡刚复	哈佛大学	博士	物理系主任、教授
胡经甫	康奈尔大学	哲学博士	昆虫教授
孟宪承	约翰大学	文学学士	教育哲学教授
洪范五	纽约州立图书馆专门学校	学士	图书部主任
竺可桢	哈佛大学	地理科博士	地学系主任、教授
秉志	康奈尔大学	哲学博士	动物学教授
林天兰	普林斯顿大学	硕士	英文教授
吴宓	哈佛大学	硕士	西洋文学教授
李玛利	伊利诺大学	硕士	英文教授
王琎	理海大学	化学学士	化学系主任、教授

(续表)

姓名	毕业学校	学位	教职
王伯秋	哈佛大学	学士	政法经济系主任、教授
朱斌魁	哥伦比亚大学	哲学博士	教育学教授
王兆麒	爱华屋大学		兽医学教授
史密斯(美国籍)			物理学教授
王善佺	乔治亚大学	植棉学硕士	作物学教授
刘伯明	西北大学	哲学博士	行政委员会副主任、哲学教授
杜景辉	哥伦比亚大学	史学硕士	西洋史教授
吴玉麟	麻省理工大学	科学硕士	物理学教授
徐甘棠	西北大学	硕士	物理学、天文学教授
吴家高	伊利诺大学	理科学士	数学
顾泰来	哈佛大学	硕士	欧战史、政治史教授
楼光来	哈佛大学	文学硕士	西洋文学教授
陈衡哲	芝加哥大学	文学硕士	史学教授
任鸿隽	哥伦比亚大学	化学硕士	副校长

注：本表主要据《南京高等师范学校一览》(1918年)和《东南大学一览》(1923年)二书，并辅以相关资料编制而成。部分院校名为当时译名。

在这些留美生中，通过庚款留学的是：何鲁、竺可桢、钱崇澍、王伯秋、张士一、陈鹤琴、廖世承、刘伯明、徐养秋、梅光迪、胡先骕、陆志韦、戴芳澜、秉志、马寅初、段调元、吴宓、朱君毅、过探先、孟宪承、涂羽卿、顾泰来、汤用彤、钱基博、陈桢、茅以升、楼光来、任鸿隽、陈衡哲等人。

除了留美生以外，一些留学法国、英国和德国等国的留学生也在延揽之列。大量留学生的加入，无疑在很大程度上改变了南高—东大的师资队伍结构，尤其是在理工科等学科，有海外留学经历的教师比例高达八成以上。具体可见表1-2：

表1-2 东大各科教员出身统计表

科别	在国外获博士、双硕士者	在国外获硕士学位者	在国外获学士学位或学习者	无留学经历及档案不全者	外籍教师	教员总数	留学人员及外籍教师比例
文科	9	8	7	43	3	70	38.6%
理科	8	13	3	4	1	29	86.2%
教育科	8	7	5	11	2	33	66.7%
工科	1	7	4	3	0	15	80%
农科	10	12	7	7	6	42	83.3%
商科	4	9	5	11	4	33	66.7%
合计	40	56	31	79	16	222	64.4%
备注	因档案不全,实际留学人数当超出本表统计数							

注:本表转引自王德滋主编:《南京大学史》,第97页。

正因为教员中留学人员占了六成以上,东大时期的各科系主任除国文系外也多由海外留学教员担任。其名单如下:

国文系:陈中凡

哲学系:刘伯明　汤用彤(继任)

历史系:徐则陵

英文系:张士一　楼光来(继任)

西洋文学系:梅光迪

政治经济系:王伯秋

数学系:熊庆来

物理系:胡刚复

化学系:孙洪芬

地学系:竺可桢

商科主任:杨杏佛

其中历史系主任原为柳诒徵,后徐则陵取而代之,让吴宓很是不忿,以为"取消柳先生多年连任之史地部主任及历史系主任,使屈居徐则陵之下,此刘伯明之过,而东南大学之羞也"①。此时柳诒徵和徐则陵之间的纠葛我们无从知晓,但从徐则陵取代柳诒徵成为历史系主任一事我们也可概见当时东南大学校方对留学人员之重视,而留学归国人员也成为当时校内极为重要的一股力量,各科系主任除国文系传统色彩浓厚没有由留学生担任主任外,其余都由庚款留洋人员担任,这也应该与校长郭秉文亦为庚款留洋生大有关系。而大量海外留学教员的出现,我们可以据此认为南高学子们所处环境是很难以保守或守旧来看待的,他们的知识结构无疑是很新的,在某些学科上可能还会大大超越北大。

这些海外留学教员和那些本土的宿学耆儒如柳诒徵等人,"皆一时英秀"②,这无疑有助于青年学子们对于中学和西学兼收并蓄,加之中国科学社大本营也在南高师,这无疑又加重了南高学子知识构成中的科学成分。诸多合力之下,使得当时的南高科学与人文极一时之盛。

(二) 南高学风

南高—东大素有强调人格教育,重视人文关怀的传统。南高师的校训就一个"诚"字。所谓"诚"是指师生道德上的自我完善和知识上的明达。这一校训深深影响着南高学子。南高学风对于南高学派治学特征也有无法忽视的影响。三位校长都很重视道德教化,尤其是江谦和郭秉文。江谦以诚为训,以诚植身,以诚修业,形成了"诚实、朴茂"的学风。郭秉文继续江谦"诚"的校训,注重教育的道德教化功能。"如何能使学校为养成适于国民道德之机关,乃吾国今日教育问题中之最重要者也。""学校课程中,仍注重道德教授,以道德为教授特种科目,则教育惟一之宗旨自必以道德为归,是以吾国前途之幸福希望,胥赖乎是矣。"③于道德教化之外,郭秉文也非常注重科学教育,培养科学人才,这从当时南高师的科系设置也大可概见。因为

---

① 吴宓:《吴宓自编年谱》,生活·读书·新知三联书店,1995年,第228页。
② 王德滋主编:《南京大学百年史》,第96页。
③ 郭秉文:《中国教育制度沿革史》,福建教育出版社,2007年,第87、88页。

郭秉文认为:"不发扬民族精神,无以救亡图存;非振兴科学,不足以立国兴国。"①同样,实际主持校务且对学生影响至深的刘伯明也主张:"吾人生于科学昌明之时,苟冀为学者,必于科学有适当之训练而后可。"②加之当时中国科学社大本营即设在南高师,且发起人回国后多任南高师教授,备受科学精神、科学方法等之熏染,对南高学子来说应是极其自然之事。除了办学者的影响外,南高教授尤其是刘伯明和柳诒徵对南高学风的形成也有重要影响。

刘伯明(1885—1923),早年曾受业于章太炎,为美国西北大学哲学博士,回国后曾受聘于金陵大学,后任教南高师,先后任南高师训育主任、文史地部主任、哲学系主任和行政委员会副主任等职。因为校长郭秉文长期在外募捐等原因,南高师实际校务工作多在刘伯明主导下开展。刘伯明醉心于教育事业,对教育事业多有心得;他致力于南高师的学风建设,先后发表了《论学风》《学者之精神》《再论学者之精神》《共和国民之精神》等文章,也曾就学风等问题做了系列演讲;他重视人格教育,重视学术研究对国家和社会的作用,在他看来,学人治学,宜有社会之动机,"因世无离人生独立之学问,而学问又非供人赏玩之美术品,研究学问固不宜收效于目前,然其与人生之关系不可不知"。否则,其所从事之专门研究"一如收藏家之征集古董,其所得虽多,吾恐于人生无大裨益也。岂惟于人生无大裨益,即其所汇集之事实在学术上恐亦无大价值"。③ 所以,学生即使不想成为学者,也要力求深造,以期能为国家和社会贡献力量。刘伯明以自己的道德和学问影响着南高师,其影响力并未因其英年早逝而消失。刘氏逝世十年之后,南高师学生陈训慈和张其昀等人还专门编辑了一组纪念刘伯明的文章,出版了"刘伯明先生纪念专号"。陈训慈盛赞刘伯明"于传授知识之外,独重人格之感化。实际主持校务,为全校重心所寄。综一生精力,悉瘁于南高之充实与扩展。倡导学风,针砭时

---

① 转引自朱斐主编:《东南大学史》,东南大学出版社,1991年,第75页。
② 刘伯明:《学者之精神》,《学衡》第1期,1922年。
③ 刘伯明:《再论学者之精神》,《学衡》第2期,1922年。

俗,尤为时论所推重"①。张其昀则认为南高师给予学生最重要的就是南高精神和南高学风,而"当年'高标硕望,领袖群伦'的人物,是刘伯明先生,为老同学所公认的"②。

刘伯明之外,对南高师学风尤其是文史地部学子有极深影响的无疑就是柳诒徵了。吴宓以为"南京高师校之成绩、学风、声誉,全由柳先生一人多年培植之功",此结论或有过誉,但也说明了柳诒徵对南高师之重要性。③ 柳诒徵治学素来强调经世致用和道德教化。④ 他认为史学有"持身应世"及治世的功用,"史学即史术也,犹之经学亦曰经术,儒家之学亦曰儒术也"。⑤ 所以"治历史者,职在综合人类过去时代复杂之事实,推求因果而为之解析,以诏示来滋"⑥。不仅如此,"吾国圣哲深于史学,故以立德为一切基本,必明于此,然后知吾国历代史家所以重视心术端正之故"⑦。正是在柳诒徵的影响下,南高学子的史学研究多注重经世致用和道德教化,其中又以缪凤林、郑鹤声、陈训慈和张其昀等人为甚。另外,柳诒徵虽未曾留学海外,且被视为宿儒,但他并不守旧,与留美归来的竺可桢、吴宓、梅光迪和胡先骕等人交好,这无疑又是一种垂范,使得南高学子很容易见贤思齐。

关于南高学风,南高学子多与南高精神混称,两者相互交融,相互影响,并无明显界限。陈训慈在南高成立二十周年之际,撰文论述校史,便十分强调南高学风对他们的影响。他认为南高的学风,可概括为"诚""爱""勤""俭"四字。"诚"即是"上下相接,往往出之真诚;虚骄不发诸当局,浮动稀见乎学者。教授于授课之外,颇多'身教'之

---

① 陈训慈:《南高小史》,《国风》第7卷第2期,1935年。
② 张其昀:《南高之精神》,《国风》第7卷第2期,1935年。该文后来张其昀又易名为《南高的学风》(《中央大学七十年》,台湾"中央大学"1985年印行),内容略有删改。
③ 吴宓:《自编年谱》,第228页。
④ 关于柳诒徵等人史学研究注重道德教化,可参见区志坚:《道德教化在现代史学的角色》,《史学史研究》2010年第2期。
⑤ 柳诒徵:《国史要义》,商务印书馆,2011年,第248页。
⑥ 柳诒徵:《中国文化史》,东方出版中心,1996年,第1页。
⑦ 柳诒徵:《国史要义》,第111页。

功;至诚感乎,其效以渐。同学之中,虽少殷勤周洽之作态,常存坦白诚挚之真情"。"爱"即"真诚互感,互爱斯生。师生之间,时多课外之联络,或访谒请益,或同乐谈话,相处既迩,相接常频。而同学之间,概以级别,同级之间,弥见款洽。饮食起居,休戚与共,守望相助。即异科各级之间,亦赖自治会与各研究会之媒介,颇多往还互助之乐"。"勤"乃勤于治学,即使是"星期休沐,什九犹留斋舍;深夜电息,时见烛光继射。推之于公众服务,亦有人勇于负责,不囿小我;而生活上之操作,如洒扫习劳,尤为常见"。"俭"即"节用惜物,感染成风"。①陈训慈关于南高学风的概括,很可能影响了后来南京大学和东南大学校史研究者,他们将南高—东大的学风概括为"诚朴、勤奋、求实"②。

与陈训慈不同的是,张其昀等人将南高学风视为一种南高精神。郭斌龢指出南高精神是"笃实而有光辉的",其特征是:(1) 保持学者的人格;(2) 尊重本国文化;(3) 认识西方文化;(4) 切实研究科学。③张其昀则是从德育、智育、美育和群育四个方面来说明南高精神,以为"南高的精神,一面保持质朴的风气,一面又输入科学的态度,贯通中西是其特长","南高的名称虽然已经消灭了,南高的重心刘先生也已经以身为殉了,但是南高的教育现在已经证明达到相当的成功,南高的精神是永远不会磨灭的"。④ 关于南高精神中的"尊重本国文化",时人多以保守视之。吴俊升辩称,南高的贡献主要在维护学术传统的连续性上,"在文化的使命上,南高的成就虽然在开创方面不能首屈一指,可是在衡量和批判一切新思想新制度,融合新旧文化,维持学术思想的继续性和平衡性这一方面,它有独特的贡献。在有些方面,诚然有人批评过南高的保守,可是保守和前进在促进文化上是同等重要,而高等教育文化机关的文化使命,本是开创与保守,接

---

① 陈训慈:《南高小史》,《国风》第7卷第2期,1935年。
② 王德滋主编:《南京大学百年史》,第64页。
③ 郭斌龢:《南京高等师范学校二十周纪念之意义》,《国风》第7卷第2期,1935年。
④ 张其昀:《"南高"之精神》,《国风》第7卷第2期,1935年。

受与批判缺一不可的"①。景昌极也指出:"北京方面的新文化运动起了,南高方面也未尝故步自封,却自有其不激不随中正不倚的主张,这些在当时确能养成一种风气。"②所以,南高学子眼中的南高精神是民族的精神和科学的精神。

可见,南高学风是兼容并蓄的,它既不贬低西方文化,也不独尊中国文化,强调的是中西并重,迥异于时。胡先骕尝感言:"学生对于欧西之文化,益有明确之认识,同时对于本国之文化,亦能为公正之评价,既不守旧,亦不骛新,与北方各大学之风气,迥然自异。"③于此之外则是对科学的崇尚,校内理工科也是异常发达,北大教授梁和钧就说:"北大以文史哲著称,东大以科学名世。"他同时指出,"然东大的文史哲教授,实不亚于北大"④,从而在南高—东大我们看到了人文与科学并重的盛况。吊诡的是,对于本国文化的尊重在五四新文化运动逐步席卷大江南北之际却又貌似显得与时代脱节了。

第二节 传统文化的沉沦

南京高等师范学校创立之时,也是五四新文化运动兴起之时。南高学派诸人,除领袖柳诒徵之外,多为1919这一年或后一二年入学。而此时的中国知识界,对中国传统文化的激烈批评不绝于耳。以新文化运动为先导的陈独秀、鲁迅、胡适、钱玄同、吴虞,乃至吴稚晖等人,以为中国文化是旧的,是中国衰败的根源,而西洋文化是新的,是中国的希望,是故他们对中国传统中的语言文字、文学、戏剧、孝道、家庭制度等都进行了激烈的批判。目之所及,多为"打倒旧礼教""废灭汉字""文学革命""全盘西化"。如陈独秀主张:"一切都采

---

① 吴俊升:《纪念母校南高二十周年》,《国风》第7卷第2期,1935年。
② 景昌极:《民国以来学校生活的回忆与感想》,《国风》第7卷第2期,1935年。
③ 胡先骕:《梅庵忆语》,《子曰丛刊》第4辑,1948年。
④ 王德滋:《南京大学百年史》,第96页。

用西洋的新法子，不必拿什么国粹，什么国情的鬼话来捣鬼。"①胡适认为"中国不亡是无天理"②，"我们必须承认我们自己百事不如人，不但物质机械上不如人，不但政治制度不如人，并且道德不如人，知识不如人，文学不如人，音乐不如人，艺术不如人，身体不如人。肯认错了，方才肯死心塌地的去学人家"③。钱玄同主张"将汉字根本打消"，推行世界语，④要"打倒孔家店"，因为"它是中国昏乱思想的大本营，它若不被打倒"，中国"便是不能'全盘受西方化'"。⑤ 吴稚晖要让人将线装书扔进茅厕。鲁迅则提出："我以为要少——或者竟不——看中国书，多看外国书。"⑥面对《大公报》"人欲横流，人禽无别"的社评，胡适认为那"只是任何革命时代所不能避免的一点附产物而已。这种现状的存在，只将证明革命还没有成功，进步还不够。孔圣人是无法帮忙的，开倒车也决不能引你们回到那个本来不存在的'美德造成的黄金世界'的"⑦。诚如钱穆所言："盖自道咸以来，内忧外患，纷起迭乘，国人思变心切，旧学日遭怀疑，群盼西化，能资拯救。"⑧

与新文化诸人与传统决绝相呼应的是，五四新文化运动期间，众多他国学者或思想来到中国，国人也似乎都相信新的思想或者理论能拯救中国。1918年，挪威剧作家易卜生的戏剧在中国各地上演，受到热烈的赞赏。《新青年》杂志编辑了"易卜生专号"，中国青年引介这位剧作家对资产阶级虚伪造作外表的批判，以及他对妇女解放

---

① 陈独秀：《今日中国之青年问题》，《新青年》第5卷第1期，1918年。
② 胡适：《信心与反省》，朱文华编选：《反省与尝试——胡适集》，上海文艺出版社，1998年，第100页。
③ 胡适：《介绍我自己的思想》，《反省与尝试——胡适集》，第11页。
④ 钱玄同：《革新文学与改良文字》跋语，《新青年》第5卷第2期，1918年。
⑤ 钱玄同：《孔家店里的老伙计》，《钱玄同文集》第2卷，中国人民大学出版社，1999年，第58页。
⑥ 鲁迅：《青年必读书——应〈京报副刊〉的征求》，《鲁迅全集》第3卷，同心出版社，2014年，第7页。
⑦ 胡适：《写在孔子诞辰纪念之后》，欧阳哲生编：《胡适文集》第5册，北京大学出版社，2013年，第374页。
⑧ 钱穆：《现代中国学术论衡·序》，《钱宾四先生全集》第25册，台北联经出版事业公司，1998年，第7页。

运动的提倡；1919—1920年间，杜威来华并到各地讲学，介绍他的实验主义和对中国的观感；1920年，英国哲学家罗素来华讲学，同年，共产国际派维金斯基来华，拜访了李大钊和陈独秀；1922年，爱因斯坦顺道访问中国，同年，美国女性主义者桑格造访中国发表节育问题讲座时，胡适即充当翻译；1923年，印度诗人泰戈尔前来中国讲演等。①

通过这些人物和思想的力量，中国的社会氛围和国人意识正在逐渐改变。一个典型的现象就是民族文化"去本位化"，或曰西化。最典型的就是陈序经。他在1925年就有了全盘西化的想法，到了1928年，他"已坚决地相信关于中国今日的文化问题，有全盘西化的必要"②。此后，陈序经写了《东西文化观》和《中国文化的出路》等宣扬"全盘西化"论。而此种趋势不仅反映在学术思想层面，更深入中国社会的各个层面。以教育为例，据钱穆观察："燕京大学一切建筑本皆以美国捐款人姓名标榜，如'M'楼'S'楼'贝公'楼皆是。今虽以中文翻译，论其实，则仍是西方精神。如校名'果育'，斋名'乐在'，始是中国传统。然无锡明代有东林书院，后乃即其遗址建校，初亦名东林，后改名县立第二高等小学。欲求东林精神，固矣渺不可得。又如紫阳书院，改称江苏省立苏州中学，以前紫阳书院之精神，亦已不可捉摸。是则中国全国新式学校及其教育精神，其实皆已西化，不仅燕大一校为然。此时代潮流，使人有无可奈何之感矣。"③

南高学派正是形成于这样一个批判传统的大环境里，他们在领袖柳诒徵的引导下，以不同于新文化运动诸人对待中国传统的态度出现在中国知识界。由此他们的史学研究路向也截然不同于北大派胡适、傅斯年等人，以新人文主义史学或民族主义史学的面貌问世，虽一

---

① 史景迁：《追寻现代中国》，时报文化出版社，2003年，第201—202页。
② 陈序经：《全盘西化论》，余定邦、牛军凯编：《陈序经文集》，中山大学出版社，2004年，第14页。
③ 钱穆：《八十忆双亲·师友杂忆》，《钱宾四先生全集》第51册，台北联经出版事业公司，1998年，第157页。

直是史学的非主流,但他们一直未曾放弃努力,长期活跃于中国史坛。

第三节 南高学派的形成

一、南高学派之萌芽

南高学派萌芽于南高史地研究会时期,形成于1928年前后。1919年,在地理教师童季通的帮助下,国文史地部学生于10月1日成立了地学研究会;1920年1月19日,地学会举行换届选举,改由诸葛麒继任总干事,并于5月13日召开全体会员大会,根据地学与史学历来关系密切的特点,决定易名为史地研究会。作为一个以在校学生为主体的学术社团,史地研究会的活动前后持续了七年之久,成员由最初的70余人发展到近百人[①]。历届会员名单汇录如表1-3所示:

表1-3 史地研究会会员录

姓名	籍贯	入学年龄/岁	学历	入学时间/年	所在系科	毕业去向
诸葛麒	浙江东阳	18	东阳县立中学	1919	文史地部	中央研究院气象研究所、浙江大学
胡焕庸	江苏宜兴	19	江苏省立第五中学	1919	文史地部	中央大学、华东师范大学
陈训慈	浙江慈溪	19	宁波效实中学	1919	文史地部	上海商务印书馆编译所、中央大学、浙江图书馆

---

① 关于史地研究会的组织架构与《史地学报》等情形,可参见彭明辉:《历史地理学与现代中国史学》,台北东大图书股份有限公司,1995年,第79—90页;吴忠良:《南高史地学派研究》,华东师范大学博士论文,2005年,第5—18页;沈卫威:《"学衡派"谱系——历史与叙事》,江西教育出版社,2007年,第111—116页。

(续表)

姓名	籍贯	入学年龄/岁	学历	入学时间/年	所在系科	毕业去向
张其昀	浙江鄞县	19	浙江第四中学	1919	文史地部	上海商务印书馆编译所、中央大学、中国文化大学
范希曾	江苏淮阴	20	江苏省立第六师范	1919	文史地部	江苏省立国学图书馆
缪凤林	浙江富阳	21	浙江杭县私立宗文中学	1919	文史地部	东北大学、中央大学、南京大学
景昌极	江苏泰县	18	江苏省立第二高等小学	1919	文史地部	东北大学、成都大学、浙江大学
王 庸	江苏无锡	20	宜兴彭城中学	1919	文史地部	清华国学研究院、北京图书馆
张廷休	贵州安顺	20	私立南明中学	1919	文史地部	暨南大学、贵州大学
刘文翮	浙江义乌	21	浙江省立第七师范	1919	文史地部	浙江图书馆
钱堃新	江苏丹徒	24	江苏省立第五师范	1919	文史地部	中央大学、贵州大学
徐震堮	浙江嘉善	19	浙江省立第二中学	1919	文史地部	浙江大学、华东师范大学
向 达	湖南溆浦	19	湖南长沙私立明德中学	1919	初为理化部，次年转文史地部	上海商务印书馆编译所、北京图书馆、浙江大学、北京大学
仇良虎	江苏江宁	18	南京钟英中学	1919	文史地部	
田耀章	浙江嘉兴	19	浙江第二中学	1919	文史地部	
何惟科	江苏仪征	22	江苏省立第五师范	1919	文史地部	贵州大学
王玉章	江苏江阴	23	江苏省立第五中学	1919	文史地部	中央大学

(续表)

姓名	籍贯	入学年龄/岁	学历	入学时间/年	所在系科	毕业去向
周光倬	云南昆明	22	云南省立第一师范	1919	文史地部	江苏省立南京中学、云南大学
姜子润	福建永定	23	江苏省立第六中学	1919	文史地部	厦门集美师范学校、暨南大学
徐景铨	江苏常熟	22	江苏省立第三师范	1919	文史地部	无锡国专
徐启铭	安徽秋浦	21	池州公旦中学	1919	文史地部	
袁鹏程	江苏崇明	19	海门中学	1919	文史地部	
夏崇璞	江苏吴江	21	上海民力中学	1919	文史地部	苏州中学
唐兆祥	浙江兰溪	21	浙江省立第七中学	1919	文史地部	浙江省立一中、浙江省立杭州师范学校
孙士枏	江苏江宁	18	江苏省立第一中学	1919	文史地部	
黄英玮	广西隆安	21	广西省立第一中学	1919	文史地部	
陆鸿图	浙江余姚	18	浙江省立第一中学	1919	文史地部	中央研究院气象研究所
杨楷	云南昆明	17	昆明第十一县联合中学	1919	文史地部	云南省立东陆大学
赵鉴光	浙江金华	21	浙江第七中学	1919	文史地部	
盛奎修	山东临沂	23	山东省立第五中学	1919	文史地部	山东省立第七中学
高国栋	辽宁沈阳	22	辽宁省立第一师范	1919	文史地部	
罗会澧	江苏涟水	24	江苏省立第六师范	1919	文史地部	

(续表)

姓名	籍贯	入学年龄/岁	学历	入学时间/年	所在系科	毕业去向
方培智	安徽婺源	19	安徽省立第二师范	1919	文史地部	
诸晋生	江苏无锡	24	江苏省立第二师范	1919	文史地部	
王学素	浙江江山	19	浙江省立第八中学	1919	文史地部	浙江省立第八中学、浙江省立温州师范学校
王锡睿	云南邓川	22	云南省立第一师范	1919	文史地部	云南省立成德中学、镇南师范学校
郑鹤声	浙江诸暨	19	浙江省立第一中学	1920	文史地部	云南省立东陆大学、中央大学、国立编译馆、山东大学
束世澂	安徽芜湖	25	安徽法政学堂	1920	文史地部（特别生）	金陵大学、中央大学、四川大学、安徽大学、华东师范大学
陆维钊	浙江平湖	21	浙江省立第二中学	1920	文史地部	清华国学研究院、松江女中、中国美术学院
王焕镳	江苏南通	21	江苏省立第七中学	1920	文史地部	江苏省立国学图书馆、浙江大学、杭州大学
郑沛霖	广东东莞	25	东莞县立中学	1920	文史地部	暨南大学、中山大学、广东省立勷勤大学
龙文彬	浙江金华	22	浙江第七中学	1920	文史地部	
周憨	江苏太仓	23	海门中学	1920	文史地部	江苏省立国学图书馆、浙江大学
吴文照	浙江天台	19	天台县立中学	1920	文史地部	

(续表)

姓名	籍贯	入学年龄/岁	学历	入学时间/年	所在系科	毕业去向
陈旦	江苏常熟	22	江苏省立第一师范	1920	文史地部	
邵森	江苏南通	23	江苏省立第七中学	1920	文史地部	南通、扬州、安庆、徐州等地中学
芮九如	江苏泰兴	24	江苏省立第二中学	1920	文史地部	
马继援	江苏如皋	23	如皋师范学校	1920	文史地部	如皋师范学校、国民政府教育部
汪章才	安徽合肥	22	安徽省立第二中学	1920	文史地部	
陈兆馨	江苏丹徒	29	江苏省立第五师范	1920	文史地部	
黄应欢	江苏南通	22	南通师范学校	1920	文史地部	中央研究院气象研究所
赵祥瑗	江苏丹徒	22	江苏省立第一中学	1920	文史地部	江苏省立第五师范学校、镇江中学、扬州师范学校
全文晟	云南昆明	18		1920	文史地部	中央研究院气象研究所、云南建水临安中学、昆明气象测候所
陈永洙	福建莆田	20	福建省立第十中学	1920	文史地部	
陈人文	浙江东阳	19	东阳县立中学	1920	文史地部	厦门集美师范学校、东阳中学
王福隆	甘肃伏羌	24	甘肃省立第一师范	1920	文史地部	
田少林	甘肃狄道	22	甘肃省立第一中学	1920	文史地部	
杨承央				1920	文史地部	

(续表)

姓名	籍贯	入学年龄/岁	学历	入学时间/年	所在系科	毕业去向
潘葆煌				1920	文史地部	
张邃如				1920	文史地部	
杨受庆	湖北枝江		湖北省立荆南中学	1921	文史地部	
刘启文	江苏宝应	23	江苏省立第六中学	1921	文史地部	
闵毅成	江苏武进	23	江苏省立第一师范	1921	文史地部	
张景玉	河南睢县	23	河南省立第一师范	1921	文史地部	
刘掞藜	湖南新化	20	宝庆第二联合中学	1921	文史地部	成都大学、河南大学、武汉大学
李莹碧	四川江安	20	四川省立第一师范	1921	文史地部	
邓光禹	湖南郴县			1921	文史地部	
沈孝凤	浙江嘉兴		浙江省立第二中学	1921	文史地部	
刘芝祥	江西南城		上海大通学院	1921	文史地部	
王觉	广西灌阳		广西第二师范学校	1921	文史地部	
刘作舟	江西新淦			1921	文史地部	
孙留生	广东潮安			1921	文史地部	
洪瑞钊	浙江瑞安			1921	文史地部	
陆祖鼎	江苏吴江			1921	文史地部	
彭振纲	湖北沔阳	19	武昌中华大学	1922	文史地部	
王镜第	安徽黟县	19	安徽第二师范学校	1922	文史地部	

(续表)

姓名	籍贯	入学年龄/岁	学历	入学时间/年	所在系科	毕业去向
胡士莹	浙江平湖	19	浙江第二中学	1922	文史地部	复旦大学、光华大学、杭州大学
严洪江	江苏崇明	20	崇明中学	1922	文史地部	
冉 樨	四川涪陵			1922	文史地部	
曹松叶	浙江金华			1922	文史地部	
曾 约				1915	国文部	
纪乃佺				1915	国文部	
胤附家					文史地部	
武尚贤	云南思茅			1919	数理化部	
李汉信	江苏东台		南京中学	1919	数理化部	
曹铨楼	江苏南通			1919	数理化部	
谢 群	江苏泰县	19	南通代用师范学校	1919	东南大学文理科	
尤廷坚	江苏江都	26	江苏省立第五师范	1919	东南大学文理科	
孙逢吉	浙江杭州			1919	东南大学文理科	
陈 忠	广西南宁	19	广西省立第一中学			
陈家栋	安徽芜湖		安徽省立第一师范			
赵 俨						

注：史地研究会成立之初有会员73人，第二、三届降为62人和64人，第四届增至81人，第五届85人，第六届95人。第七、八两届会员名录均未见登于《史地学报》，故无法明了此后会员的确切人数。本表根据档案、县志和文史资料等编制而成。

当时南高师校内学生组织众多,大多组织相关的研究会。"此种研究会,皆为各科学生自动组织,征他科同学有同志者之加入,请教授与外间学者为指导员,研究讲演之外,竞出刊物。初多油印自相观摩,继则多由书局出版,虽学生时代之作述,不无未成熟之作,然裒然成帙,亦颇有开创风气之效者。"①史地研究会运作情况也大致如是。初建时,由柳诒徵、朱进之和童季通担任指导员。第二届起,改由柳诒徵、徐则陵和竺可桢三人负责指导,随后梁启超、白眉初、陈衡哲、曾膺联、萧叔绚、王毓湘、杜景辉、顾泰来等也成为研究会指导员,其中竺可桢、徐则陵、陈衡哲、曾膺联、萧叔绚、顾泰来、杜景辉等均为留美学者。这样一个中外交融、传统与现代并蓄的指导员阵容,无疑有助于拓宽会员视野,有助于他们了解国内外学术发展的最新态势。上述指导员中,尤其是柳诒徵和竺可桢为研究会中青年人才的培养,倾注了极大的心血,研究会成员也在两位导师的指引下,各自走上了不同的研究道路。另外值得注意的是,成立于美国的中国科学社于1918年迁回国内,其大本营就设于南京高等师范学校内,中国科学社的发起人任鸿隽、秉志、杨杏佛、过探先和胡明复等人皆曾任教于南高—东大,加之史地研究会成员又经常去中国科学社聆听讲座或邀请中国科学社成员来史地研究会做演讲,可以说其后大行其道的科学精神和科学方法等对于南高学子来说是不陌生的。

默默无闻的青年学子要为学界所知晓,在期刊发表高水平论文不失为一个很好的途径。正如胡适在1936年鼓励罗尔纲挑选"金石补订笔记之最工者",用"真姓名"送到《国学季刊》去发表,因为"此项文字可以给你一个学术的地位"。② 深谙于此的柳诒徵,也很是鼓励学生创办期刊,发表学术论文。在柳诒徵等人支持下,1921年7月,史地研究会会刊《史地学报》第1期集稿完成,寄往上海商务印书馆,11月正式出版。《史地学报》共出4卷20期。其中第1卷为季刊,凡

---

① 陈训慈:《南高小史》,《国风》第7卷第2期,1935年。
② 罗尔纲:《师门五年记·胡适琐记(增补本)》,生活·读书·新知三联书店,1998年,第49页。

4期;第2、3卷为月刊,年出8期(寒暑假停刊);1926年《史地学报》第4卷第1期出版,亦为该刊终刊号。在《史地学报》上发表文章的缪凤林、向达、张其昀、陈训慈、郑鹤声、刘掞藜、王庸、张廷休、钱堃新、束世澂和范希曾等人之后都卓然成家。其后他们又创办了《史学与地学》《史学杂志》《江苏省立国学图书馆馆刊》《浙江省立图书馆月刊》《图书展望》《国风》《思想与时代》等刊物,刊发同人文章,展现学术成就。

南高学子在求学时期展现出来的学术风格,显然与学会指导员尤其是柳诒徵的努力是分不开的。虽然史地研究会指导员阵容强大,但就史学而言,和学生接触最多的无疑是柳诒徵,他们刊发文章的题目也大多由柳诒徵确定。陈训慈说:"《史地学报》(商务)与《文哲学报》(中华)同为南京高师(后扩大改名东大)中由学生主办、教授指导之文科两刊物,《史地学报》历时较久,出刊期数较多。此刊在地理地质方面论文资料由竺可桢师主持指导,史学方面教授虽有二三人,主要由劬师热心指导助成。当时二年级以上各班同学所发表之历史方面不成熟论文,大部分系劬师先为命题。"① 郑鹤声比陈训慈低一级,他也认可陈训慈的说法,指出柳诒徵在教学过程中常根据授课内容出一些题目,让学生选择,并按"指定参考资料,加以阅读,选出基本材料。然后再参考其他材料,加以组织成篇,由柳先生详加披阅,指出问题所在,虽一字一句,亦不放过,数经修改,择其优者,选入该校所出版的《史地学报》,以资鼓励"②。可见柳诒徵对学生的指导是一贯的,在其心目中,《史地学报》不仅是发布学会研究成果的渠道,更是培养青年史学人才的重要园地。

二、南高学派之形成

1925年1月7日,《申报》登载了教育部1925年一号令,决定免除郭秉文的东南大学校长职务,改由上海大同大学校长胡敦复接任。

---

① 陈训慈:《劬堂师从游脞记》,柳曾符、柳佳编:《劬堂学记》,第85页。
② 郑鹤声:《记柳翼谋老师》,柳曾符、柳佳编:《劬堂学记》,第103—104页。

此令直接引发了绵延数年的东南大学"易长风潮"。此次风潮牵涉人员极广,时间也长,可谓是东南大学由盛转衰之关键。众多名教授,无论其拥郭抑或是拥胡,不堪校内局势之混乱,纷纷出走。柳诒徵远走东北大学,竺可桢应商务印书馆之聘离校。其他几位史地研究会的指导员也早已纷纷离散,如梁启超于1923年即离开东南大学,杜景辉于1923年11月病逝,陈衡哲留宁半年后回四川,徐则陵转至教育系任职,顾泰来则赴北京供职外交部,白眉初也回到北京高师。而1923年起,胡焕庸、陈训慈、张其昀、缪凤林和诸葛麒等人相继离校,开始了史地研究会骨干的新陈代谢。至1925年,向达、郑鹤声、刘掞藜、陆维钊等人毕业,更使其核心成员风流云散。后继的研究会成员中,很可能缺少上述诸人的才干,虽然陈登原曾经主持过史地研究会,但仅凭一人之力,实在是回天乏术。因东大"易长风潮"影响,《史地学报》第3卷第8期延至1925年10月出版,而其终刊号第4卷第1期,更是拖至1926年10月方才问世,其间间隔长达一年,可以想见当时"史地研究会"人才之匮乏。《史地学报》终刊,同年《史学与地学》创刊,意味着该群体并未风流云散,事实上,会中一些骨干经过多年的相互砥砺,已逐步形成一个具有共同学术志趣和治学风格的学派,亦即南高学派,形成时间在1928年。之所以以1928年为形成时间,是因为柳诒徵等人创办的学术期刊以往"皆骈列史地",但1928年张其昀和胡焕庸等人创办了《地理杂志》,其后缪凤林、陈训慈等人倡议创办史学杂志,他们自觉区分史、地二学,意味着他们已经选择了自己一生的志业,是谓"孪生之子自毁齿而象勺,虽同几席而各专,其简策之通轨也"①。也在该年,柳诒徵即不再寄稿及致函吴宓,引得吴宓悲叹"我按期以《文学副刊》分寄柳、汤诸人,而皆从无一字之评赞,来函直不提起,遑言寄稿相助。……南京诸公,久不来函。我屡函,又不复"②。很显然,柳诒徵等人已经开始与吴宓的《学衡》疏

---

① 柳诒徵:《发刊辞》,《史学杂志》第1卷第1期,1929年。
② 吴宓:《吴宓书信集》,生活·读书·新知三联书店,2011年,第129—130页。

离了。

之所以说柳诒徵和他的弟子形成了史学上的南高学派,乃是基于以下一些理由:

第一,在人员的构成上,南高学派已具有一支相当稳定的基本队伍,虽然毕业后大家各奔东西,成员间仍相互保持着相当密切的学术联系。1926年初,当向达、张其昀在上海商务印书馆编译所,陈训慈在杭州浙江省立第一中学,柳诒徵在北京女子大学,缪凤林和景昌极在东北大学期间,他们就商议组织了"中国史地学会",共推柳诒徵为总干事,并在同年底出版了会刊《史学与地学》,期以继续发扬南高史地学会的精神。次年夏,柳诒徵重回南京,担任国立中央大学国学图书馆(后易名为江苏省立国学图书馆)馆长。稍后,其弟子范希曾、向达、缪凤林、陈训慈、郑鹤声、张其昀等也相继任职南京,尤其是缪凤林、向达和范希曾等人更是曾任职于江苏省立国学图书馆,与柳诒徵朝夕相处。此前是友朋星散,讲习无从;此次旧雨重逢,更激起他们为中国现代史学发展共创事业的宏愿,遂于1929年初倡议发起了"南京中国史学会",同时发行会刊《史学杂志》。与此同时,其成员还经常通过集会等方式,相互交流学术和共商进止。对此,郑鹤声在回忆中曾有过生动的描绘:

> 1928年后,南京为首都所在,群贤毕至,时柳师担任江苏省立国学图书馆馆长(在清凉山),竺师担任南京"中央研究院"气象研究所所长(在鸡鸣山),两处职员多是南高、东大史地两系毕业同学,其时南京各学校机关亦多两系同学,不下数十人,群议宴请柳、竺两师以为寿。柳师笑对竺师说:"我们两个大王,各聚一个山头,各拥有喽罗若干人,势力不可谓不雄厚,我们应如何作出打击计划,各成大事。"竺师笑对柳师说:"我们打天下各有范围,至于如何打法也有不同,总之我们应当应用科学方法循序渐进,立业而后成

功,不能躐等而进。"①

柳诒徵的"我们两个大王,各聚一个山头,各拥有喽罗若干人"和竺可桢的"我们打天下各有范围"实已道明:南高史地研究会时期的南高学群经过数年的聚散离合,此时已经在学术上走向成熟,以各自研究方向为基础分别聚集在柳诒徵和竺可桢门下,史学上之南高学派事实上已经成型。即使此后他们分居各处,但依旧音信不断,相互砥砺,完全形成了以某一学术事业为共趋目标的群体。

第二,在文化理念上,南高学派反对对中国传统文化的彻底否定,尤其是对孔子的彻底否定,他们的文化观与白璧德的新人文主义若合符节。新人文主义"以综合西方自希腊以来贤哲及东方孔、佛之说而成,虽多取材往古,然实独具创见,自为一家之言,而于近世各种时尚之偏激主张多所否认"②。"若欲窥见历世积储之智慧,撷取普通人类经验之精华,则当求之于我佛与耶稣之宗教教理,及孔子与亚里士多德之人文学说,舍是无由得也。论其本身价值之高,及其后世影响之巨,此四圣者,实可谓为全人类精神文化史上最伟大之人物也。"③"事实上,白璧德在1921年为美国东部之中国留学生年会上发表的演说中,也已经提到东西文化在文化与道德传统上的相似性,并说:'吾每谓孔子之道有优于吾西方之人道主义者,则因其能认明中庸之道,必先之以克己及知命也。'他的弟子回忆,在平常的谈话中,白璧德也常常提及孔子,称之为'道德宗师'。"④新人文主义对"偏激主张"的否定,对孔子的肯定,将孔子界定为"全人类精神文化史上最伟大之人物"之一、"道德宗师",经过白璧德中国学生的阐释,白璧德的新人文主义无疑很容易与南高学派产生共鸣。柳诒徵一直不赞成

---

① 郑鹤声:《记柳翼谋老师》,柳曾符、柳佳编:《劬堂学记》,第105—106页。
② 梅光迪:《现今西洋人文主义》,《学衡》第8期,1922年。
③ 吴宓译:《白璧德论欧亚两洲文化》,《学衡》第38期,1925年。
④ 王晴佳:《白璧德与学衡派——一个学术文化史的比较研究》,《"中央研究院"近代史研究所集刊》第37期,2002年。

新文化运动对传统文化的彻底否定,尤其是对孔子的批评。他认为:"孔子者,中国文化之中心也,无孔子则无中国文化。自孔子以前数千年之文化,赖孔子而传;自孔子以后数千年之文化,赖孔子而开。"① 在他的引领下,向达、缪凤林、景昌极等人翻译了一些西方古典人文主义著述在《学衡》杂志刊发。20 世纪 30 年代,他们还发起了"新孔学运动",发表了《孔学管见》《如何认识孔子》《孔子的真面目》《谈谈礼教》等文,对孔子表示推崇。正是文化理念上的相近,使得南高学派很容易融入"学衡派"中,而《学衡》杂志的办刊宗旨"论究学术,阐求真理,昌明国粹,融化新知。以中正之眼光,行批评之职事。无偏无党,不激不随"②,也成为该派从事各类学术研究和文化建设事业的理论共识。

第三,南高学派在治学路向与方法上,显示出一种共有的旨趣。他们的治学目标与主张"为学术而学术"的北大派不同,在史学求真的基础之上,他们始终倡导"经世致用"的学术传统,肯定孔子以来儒家所主"成己必成物,立己必立人,故修身之后,即推之于家国天下,其于建国、为政、理财、治赋之法,无一不讲求而蕲致用于世"③的学术功能观,强调治学当"沿流讨源,援古证今,讲明当代典章文物,以达经世致用之目的"④。同时在方法上,主张不仅要吸取西洋新法,还应重视传统学术的积累,反对轻视和无根据地怀疑传统学术。这其中,以柳诒徵的看法最具代表性,他曾感叹当时能"以域外贤哲治史之法,沉潜博洽以治吾国史学者"太少,而"高心空腹之士,阁束旧籍,斥为无系统无价值,竟以俚语臆说改造历史,流风所被,亦一新式时文耳"。因而提出:"欲治史学,必先读史,读之如肉贯串,然后可言改革。不读史籍,但矜改作,犹之烹饪者尚不知鸡鸭鱼肉蔬菜果蓏为何状,第执他人之食谱菜单,苟以哗众取宠,吾未见其能烹饪也。"他反

---

① 柳诒徵:《中国文化史》,第 231 页。
② 《学衡杂志简章》,《学衡》第 3 期,1922 年。
③ 柳诒徵:《中国文化史》,第 235 页。
④ 张其昀:《吾师柳翼谋先生》,柳曾符、柳佳编:《劬堂学记》,第 114 页。

复要求自己的学生"不染此俗,沉潜乙部",勿空谈标新,而当从熟习文献史料入手,去求得历史的真解。盖"董理国故,殊非易言,钻研古书,运以新法,恢彊史域,张我国光,厥涂孔多,生其益勖"。① 是以该派学者学术论著,也大多反映出这样一种学术风格。

第四,学派的形成还有赖于衣钵的传承有人和学派成员互通声气。关于学派,蒙文通认为:"凡言开创学派,必非一人之力,亦非一时可就。人才在乎培养,学派成于讲习。有三数人共治一学,互相影响,互相启发,三数年后,则学派成矣。"②南高学派正如是。柳诒徵在南高师任教时期开设的课程较多,这也是他多有心得之学,弟子们多能分类传承。如柳诒徵讲授亚洲史,向达也曾开设亚洲史课程,柳诒徵注重史料,向达曾讲授史料学。"向先生讲授的史料学是他精心准备的,内容很充实,着重介绍史部目录,旁及史学发展史和历代学术流变,以及有关图书版本目录的专门知识。除自编讲义外,他还印发了不少资料,如司马谈的《论六家要旨》《汉书·艺文志》《隋书·经籍志》《四库全书总目提要》,以及王国维的《简牍检署考》等。"③郑鹤声更是编撰了《中国史部目录学》一书,以十章之篇幅来论述中国史部目录学之发展历程。柳诒徵讲授的亚洲史课程中包含日本史和朝鲜史等国别史,后来缪凤林也一直对日本史多有研究,撰有《日本论丛》《日本史鸟瞰》,编有《朝鲜史讲义》;郑鹤声则是在东陆大学预科讲授南亚史和东亚史;柳诒徵讲授中国文化史课程,缪凤林在中央大学讲授中国文化史,景昌极曾在浙江大学开设中国文化史课程,郑鹤声在东陆大学给本科生讲授中国文化史,陈训慈则是独出机杼,致力于浙江文化史研究,编有《浙江文化概说》讲义。于学术传承之外,南高学派成员之间多能互通声气,旧雨新知,相互问学。如谢国桢因王庸而认识向达,并因向达"相介得聆柳诒徵先生之馨欬,见闻较广,得以接

---

① 郑鹤声:《记柳翼谋老师》,第104—105页。
② 王承军:《蒙文通先生年谱长编》,中华书局,2012年,第248页。
③ 萧良琼:《向达先生在历史所》,沙知编:《向达学记》,生活·读书·新知三联书店,2010年,第198页。

东南人士,皆由君启之"①。刘掞藜在 1935 年病逝后,其同学好友在《国风》第 7 卷第 1 期上刊登《征赙启事》,署名者有景昌极、缪凤林、张其昀、陈训慈、王焕镳、向达、郑鹤声、周悫。另如王庸介绍张其昀与张荫麟联系,张荫麟聘请王庸、王焕镳等人为《时代公论》特约编辑等等,不一而足。

第四节　南高学派成员组合

南高学派究竟包括了哪些主要成员?从南高史地研究会的整个活动过程,及其 1926 年以后主要成员的行踪和言论分析,我们以为,南高学派精神领袖和学术领路人是柳诒徵,核心成员有陈训慈、张其昀、缪凤林、郑鹤声、向达、刘掞藜等人,界定标准是有共同的治学旨趣,且成员之间多有互动,而非是否在同人刊物上登载文章。这里,试对学派主要成员的情况略做考察。

柳诒徵(1880—1956),字翼谋,江苏丹徒人。6 岁丧父,靠亲族及慈善机关救济度日,在家从母苦读诗书,后就学于外族家的鲍氏书塾,17 岁中秀才。1901 年经陈庆年推荐,入南京江楚编译局编辑教科书,编有《历代史略》等。1902 年,随缪荃孙赴日本考察教育。归国后,与友人先后创办南京思益小学、江南中等商业学堂、镇江大港小学等,编《中国商业史》《商业道德》等讲义。1915 年,任南京高等师范学校国文、历史教员。南高师并入东南大学后,改任历史学教授。在校期间,他始终担任史地研究会的指导员,被公认为学会的灵魂和精神导师。1925 年,东南大学发生"易长风潮",柳诒徵北上任教于北京女子大学和东北大学。1927 年回南京,出任中央大学国学图书馆馆长一职。1943 年,柳诒徵成为教育部部聘教授;1948 年 9 月,与陈垣、汤用彤、张元济、顾颉刚等人一起当选为中央研究院院

---

① 谢国桢:《我与向达之友谊关系》,沙知编:《向达学记》,第 123 页。

士。1949年后,柳诒徵任职于上海市文物保管委员会。其传世名著有《中国文化史》和《国史要义》,其余论著大多收入《柳诒徵史学论文(续)集》和《柳诒徵劬堂题跋》等。

柳诒徵自幼受到严格的传统教育,其母为一自强不息而又极守传统道德的妇女,这对他日后形成重德操的人格影响极大。其尝自述:"我自幼受我母亲的教诲,做诗做文不可好发牢骚,专说苦话,以及攻讦他人,触犯忌讳等等。"①他教育学生,以人格与学问并重。"言德不专为治史,而治史之必本于德"是他对史学研究者的基本要求②。并自谓:"吾之人本主义,即王氏所谓合全国为一道德之团体者。"③正因为对道德教化的重视,柳诒徵任教南高师时,便极重身教言教,对学生影响之大,迥非其他教师可比。吴宓以为:"南京高师校之成绩、学风、声誉,全由柳先生一人多年培植之功。论现时东南大学之教授人才,亦以柳先生博雅宏通,为第一人。""国文系四年级学生十余人,则由柳翼谋先生(诒徵)在南京高师校多年之培植,为最优秀之一班(空前而绝后)。"④成员星散各处后,柳诒徵成为该派重新积聚的一面旗帜,其所在的江苏省立国学图书馆成为学派成员聚集之地。他们相继成立了中国史地学会和南京中国史学会,继续发行会刊。1932年,他们成立国风社,柳诒徵为社长,成立南京钟山书局,发行《国风》半月刊,以张其昀、缪凤林和倪尚达为编辑委员,以倡导和发扬中国固有文化,介绍世界最新学术为己任。南高学派的互动由此得以延续。所以说,柳诒徵是南高学派的领袖,在学派的形成过程中,他起到了领袖群伦的作用。

陈训慈(1901—1991),字叔谅,浙江慈溪人。幼年丧母,受兄长陈屺怀和陈布雷影响甚深。1919年,考入南京高等师范学校文史地部。在校期间,加入史地研究会,曾任总干事等职,参与《史地学报》

---

① 柳诒徵:《我的自述》,柳曾符、柳佳编:《劬堂学记》,第17页。
② 柳诒徵:《国史要义》,第112页。
③ 柳诒徵:《国史要义》,第309页。
④ 吴宓:《吴宓自编年谱》,第228、223—224页。

的创刊,在该杂志发表文章22篇。1923年毕业后,任职于上海商务印书馆编译所,并继续在东南大学历史系学习。1926年后,参与中国史地学会和南京中国史学会。1930年,任中央大学历史系讲师,讲授中国近代史和西洋通史。1932年,出任浙江省立图书馆馆长,主办了民国图书馆史上规模最为宏大的浙江文献展览会。任馆长期间,曾在浙江大学兼任教授,讲授中国近代史课程,并主持浙江大学龙泉分校的创建工作。1940年4月,国民政府教育部成立史地教育委员会,陈训慈抵达重庆后,史地教育委员会邀请他参与该会事务。1943年3月24日,中国史学会成立大会在中央图书馆举行,陈训慈在会上当选为常务理事。抗战期间,为保护文澜阁藏的四库全书等珍本古籍和宁波天一阁藏书殚精竭虑,终使之免遭时难。抗战胜利后,任清理战时文物损失委员会副主委,主持调查战时中国文物图书损失事项,为被劫掠文物顺利回国做出了重要贡献。1949年后,陈训慈先后任职于浙江省文物管理委员会和浙江省博物馆。著有《世界大战史》《清代浙东之史学》《浙江图书馆小史》《浙江省史略》《万斯同年谱》等。

张其昀(1901—1985),字晓峰,浙江宁波人。自幼接受传统教育,在小学和中学时期,与之交好的老师中有几位传统学者,对张其昀的成长产生了重要影响。1919年考入南京高等师范学校文史地部,为南高史地研究会会员。在会中担任总编辑和副总干事等职,与陈训慈一起为《史地学报》撰稿最多之人。1923年毕业离校后,任商务印书馆编辑,从事初高中地理教科书编辑工作。1927年,柳诒徵推荐张其昀到中央大学任教,"抵京之日,柳师约同缪凤林君,在中大门前小饭馆,吃五毛钱的客饭,欣喜我们旧地重游,勉励我们养望自重"[①]。任教中央大学后,与胡焕庸等人创办《地理杂志》和中国人地学会。其间,参加南高学派同人组织的中国史地学会和南京中国史学会,为《史学与地学》《史学杂志》等刊物撰稿。1932年,创办南京

---

① 张其昀:《吾师柳翼谋先生》,柳曾符、柳佳编:《劬堂学记》,第115页。

钟山书局,任《国风》半月刊主编。1935 年,被推选为中央研究院第一届评议员。1936 年,竺可桢聘其为浙江大学史地系主任兼历史研究所所长,后兼任文学院院长,在任内创办了《史地杂志》。1941 年,与钱穆、张荫麟、贺麟和朱光潜等人一起创办了《思想与时代》。曾任史地教育委员会聘任委员、中国史学会理事等职。1943 年应美国国务院之邀,在哈佛大学为访问教授两年。1949 年去台湾,曾任"教育部"部长、国民党中央宣传部部长等职,创办了"中国文化大学"。著有《中国民族志》《中华五千年史》《孔学今义》等,著述多已收入《张其昀先生文集》全三编二十九册。

缪凤林(1899—1959),字赞虞,浙江富阳人。1919 年考入南京高等师范学校文史地部,曾任《史地学报》编辑和总编辑等职。缪凤林也是第一位在《学衡》杂志发表文章的南高学生,他也较多参与了《学衡》事务,吴宓对其甚是看重。在校期间,他勤于治学,博涉中外史籍,尤感于黄遵宪的《日本国志》,有了撰写《日本通史》之念。1923 年毕业后,因吴宓之荐,和景昌极一起任教于东北大学。在东北大学期间,缪凤林致力于搜集日本史相关史料。1927 年,被柳诒徵聘为江苏省立国学图书馆印行部主干。1928 年开始,长期任教于中央大学历史系,讲授中国通史、中国文化史和日本史等课程。其间,参与中国史地学会和南京中国史学会事务,也曾被南京的学衡社同人推举为学衡社总干事。全面抗战爆发后,随中央大学内迁重庆。曾四度应西北军事当局之邀,赴西北考察和讲演。1949 年曾携部分藏书去台湾,因陈诚邀请主持台湾省文献委员会。同年返回南京,再定行止。因中央大学聘其为历史系主任等原因,放弃台湾之行,[①]其携至台湾的藏书现存于"中国文化大学"图书馆。主要著述有《中国通史纲要》《中国通史要略》《中国民族史》《日本论丛》《评傅斯年〈东北史纲卷首〉》等。

郑鹤声(1901—1989),字萼孙,浙江诸暨人。9 岁入私塾发蒙,

---

① 张效乾:《怀念缪凤林先生》,《传记文学》第 46 卷第 1 期,1985 年。

12岁改入大东乡高等小学,后转入北乡公学。小学毕业后,考入浙江省立第一中学。1920年考入南京高等师范学校文史地部,师从柳诒徵、竺可桢、陈钟凡、顾实等人。初以学国文为主,史地为次,后则专攻史学。曾任《史地学报》编辑部副主任一职,毕业论文《汉隋间之史学》曾连载于《学衡》。1925年毕业后,应聘到云南高等师范学校和东陆大学(今云南大学)任教,编有《中国史学史》讲义。1928年,商务印书馆将郑鹤声的《司马迁年谱》《班固年谱》《袁枢年谱》等以"郑氏史学丛书"之名出版。1929年回到南京,入国民政府大学院(后改为教育部)编审处任职,同时兼课于中央大学和中央政治学校,讲授中国史部目录学和中国史学史等课程。1931年编审处改为国立编译馆,郑鹤声随之入馆,长期担任编审兼第三组主任。1946年4月,复由编译馆转入国史馆,充纂修职兼史料处处长,与柳诒徵共事。其间,郑鹤声参加南京中国史学会,为《史学杂志》撰稿。1949年后,先后任职于中国近代史研究所和山东大学等处。著有《中国文献学概要》《中国近世史》《郑和》《郑和遗事汇编》等。

向达(1900—1966),字觉明,笔名方回、佛陀耶舍,湖南溆浦人。幼年丧父,家贫,读私塾,后入溆府小学堂、常德第二师范附小和长沙明德中学求学。20世纪20年代,求学于南京高等师范学校,曾任史地研究会总干事和总务部主任。毕业后,任职于商务印书馆编译所,曾短暂就职于江苏省立国学图书馆。20世纪30年代,向达任职国立北平图书馆,担任编纂委员会委员,主要工作是编辑《国立北平图书馆馆刊》。后以交换馆员身份远涉重洋,在英法等国阅卷编目,抄录了大量散佚的太平天国、敦煌写本等珍贵文献。其间,向达在北京大学历史系兼任讲师半年,讲授"明清之际西学东渐史",后为北大文科研究所专任导师,兼西南联合大学历史系教授。20世纪40年代,向达参加西北史地考察,惊沙撼大漠,是第一个真正从考古学意义上提出莫高窟保护问题的学者,直接促成了敦煌艺术研究所的成立,并开拓出考古、美术、历史等多学科综合研究敦煌学的新路。1949年后,历任北京大学历史系教授、北京大学图书馆馆长、中国科学院历史所第二所副所长、学部委员等职。著有《中西交通史》《中外交通小史》《唐代长安与西域文明》等,倡导并主持了《中外交通史籍丛刊》的整理与出版。

刘掞藜(1900—1935),字楚贤,湖南新化人。先后就读于新化县小学、宝庆第二联合中学,因历年成绩全优而得免学费。中学毕业后,因家贫而辍学,但依旧苦读不懈。在购得正续《皇清经解》《李太白集》《杜工部集》等书后,"日苦读其中,盛夏无间,如是者积两年,学乃大进"①。曾入长沙耶礼大学,专修英语。一年多后求学北京,借宿僧寺,苦读经书不已。不久,终因京城居之不易,刘掞藜回到长沙,执教湖南省立第一师范附属小学。1921年,刘掞藜考入南京高等师范学校文史地部,从柳诒徵学,曾任史地研究会总务部副主任,和郑鹤声一起负责《史地学报》的编辑工作。1923年,因"疑禹为虫"与顾颉刚有著名的古史论战,声名鹊起,被顾视为畏友,后来加入了顾颉刚组织的朴社。1925年从东南大学毕业后至1932年,辗转任教于河南中州大学、国立武昌中山大学、国立成都大学和国立武汉大学。虽然时间都不长,但在此期间,刘掞藜著述甚丰,计有《世界史略》《中国政治史》《中国民族史》《史学与史法简编》《中国上古史略》《中国通史三:隋唐五代史要》《宋元明清初史》等。1932年,因风湿病发作,"几乎半身不遂"②,刘掞藜辞去武汉大学教职。1934年秋,因为家乡匪患猖獗,避地南京,住江苏省立国学图书馆,与蔡尚思交好。

除了上述诸人外,王庸、束世澂、张廷休、王焕镳、景昌极、钱堃新、周㥄、范希曾等人亦为南高学派成员。他们之中,柳诒徵曾有短暂的赴日考察教育经历,但接受的是传统学术训练,从学于缪荃孙。其余南高诸子皆为南高文史地部学生,在进入学术圈之前或之后一段时期内都没有留学海外的经历。所以,南高学派身上有强烈的"土

---

① 陶元珍:《亡师新化刘先生事略》,《国风》第7卷第1期,1935年。
② 刘掞藜:《晋惠帝时代汉族之大流徙》(顾颉刚按语),《禹贡》第4卷第11期,1936年。

著学者"色彩。① 其中向达在进入北方学术圈之后,曾于 1935 年以交换馆员身份去英国;陈训慈、郑鹤声曾有出洋计划,但未曾成行;张其昀直至 20 世纪 40 年代,应美国国务院之邀,赴美访学;缪凤林和刘掞藜等人则未曾出洋访学。是故总体而言,南高学派在初期都被北方学界视为苦学之人,没有海外经历,胡适即称张其昀为"从未出国门的苦学者"②,而胡适、傅斯年与史语所之人则多有海外留学经历。可能也正是这种学术背景差异,导致南北两派难以互为同调,因为"留学不仅是胡适学术成名的重要资本,也是他赖以建立新学术的社会基础,所以他十分看重学人是否有留学经历"③。

第五节 治学路向

南高学派的治学路向明显不同于北派学人,求真与致用的统一,史料搜考与"观其会通"的统一,是他们始终追求的理想治学境界,这也是对当时占据主导地位的治学路向的一种"反动"。

"五四"前后,胡适先后写了《论国故学》《国学季刊发刊宣言》等文章,宣扬整理国故运动,极力倡导"为学术而学术"的治学精神,反对将"致用"引入学术研究,关怀的是学术研究的卓越化。胡适认为,"做学问的人,当看自己性之所近,拣选所要做的学问,拣定之后,当存一个'为真理而求真理'的态度。研究学术史的人,更当用'为真理而求真理'的标准去批评各家的学术"④。顾颉刚也一再强调说"吾辈研究历史者注重证据,重证据必重然否,其目的在止于求真"⑤,我们"研究的目的,只是要说明一件事实,绝不是要把研究的结果送与社

---

① 张其昀:《中华五千年史》第 1 册,"中国文化大学"出版部,1961 年,第 87 页。
② 胡适:《胡适日记全编》第 7 册,安徽教育出版社,2001 年,第 540 页。
③ 桑兵:《晚清民国的学人与学术》,第 256 页。
④ 胡适:《论国故学——答毛子水》,朱文华编:《反省与尝试——胡适集》,第 305 页。
⑤ 顾颉刚:《厦大之孔诞祝典》,《古史辨》第 2 册,上海古籍出版社,1982 年,第 127 页。

会应用"①。以"史学即是史料学"蜚声中国史坛的傅斯年,更是公开宣称,"近代的历史学只是史料学,利用自然科学供给我们的一切工具,整理一切可逢着的史料","要把历史学语言学建设得和生物学地质学等同样,乃是我们的同志"。② 由此形成了一种"非考据不足以言学术"的风气。③ 具体表现是"各大学研究所及中央研究院皆尚考据之风","今之为考据者,且又不如清儒"。④ 在此风气裹挟下,"治史者咸致力于寻求罕见之典籍文物,苟有所获,则不问事之巨细,题之轻重,旁征广引,附会渲染以为文章,考史愈专精,可读之史愈少"⑤。

南高学派担心这种风气会助长某种脱离实际的治学倾向,柳诒徵就斥之为"求人间未见之书而读之也"⑥。景昌极曾撰文批评:"新文化运动诸人,以其所谓科学方法,为疑古之考据,多有过当之处,时贤论之者众。愚以为此实末节,不足为病。其最可惜者,则所考证之问题,多其细已甚,不值深考。方且以此相高,养成一种琐碎支离之学风,使学生于故纸堆外,不复知有学问。此旧式学究之窠臼,今之新学者亦未能自解免也。"治史当"先使人人明白历史上之大势,而后任少数人作枝枝节节之考据,乃为能见其大,乃不为轻重倒置"。并自信地表示:"北都新文化运动炽盛之际,南中(指南高)学者固不乏头脑沉静、淡于荣利之士,其所持态度,类与本篇有同感焉。中国学术之生机,似当于此中求之。"⑦虽然现代史学已无法如传统史学那样直接经世,但若可于求真之外能致用,能有益于个人、国家、人类社会当为史家所乐见之事。因此,他们认为仍然有必要提倡求真与致用

---

① 顾颉刚:《北京大学研究所国学门周刊一九二六年始刊词》,《宝树园文存》第1卷,中华书局,2011年,第229页。
② 傅斯年:《历史语言研究所工作之旨趣》,欧阳哲生主编:《傅斯年全集》第3卷,第12页。
③ 《古史辨第四册书评》,《读书月刊》第2卷第7期,1933年。
④ 熊十力:《十力语要》,上海书店出版社,2007年,第231页。
⑤ 牟润孙:《记所见之二十五年来史学著作》,杜维运、黄进兴编:《中国史学史论文选集》第2册,台北华世出版社,1976年,第1149页。
⑥ 柳诒徵:《论文化事业之争执》,《史学杂志》第2卷第1期,1930年。
⑦ 景昌极:《新理智运动刍议》,《国风》第8卷第4期,1936年。

统一的学风。柳诒徵提出,治学应讲求史学的功效,"我们研究历史的最后目的,就在乎应用"①,并认为治学先须博学,"但是,博学不是搬与人家看的,要有笃实的志向,为自己、为最近的人和当时的国家。如此,方能得到最切近的问题,才能靠近的想"②。陈训慈很反对时人将史学归为"繁重孤僻之学",在他看来,史学与社会息息相关,"历史既能助成完全之智识,又于人心大有裨益;近可为进步之指针,远足任大同之前导"③。刘掞藜认为,史学家的责任"在于应用其研究历史之训练,对于吾人明了人类之过去有一种贡献"④。张其昀在为中央大学学生讲话时说:"世固有沉潜好学之士,于经世致用之道,缺焉而不讲。若潮流如此,其国家必致沉落,终且归于灭亡。"⑤是故,经世致用不能不讲,而且要大讲特讲。

在提倡通史致用的同时,南高学派还十分强调史家的史德和心术问题,柳诒徵、张其昀和刘掞藜都曾对此予以阐释。柳诒徵主张"史家治史必本于德",将史德列为史家四长之首,强调史德在治史中的决定性作用。"史籍之用,亦视学者之用心何如。用之当则可为人类谋幸福,为国家臻治平;用之不当,则可以启乱饰奸,如王莽、王安石用《周官》之不得其效。而骛博溺心哗众取宠者,更无论矣。"⑥因为"史家著史,殆无不有其主观之特别目的,莫不藉史事以为达彼主观特别目的之手段,莫不以一切史籍供其主观特别目的之牺牲"⑦。

虽然南高学派注重和强调史学的致用功能,但他们并不反对史学的求真和考据。如柳诒徵承认"考据的方法,是一种极好的治学方

---

① 柳诒徵:《历史之知识》,柳曾符、柳定生编:《柳诒徵史学论文集》,上海古籍出版社,1991年,第83页。
② 柳诒徵:《讲国学宜先讲史学》,柳曾符、柳定生编:《柳诒徵史学论文集》,第503页。
③ 陈训慈:《历史之知识》,《史地学报》第2卷第1期,1922年。
④ 刘掞藜、娄景裴:《汉代之婚姻奇象》,《国立武汉大学文哲季刊》第1卷第2号,1930年。
⑤ 张其昀:《首都之新气象》,《史学杂志》第2卷第3期,1930年。
⑥ 柳诒徵:《国史要义》,第265页。
⑦ 刘掞藜:《史学与史法简编》,《文艺》第2期,1926年。

法",他的《中国教育史》和《中国文化史》都采用了考据的方法,考证相关史事。如较为人所忽略的《中国教育史》就特别重视史料考证。杜成宪在评价该书时,认为此书撰写体例上颇有特点:"其一,史料翔实。作者广泛征引先秦经书、子书及汉魏唐宋学者注疏和《史记》、两《汉书》、《竹书纪年》等史书,尤其是清人如戴震、阮元、汪中、焦循、章学诚、段玉裁、孙诒让等的考据之作,兼及大量国外理论著作,做到了无一说无出处。其二,长于考证训诂。作者习惯于从字词训诂入手,广征博引,论述一事一物,无不考其本原。"①《中国教育史》是柳诒徵早年之作,从他后来的考校文章来看,"他考据时态度审慎,凡有异同,必定排比原文,以事实为据,不杂己意;而查校推断,逻辑严密,层层推导,犹如抽茧剥蕉,胜似老吏断狱"②。只是他始终认为:"研究历史的人,并不在乎成为考据家,或历史家,而在乎自己应用。"③张其昀曾提到,他初进学校,"柳师就告诉我们黄梨洲一句话:'学问之道,以自己用得着者为真。'他说:'我们要做书籍的主人,便是要立志,要有宗旨与目标,然后读书才能聚精会神,而能自己受用。'……柳师对史学,主张沿流讨源,援古证今,讲明当代典章文物,以达经世治用之目的。他以为万事非财莫办,取之于民,用之于民,为历史之公律"④。缪凤林也认为,史学研究的唯一目的是求真,但要注重史学研究对国家民族的影响。⑤ 缪氏的中国通史研究、民族史研究、历史教学、日本史研究等都带有浓厚的民族主义情怀,但他也不乏令人信服的考证之作。如《明人著与日本有关史册提要四种》,对于《筹海图编》的"著者姓氏,有数千字之多方考证,以定为郑(若曾,号开阳)撰无疑,(胡)宗宪出于冒名"。其"议论明瞻","考证之精确诚足钦"。⑥ 易言之,柳

---

① 杜成宪:《中国学者的第一部教育史——柳诒徵〈中国教育史〉》,柳曾符、柳佳编:《劬堂学记》,第213—214页。
② 孙永如:《柳诒徵评传》,百花洲文艺出版社,1993年,第92页。
③ 柳诒徵:《历史之知识》,柳曾符、柳定生编:《柳诒徵史学论文集》,第83—84页。
④ 张其昀:《记柳翼谋师》,柳曾符、柳佳编:《劬堂学记》,第114页。
⑤ 缪凤林:《大学丛书本国史两种》,《图书评论》第2卷第8期,1934年。
⑥ 施凤笙:《述〈筹海图编〉》,《图书馆增刊》第140期,1931年。

诒徵等人并非不重视考证和求真,而是主张在求真的基础上,做到学术研究有利于国家和民族。所以他一再强调:"我们居这种伟大的国家里,有这种伟大的历史,须能不辜负此国家,不辜负此伟大的历史。"①"复兴民族,经与非经的问题可因此而不必争论。"②关于这点,陈垣是柳诒徵的知音。陈垣曾说:"史贵求真,然有时不必过泥。凡事足以伤民族之感情,失国家之体统者,不载不失为真也。"③"凡问题足以伤民族之感情者,不研究不以为陋。"④柳氏的治学主张对南高学派有很深的影响。他们大多慨然以经世致用为治学之根本鹄的,但又能予考证以相当的重视,形成了注重史料、不好夸饰和讲求言必有据的严谨学风。

南高学派治学的另一特点是提倡会通,反对专精。柳诒徵一再反对学者将考证方法"专在一方面或一局部用功",从而忽视了历史的全貌。所以,史家"一方面能留意历史的全体,一方面更能用考据方法来治历史,那便是最好的了"。⑤ 其意所指当为傅斯年等人。⑥是故史家如若"挟考据怀疑之术以治史,将史实因之而愈淆,而其为害于国族也亟矣"。为了防止考据方法"畸形发达",史家"必以远大眼光求之,始可观其会通",最后"求通之于心身家国天下"。这也是史家的史术。"治史者必求其类例,以资鉴戒。则原始察终,见盛观衰,又为史术所最重者也。"⑦这种会通强调将历史与现实有机地结合起来进行考察,从而取得有益于人生和社会的经验教训。缪凤林等

---

① 柳诒徵:《历史之知识》,柳曾符、柳定生编:《柳诒徵史学论文集》,第84页。
② 柳诒徵:《史学概论》,柳曾符、柳定生编:《柳诒徵史学论文集》,第106页。
③ 陈垣:《通鉴胡注表微·边事篇第十五》,刘乃和编校:《中国现代学术经典·陈垣卷》,河北教育出版社,1996年,第689页。
④ 陈智超编注:《陈垣来往书信集》(增订版),生活·读书·新知三联书店,2010年,第1146页。
⑤ 柳诒徵:《历史之知识》,柳曾符、柳定生编:《柳诒徵史学论文集》,第83页。
⑥ 钱穆曾如是评价傅斯年的治学风格:"彼似主张治断代史,不主张讲通史。彼著述亦仅限先秦以上,即平日谈论,亦甚少越出此范围。凡北大历史系毕业成绩较优者,彼必网罗以去,然监督甚严。有某生专治明史,极有成绩,彼曾告余,孟真不许其上窥元代,下涉清世。"(钱穆:《八十忆双亲·师友杂忆》,《钱宾四先生全集》第51册,第177页)
⑦ 柳诒徵:《国史要义》,第134、266、267页。

人在治史过程中,也是强调会通的重要性,将之列为编纂历史教科书之重要标准①,缪氏更是曾撰文批评分科导致的"不通"。"学者不见大道之全,乃多得一察焉以自好。虽皆有所长,时有所用,然不该不遍,莫能相通。自昔有然,于今为烈。各科学术之分门别类,千差万歧,固无论矣。乃至同一学术之中,复各有若干主义(-ism)或若干学派(school)。百家异说,万宗同竞,纷纷扰扰,甚嚣尘上。士子生于斯世者,或则终岁研习,寡通其要;或则乘舟而惑,不知东西,或则望洋兴叹,无涯莫逮。其或拘墟一曲,推波助澜,则又如加特拉中魔风狂之怒豕,争驰下坂,沉沦海窟,智识界之恐怖危险,盖未有甚于今日者也。"②可以说,柳诒徵等人的史学实践追求的是会通中西古今,他们"努力吸收外国之学术,进而研究中国之事物",以期建立"一种中国之新学术"③。正如张其昀所言:"南高的精神,一面保持质朴的风气,一面又输入科学的态度,贯通中西,是其特长。"④

南高学派提倡的会通,矛头所向无疑是胡适提倡整理国故所带来的考据史学之流弊。梁启超晚年对他在《中国历史研究法》中着重阐述的史料搜辑和别择表示忏悔,想"拯救已弊的风气",就在《中国历史研究法补编》中"以今日之我难昔日之我"。"最近几年来时髦的史学,一般所注重的是别择资料。……发现前人错误而去校正他,自然是很好的工作。但其流弊乃专在琐碎的地方努力,专向可疑的史料注重,忘了还有许多许多的真史料不去整理。"他建议,史家"真想治中国史,应该大刀阔斧,跟着从前大史家的作法,专心做出大部的整个的历史来,才可使中国史学有光明、发展的希望"。⑤ 疑古派领袖顾颉刚后来也曾对考据史学崇尚的专精重新审视,"抗战前的史学界,大家投向专的方面,而忽略了通的方面",将来的史学应"两条路

---

① 缪凤林:《中国通史要略》,东方出版社,2008年,"自序",第2页。
② 缪凤林:《哲学之研究》,《学衡》第25期,1924年。
③ 柳诒徵:《清季教育之国耻》,《国风》第8卷第1期,1936年。
④ 张其昀:《南高之精神》,《国风》第7卷第2期,1935年。
⑤ 梁启超:《中国历史研究法》,上海古籍出版社,1998年,第313—314页。

都走,两种人才都培养,然后可以学尽其用"。① 这无疑是对南高学派所提倡会通的一种承认。对于柳诒徵提倡的"会通",北大派当时可能不怎么在意,学衡派的吴宓却是大加赞赏,将柳诒徵与梁启超并论:"两先生皆宏通博雅,皆系包考据、义理、词章,以综合通贯之法治国学,皆萃其精力于中国文化史,皆并识西学西理、西俗西政,能为融合古今、折衷中外之精言名论。"② 后来曾长期在江苏省立国学图书馆住馆读书,与柳诒徵多有接谈的蔡尚思则称:"对柳先生的博洽古今,几乎无人不知道;对柳先生的会通中外,知道的人可就很少了。"③

南高学派的治学观念,无论是强调史学致用还是崇尚会通,都与中国传统史学有着莫大关联,散发着浓厚的传统气息,与胡适等北大派学人相较,更不免给人以保守的印象。但是,南高学派的同人并不因此气短。他们坚信,民族文化的传承血脉是不应也不能割断的,我们不能完全抛弃中国固有的传统文化,因为中国现代史学的建设,同样需要得到它内在生命的支撑。柳诒徵尝言:"有过去之中国而后有今日之中国。而过去之中国之方法可以遗留利[若]害于今日,而又非一切反之过去之中国之方法,遂可解决其利害。故今日之中国,必须今日之中国人自求一种改造今日中国之方法,不能无所因袭,而又不能全部因袭。"④ 之所以会走中西会通的道路,源于他们并不认同史学现代化只有全盘接受西方史学一条路,中国传统史学虽有不合时宜之处,但亦有其精华所在,正如不同国家可以经由不同道路实现现代化,史学的现代化也可以。而这恰又蕴含了民族主义情怀于其中。正如柳诒徵所言:"吾何以不能自昌其教,而恒待人之教之";"吾何以不能自振其学,匪学于人,则人来吾国而诏吾学";"吾何以不能自播其文化,而待他人翘吾之文化以为招"。⑤ 此种情怀与胡适、陈垣和傅

---

① 顾潮:《顾颉刚年谱》,中国社会科学出版社,1993年,第327页。
② 吴宓:《论柳诒徵诗》,柳曾符、柳佳编:《劬堂学记》,第312页。
③ 蔡尚思:《柳诒徵先生述》,柳曾符、柳佳编:《劬堂学记》,第2页。
④ 柳诒徵:《自立与他立》,《学衡》第43期,1925年。
⑤ 柳诒徵:《励耻》,《学衡》第30期,1924年。

斯年等人欲将汉学中心夺回中国的情怀并无二致。另外,关于"保守"的印象,在张其昀看来,世人关于南高保守的看法"是一种误解,与其称为保守,不如称为谨慎,较近事实"。因为"他们不囿于成见,不狃于私意,发言务求正确,不作妄诞之辞",内中蕴含了极重的科学成分。① 所以,南高学派孜孜不倦地弘扬传统文化和民族历史,也正因为如此,他们和学衡派发生了各种关联,以至在很长一段时期内都被视为学衡派中人。

---

① 张其昀:《南高之精神》,《国风》第 7 卷第 2 期,1935 年。

第二章
南高学派与学衡派

南高学派与学衡派同处于南高—东大校园内,两派人物都有自己的刊物,学衡派创办的是《学衡》,创办于1922年1月,南高学派则是《史地学报》,发刊于1921年11月,时间上早于《学衡》。我们注意到,《史地学报》时期南高学派并未形成,尚处于学派成员聚散和主张凝练过程中,而学衡派已然引起学界关注,加之南高学派中人如柳诒徵等人更是被人视为学衡派中之要角,这无疑会让人忽视南高学派的存在,且很自然地将他们纳入学衡派的范畴。我们认为,南高学派成员中的柳诒徵和缪凤林等人虽然可以被视为学衡派成员,但他们更是南高学派成员。而且,南高学派形成于1928年,就在这一年,随着胡先骕离开东南大学,这是最后一个离开的学衡派主要成员,这样,"学衡派也就完全风流云散了,学衡派实际上也就不存在了"[①]。

第一节 "学衡"中的柳诒徵

一、《学衡》发起人与弁言作者

《学衡》于1922年1月创刊之时,发起人为梅光迪、吴宓、刘伯

---

① 高恒文:《东南大学与学衡派》,广西师范大学出版社,2002年,第252页。

明、胡先骕、萧纯锦、徐则陵、马承堃、柳诒徵和邵祖平等九人。至1933年7月停刊,共发行79期,前后坚持了11年。《学衡》初创时,议定杂志体例分通论、述学、文苑、杂俎、书评、附录6门,由梅光迪、马承堃、胡先骕和邵祖平分别为通论、述学、文苑和杂俎各门主任编辑,至于展现刊物旨趣的发刊辞(弁言)则公推柳诒徵撰写。柳诒徵所撰弁言为:诵述中西先哲之精言,以翼学;解析世宙名著之共性,以邮思;籀绎之作,必趋雅音,以崇文;平心而言,不事谩骂,以培俗。对此四条,虽有马承堃讥其"取巧,避重就轻"①,但仍得到了其他人的支持,不久就将柳诒徵所表达的理念演化成"论究学术,阐求真理,昌明国粹,融化新知。以中正之眼光,行批评之职事,无偏无党,不激不随"。在一个以留学生为主体的《学衡》杂志中,缘何让柳诒徵这一耆儒宿学撰写发刊辞来宣扬《学衡》旨趣呢?我们认为,这与柳氏的资历和声望,尤其是与吴宓、胡先骕和梅光迪对他的心悦诚服是分不开的。

吴宓在1921年下半年的开学典礼上第一次遇见柳诒徵,就立即对柳有亲近之意。此后一再称柳诒徵为南高师"博雅宏通"第一人,并认为与柳诒徵的关系是"'平生风义兼师友',然柳先生乃实宓之师也"②。而且,东南大学3年的执教生涯在吴宓看来,是他"一生最精勤的时期",与之相伴的是他在柳诒徵那里"三载追陪受益多"③。他将柳诒徵和梁启超等量观之,以为柳诒徵名声没有梁启超大,乃"时世与境遇为之"。所以,在东南大学发生"易长风潮"后,吴宓才会积极运作柳诒徵去清华国学研究院任教,与梁启超"联镳并驾"。④ 对于柳诒徵所撰发刊辞,"仅简短之四条,宓以为甚好"⑤。可以说,吴宓在东南大学时期与柳诒徵之间交往密切,不仅吴宓在日记和自编年谱

---

① 吴宓:《吴宓自编年谱》,第230页。
② 吴宓:《论柳诒徵诗》,柳曾符、柳佳编:《劬堂学记》,第313页。
③ 吴宓:《吴宓自编年谱》,第224页;吴宓:《吴宓诗集》,商务印书馆,2004年,第123页。
④ 吴宓:《论柳诒徵诗》,柳曾符、柳佳编:《劬堂学记》,第312页。
⑤ 吴宓:《吴宓自编年谱》,第230页。

中一再提及,柳诒徵的诗作也反映了这一事实。如《雪夜偕杨吴二君饮酒肆》《甲子六月十六日偕吴雨僧吴碧柳观龙膊子湘军轰城处作》《送吴雨僧之奉天序》等。

胡先骕对吴宓的"博雅宏通"之论也大致认同。1918年到南京高师任教后,胡先骕极口称许柳诒徵主讲的中国文化史"不蹈昔人之蹊径,史学史识一时无两","其门弟子多能卓然自立,时号称柳门,正与当时北京大学之疑古派分庭抗礼焉"。①在南京,胡先骕始得与乡贤陈三立游,他十分推崇以陈三立等人为代表的"同光体"诗,认为:"清末执诗坛牛耳者二人,领袖江西派者为陈散原(三立),为闽诗宗主者则为郑太夷(孝胥)。"②陈三立则为胡先骕的《忏庵诗稿》题识:"摆落浮俗,往往能骋才思于古人清深之境。具此异禀,锲而不舍,成就何可量。"③柳诒徵为《忏庵诗稿》作序,以为胡先骕之诗"如扶摇羊角,进而益上,散原评以奥邃苍坚,允矣"④。在南高师,胡先骕与王伯沆比屋而居,"尝于晚饭后诣先生卧室谈诗,辄至深夜","自侍先生谈诗数载,所得益多,而诗格稍变"。⑤柳诒徵任教南高师时,"与王伯沆共晨夕,王喜谈诗,赣人胡先骕、邵祖平亦昵就"⑥。胡先骕晚年回忆也曾提及:"戊午执教南庠,得纳交耆宿柳翼谋、王伯沆两先生,朝夕请益,所获良多。"⑦

至于梅光迪,则似对柳诒徵大不以为然。在吴宓初次遇见柳诒徵时,"梅君在旁,仅介绍彼此之姓氏,以后亦未谈及柳先生"⑧。在《吴宓自编年谱》中,仅此一条记载了梅光迪对柳诒徵的态度。于此,很易给人以梅、柳二人不和,至少是毫无关系的印象。事实可能并非

---

① 胡先骕:《胡先骕文存》,江西高校出版社,1995年,第513页。
② 胡先骕:《胡先骕文存》,第481页。
③ 胡先骕:《胡先骕诗文集》,黄山书社,2013年,第6页。
④ 胡先骕:《胡先骕诗文集》,第3页。
⑤ 胡先骕:《胡先骕文存》,第512页。
⑥ 柳诒徵:《我的自述》,柳曾符、柳佳编:《劬堂学记》,第20页。
⑦ 胡先骕:《劬堂诗录序》,柳曾符、柳佳编:《劬堂学记》,第316页。
⑧ 吴宓:《吴宓自编年谱》,第229页。

如此简单。同在一校的梅光迪没有理由不知晓柳诒徵其人,且二人在一些学术观点上也多相似之处。如对孔子的推崇,柳诒徵在中国文化史课程讲义中对孔子推崇备至,而梅光迪同样也高度认可孔子其人其学。"以孔子与他人较,益信孔子之大,以为此老实古今中外第一人"①,评价不可谓不高。而且在对外介绍中国的新人文主义时,梅光迪曾特别提道:"中国人文运动另一重要出版物是《史地学报》,由著名作家、历史学家柳诒徵先生主编;他目前正在南京的国立图书馆担任主管。与这两位有交情的朋友和他们的学生都是这场运动的推动力。需要指出的是,这当中许多人,像刘(疑为'柳'——引者注)先生一样,都是在中国这片土地上,完全在中国文化熏陶之下成长起来的。"②梅光迪将《学衡》与柳诒徵指导的《史地学报》视为新人文主义在中国传播的两大重镇,吴宓认为梅光迪"以后亦未谈及柳先生"当为记忆之误。而柳诒徵对梅光迪也评价颇高:"宣城梅子迪生,首张美儒白璧德氏之说,以明其真,吴子和之。"③

吴宓等人的这种心悦诚服,也导致钱基博对柳诒徵和《学衡》产生了这样的印象:"丹徒柳诒徵,不徇众好,以为古人古书,不可轻疑;又得美国留学生胡先骕、梅光迪、吴宓辈以自辅,刊《学衡杂志》,盛言人文教育,以排难胡适过重知识论之弊。一时之反北大派者归望焉。"④以柳诒徵为核心,梅光迪、吴宓等人协助创办《学衡》,此种形象描述或有过誉,⑤却也从另一角度点明了梅、吴等人对柳诒徵心悦诚服之因在于"古人古书,不可轻疑"。前引吴宓、胡先骕、梅光迪等人对柳诒徵之赞佩之语,并未能让人明了这些留学西方之人何以会服膺一个未曾留学之人,而钱基博的旁观者语恰给出了答案。"古人古

---

① 《梅光迪致胡适信》,《梅光迪文存》,第506页。
② 梅光迪:《人文主义和现代中国》,《梅光迪文存》,第192页。
③ 柳诒徵:《送吴雨僧之奉天序》,《学衡》第33期,1924年。
④ 曹毓英编:《钱基博学术论著选》,华中师范大学出版社,1997年,第18页。
⑤ 吴宓将《学衡》视为自己一生之事业,在其日记中多有相关记载,如其在1927年10月12日日记中写道:"《学衡》为我之事业,人知我以《学衡》。故当冒万难而竭死力,继续办理,不使停刊。"(吴宓:《吴宓日记》第3册,生活·读书·新知三联书店,1998年,第419页)

书"关涉的是中国传统文化,或曰国学,而《学衡》宗旨是"昌明国粹,融化新知",纵观吴宓等人在《学衡》上所刊文章,皆关乎西学,少有关乎国粹之文,而肩负起"昌明国粹"重任的恰是柳诒徵,其体大思精之《中国文化史》即连载于《学衡》之上,这无疑使《学衡》的学术意味更为厚重。之所以会出现此种情况,与他们的学术背景有很大关系,这里以柳诒徵和吴宓为例。柳诒徵一生浸淫传统学问,师事缪荃孙,且与诸多传统学人相往还,吴宓认为其国学造诣与梁启超相颉颃;而吴宓虽然也对传统学问颇有兴趣,但国学根底实浅。吴宓在1919年求学哈佛之际,曾慨叹自己于"中国学问,毫无根底,虽自幼孜孜,仍不免于浪掷光阴";只能暗下决心,"宓回国后,作事之外,日必专以短时,治中西学问。若现今之鄙陋,不登于大雅之堂,仅普通学生之程度,尚安敢以文学为专业号于人哉!"① 及后与孙德谦和张尔田二人交游,更是"恨不早二十年遇孙张二先生,则不至嬉游无事,虚度光阴,而国学早已小有成就"②。正是这种对国学的向往,使得吴宓易于和柳诒徵等人交往。加之柳诒徵虽治中学,但并不排斥西学,其治学显得"宏通博雅","并识西学西理西俗西政,能融合古今折衷中外之精言名论",③这又使得柳诒徵易于和吴宓等留洋之人交往。正如柳诒徵学生罗时实所言:"柳翼谋先生是他们国学方面的主将,他真能做到如《简章》所示,以切实功夫为精确研究,明其源流,著其旨要的工作。""他从刘伯明、梅迪生、杨杏佛、秉农山、汤锡予、胡步曾、吴雨僧几位留学生中,发现他们对旧学都已摸到门径,喜欢和他们往来,从他们得到一些西方知识。他们也欣赏他的圆融和博雅,遇着疑难,时常和他研讨。他在《学衡》群中是旧学领袖,能邀集当代俊彦,充实《学衡》的阵容。他们相信他,也都以群中有他,增加了他们的共信。"④

---

① 吴宓:《吴宓日记》第2册,生活·读书·新知三联书店,1998年,第28页。
② 吴宓:《吴宓日记》第2册,第250页。
③ 吴宓:《论柳诒徵诗》,柳曾符、柳佳编:《劬堂学记》,312页。
④ 罗时实:《柳翼谋先生及其〈学衡〉诸友——南雍忆旧录之二》,《中外杂志》第7卷第6期,1970年。

二、吴宓与《学衡》的最大依仗

《学衡》初创时，社内成员颇有激情，曾开了几次会来讨论具体事务，但很快此风不再。据吴宓回忆，最初社员每月都在其住处开社务会议一次，"讨论决定再下一期的稿件内容。以后，则不开。半年后，除（ⅰ）胡先骕、邵祖平君与（ⅱ）柳诒徵、缪凤林、景昌极君外，《学衡》社之基本原始社员，无复有过问社务或谈论杂志内容者矣！"①自此，《学衡》杂志诸多事务多由吴宓承担。对此，他颇有怨言："自始至终（1921—1933），所有办大小事，需用之款，以及每次开会之茶点费，纸张笔墨，尤其邮费，全由宓出钱付给。故谓'《学衡》杂志竟成为宓个人之事业'者，亦非诬也。"②《学衡》从初创时的群情激奋到不久后的几乎无人过问，实与诸创始会员有很大关系。下面试分述之。

刘伯明是文史地部主任，更是校行政委员会副主任，在校长郭秉文不在校期间，主持校务。梅光迪与刘伯明结识于美国西北大学，刘伯明的刻苦给梅光迪留下了深刻印象，而与刘伯明的相交，"为日后梅光迪从南开大学到南京高师暨东南大学奠定了人事基础"③。因此，梅光迪"决以此校为聚集同志知友，发展理想事业之地"④。刘伯明加盟《学衡》，对于学衡派的形成和扩展影响起了很大的作用。梅光迪曾说："《学衡》杂志出世，主其事者，为校中少数倔强不驯之分子，而伯明为之魁。自是对内对外，皆难应付如意，而其处境益苦矣"；"《学衡》杂志者，以'阐扬旧学，灌输新知'为职志，对于一切流行偏激之主张，时施针砭，故大触当时学术界权威之忌。其主持者之于校务，亦是非好恶，不肯同于众人。伯明为《学衡》创办人之一，其他作者，亦多其所引致之教授，与其私交甚密者。而以其所处地位，一面须顾及内部之团结，一面又不欲开罪外界之学阀，故其在《学衡》上

---

① 吴宓：《吴宓自编年谱》，第 235 页。
② 吴宓：《吴宓自编年谱》，第 235 页。
③ 段怀清：《梅光迪年谱简编》，《新文学史料》2007 年第 1 期。
④ 吴宓：《吴宓自编年谱》，第 214 页。

发表之文字,远不如他人之放言无忌,亦不如其私人谈话之激扬也"。① 胡先骕也认为,由于刘伯明的吸引,梅光迪、楼光来、吴宓等任教东南大学,"不但为英文系开一新纪元,且以养成东大之人文主义学风焉"②。吴宓到东南大学后第一个拜访之人就是刘伯明,而柳诒徵和刘伯明也是互为欣赏。可以说,刘伯明在当时是团结学衡社初始会员的关键人物,但刘伯明实在太忙了。"校长郭秉文忙于在外为学校开拓,实际校务由副手刘伯明主持,是真正的内当家。刘伯明是哲学教授兼训育主任、文史地部主任、行政委员会副主任、校长办公处副主任。在郭离职期间,刘代其职。刘伯明为南高、东大的学风建设,踏踏实实做了大量的工作,付出了毕生的心血。他除了致力于解决各种实际问题外,还重视提高师生的认识和自觉性,为此发表了系列的文章,作了系列的讲演。"③承担如此多之职务,加之当时东南大学初建,尚未合并南京高师,事务繁多,刘伯明于《学衡》事务实在是无暇他顾。1923 年 11 月,刘伯明积劳成疾,英年早逝。刘伯明的逝世使得《学衡》失去了一位能团结各方人士的核心人物,学衡派成员的内部裂痕和离散之心在无形中加剧。失去了刘伯明的遮风挡雨,吴宓等人所在的西洋文学系在次年被裁并,梅光迪、楼光来、李思纯均各就他处,吴宓也转赴东北大学,学衡社员开始星散各地。

梅光迪是《学衡》创刊的关键人物,是《学衡》发起人。之所以会有《学衡》就是源于他与胡适的论战。对此,吴宓有较详描述:"彼原为胡适之同学好友,迨胡适创立其'新文学''白话文'之说,又作'新诗',梅君即公开步步反对,驳斥胡适无遗。今胡适在国内,与陈独秀联合,提倡并推进所谓'新文化运动',声势烜赫,不可一世。故梅君正在'招兵买马',到处搜求人才,联合同志,拟回国对胡适作一全盘之大战。"吴宓正是梅光迪意欲"搜求"和"联合"之人,而吴宓与梅光

---

① 梅光迪:《九年后之回忆》,《梅光迪文存》,第 175—176 页。
② 胡先骕:《梅庵忆语》,《子曰丛刊》第 4 辑,1948 年。
③ 闵卓:《梅庵史话·东南大学百年》,东南大学出版社,2000 年,第 15 页。

迪交往后,为梅氏之慷慨陈词所感动,"表示:宓当勉力追随,愿效驰驱"①。世事变幻无常,要大战胡适的梅光迪在《学衡》仅发文5篇,而且于《学衡》第13期始就不再供稿,亦即自1923年1月1日起,就基本上脱离了学衡的实际事务,至1924年赴美讲学,更是与《学衡》再无瓜葛。更耐人寻味的是,他曾毫不掩饰地对人说:"《学衡》内容愈来愈坏。我与此杂志早无关系矣!"②

胡先骕被吴宓视为"对《学衡》杂志最热心而出力最多之人"③,但在创刊之初,吴宓就因胡先骕主持的"文苑"一门登载的都是江西省人所作的同光体诗而颇为不满,强行将"文苑"拆分为"诗录一"和"诗录二",各自为政。胡先骕对此甚为不满,以为吴宓此举显示《学衡》内部分裂。④ 1923年秋,胡先骕赴美攻读植物分类学博士,于《学衡》事便甚少过问。是以1923年可视为学衡派历史上的关键年份,该年刘伯明病逝,梅光迪疏离《学衡》,胡先骕赴美求学,这三件大事对《学衡》创伤极深。1927年11月14日,吴宓与胡先骕在北京相会,胡先骕对《学衡》表达了不满:"(三)《学衡》缺点太多,且成为抱残守缺,为新式讲国学者所不喜。业已玷污,无可补救。(四)今可改在南京出版,由柳、汤、王易三人主编。(五)但须先将现有之《学衡》停办,完全另行改组。丝毫不用《学衡》旧名义,前后渺不相涉,以期焕然一新。而免新者为旧者带坏。"吴宓提出补救办法,主张保存"学衡"之名,但被胡先骕断然否定,因为"《学衡》名已玷污,断不可用"。⑤ 从"对《学衡》杂志最热心而出力最多"到对《学衡》的全盘否定,说明学衡派内部实已有分崩离析之危。

至于其余几位创刊时期的社员,邵祖平是东南大学附属中学国文教员,吴宓与其多次发生冲突,对其实无好感,认为邵"为社中最无

---

① 吴宓:《吴宓自编年谱》,第177页。
② 吴宓:《吴宓自编年谱》,第235页。
③ 吴宓:《吴宓自编年谱》,第228页。
④ 吴宓:《吴宓自编年谱》,第234页。
⑤ 吴宓:《吴宓日记》第3册,第437—438页。

用而最不热心之人。而独喜弄性气,与予一再为难"。"《学衡》中尽登邵君所作一类诗文,则《学衡》不过与上海、北京堕落文人所办之小报等耳。中国今日又何贵多此一杂志?"①萧纯锦专长为经济学,与《学衡》所设栏目基本上无关系,其在《学衡》上发文3篇。徐则陵虽为东南大学史学系主任,也曾留美,但在《学衡》杂志上发文仅1篇,为发起人中最少,对《学衡》杂志实贡献无多。② 而马承堃,吴宓则对其无甚好感,认为该人"言大而夸,讥诋以其人"③,与萧、徐二人相似,甚少在《学衡》露面。如此一来,《学衡》发起人之中,吴宓始终所能倚重的也就只有柳诒徵了④。这种倚重,并未随着吴宓北上清华园和柳诒徵因易长风潮而出走东南大学而有所改变。

关于《学衡》之兴衰与发起诸人之间的关联,作为当事人的胡先骕深有感触:"学衡殊为不幸,刊行不久而梅迪生赴哈佛大学讲学,刘伯明病故,余亦赴哈佛大学进修,终以东大发生易长风潮而旧人星散,余虽返东大而柳翼谋与吴雨生(当为'僧'——引者注)皆已脱离。自经此风波,各人之情绪已变,集稿已大不易,后来遂仗柳先生之中国文化史以充篇幅,及北伐告成,东大改组,则城郭是而人民非,学衡运动乃随东大而消失矣。若刘伯明不死,东大旧人不星散,则学衡或能多延若干年,其影响或能更大也。"⑤胡先骕之感言,说明了刘伯明对于《学衡》的重要性,也提及了发起人中梅光迪、吴宓、柳诒徵和他自己的重要性,尤其是《学衡》后来仰仗柳诒徵的《中国文化史》"以充篇幅",却没有提及萧纯锦、马承堃、徐则陵和邵祖平诸人,无疑说明

---

① 吴宓:《吴宓日记》第2册,第256页。
② 作为《学衡》始终的主事之人,吴宓对徐则陵印象不佳,认为其"实无学,故恒沉默寡言"(吴宓:《吴宓自编年谱》,第228页),身为东南大学历史系主任,实为东南大学之羞耻。
③ 吴宓:《吴宓自编年谱》,第228页。
④ 早在1923年,吴宓就深感《学衡》社务无人可以相助。在写给吴碧柳的心中,他如是感言:"宓在此虽不得意,亦决久留,以维持《学衡》于不坠;清华虽以厚薪聘请,不愿往也。然使人才星散,胡先骕君今秋游美,柳(诒徵)君亦有辞去东南教席之意。缪(凤林)景(昌极)毕业他去。独力难支。"(吴宓:《吴宓书信集》,第92页)
⑤ 胡先骕:《梅庵忆语》,《子曰丛刊》第4辑,1948年。

了发起诸人在《学衡》中的作用和重要性实不可等量齐观。

这里似还有必要提及王国维和陈寅恪。当下的学衡派研究一般都将此二人归为学衡派中的学术要角,把在《学衡》上发表过文章的人视为"学衡派",也是目前比较通行的关于"学衡派"研究模式。此种处理方式除了研究便利之外,也可能缘于《学衡》创办时的一个不成文约定:

> 不立社长、总编辑、撰述员等名目,以免有争夺职位之事。甚至社员亦不必确定:凡有文章登载于《学衡》杂志中者,其人即是社员;原是社员而久不作文者,则亦不复为社员矣。①

我们认为,学衡社员不等于学衡派,即使是同为《学衡》作者,思想主张也是多有不同。如曾有诗作发表在《学衡》的朱自清,其文学主张显然迥异于吴宓等人。而王国维和陈寅恪和吴宓私交甚笃,尤其是陈寅恪。从目前资料来看,我们无从知晓王国维除了供稿《学衡》外是否还有另外的帮助。而陈寅恪不仅在《学衡》上发文少,对《学衡》出版发行也是多持否定态度。1926 年 11 月,中华书局致函吴宓,决定自《学衡》60 期之后不再续办,吴宓往访陈寅恪,谈《学衡》停办之事,陈寅恪"谓《学衡》无影响于社会,理当停办"②。如此我们就不难理解陈寅恪虽与吴宓为关系极好之友人,在一些学术理念上有诸多共同之处,但在《学衡》之事上他显然是不上心的。由此,能否将他也归入"学衡派"也是可以重新思量的。所以,在我们看来,将在相关刊物上发表文章即视为该派中人的处理模式,虽然极大便利了研究者,但也在一定程度上遮蔽了一些现象。如若采用此等处理模式,傅斯年也曾主动投文南高学派主编的《史学杂志》,王国维、梁启超和

---

① 吴宓:《吴宓自编年谱》,第 229 页。
② 吴宓:《吴宓日记》第 3 册,第 251 页。

钱穆等人都有文登载,我们也大可将他们视为南高学派成员,而这显然是不甚合理的。正如高恒文指出的那样:"我们不能简单地将陈寅恪、汤用彤视为'学衡派'成员,不能简单地根据他们是否在《学衡》上发表了文章而草率地做出判断,也不能根据他们和'学衡派'主要成员的交往与思想联系而轻易做出判断。在《学衡》上发表文章的人很多,和吴宓等人交往密切、思想相近的人也很多,许多人并不因此就一定是'学衡派'成员。"①

三、为《学衡》撰稿最多之人

在《学衡》杂志上刊发文章的作者很多,据统计有108人。虽然《学衡》作者群很庞大,但个中翘楚无疑是柳诒徵,他是《学衡》杂志撰稿最多之人,且多在学术含量很重的"述学""通论"等栏目中。具体发稿期数如表2-1所示:

表2-1 柳诒徵在《学衡》上出稿期数

年\月	1	2	3	4	5	6	7	8	9	10	11	12
1922	●	●	●	●	●	●	●	●	●	●	●	●
1923	●	●		●					●			
1924		●		●		●						●
1925					●		●					
1926	●	●								●		●
1927	停刊
1928		●				●		●				
1929		●					●				●	
1930	停刊
1931		●(73)	(74)	●(75)								
1932						(76)						
1933			(77)			(78)	(79)					

资料来源:本表转引自王信凯《〈学衡〉中的柳诒徵》,《中国历史学会史学集刊》2004年第35期。

---

① 高恒文:《东南大学与"学衡派"》,第99页。

柳诒徵的名作《中国文化史》自 1925 年 10 月《学衡》第 46 期登出后,即开始陆续连载至 1929 年 11 月第 72 期。至于《学衡》1931 年第 73 期所登文章《论近人讲诸子之学者之失》则是录自柳诒徵 1921 年刊登于《史地学报》之文。《学衡》杂志后期稿源之紧张,实由此可以想见。

柳诒徵在《学衡》所发具体文章篇目如表 2-2 所示:

表 2-2　柳诒徵《学衡》中发文表

栏目	篇名	期数/时间
述学	《汉官议史》	1 期(1922 年 1 月)
	《论中国近世之病源》	3 期(1922 年 3 月)
	《选举阐微》	4 期(1922 年 4 月)
	《顾氏学述》	5 期(1922 年 5 月)
	《华化渐被史》	7 期(1922 年 7 月)、8 期(1922 年 8 月)、10 期(1922 年 10 月)、11 期(1922 年 11 月)、16 期(1923 年 4 月)
	《五百年前南京之国立大学》	13 期(1923 年 1 月)、14 期(1923 年 2 月)
	《中国乡治之尚德主义》	17 期(1923 年 5 月)、21 期(1923 年 9 月)、36 期(1924 年 12 月)
	《王玄策事辑》	39 期(1925 年 3 月)
	《学潮征故》	42 期(1925 年 6 月)
	《唐初兵数考》	45 期(1925 年 9 月)
	《中国文化史》	46 期(1925 年 10 月)、48 期(1925 年 12 月)、49—58 期(1926 年 1—10 月)、60 期(1926 年 12 月)、61 期(1928 年 1 月)、63 期(1928 年 5 月)、64 期(1928 年 7 月)、65 期(1928 年 9 月)、67 期(1929 年 1 月)、70 期(1929 年 7 月)、72 期(1929 年 11 月)
	《述社》	54 期(1926 年 6 月)
书评	《梁氏佛教史评》	2 期(1922 年 2 月)
	《评陆懋德〈周秦哲学史〉》	29 期(1924 年 5 月)

(续表)

栏目	篇名	期数/时间
通论	《论大学生之责任》	6期(1922年6月)
	《论今之办学者》	9期(1922年9月)
	《读墨微言》	12期(1922年12月)
	《说习》	24期(1923年12月)
	《明伦》	26期(1924年2月)
	《中国文化西被之商榷》	27期(1924年3月)
	《教育之最高权》	28期(1924年4月)
	《励耻》	30期(1924年6月)
	《学者之术》	40期(1925年4月)
	《罪言》	40期(1925年4月)
	《自立与他立》	43期(1925年7月)
	《正政》	44期(1925年8月)
	《说酒》	45期(1925年9月)
	《反本》	46期(1925年10月)
	《致知》	47期(1925年11月)
	《解蔽》	49期(1926年1月)
	《墨化》	51期(1926年3月)
	《论近人讲诸子之学者之失——录〈史地学报〉》	73期(1931年1月)
	《自由教学法》	75期(1931年4月)

资料来源：转引自陈宝云《学术与国家：史地学报及其学人群研究》，第307—308页，有修正。

柳诒徵长期在《学衡》发文，尤其是在《学衡》后期连载其传世名作《中国文化史》，更是使《学衡》的学术分量厚实了。而正因为他深度介入《学衡》的诸多事务，南高学派成员也纷纷现身于《学衡》。

第二节　南高学派与《学衡》

《学衡》初期为月刊，出版周期正常，但自 1925 年发行第 38 期后难以按期出版，这与前述初始会员们的变化有很大关系。对于学衡派的内部分裂，《学衡》的举步维艰，吴宓内心是很痛苦的。南北分立之后，吴宓自感"为《学衡》事，奔走劳苦，少人帮助"，且"《学衡》事，无一人热心"。[①] 无人热心于《学衡》事务，就不会有人给《学衡》写稿，失去了稿源，期刊的出版发行就无从谈起。稿源、经费和销量对一个期刊来说无比重要。关于南高学派对《学衡》的重要性，可从吴宓在接受中华书局续办《学衡》条件后给柳诒徵、缪凤林等人的信中看出端倪。吴宓"函奉天缪、景、刘等及南京柳、汤等诸社员，报告续办立约，索文稿。又言下年应给中华津贴凡 600 元。宓愿独力捐垫，倘诸公有顾念宓之处境艰难而自愿捐助者，则殊为感幸云云"[②]。吴宓于其中已经点明维系《学衡》的两大因素：稿源和经费。至于销量，已不是吴宓所能左右的。而中华书局之所以会提出停办《学衡》，销量也是其一大理由。

一、稿源和经费

据统计，在《学衡》发刊的 79 期中，除"文苑""杂缀""附录"三栏外，共有作者 108 人，其中发表文章 3 篇以上者 23 人。按作品篇次多少顺序依次为：柳诒徵（55）、吴宓（42）、缪凤林（24）、景昌极（23）、王国维（20）、胡先骕（18）、张荫麟（14）、刘永济（12）、林损（12）、汤用彤（8）、郭斌龢（8）、刘伯明（7）、孙德谦（7）、徐震堮（6）、梅光迪（5）、吴芳吉（4）、胡稷咸（4）、王恩洋（4）、李思纯（3）、陈柱（3）、刘朴（3）、叶玉

[①] 吴宓：《吴宓日记》第 3 册，第 179、187 页。
[②] 吴宓：《吴宓日记》第 3 册，第 442 页。

森(3)、杨成能(3)。① 从上述统计数字来看,在代表学衡派学术功力和倾向的"通论""述学"等栏目中发表文章前六位的是柳诒徵、吴宓、缪凤林、景昌极、王国维和胡先骕,其中南高学派中人发文数为102篇次,吴宓和王国维、胡先骕合计80篇次。抛开耆儒硕学不论,缪凤林和景昌极的表现无疑是让人赞叹的,无怪乎吴宓视此二人为柳诒徵学生中最杰出者。缪凤林是最早在《学衡》杂志发文的南高学派成员,其后景昌极、张其昀、向达、郑鹤声、钱堃新等相继加入《学衡》杂志的作者队伍,这对《学衡》杂志生命的延续起到了非常重要的作用,因为《学衡》稿件之匮乏,在早期即已比较明显。早在1923年,吴宓就对《学衡》稿件之匮乏深感忧虑。其9月1日的日记中如是记载:"《学衡》稿件缺乏,固须竭力筹备。惟国学一部,尤形欠缺,直无办法。"②其中提及的"国学"方面文章,就《学衡》杂志而言,南高学派诸人的文章无疑属于此类,尤其是柳诒徵的文章。原东南大学学生李清悚就认为:"1922年创办之《学衡》杂志,本西方一时盛行之人文主义,反对'文学革命'之新说,以为有泪没中国文化传统之不良影响,与《新青年》等刊物相争论,在新文化运动中有异议,被视为保守方面,而校长亦适当支持其刊行,时流乃加以东大'学衡派'之称。此刊以梅光迪、吴宓二先生为发起之主将。时柳翼谋师则常有'通论'文字在其中揭载,乃因师固通贯国史,不苟于趋时,而梅、吴以及参与校政之刘伯明先生皆游学美国……于国学俱疏,故屡求其写论为助。"③到了1925年,由于成员星散等因素,稿源更显紧张。李思纯曾来函索稿不登,这让吴宓无比苦恼,"只有强不付还,伪言已发出,难追回"④。其实,柳诒徵也曾不同意在《学衡》上登载《中国文化史》,意欲

---

① 王泉根:《吴宓主编〈学衡〉杂志的初步考察》,李继凯、刘瑞春选编:《解析吴宓》,社会科学文献出版社,2001年,第89—90页。其实郑鹤声也属于发文3篇次者,其《汉隋间之史学》连载于《学衡》第33—35期。
② 吴宓:《吴宓日记》第3册,第248页。
③ 李清悚:《回忆东大时代柳翼谋师二三事》,柳曾符、柳佳编:《劬堂学记》,第124页。
④ 吴宓:《吴宓日记》第3册,第82页。

交由商务印书馆出版。① 南高学派在《学衡》中发文篇数如表 2-3 所示：

表 2-3　南高学派在《学衡》中发文数

姓　名	发表文章/篇次	主要栏目/篇次
柳诒徵	55	通论(19)、述学(33)、书评(3)
缪凤林	24	通论(3)、述学(17)、书评(4)
景昌极	23	通论(12)、述学(10)、书评(1)
向达	7	述学
郑鹤声	4	述学
张其昀	2	述学
王焕镳	1	述学
钱堃新	1	述学
陈训慈	1	通论
王庸	1	述学

注：发文数指的是文章在《学衡》杂志中出现的次数。如郑鹤声的《汉隋间之史学》连载于《学衡》第 33—36 期，即为 4 篇次；柳诒徵的《中国文化史》连载于《学衡》第 46—72 期亦如是。

稿源之外就是经费。在没有任何政府或机构经费资助的情况下，出版刊物所需的自筹经费就极为重要，可谓是维持刊物生存的生命线②。就维持《学衡》杂志出版的经费而言，绝大多数是由吴宓个人承担的。当时，为了维持《学衡》的出版，吴宓"个人每期津贴百元，又向亲友募捐以维持"③。《学衡》社也没有规定社员有捐助的义务，社会上虽偶有捐助，但金额有限。如《学衡》自 67 期到 78 期都刊有捐

---

① 吴宓：《吴宓日记》第 3 册，第 83 页。
② 顾颉刚曾因稿件事批评过谭其骧，其重要理由即无经费何来刊物之生存。"我说《食货》篇幅多，《禹贡》不应少，为的是有了比较。……你将说，办这专门刊物何须取悦于大多数人！学问之道何必妥洽于一般庸众！话说的自然对，但试问《禹贡》半月刊的基础建设在那里？如果定户与零售减少，我们能不能存在？"(顾潮：《历劫终教志不灰——我的父亲顾颉刚》，华东师范大学出版社，1997 年，第 164—165 页)
③ 吴学昭：《吴宓与陈寅恪》，生活·读书·新知三联书店，2014 年，第 105 页。

助《学衡》社经费的鸣谢,67 期至 78 期共六年,总计收到 600 元①。所以就经费而言,吴宓只能希冀"倘诸公有顾念宓之处境艰难而自愿捐助者,则殊为感幸"。据《吴宓日记》观察,在《学衡》后期举步维艰之际,南高学派的同人是尽力帮助吴宓的。在收到吴宓告知《学衡》由中华书局续办并须补贴 600 元的信后,景昌极和缪凤林二人立即致函吴宓,"各愿捐《学衡》社津贴中华款每期各 10 元,二人共一百二十元"。② 吴宓后曾复函景昌极等人,"《学衡》事,款由宓独任,只望诸人撰稿"。景昌极仍复函表示依旧认捐《学衡》印费 60 元。为了扩大《学衡》销量,减轻《学衡》社经济负担,缪凤林让其在中央大学的学生购买登载柳诒徵《中国文化史》的各期《学衡》③。

二、编辑出版事务

南高学派不仅在稿源和经费上给予《学衡》很大支持,在具体的编辑出版事务上也是贡献良多,尤其是柳诒徵。如 1923 年 9 月,《学衡》社内成员吴宓和邵祖平在稿件处理上发生了矛盾,邵祖平质疑吴宓延期刊发其诗作之举,要求吴宓将其诗作登入《学衡》23 期。吴宓以从未允诺为由拒绝,引得邵祖平拍案而起,"声闻数室"。事后吴宓走访柳诒徵,告知此事前后详情。当晚,柳诒徵去吴宓处,"谓邵君素日性行如此,只可宽恕。其新稿宜为登入二十三期"。吴宓决定遵从柳诒徵的建议,将邵祖平诗作登入《学衡》23 期,他也请柳诒徵转告邵祖平"以后邵君概不得干涉编辑职权"。④ 1924 年,吴宓应东北大学之聘,但他心忧《学衡》稿件之编辑和出版,临行前,"关于《学衡》各件,均点交总干事柳翼谋先生收"⑤。而对于总干事一职,柳诒徵曾在 1925 年 8 月请辞,在吴宓劝慰下"复任之"。最终还是在 1926 年 1 月

---

① 林丽月:《"学衡"与新文化运动》,张玉法主编:《中国现代史论集》第六辑,联经出版事业公司,1980 年,第 510 页。
② 吴宓:《吴宓日记》第 3 册,第 446—447 页。
③ 吴宓:《吴宓日记》第 4 册,生活·读书·新知三联书店,1998 年,第 13、18、23 页。
④ 吴宓:《吴宓日记》第 2 册,第 256 页。
⑤ 吴宓:《吴宓日记》第 2 册,第 265 页。

坚辞总干事一职，吴宓"决再兼任"。① 虽然柳诒徵辞去了总干事一职，并不意味着他就对《学衡》漠不关心。事实上，《学衡》后期很多事务，吴宓都是与柳诒徵商量的。如1926年3月26日，吴宓夜访柳诒徵，"以所撰《学衡杂志五大特色》等稿，与柳公共同删改。将终，柳公忽谓如此不妥。……乃议再酌"②。柳诒徵之外，在《学衡》的清华时期，可能因为同属南高旧人，吴宓曾与王庸谈《学衡》之事，王庸"允为力"③。

在稿源和经费都能勉力维持的情况下，出版方是否愿意出版对当时的《学衡》也形成了很大压力。最为典型的就是中华书局两次提出停办《学衡》，而在此问题的解决上柳诒徵起了很大的作用。1924年，出于经济因素的考虑，中华书局向吴宓提出以代销《学衡》作为续办的条件。为此，7月28日，吴宓先去拜访了柳诒徵，然后二人一起去拜访了左舜生和戴克敦，"谈《学衡》续办事。彼坚持代销代售之说，无要领。……谒胡子靖先生于大陆银行楼上。柳先生亦到，托胡先生致函范静生，向中华主张《学衡》续办事"④。因《学衡》续办"无要领"，所以柳诒徵请族兄柳芷亭"为介，(与吴宓)同访中华书局总理陆费逵君于中华书局总店。……相见之后，柳先生袖出我方所拟特别代销代售办法若干条，与以前承办大同小异，并于再三謦欬。予亦痛陈《学衡》已具之声名，实在之价值，及将来前途之远大。陆费君意颇活动，谓与局中同人细商后再缓复，并允第三十七、三十八期必续出云"⑤。后经双方努力，《学衡》续办一年，自49期至60期止。⑥ 一年期满，中华书局随即致函吴宓，告知不再续办60期以后之《学衡》，这让吴宓"不胜惊骇失望"。无奈之下，他与柳诒徵商量《学衡》续办之事。柳诒徵"亦无办法，仅议定(一)请中华书局修改条件(如给予现

---

① 吴宓：《吴宓日记》第3册，第62、121页。
② 吴宓：《吴宓日记》第3册，第162页。
③ 吴宓：《吴宓日记》第3册，第82页。
④ 吴宓：《吴宓日记》第2册，第267页。
⑤ 吴宓：《吴宓日记》第2册，第268页。
⑥ 吴宓：《吴宓日记》第3册，第86页。

金津贴等),仍准续办。(二)托竺可桢代请商务印书馆承办,以柳公《中国文化史》归商务单本印售为条件"。12月13日,吴宓"接中华十二月七日复函,仍云不能续办,似已无商量余地。宓随即再去一函,提出二法,求其择一而行。(一)续办一年,月给津贴现金数十元。(二)续办半年,印完柳著《中国文化史》,不给津贴"。柳诒徵也致函中华书局,协商《学衡》续办事宜,但所得答复也是不再续办。① 为免《学衡》就此中绝,吴宓和柳诒徵二人继续努力。柳诒徵和凌文渊接洽,希望由财政部印刷局代印《学衡》,凌文渊允之,并"愿出资维持";因吴宓对财政部印刷局并不是很看好,所以柳诒徵又与上海大东书局接洽,"该局愿承办《学衡》。一切条件,均照中华历年之旧,毋须津贴"。后来因为大东书局"停业月余,又有工潮,以致商业凋零,百务停顿。故三月间所言承办《学衡》一节只得从缓"。② 此事后因梁启超之助,吴宓与中华书局达成妥协,但吴宓对柳诒徵的倚重和柳诒徵为《学衡》事务之尽力概可见矣。

综上可见,南高学派已深度介入《学衡》事务,且贡献良多。如此就不难理解学者在讨论学衡派的思想和学术活动时,很自然地将南高学派纳入学衡派范畴进行论述。虽如此,我们也不应由此关联而忽略了两派之间的差异。

第三节 两派异同

将南高学派和学衡派归于同一阵营,除了前述两派之间的关联、与南高学派的文化观也亲近白璧德的新人文主义有很大关系外,双方还有两大共性:

第一,"昌明吾国之真文化"。当时,柳诒徵认为欧战以后,中国

---

① 吴宓:《吴宓日记》第3册,第256、264页。
② 吴宓:《吴宓日记》第3册,第314、412页。

社会出现两种思潮:"一则欲输入欧、美之真文化,一则欲昌明吾国之真文化","而吾国人以昌明东方文化为吾人之大任之念,乃油然而生。又进而以儒家之根本精神,为解决今世人生问题之要义"。① 指出了与新文化派明显殊途的文化自救之道。而梅光迪在留学美国时发现:"西人所著论吾国之书,十九谩骂吾人,不欲多读,此等书吾辈视之,不值一笑。而其势力影响于其本国者至巨,甚可痛也。因彼辈绝少通吾国文字者,况问其能读吾古籍(李佳白、孙乐文辈,不过读《纲鉴易知录》及《四书合讲》),彼辈书中不过有几张吾国下等社会人相片,以为足代表吾人,岂不可耻。"②所以,他"极言我中国文化之可宝贵,历代圣贤、儒者思想之高深,中国旧礼俗、旧制度之优点"③。此种思想倾向正与柳诒徵倡导的"欲昌明吾国之真文化"相契合,故而梅光迪、吴宓、胡先骕等人易与柳诒徵产生共鸣,达成共识。比如孔子,柳诒徵认为"孔子者,中国文化之中心也,无孔子则无中国文化。自孔子以前数千年之文化,赖孔子而传,自孔子以后数千年之文化,赖孔子而开"。④ 同样,梅光迪也认识到:"两千五百年来,孔子是几乎所有理念和精神流派的根源所在,至今他仍然对亿万中国人有着深刻的影响。"⑤

第二,纠新文化运动之偏。对于新文化运动中的偏颇之处,学衡派和南高学派都持批评态度。如吴宓等人认为新文化运动者持论"务为诡激,专图破坏。然粗浅谬误,与古今东西圣贤之所教导,通人哲士之所述作,历史之实迹,典章制度之精神,以及凡人之良知与常识,悉悖逆抵触而不相合";其取材"惟选西洋晚近一家之思想一派之文章。在西洋已视为糟粕,为毒鸩者,举以代表西洋文化之全体";"吾之所以不慊于新文化运动者,非以其新也,实以其所主张之道理,

---

① 柳诒徵:《中国文化史》,东方出版中心,1996年,第869页。
② 耿云志:《胡适遗稿及秘藏书信》第33册,黄山书社,1994年,第61—63页。
③ 吴宓:《吴宓自编年谱》,第177页。
④ 柳诒徵:《中国文化史》,第231页。
⑤ 梅铁山主编:《梅光迪文存》,第193页。

所输入之材料，多属一偏，而有害于中国之人"。① "夫'新文学'者，乱国之文学也。其所主张，其所描摹，凡国之衰亡时，皆必有之。……'新文学'者，土匪文学也。"②梅光迪则以为新文化运动诸子"于欧西文化，无广博精粹之研究，故所知既浅，所取尤谬。以彼等而输进欧化，亦厚诬欧化矣"③。吴宓关于新文学的看法得到了南高学派的认同。他们在《文哲学报》上刊发《文学与真与美》《理想之中国文学家》等文声援老师，主要是当时的学生刘文翮、景昌极和缪凤林。如刘文翮说："（新派）是今而非古，誉西而毁中，著为辞说，传播海内。而察其所慕之事，则又非西洋文学精粹之所在也。于是抱隐忧者，惧两者之交失也，遂扬人文主义，则古称先，自孔孟以下，及苏格拉底、柏拉图与近世之安诺德、白璧德之说，咸津津乐道，强聒其间，将以砥柱中流，而洄狂澜焉。两派交讥，迄今不决。此诚历史上过渡时代互相调剂之惯例，无足怪者。"④他们的这一做法，受到了吴宓的赞赏，⑤同时也饱受新文化运动支持者的批评。陈训慈则对梅光迪的主张予以声援："近来自号新文化运动者，大都皆浮浮自信，稀为专精之研究。即其于所常谈之文哲社会诸学，亦仅及其表面，而于专门学科，益无人过问；循是不变，将使名为提倡文化，而适以玷辱文化。"⑥

虽然两派关系紧密，且观念亦相近，但是，我们也应看到两派之间也存在明显差异。以他们创办的《史地学报》与《学衡》为例。

第一，两者的刊物定位不一样。一般来说，《学衡》的内容偏重于文学和思想文化方面，如吴宓在论及学衡派敌对者时，就很自然地从文学角度加以区分。"与《学衡》杂志敌对者，为（一）上海'文学研究

---

① 吴宓：《论新文化运动》，《学衡》第4期，1922年。
② 吴宓：《吴宓日记》第2册，第115页。
③ 梅光迪：《评提倡新文化者》，《学衡》第4期，1922年。
④ 刘文翮：《介绍文学评论之原理》，《文哲学报》第3期，1923年。
⑤ 吴宓就曾在《新文化运动之反应》一文中称，"近年有所谓新文化运动者，本其偏激之主张，佐以宣传之良法……加之喜新盲从者之多"，然"物极必反，理有固然"，"近顷于新文化运动怀疑而批评之书渐多"，并列举《民心周报》《经世报》《亚洲学术杂志》《史地学报》《文哲学报》《学衡》《湘君》等七种刊物为证。参见《中华新报》，1922年10月10日增刊。
⑥ 陈训慈：《组织中国史学会问题》，《史地学报》第1卷第2期，1922年。

会'之茅盾(沈雁冰)一派。茅盾时在商务印书馆,任《小说月报》总编辑。(二)上海《民国日报》副刊《学灯》之编辑邵力子一派。至于(三)上海创造社郭沫若一派,则在1923年始兴起,故与《学衡》杂志无直接对辩及论争。"①《学衡》杂志在国学与西学体裁方面有详细说明:"本杂志于国学则主以切实之工夫,为精确之研究,然后整理而条析之,明其源流,著其旨要。以见吾国文化,有可与日月争光之价值,而后来学者,得有研究之津梁,探索之正轨,不至望洋兴叹,劳而无功,或盲肆攻击,专图毁弃,而自以为得也";"于西学则主博极群书,深窥底奥,然后明白辨析,审慎取择,庶使吾国学子,潜心研究,兼收并览,不至道听途说,呼号标榜,陷于一偏而昧于大体也"。很显然,学衡派于调适中西学问之外,学术批评也是其致力之一方向,而且矛头直指新文化运动中人。而《史地学报》则以研究史学与地学为宗旨,②治学之范围与《学衡》相较,则要小得多,而且相对缺少一种批判精神。③这种刊物宗旨和治学范围方面的差异从张其昀和郑鹤声的史学文章的遭遇也可看出。张其昀的《论刘知几与章实斋》,吴宓就

---

① 吴宓:《吴宓自编年谱》,第235页。
② 南高学派认为各种学问"靡不有所凭于史地,而史地之可贵,亦要在出其研几所得,供各学科之致用"。而当时国内学界情状是,国人盛言西学,谈论著述,蔚为大观;于真实之学,则畏避无已,史学地学,尤稀过问。"新说之灌输无闻,旧籍之研究日荒,怀古例人,宁非大耻。同人等问学旨趣,偏此二学,心痛现状,爰布兹册。"(《编辑要则》,《史地学报》第1卷第3期,1922年)他们后来创办的刊物也多两者并重,如《史学与地学》《史学杂志》《史地杂志》等。
③ 《学衡》创刊伊始,就对新文化运动诸多问题展开批评,如梅光迪的《评提倡新文化者》(《学衡》第1期)、《评今人提倡学术之方法》、《论今日吾国学术界之需要》,吴宓的《论新文化运动》(《学衡》第4期),胡先骕的《评〈尝试集〉》(《学衡》第1期)、《论批评家之责任》(《学衡》第3期)等;梅光迪在后来回忆《学衡》创刊宗旨时,也指出:"学衡杂志者,以'阐扬旧学,灌输新知'为职志,对于一切流行偏激之主张,时施针砭。"(梅光迪:《九年后之回忆》,《梅光迪文存》,第176页)而关于学衡的学术批评一事,《史地学报》曾经尝试予以呼应,在1922年11月出版的《史地学报》第2卷第1期的《编辑导言》中,他们强调刊物栏目中"书评一门之应扩充",但实际上,该栏目始终无法扩充,且并非常设栏目。在《史地学报》上旗帜鲜明的批评文章仅有柳诒徵的《论近人言诸子之学者之失》(《史地学报》第1卷第1期)、《论以说文证史必先知说文之谊例》(《史地学报》第3卷1、2合期),刘掞藜的《读顾颉刚君与钱玄同先生论古史书的疑问》(《史地学报》第3卷1、2合期)、《与顾颉刚讨论古史第二书》(《史地学报》第3卷第3期)等。这也说明,《学衡》的批判性是一贯的,而《史地学报》并未以学术批评为职事。

"嫌其为考古述学之专著,无关国事与时局"。郑鹤声所投之《汉隋间之史学》和《唐以后之史学》,吴宓以其"皆罗列材料,而乏义理","本拟摈弃不登者,今特编入,以图充塞篇幅而已"。[①] 这显然与两者不同的学科背景有相当关系,因为与吴宓相反的是,柳诒徵对郑鹤声的《汉隋间之史学》评价很高,以为是"一时无两"之作,所以推荐到《学衡》来发表,后来由中华书局出版时,柳诒徵还为之作序。可能除了柳诒徵和王国维等人的史学稿件外,吴宓都是不甚当意的。比如叶玉森的《殷契钩沉》发表于《学衡》24 期和 31 期,吴宓"视此类文章(谓甲骨文及考证金石、校勘版本、炫列书目等),直如糟粕。且印工繁费(须摄制锌版),极不欲登载,勉为收入,乃历年竟有诸多愚妄之人(法国伯希和氏亦其一),远道来函,专索购该二期《学衡》。近且有人取此三篇,放大另印,每册售价数元。(其实仅出五角之微资,购此二册《学衡》即可全得。)而《学衡》中精上之作(即如三十一期中,刘、胡、吴、景诸君长篇论文),众乃不读,或拆付纸篓。此固中国近世学术界文艺界一般不幸情形,而亦宓编撰《学衡》杂志多年,结果最痛心之一事也。"[②]而柳诒徵为叶玉森的《殷契钩沉》作序,盛称该书有"数善",可以"敛海宁之旌旄,拓雪堂之茅蕝矣"。[③] 透过吴宓和柳诒徵对一些稿件的不同评价,我们已可从中看到《史地学报》和《学衡》杂志的不同风格和特点。

第二,两者的作者群存在很大差异,而此种差异恰也决定了两个学派内部的稳定性。《史地学报》的作者群比较单一,基本上以史地研究会成员和指导员为主,核心人员则是与柳诒徵关系紧密的陈训慈、缪凤林、张其昀、郑鹤声、刘掞藜、向达等等,偶有校外来稿;抛开运作资金等因素,在稿源上有相当高的稳定性。而《学衡》则恰恰与之相反,稿源非常之不稳定,作者群亦显得颇为庞杂,不计南高学派

---

① 吴宓:《吴宓自编年谱》,第 228、234 页。
② 吴宓:《吴宓诗话》,商务印书馆,2005 年,第 239 页。
③ 柳诒徵:《殷契钩沉序》,柳曾符、柳定生编:《柳诒徵劬堂题跋》,台北华正书局,1996 年,第 137 页。

成员,除留学欧美的知识分子之外,尚有一批旧式学者,如林损、黄节、孙德谦等人,还有清华国学研究院部分师生,作者人数在百人以上。如此庞杂之队伍,仅以宗旨相吸引,很难维系其学派内部的稳定性,这从吴宓创刊之艰难,无人相助也可为证。而南高学派则并非纯以宗旨相号召,更多以师生感情为纽带,以真挚的师生感情和教师的高尚人格魅力为感召,较好地将众多史学才俊团结在柳诒徵周围,学派的稳定性相当高,即使成员星散各地,但依旧互通声气。与此同时,其成员还经常通过集会等方式,相互交流学术和共商进止。

第三,新人文主义宣传上的巨大差别。虽然学衡派和南高学派都很推崇白璧德的新人文主义,如梅光迪认为白璧德之学"以综合西方自希腊以来贤哲及东方孔、佛之说而成,虽多取材往古,然实独具创见,自为一家之言,而于近世各种时尚之偏激主张多所否认"①;柳诒徵则因对白璧德新人文主义之赞赏和了解,将梅光迪视为白璧德学说在华的最早宣传者,而吴宓则"为亚洲建一新希腊,亦华之白璧德矣","二者各以一身肩吾国文教之责,使东西圣哲之学说炳焕无既"。② 陈训慈则曾和吴宓一起合作翻译了《葛兰坚论新》,因"葛兰坚先生亦奉行人文主义者也,……与白璧德先生等所主张者相合"③。另有张其昀《白璧德——当代一人师》刊于《思想与时代》第 46 期。但是,我们细究两份刊物所登载之文章,就会发现《史地学报》专以史地学研究为目标,并未有人在《史地学报》上发文介绍白璧德及其新人文主义;而《学衡》则恰与之相反,《学衡》创刊初始,就明确标榜白璧德的新人文主义,④其"创刊宗旨就是要宣传您(白璧德)的思想理念和儒家学说"⑤。如胡先骕的《白璧德中西人文教育谈》(第 3 期)、梅光迪的《现今西洋人文主义》(第 8 期)、张荫麟的《白璧德论班

---

① 梅光迪:《现今西洋人文主义》,《学衡》第 8 期,1922 年。
② 柳诒徵:《送吴雨僧之奉天序》,《学衡》第 33 期,1924 年。
③ 吴宓、陈训慈译:《葛兰坚论新》,《学衡》第 6 期,1922 年。
④ 白璧德与学衡派的关系,可参见王晴佳:《白璧德与"学衡派"——一个学术文化史的比较研究》,《"中央研究院"近代史研究所集刊》2002 年第 37 期。
⑤ 吴宓:《吴宓书信集》,第 36—37 页。

达与法国思想》(第 74 期),着力最多者为吴宓,不仅有《白璧德之人文主义》(第 19 期)、《白璧德论民治与领袖》(第 32 期)、《白璧德论欧亚两洲文化》(第 38 期)、《白璧德论今后诗之趋势》(第 72 期)等文,且在有关新人文主义的译文前撰写编者按语,阐发新人文主义。① 1928 年夏,因为梁实秋告诉吴宓,"上海似乎很有一些人不知道白璧德的,更有一些人知道白璧德而没有读过他的书的,还更有一些人没有读过他的书而竟攻击他的"②,从而催生了吴宓将《中西人文教育谈》《白璧德之人文主义》《论民治与领袖》《释人文主义》《论欧亚两洲文化》5 篇文章结集为《白璧德与人文主义》,由上海新月书店出版。1946 年 10 月 21 日,吴宓在接受《中华人报》记者采访时,坦承:"予半身精力,瘁于《学衡》杂志,知我罪我,请视此书。大体思想及讲学宗旨,遵依美国白璧德教授及穆尔先生之新人文主义。"③此类夫子自道,一方面展现了《学衡》杂志在吴宓学术生命中的重要性,另一方面则展现了吴宓对于白璧德及其新人文主义之深深服膺。④

第四,史学研究上的求真与致用。两派在史学研究上的立场迥异。尤其是民族主义立场上的差异。学衡派自然也有民族主义立场,只是在史学研究上他们更注重史学的求真。最典型的就是如何处理与理解中国古代的民族冲突和融合。陈寅恪在研究唐代兴盛与外族关系时指出:"唐代武功可称为吾民族空前盛业,然详究其所以

---

① 如吴宓在《白璧德中西人文教育谈》(《学衡》第 3 期)编者按语中对白璧德生平及学说做了简要介绍,认为"其学精深博大,成一家言。西洋古今各国文学而外,兼通政术哲理,又娴熟梵文及巴利文,于佛学深造有得";在《穆尔论现今美国之新文学》(《学衡》第 63 期)按语中则指出,"欲窥西方文明之真际及享受今日西方最高之理想者"不可不读穆尔撰写的有关新人文主义的著述。
② 梁实秋:《白璧德与人文主义·序》,新月书店,1929 年。
③ 李继凯、刘瑞春:《追忆吴宓》,社会科学文献出版社,2001 年,第 469 页。
④ 吴宓的这种感情是真挚的、热诚的,绝不虚伪。除了在文章中推崇、阐扬白璧德及其人文主义外,在其私人空间"日记"中也对其师推崇有加。在 1937 年的日记中,吴宓曾述及白璧德对他一生学术、思想的影响:"宓服膺白璧德师甚至,以为白师乃今世之苏格拉底、孔子、耶稣、释迦。我得遇白师,受其教诲,既于精神资所发舒,复于学术窥其全真,此乃吾生最幸之遭遇。虽谓宓今略具价值,悉由白师所赐予者可也。"(吴宓:《吴宓日记》第 6 册,生活·读书·新知三联书店,1998 年,第 96 页)

与某甲外族竞争,卒致胜利之原因,实不仅由于吾民族自具之精神及物力,亦某甲外族本身之腐朽衰弱有以招致中国武力攻取之道,而为之先导者也。国人治史者于发扬赞美先民之功业时,往往忽略此点,是既有违学术探求真实之旨,且非史家陈述覆辙,以供鉴戒之意。"①1936年2月3日的"(魏)晋南北朝史"课堂上,陈寅恪说:"近闻教育部令,中学历史教科书不得有挑拨国内民族感情之处,于民族战争不得言,要证明民族同源。予以为这是不必的。""于古代民族间的战争,讳而不言,殊为不当。""古代史上之民族战争,无避讳之必要。"②而南高学派于史学求真之外,更注重的是经世致用。如郑鹤声就主张在历史教材编纂和历史教学中,"当弃以汉族为中心之小民族主义,而提倡整个中华民族之大民族主义,俾全国人民逐渐养成大一统之观感,共同其利害关系"③。具体而言,"除调和民族之感情外,对于各民族间社会及文化事迹,必须为详尽之叙述,而尤须注重其现代之生活,申明其文化上异同之点,优劣之故,藉以养成其自信力,作为改造之资料。同时关于朝代兴亡及各族战争之事迹,则不妨竭力减少,但表明其互相同化之过程可耳"④。很显然,强调融合,突出同化的历史以期增强民族自信力,发扬民族精神,是南高学派着力和关心的重点。

第五,在对待新文化运动的态度上,虽然二者都持一定的批判态度,但在《学衡》这一被胡适称之为"学骂"的杂志上,两派学人的态度也是不一样的。学衡派中人多有文章批评新文化运动,如梅光迪有《评提倡新文化者》《评今人提倡学术之方法》《论今日吾国学术界之需要》等文,胡先骕有《评〈尝试集〉》《评胡适〈五十年来中国之文学〉》《论批评家之责任》《文学之标准》等,吴宓则有《论新文化运动》《论今

---

① 陈寅恪:《唐代政治史述论稿》,商务印书馆,2011年,第322页。
② 蒋天枢:《陈寅恪先生编年事辑》(增订本),上海古籍出版社,1997年,第98—99页。
③ 郑鹤声:《历史教学旨趣之改造·小引》,正中书局,1935年。
④ 郑鹤声:《历史教学旨趣之改造》,第28页。

日文学创造之正法》《我之人生观》等文;而南高学派同人文章则多为中国文化史、史学史等专题研究,如柳诒徵的《中国文化史》《华化渐被史》,郑鹤声的《汉隋间之史学》,缪凤林的《中国民族西来辨》,等等。此外,在《史地学报》刊发的文章中,我们也未见专文批评新文化运动之文。虽然在《文哲学报》上有文章论及,但也针对的是新旧文学观念和主张方面的歧异,而不是新文化运动本身,正如缪凤林的《文学上之摹仿与创造》针对的是胡适所主张的文学创作中的"不摹仿古人"①。《文德篇》针对的是胡适将文言文视为死文学。②

此外,双方的差异其实也可从对中国国民党的态度看出来。1927年6月29日,吴宓和陈寅恪相约不加入国民党,以"保全个人思想精神之自由"③,而南高学派成员多为中国国民党党员,且多人与中国国民党政要有良好关系。罗杰·斯克拉顿认为:"实际上,对于厌恶所有党派观念的人来说,保守主义是一种有吸引力的立场。"④所以,以保守主义例学衡派可,而以此例南高学派则不可。

由上可见,南高学派和学衡派是两个完全不同的学术流派,前者纯为史学流派,后者则更多地属于文学、思想文化流派。两派之间的互动多为单向,南高学派深度参与了《学衡》事宜,而学衡派基本上没有参与南高学派的相关事宜,如吴宓、梅光迪等人并未曾为《史地学报》提供稿源,亦未曾担任史地研究会指导教师,后期的一些学会和刊物创办也多未见吴宓等人踪影。两派之所以曾有过合流,乃是源于双方共同的文化理念,对中华民族传统文化的宝爱。因此,虽然两派的观念乃至人员有所交叉,但并不能因此而忽视两者间的区别。

---

① 缪凤林:《文学上之摹仿与创造》,《东方杂志》第18卷12号,1921年。
② 缪凤林说:"岂知文学之可贵端在其永久性,本无新旧之可分。古人文学之佳者,光焰万丈,行且与天壤共存。"《文德篇》,《学衡》第3期,1922年)
③ 吴宓:《吴宓日记》第3册,第363页。
④ 罗杰·斯克拉顿:《保守主义的含义》,刘皖强译,中央编译出版社,2005年,第1页。

第三章
南高学派与北大派

如果以新旧来区分，学衡派无疑是当时的旧派。[①] 因与学衡派多有互动且关涉较深，南高学派也就很容易被纳入旧派的范畴。而以胡适、傅斯年和顾颉刚等人为代表的北大派无疑是当时的新派，并且掌握了大量学术资源，引领了时代风气。有研究者指出："在民国教育史上，隐然存在一个'北大派'。蔡元培、蒋梦麟、胡适以及傅斯年等人打通北大和中央研究院，掌控中华教育文化基金董事会等实力部门，其影响非同寻常。"[②] 加之南高学派与北大派之间多有学术论争乃至私人关系也颇为紧张，在凸显北派学人的场域中很容易让人忽视或自动贬低南高学派的学术贡献。本章意在通过阐述两派之间的冲突与共性来明确史学现代化途径并非只有科学化一途，南高学派的学术主张正可补科学化之偏。需要说明的是，此处所说的"北大派"指的是史学意义上的学术派别。因为"北大派"概念范围甚广，文史哲和理工科等学者也可以此名之。如鲁迅在1925年时如是说道："我向来也不专以北大教员自居，因为另外还与几个学校有关系。然而不知怎的，——也许是含有神妙的用意的罢，今年忽而颇有些人指

[①] 关于民国史学中的新派与旧派（传统派），可参见王汎森：《价值与事实的分离？——民国的新史学及其批评者》，《中国近代思想与学术的系谱》，吉林出版集团有限责任公司，2011年，第381—468页。本章所指北大派与王汎森先生所指"新派"一致。

[②] 张晓唯：《旧时的大学和学人》，中国工人出版社，2006年，第2页。

我为北大派。我虽然不知道北大可真有特别的派,但也就以此自居了。北大派么?就是北大派!"①很显然,鲁迅并不在本章讨论范围之内。

第一节 胡适与北大派

一、北大派领袖

北大派②并非后来研究者的指称,而是在民国时期已为学者所指认。钱基博在关注南北学术纷争时说:"胡适新游学美国归,方以誉髦后起讲学负盛名,以为'清儒之所谓汉学者,一名朴学,对于宋儒之理学而言,不外文字训诂校勘考订之学'。而其治学方法,不外两事:曰'大胆的假设',曰'小心的求证'。假设不大胆,不能有新发明。证据不充分,不能使人信仰。此欧儒之所以治科学;而吾国惟治朴学者为得其意焉!(见《胡适文存·清代学者的治学方法》)于是言古学者,益得皮傅科学,托外援以自张壁垒,号曰新汉学,异军突起!而其所为不同于东汉古学者;盖以《周礼》为伪托,目《尚书》非信史,又谓'六籍'皆儒家托古,胥同今文学说也。惟今文家意在经世,而新汉学主于考古,议论虽同而归趣不一,此新汉学之所以异于今文;而与东汉古学同其归者也!然东汉古学,欲以信古者考古;而新汉学,则以疑古者考古;此又新汉学之所为不同于东汉古学;而要其归,在欲考见'古之所以为古之典章文物',则又无乎不同者耳!万流所仰,亦名曰'北大派',横绝一时,莫与京也!"③

根据钱基博的观察,北大派是以胡适为领袖,派内既有疑古群

---

① 鲁迅:《我观北大》,《鲁迅全集编年版》第3卷,人民文学出版社,2014年,第421页。
② 桑兵(《近代中国学术的地缘与流派》,《历史研究》1999年第3期)、彭明辉(《历史地理学与现代中国史学》,第28页)等学者都有提及北大派,此处即采用诸先生之意。
③ 钱基博:《〈国学文选类纂〉总序》,曹毓英选编:《钱基博学术论著选》,华中师范大学出版社,1997年,第17—18页。

体,也有考古群体,即顾颉刚的疑古派和傅斯年的史料学派都属于北大派,而胡、傅、顾领导的学派亦即新派,同时钱基博也点出了北大派治学的最大特征:内以乾嘉考据史学为依托,外以西方近代实证史学为应援,此种中西合璧,融会贯通,使得考据学派从理论到方法都上升到了一个新的高度,是故也被学者称为新考据学派。①

胡适归国后,任教于北京大学,所上之课以中国哲学史最为有名。他讲中国哲学史,"丢开唐虞夏商,竟从周宣王以后讲起",完全不同于此前的中国哲学史教授陈汉章。陈汉章饱览群书,博闻强记,有两脚书柜之称。他讲中国哲学史一年,只讲了三皇五帝。两相对照,胡适的讲法无疑对顾氏这一班人"充满着三皇五帝的脑筋,骤然作一个重大的打击,骇得一堂中舌挢而不能下"。顾颉刚听了几堂课后,"对同学说:'他虽然没有伯弢先生读书多,但在裁断上是足以自立的'"。顾颉刚在被胡适折服的同时,也将自己对胡适的观感告诉了傅斯年,说:"胡先生讲得的确不差,他有眼光,有胆量,有断制,确是一个有能力的历史家。他的议论处处合于我的理性,都是我想说而不知道怎样说才好的。"在顾颉刚的推荐下,傅斯年也去旁听了,也觉得满意。② 因为顾颉刚和傅斯年的关系,听课学生并没有闹事。对此,胡适在傅斯年逝世两周年纪念会上曾如是说:

> 那时北大哲学系的学生都感觉一个新的留学生叫作胡适之的居然大胆的想绞断中国哲学史,……而胡适之一来就把商朝以前割断,从西周晚年东周说起。这一班学生们都说这是思想造反;这样的人怎么配来讲授呢! 那时候,孟真在学校中已经是一个力量。那些学生们就请他去听听我的课,看看是不是应该赶走。他听了几天以后,就告诉同学

---

① 参见许冠三:《新史学九十年》,岳麓书社,2003 年,第 3 页;王学典:《20 世纪中国史学评论》,山东人民出版社,2002 年,第 29 页。
② 顾颉刚:《我是怎样编写〈古史辨〉的?》,《古史辨》第 1 册,上海古籍出版社,1982 年,第 36 页。

们说:"这个人书虽然读得不多,但他走的这一条路是对的。你们不能闹。"①

顾颉刚和傅斯年听了胡适的课后,其学术活动开始深受胡适影响,尤其是顾颉刚早期的学术活动。

胡适不仅吸引了顾颉刚和傅斯年等莘莘学子,也非常注意团结同事,以其影响力形成一个以"北大人"为主要成员的派别。关于此点,曾任教于北大的李璜在回忆北大教授派分时候特意以胡适为例。他说:"在北大当时国民党左右两派都有教授为政治的宣传与活动,右派是以三民主义为号召,左派是以社会主义为宣传,而适之则以'少谈主义,多谈问题'的主张歧出于其间,故左右两派对适之都不大高兴。但适之自五四前后新文化运动以来,其在北大的影响力,七八年间还在继长增高。并且他既任中美庚款分配于文化教育(中华教育文化基金董事会)的董事,而在十五年又兼任中英庚款顾问委员会的委员,好像比别人大有办法,可以呼朋引类,不免遭受嫉视。幸适之为人,性格开朗,虽自己的思路是本于美国的实验主义,然而并不排斥在欧洲大陆德法两国留学而略有成就的学人,一视同仁,十分合作。并且适之提出一个'北大人'的口号,以标榜北大为全国学术的中心,颇见其团结同事的技巧。"②在团结同事形成"北大派"之外,胡适在20世纪20年代通过《论国故学》和《国学季刊发刊宣言》等文章,宣扬整理国故运动。在这场声势颇为宏大的整理国故运动中有两个要点,对顾颉刚和傅斯年有很大影响。第一是"历史的眼光",其核心内容有三:其一是把历史上的人物和制度等统统放进历史脉络中去考察,如孔子是一"历史人物"而非天纵圣人;其二是用一种发展演进的观点来看历史和文化,三代也就不再是中国古史的黄金时代;其三是把过去的学问全都视为历史材料。第二是"学术的态度",即

---

① 胡适:《傅孟真先生的思想》,《胡适传记菁华》(下),东方出版社,2014年,第377页。
② 李璜:《学钝室回忆录(增订本)》上卷,香港明报月刊社,1979年,第193页。

研究学问只当追求学问本身,无须也不应去关怀那些价值层面的东西,追求的是学术的卓越化,废弃的是学术的应用化和价值化、道德化等诉求。① 在疑古派和史料学派发展的历程中,我们都能看到胡适上述要点的影响。

二、北大派之疑古派

疑古派领袖是顾颉刚。顾颉刚从北京大学毕业后,胡适经常找顾颉刚帮助查找资料,探讨学问,顾颉刚也时常向胡适报告读书和生活近况。他在胡适指导下,整理了姚际恒和崔东壁的著述,有了这样的体会:"从姚际恒牵引到崔东壁,我们怀疑古史和古书中的问题又多起来了。在崔氏信经而重新审查了传、记里的资料的基础上,我们进一步连经书本身也要走着姚际恒的路子,去分析它的可信程度。"② 而在这个过程中,胡适告诉顾颉刚:"现在先把古史缩短二三千年,从《诗》三百篇做起。将来等到金石学,考古学发达上了科学轨道以后,然后用地底下掘出的史料,慢慢地拉长东周以前的古史。至于东周以下的史料,亦须严密评判,'宁疑古而失之,不可信古而失之'。"③ 无疑,胡适为疑古派的出现指引了基本理论和方法。1923 年,顾颉刚在《读书杂志》第 9 期上发表了《与钱玄同先生论古史书》,提出了著名的"层累地造成的中国古史"说,一石激起千层浪,掀起了一场疑古辨伪的古史辨运动。顾氏认为时代愈后,传说的古史期愈长;时代愈后,传说中的中心人物愈放愈大;我们即不能知道某一件事的真确的状况,但可以知道某一件事在传说中最早的状况。此说一出,胡适以为顾颉刚的疑古见解"真是今日史学界的一大贡献","这三层意思都是治古史的重要工具"。④ 反对者如"刘掞藜就依据了经典常识来反驳,说得有理有据的"⑤。由此而引发了一场牵涉南高北大的古史大

---

① 王汎森:《价值与事实的分离?——民国的新史学及其批评者》,《中国近代思想与学术的系谱》,第 391—392 页。
② 顾颉刚:《我是怎样编写〈古史辨〉的?》,《古史辨》第 1 册,第 9 页。
③ 胡适:《自述古史观书》,《古史辨》第 1 册,第 22—23 页。
④ 胡适:《古史讨论的读后感》,《古史辨》第 1 册,第 191、192 页。
⑤ 顾颉刚:《我是怎样编写〈古史辨〉的?》,《古史辨》第 1 册,第 18 页。

讨论。

1926年《古史辨》第一册结集出版,1941年出了第七册,前后收入文章350篇,牵涉人员众多,历史学、考古学、古典文学和哲学等领域都有大家参与,时间也横跨20世纪20—40年代,《古史辨》所代表的疑古思潮也是当时最具影响力的史学思潮之一,顾颉刚是当仁不让的疑古派领袖。该派以疑古、求真为旗帜,结合乾嘉考据和西方实证主义史学方法,对中国上古史进行了系统清理和检讨,对史学科学化做出了重要贡献,是民国时期的主流学派。徐炳昶(旭生)即认为,1949年前"疑古学派几乎笼罩了全中国的历史界,可是他的大本营却在《古史辨》及其周围"。同时,徐氏也认为疑古派最大的问题就如张荫麟所言"太无限度地使用默证"。[1] 疑古学派前期怀疑古史,认为"东周以上只好说无史,现在所谓很灿烂的古史,所谓很有荣誉的四千年的历史,自三皇以至夏商,整整齐齐的统系和年岁,精密的考来,都是伪书的结晶"[2]。从而破坏了三皇五帝的古史系统。在摧毁旧有古史系统的同时,疑古派也致力于打倒古史演变过程中形成的四个偶像:"帝系所代表的是种族的偶像""王制为政治的偶像""道统是伦理的偶像""经学是学术的偶像"。[3] 在一路高歌猛进的过程中,疑古派的治学方法也遭到了不少学者的质疑。前引徐炳昶所言虽然认可疑古学派影响之大,但徐氏并不认同顾颉刚等人的治学方法和结论。徐炳昶指出疑古学派"所用的治学方法却很有问题",并归纳为四条:第一,太无限度地使用默证;第二,武断地否定反证;第三,过度强调春秋战国古籍中的歧义和矛盾之处而忽视其共同点;第四,混淆神话与传说。在此治学方法指引下,极端的疑古派学者"对于夏启以前的历史一笔勾销,更进一步对夏朝不多几见的历史,也想出来可以把它们说作东汉人伪造的说法,而殷墟以前漫长的时代几乎变成白的"[4]。

---

[1] 徐旭生:《中国古史的传说时代》(增订本),科学出版社,1960年,第23页。
[2] 顾颉刚:《自述整理中国历史意见书》,《古史辨》第1册,第35页。
[3] 顾颉刚:《顾序》,《古史辨》第4册,上海古籍出版社,1982年,第1—24页。
[4] 徐旭生:《中国古史的传说时代》,第23—26页。

如同怀疑古史,疑古派在辨伪古书方面也是对古书也是怀疑过头,"搞了很多'冤假错案'"①。虽然疑古派在中国上古史方面破坏远多于建设,但我们无法否认他们在当时确实有振聋发聩之功效。正是由于他们"对传统古代观进行了一次大扫荡,又大刀阔斧地破除了古史的系统,从而为建立新的古代观开辟了道路"②。

三、北大派之史料学派

史料学派领袖是傅斯年。傅斯年在北大求学时期也对古史持怀疑态度,早在1919年1月,他就对梁玉绳的《史记质疑》大加赞赏,认为梁氏该书"长处在于敢于疑古,详于辨正","独能疑所不当疑","敢于疑古之精神,已可以作范后昆",并主张为学"与其过而信之也,毋宁过而疑之"。③留学欧洲后,傅斯年的思想开始出现一些微妙的变化。在他那封未曾写完的《与顾颉刚论古史书》的长信中,他对顾颉刚的"层累地造成中国古史说"佩服无已,盛称该说是"史学的中央题目","你这一个题目,乃是一切经传子家的总钥匙,一部中国古代方术思想史的真线索,一个周汉思想的摄镜,一个古史学的新大成",推许顾颉刚"在这个学问中的地位,便恰如牛顿之在力学,达尔文之在生物学",认为"颉刚在史学上称王了"。④据顾颉刚说,这封信自1924年1月开始写,一直到1926年10月傅斯年回到香港都没有写完。一封信断断续续写了快3年都没有写完,其中之意味颇堪玩味。个中缘由当为傅斯年的"疑古"态度在那个时期正在发生着种种变化,这也可从他在归国前夕对顾颉刚论文的"提醒"看出端倪。

在1927年前,顾颉刚曾给在欧洲的傅斯年写了6封信,讨论学术问题。傅斯年的回应已经展现出与顾颉刚不同的治学路向。如顾颉刚《秦汉统一之由来和战国人对于世界的想像》一文,傅斯年一共

---

① 李学勤:《走出疑古时代》,辽宁大学出版社,1994年,第9页。
② 田旭东:《二十世纪中国古史研究主要思潮概论》,中华书局,2003年,第172页。
③ 傅斯年:《史记质疑》,欧阳哲生主编:《傅斯年全集》第1卷,湖南教育出版社,2003年,第120、122页。
④ 傅斯年:《与顾颉刚论古史书》,欧阳哲生主编:《傅斯年全集》第1卷,第446—447页。

提了十二条意见,其中第二条他提醒顾颉刚"应该充量用尚存的材料,而若干材料缺的地方,即让它缺着",第三条他主张不要轻易断定史事之有无,"找出证据来者,可断其有,不曾找出证据来者,亦不能断其为无"。①

傅斯年回国后,任教于中山大学,创立了语言历史研究所,创办了《语言历史研究所周刊》。他不再满足于类似顾颉刚那样对古史的破坏,也不愿再追随顾颉刚的古史研究,对于顾氏采用的默证法也是极为不满,以为"以不知为不有,是谈史学者的极大罪恶"②。后来更是写了一篇《戏论》③来讽刺顾颉刚和钱玄同的疑古史学。尤其是1928年10月,《历史语言研究所工作之旨趣》的发表,表示傅斯年与顾颉刚在学术上的决绝。在《旨趣》中,傅斯年提倡"近代的历史学只是史料学","一分材料出一分货,十分材料出十分货,没有材料便不出货","决定了以后时期史学研究应当走的路线"。④ 史料学派以整理和考订史料真伪为鹄的,崇尚"为学问而学问"的治学态度,是当时声势最盛的史学主流之一。不仅如此,在具体研究上,傅斯年也多有和顾颉刚抵触之处。如对于《国语》和《左传》,顾颉刚认为二书"实出于战国时人撰述,又加以汉人的窜乱,性质复杂,有待于我们的分析者正多,绝不能径看作春秋时代的史料"⑤。傅斯年则认为二书"实为东周第一宝书,其成书虽在战国,其取材则渊源甚早,所举宪典语言或有沿自西周者矣"⑥。

当然,傅斯年的转变和对疑古的讥刺是有其底气的,那就是安阳

---

① 傅斯年:《评〈秦汉统一之由来和战国人对于世界的想像〉》,欧阳哲生主编:《傅斯年全集》第1卷,第474页。
② 傅斯年:《战国子家叙论》,欧阳哲生主编:《傅斯年全集》第2卷,湖南教育出版社,2003年,第265页。
③ 《戏论》见王汎森:《傅斯年:中国近代历史与政治中的个体生命》,生活·读书·新知三联书店,2012年,第248—249页。
④ 劳榦:《傅孟真先生与近二十年的中国历史学的发展》,《大陆杂志》第2卷第1期,转引自马亮宽、李泉:《傅斯年传》,红旗出版社,2009年,第61页。
⑤ 顾颉刚:《五德终始说下的历史》,《古史辨》第5册,第407页。
⑥ 傅斯年:《性命古训辩证》,欧阳哲生主编:《傅斯年全集》第2卷,第545页。

殷墟考古发掘的成功。① 1930年年底，胡适由沪返平，在"中央研究院"史语所的欢迎会上致辞，他说："在整理国故的方面，我看见近年研究所的成绩，我真十分高兴。如我在六七年前根据渑池发掘的报告，认商代为在铜器之前，今安阳发掘的成绩足以纠正我的错误。"②而"安阳发掘的成绩"也逐渐纠正古史辨诸人关于古史的一些观点。正如王汎森所指出的那样："在疑古派的全盛时期，对中国古代史的传统信任被完全抛弃，商朝仍被广泛地认为是石器时代的一部分。而在小屯发现了几百种青铜器，包括祭祀品、武器和日常生活用品，所有这些有力地证明了商朝已完全进入了充分发展的铜器时代。安阳发现公布后，疑古派立刻放弃了一些他们较激进的假设。"③傅斯年则更是宣布，"不仅商的历史，就是夏的历史也是可信的"。同时，他"也试图恢复《左传》、《国语》和《周礼》的可信性"。④

20世纪20—30年代的中国史学界发生了三件大事：第一是胡适为主导的整理国故运动，第二是继之而起的是顾颉刚领导的古史辨运动，第三是以傅斯年为核心的中央研究院历史语言研究所及与它相关的一群学者的活动。⑤北大派正是在胡适、顾颉刚和傅斯年等人的引领下，深刻影响了中国现代史学，不仅是他们掌握的学术资源，也缘于他们倡导的治学方法。劳榦即认为胡适的《北京大学国学季刊发刊词》和傅斯年的《历史语言研究所工作之旨趣》这"两篇文字可以说是近来中国历史研究经过上的重要文献，奠定了中国现代历史学的基础"⑥。王汎森认为20世纪中国的"史学革命"开始于顾颉刚，

---

① 关于傅斯年由疑古转向重建古史，王汎森认为除了殷墟考古的成果外，王国维对傅斯年也有微妙的影响。参见氏著《一个新学术观点的形成——从王国维的〈殷周制度论〉到傅斯年的〈夷夏东西说〉》，《中国近代思想与学术的系谱》，第307—322页。
② 曹伯言整理：《胡适日记全编》第5册，安徽教育出版社，2001年，第887页。
③ 王汎森：《傅斯年：中国近代历史与政治中的个体生命》，第100页。
④ 王汎森：《傅斯年：中国近代历史与政治中的个体生命》，第139页。
⑤ 王汎森：《价值与事实的分离？——民国的新史学及其批评者》，第389页。
⑥ 劳榦：《傅孟真先生与近二十年的中国历史学的发展》，《大陆杂志》第2卷第1期，转引自马亮宽、李泉：《傅斯年传》，第61页。

完成于傅斯年。① "走出疑古时代"②与"回到傅斯年"③之类的呼吁，其实也是在彰显着这两派的学术影响。而在他们的光环遮蔽下，南高学派就隐而不彰，缺席民国学术史。事实上，他们在北大派如日中天之际，曾经数度向他们发起挑战，在很多学术问题针锋相对。

第二节 未成交锋的交锋

正如梁启超所说："凡一学派初立，对于旧学派非持以绝对严正的攻击态度，不足以摧故锋而张新军。"④两个形成于20世纪20年代的史学流派，由于学术理念等方面的差异，在20—30年代，柳诒徵、缪凤林等人与胡适、顾颉刚和傅斯年之间多有学术交锋，除古史论战多有互动外，另外的论争大多是单向的，是为未成交锋的交锋。主要有以下几次：

1.《评胡适〈中国古代哲学史大纲〉》

1919年2月，胡适的《中国哲学史大纲》出版，不到2个月就再版，其受欢迎程度可以想见。缪凤林曾在《时事新报·学灯》上发表《评胡适〈中国古代哲学史大纲〉》一文，对胡著多有推许，以为："适之先生此篇，开人无数法门，可以说是出版界中一个新纪元。""此书条理清楚，纲领很是完备。""尤难得的，就是各家学说连穿的叙述：譬如讲到名实，把各家关于名实的意思，略略提及，讲到进化论也是如此。……既可以明白各家学说的同异，并得相互比较其短长，真是一大优点。"⑤于优点之外，缪凤林认为胡著"缺少老孔以前的哲学"，"书名是'中国古代哲学史'，不是中国古代哲学家的思想发达史，两者是

---

① 王汎森：《傅斯年：中国近代历史与政治中的个体生命》，第9页。
② 李学勤：《走出疑古时代》，《中国文化》1992年第2期。
③ 谢泳：《回到傅斯年》，《没有安排好的道路》，云南人民出版社，2002年，第163页。
④ 梁启超：《清代学术概论》，东方出版社，1996年，第10页。
⑤ 缪凤林：《评胡适〈中国古代哲学史大纲〉》，《时事新报·学灯》1920年7月17日，第4版。

有分别的。本书第二章目录,是中国哲学发生的时代,并不是中国哲学家思想发达的时代。""我国到了老孔的时代,已臻很盛,前乎此必有哲学。"①"讲中国哲学史,如把他截去,真是数典忘祖了。"②此时已经初显双方治学之差异。顾颉刚就恰为胡适截断众流,从东周开讲,而非如陈汉章那样所折服。

2. 国文教授及教本

胡适的《中学国文的教授》为其在北京高等师范学校附属中学国文研究部的演说词,完成于 1920 年 3 月 24 日,登载于《教育丛刊》和《新青年》等杂志上。文中,胡适以一个"门外汉"的身份,对中学国文教授的目的、内容、教材和教授法提出了自己的一得之见,因为"门外汉"没有那些教育专家的专业限制,他"思想比较自由些,也许有时还能供给一点新鲜的意见,意外的参考资料"。关于《中文国文的教授》,胡适自称"我拟的中学国文课程中最容易引起反对的,大概就在古文教材的范围与分量"③;而缪凤林恰认为"那文最促人注意的,就是古文教材的范围和分量"④,"要想真正改革现有的社会,非根据历史的研究,寻出他的弊端,对症下药不可,那就非读古书不行"。另外,胡适主张国文教材中的小说用选本,缪凤林认为此举大为不妥。"先生对于小说,主张用 expurgated edition 来做科本,比到禁看的办法,自胜一筹,可是仍逃不出'塞住耳朵吃海蜇'的弊病……水浒将潘金莲一段删改了,难道学生就不去买 original edition 了吗?我并不是反对 expurgated edition,乃是说这也不是彻底的办法。我以为这个时期,(学生)性欲极炽,用消极的方法来防制,不如用积极的训育来诱导。教者于此,最好将生理上的道理,和心理上的关系,向学生

---

① 缪凤林:《评胡适〈中国古代哲学史大纲〉》,《时事新报·学灯》,1920 年 7 月 17 日,第 4 版。
② 缪凤林:《评胡适〈中国古代哲学史大纲〉》,《时事新报·学灯》,1920 年 7 月 30 日,第 4 版。
③ 欧阳哲生主编:《胡适文集》第 2 册,北京大学出版社,2013 年,第 139、144 页。
④ 缪凤林:《对于适之先生"中学国文的教授"问题的讨论》,《时事新报》1920 年 9 月 15 日,第 1 版。

凯[剀]切详明的讲道,使他明白其中的厉[利]害。"①此时的缪凤林尚为南高师学生,其建议考虑到学生的心理与生理,自有其合理之处,而此点恰可能是身处教师位置的胡适很容易忽略的。

3. 驳"诸子不出于王官论"

关于诸子是否出于王官,近人见解不一。胡适认定诸子不出于王官,理由有四:刘歆以前之论周末诸子学派者,皆无此说;九流无出于王官之理也;《艺文志》所分九流,乃汉儒陋说,未得诸家派别之实也;章太炎先生之说亦不能成立,近人说诸子出于王官者,惟太炎先生为最详。是故胡适认为:"古代定无王官可言,《周礼》伪书本不足据。""《周礼》本刘歆伪书,歆特自神其书,故妄以诸子之学为皆出于周官耳。"②柳诒徵认为胡适"论学之大病,在诬古而武断,一心以为儒家托古改制,举古书一概抹杀";"盖合于胡氏之理想者,言之津津,不合于其理想者,不痛诋之,则讳言之,此其著书立说之方法也。依此方法,故可断定曰古无学术。古无学术,故王官无学术;王官无学术,故诸子之学决不出于王官"。③ 至于胡适所提及的《周礼》,柳诒徵恰恰生平最佩服《周礼》,认为中国文化典章制度俱出于《周礼》,其《中国文化史》上编以较大部分篇幅阐述周代之制,其重视程度可以想见。他直言自己"生平最佩服《周礼》这部书,以为是中国政治的根本,后来多少政治家,小小有点成绩的,都是从《周礼》出来"④。双方立场之差异,泾渭分明。

1922年4月,缪凤林在《学衡》第四期上发表了《评胡氏〈诸子不出于王官论〉》,认为胡适该文"任举一义,皆有罅漏","如胡适之言,诸子与王官无涉,则诸子必将无所受书,无所得师,而不知学问为何

---

① 缪凤林:《对于适之先生"中学国文的教授"问题的讨论》,《时事新报》1920年9月15日,第1版。
② 胡适:《诸子不出于王官论》,《太平洋杂志》第1卷第7号,1917年。该语不见于后出之《诸子不出于王官论》,可参见刘巍:《中国学术之近代命运》,北京师范大学出版社,2013年,第183—184页。
③ 柳诒徵:《论近人讲诸子之学者之失》,《史地学报》第1卷第1期,1921年。
④ 柳诒徵:《从历史上求民族复兴之路》,《国风》第5卷第1期,1934年。

物矣"。胡适在文中和《中国哲学史大纲》中否定的《汉书·艺文志》,缪凤林认为,学者欲辨章学术,考镜源流就必然要参考《汉书·艺文志》,舍此别无他途。至于胡适提出的四条理由,缪凤林也是逐条加以反驳,以为胡适之见"貌似创见,意实诬古",并提出"苟明了国史者,固一望而知其谬。苟明了国史而兼治西洋史、中世史与西洋文艺复兴史,而能观其通者,则其所得之结论,适与胡氏之言相反"。值得注意的是,此时缪凤林对胡适论点的评价不再是开始的褒贬互见了。

1921年7月31日,胡适看到柳文后,认为柳诒徵之论"立脚点已错,故不能有讨论的余地"①。显然,在胡适看来,柳诒徵这位"不曾受过近代史学训练的人"没有资格与其对话。

4. 古史论战②

1923年,顾颉刚在《与钱玄同先生论古史书》提出"层累地造成的古史"说,并疑禹为虫。顾氏"层累地造成的中国古史"说公之于世后,赞者有之,反对者亦有之。钱玄同称赞这个见解"真是精当绝伦","我从前以为尧舜二人一定是'无是公''乌有先生'","今读先生之论,证以《长发》和《閟宫》两诗,方知连禹这个人也是很可疑的了",希望顾颉刚"用这方法,常常考查,多多发明,廓清云雾,斩尽葛藤,使后来学子不致再被一切伪史所蒙"。③ 胡适认为顾颉刚的疑古见解"真是今日史学界的一大贡献","这三层意思都是治古史的重要工具"。④ 反对者如刘掞藜对顾颉刚的论据逐条进行反驳,尤其是顾颉

---

① 曹伯言整理:《胡适日记全编》第3册,安徽教育出版社,2001年,第407页。
② 关于顾颉刚和疑古运动,亦可参见:施耐德的《顾颉刚与中国新史学》(加利福尼亚大学出版社,1971年);许冠三:《新史学九十年》(岳麓书社,2003年);王汎森《古史辨运动的兴起——一个思想史的分析》(台北允晨文化实业股份有限公司,1987年)、彭明辉:《疑古思想与现代中国史学的发展》(台湾商务印书馆,1991年);陈志明:《顾颉刚的疑古史学》(台北商鼎文化出版社,1993年);顾潮、顾洪:《顾颉刚评传》(百花洲文艺出版社,1995年);刘俐娜:《顾颉刚学术思想评传》(北京图书馆出版社,1999年)、吴少铭、赵金昭:《二十世纪疑古思潮》(学苑出版社,2003年);张京华:《古史辨派与现代学术走向》(厦门大学出版社,2009年)等,一般论文和博硕士论文亦很多,兹不赘述。
③ 钱玄同:《答顾颉刚先生书》,《古史辨》第1册,第67页。
④ 胡适:《古史讨论的读后感》,《古史辨》第1册,第191、192页。

刚否定大禹存在的说法,认为顾颉刚引《说文解字》字义假定禹为九鼎上一种动物之说太不慎重。"这种说文迷,想入非非,任情臆造底附会,真是奇得骇人了!我骇了以后一想,或者顾君一时忘却古来名字假借之说。不然,我们要问稷为形声字,是五谷之长,何以不认后稷为植物咧?难道那奇形怪状底象物九鼎上没有稷这种植物么?九鼎上的动物——禹——流传到后来成了真的人王,何以不说稷为就盯上的植物,流传到后来成了周的祖宗呢?"①同期刊出的胡堇人《读顾颉刚先生论古史书以后》一文,认为顾颉刚在史料上存在任意解释和附会周纳的弊病:"这般望文生义的解释,如何叫人信服呢?若依这个例子,则舜字本义《说文》训作蔓草,难道帝舜就是一种植物吗?"②

顾颉刚的回应文章《答刘胡两先生书》也刊于《读书杂志》第11期。在文中,顾颉刚自承其文章确实存在疏漏,表示将继续与刘掞藜和胡堇人深入讨论有关禹的具体问题,同时又提出了区分信史与非信史的基本观念,要求:(1) 打破民族出于一元的观念;(2) 打破地域向来一统的观念;(3) 打破古史人化的观念;(4) 打破古代为黄金世界的观念。从理论上进一步补充了"层累地造成的中国古史观"③。意犹未尽的顾颉刚随后又撰写了《讨论古史答刘胡二先生》,讨论了有关大禹等问题。在文中,顾颉刚声明:"我上一文疑禹为动物,出于九鼎,这最引起两先生的反对,我于此并不抗辩,因为这原是一个假定。"④顾颉刚的答复并不能令刘掞藜满意,他撰《讨论古史再质顾先生》一文,对于顾颉刚提出来的"四项标准",刘掞藜认为第一项"所说很与我个人的意见相符。我向来以为中国民族在几万年前纵或出于一元,但有史时代的夏商周秦实在各有各的始祖"。第四项"打破古代黄金世界的观念"也可赞成。至于(2)和(3)两项则是他不能同意

---

① 刘掞藜:《读顾颉刚君〈与钱玄同先生论古史书〉的疑问》,《古史辨》第 1 册,第 87 页。
② 胡堇人:《读顾颉刚先生论古史书以后》,《古史辨》第 1 册,第 94—95 页。
③ 顾颉刚:《答刘胡两先生书》,《古史辨》第 1 册,第 96—102 页。
④ 顾颉刚:《讨论古史答刘胡二先生》,《古史辨》第 1 册,第 118 页。

和不很赞成的,自己"对于经书或任何子书不敢妄信,但也不敢闭着眼睛,一笔抹杀",治古史"总须度之以情,验之以理,决之以证。经过严密的考量映证,不可信的便不信了。但不能因一事不可信,便随便说他事俱不可信;因一书一篇不可信,便随便说他书他篇皆不可信"。① 此法实与钱穆提出的"考古者贵能寻实证。实证之不足,乃揆之以情势,度之以事理,而会之于虚"②相通。本此方法,刘掞藜批评钱玄同以《说文》对尧、舜二字的释义来否定尧舜的存在,"是迷于《说文》的余毒"③。文章还重点质疑了顾颉刚文中的"禹是否有天神性",认为顾氏"这种翻案的议论,这种怀疑的精神,很有影响于我国的人心和史界"。④ 刘掞藜关于"人心"的担忧,并非是无的放矢。李济在某次讲演中就曾提及:"我初入中学读书,当我知道自己生于一个有五千年悠久历史的国度里时,常觉欢欣莫似。"但"辛亥革命以后,事情开始变了"。因为,"中国的革新者,对过去的记载和关于过去的记载全都发生了怀疑,也怀疑历史本身"。"如果你对中国尧舜的盛世给予过多的颂赞,好吧,拿出你的证据来。如果你论及公元前三千年大禹在工程上的伟绩,证据也得拿出来。"⑤在这样的背景下,在考古学并未发展起来的时代,中国人在缺乏证据的情况下,实难再对中国五千年的文明感到"欢欣莫似",有的只能是彷徨与苦闷。山东参议员王鸿一提出弹劾顾颉刚《现代初中本国史教科书》的议案,说它"非圣无法",应予查禁,即是出于"人心"的考量。⑥ 而"翻案"和"怀疑"是否会影响"人心",实为南高学派与疑古诸人史学观念上的一大分野。正如钱玄同给顾颉刚一封信中强调的那样:"考辨真伪,目的本在于

---

① 刘掞藜:《讨论古史再质顾先生》,《古史辨》第1册,第164页。
② 钱穆:《先秦诸子系年考辨》,上海书店出版社,1992年,第20页。
③ 刘掞藜:《讨论古史再质顾先生》,《古史辨》第1册,第165页。
④ 刘掞藜:《讨论古史再质顾先生》,《古史辨》第1册,第152页。
⑤ 李济:《中国文明的开始》,张光直主编:《李济文集》第1卷,上海人民出版社,2006年,第366页。
⑥ 顾颉刚:《我是怎样编写〈古史辨〉的?》,《古史辨》第1册,第19页。

得到某人思想或某事始末之真相,与善恶是非全无关系。"①

二人再度论学,但双方都无法说服对方。在顾颉刚的邀请下,胡适写了《古史讨论的读后感》为顾氏助威。文中称誉顾颉刚的"层累地造成的古史"说是对当时史学界的一大贡献,"颉刚的'层累的造成的中国古史'一个中心学说已替中国史学界开了一个新纪元了。中国的古史是逐渐地,层累地堆砌起来的,——'譬如积薪,后来居上',——这是决无可讳的事实。……在中国古史学上,崔述是第一次革命,顾颉刚是第二次革命,这是不须辩护的事实"。由此,胡适认为刘掞藜的治学方法和一些结论,简直"是全无历史演进眼光的臆说"。他指出,刘掞藜所谓的"决之以证"固然很好,但"情"是什么?"理"是什么?"依科学的史家的标准","以情与理揣度古史,而后'断质疑证',这样的方法很有危险",因为"历史家只应该从材料里,从证据里,去寻出客观的条理",如以今人之"情"与"理"去揣度古史,就必然会掺杂自己的成见,从而使得"决之以证"也不免为主观意见所左右。事实上,胡适自己在私下也曾主张过以"情"与"理"去揣度古史。② 于此,其实也可见胡适的双重态度。最后,胡适希望刘掞藜对"自己治史学的方法有一种自觉的评判",对"自己搜来的材料也有一种较严刻的评判",而不是"奋勇替几个传说的古圣王作辩护士"。两相比照,胡适对顾颉刚的维护不言而喻,正如其所坦承的那样,"内中颇有偏袒顾先生的嫌疑,我也不用讳饰了"。③

胡适对刘掞藜的责难,导致了柳诒徵的参战。柳诒徵在《史地学报》刊发《论以〈说文〉证史必先知〈说文〉之谊例》一文,认为顾颉刚不

---

① 钱玄同:《论近人辨伪见解书》,《古史辨》第1册,第24页。
② 胡适1921年8月13日日记云:"做历史有两方面,一方面是科学——严格的评判史料,——一方面是艺术——大胆的想像力。史料总不会齐全的,往往有一段,无一段,又有一段。那没有史料的一段空缺,就不得不靠史家的想像力来填补了。"(曹伯言整理:《胡适日记全编》第3册,安徽教育出版社,2001年,第431页)只是,胡适在公开场合强调的多是实证的态度与方法,反对推断和想象。
③ 胡适:《古史讨论的读后感》,《古史辨》第1册,第191—198页。

懂《说文》谊例,①"刺取一语,辄肆论断",是"虽曰勇于疑古,实属疏于读书",终不免陷于武断。感慨"今人喜以文字说史,远取甲骨鼎彝古文,近则秦篆。爬罗抉别,时多新异可喜之谊"。在柳诒徵看来,治史应当"以史为本,不可专信文字,转举古今共信之史籍一概抹杀"。最后,他指出:"今之学者欲从文字研究古史,盖先熟读许书,潜心于清儒著述,然后再议疑古乎?"②柳诒徵的批评文章发表后,顾颉刚并未马上予以回应,而是延至1926年,在《北京大学研究所国学门周刊》第15、16合期上开设了"《说文》证史讨论号",转载了柳诒徵的批评文章,登载了顾颉刚的《答柳翼谋先生》、钱玄同的《论〈说文〉及〈壁中古文经〉书》、魏建功的《新史料与旧心理》和容庚的《论〈说文〉谊例代顾颉刚先生答柳翼谋先生》等反批评文章,其间夹杂了较浓的火药味。

柳诒徵并没有直接撰文回应顾颉刚和钱玄同等人的批评,但他依旧在不同场合批评疑古之风。1926年,柳诒徵在商务印书馆函授社国文科讲义《史学概论》中言:"今人疑经疑古,推翻尧、舜、禹、汤、周、孔,而转喜表彰王莽,即由根本观念不同。"③在1928年给陈汉章《史通补释》所写的序中,柳诒徵在称道陈汉章"治经兼用今古文二家家法"之外,批评时人"读其书者,不能论其世,徒泥文句之迹,高谈疑古,是锲舟求剑也"。④在《柳翼谋先生河南大学讲演集》中,有《治学

---

① 事实上,顾颉刚确实不懂《说文》谊例。早在1923年,胡适曾建议顾颉刚"重提《尚书》的公案,提出《今文尚书》的不可信",顾颉刚想做,就"把二十八篇分成三组……第三组我可以从事实上辨它们的伪,第一组与第二组我还没有确实的把握把它们分开。我想研究古文法,从文法上指出它们的差异。但这是将来的事"。(顾颉刚:《顾颉刚书信集》第1卷,中华书局,2011年,第394—395页)延至1926年,顾颉刚可能也并未精通《说文》谊例,因其和友人的反击文章多从新史料或新方法的角度来驳斥柳诒徵,并未以《说文》谊例来予以反击。即使精通文法的钱玄同,在驳斥文章中也并未多探讨《说文》谊例,多得是"火药味"甚重的语气和对《说文》谊例的讥刺。
② 柳诒徵:《论以〈说文〉证史必先知〈说文〉之谊例》,《史地学报》第3卷1、2合期,1924年。
③ 柳诒徵:《史学概论》,《柳诒徵史学论文集》,第101页。
④ 柳诒徵:《〈史通补释〉序》,象山县政协文史资料委员会编:《经史学家陈汉章》,黄山书社,1997年,第87页。

须切己身之用》《博学分别疑信而不穿凿附会》等讲题,云:"今人以疑古为新创之风,不知孔门本兼信与疑两种方法,非一切不信,亦非一切尽信。""中国史书曾经若干淘汰,其类于各国古史之神话者,圣哲皆疑而阙之,非确知其不虚不加采择;而今人乃疑其为伪造,转若各国旧史之神话为真史,是则疑所不当疑而信所不当信耳。"①1935年更是通过广播讲话的形式"侧面甩给'古史辨'一枪"②。

5. 论文化事业(殷墟发掘)争执

1929年秋,中央研究院历史语言研究所第三次殷墟科学发掘工作开始。在此次科学发掘中,"中央研究院"安阳考古团为了研究之便,曾将所得古物运出河南境内。这一行动没有和地方政府达成谅解,河南省政府采纳河南省图书馆馆长何日章建议出面干涉,于是殷墟发掘不得不于10月21日暂停。柳诒徵在《论文化事业之争执》一文中,将河南省政府与中央研究院之间的争执和国民政府收取《清史稿》、保存唐塑运动及教育部收取国学书局三事联系起来,慨叹"何今日关于文化事业之争执之多也"。对于河南省政府与中央研究院之间的争执,柳诒徵认为无论是非曲直,都是至可纪念至可庆幸的事情。因为"较之懵然不知文化之价值,任其摧毁庋藏,蠹蚀腐朽,或为商贩转鬻,或为外人捆载,无所动于其中,虽有学者劝说陈述,亦绝不厝意者,已相去万万矣"。所以出现争执,皆是因为双方都是出于保护文物的目的。为了减少或者避免日后出现类似情况,柳诒徵主张确定政治系统。"某事为民众团体所当为,某事为地方政府或地方机关所应管,明白规定。中央最高之机关,得督察而指导之;或以财力不及,或以人才不敷,中央应补助之,而不必攘夺之。某事为中央机关所当为,地方或民众之团体,从而辅助之,翼赞之,亦不必拒却而独擅之。民众团体于此,或有所私;中央之处理也,亦有正当之法,不必如对待之团体之争也。"确定中央和地方的关系,确保携手合作,避免

---

① 河南大学文学院:《柳翼谋先生河南大学讲演集》,1933年,第19、20页。
② 李洪岩:《史术通贯经术——柳诒徵文化思想析论》,《国际儒学研究》第3辑,1997年,第56页。

纠纷诚为必要之举。并说傅斯年及史语所的行为只能算作"求人间未见之书而读之也",并不是研讨学问的正途。①

对于柳诒徵的评论,傅斯年投文《史学杂志》,承认柳诒徵提出的"确定政治系统"一论是"不刊之论""探本之言"。同时也指出,他与何日章等人的冲突是政治性的,而不是柳诒徵所谓的文化事业争执。"此事经过,不特非中央与地方之争,且非中央研究院河南学术团体之争,乃何氏蓄志以河南境内古物为其势力范围,中央研究院无论如何迁就,彼必破坏以逞其私也。"傅斯年要求柳诒徵等人"于文化事业争执既标笃论,于学术屯厄,必为义方之言!"对于傅斯年的来稿,柳诒徵将之刊入《史学杂志》2卷3、4期合刊,题为《中央研究院历史语言研究所傅斯年君来函》,并加了按语。

6.《周颂说》

关于"颂"的界定,学者见解不一。阮元认为:"所谓周颂,若曰周之样子,无深义也。何以颂有样,而风雅无样也?风、雅但弦歌笙间,宾主及歌者皆不必因此而为舞容。惟三颂各章皆是舞容,故称颂。若元以后戏曲,歌者舞者与乐器全动作也。风、雅则但若南宋人之歌词、弹词而已,不必鼓舞以应铿锵之节也。"②王国维与阮元意见相左,认为"颂"之义"仍当以声求之",《颂》诗三十一篇,除了有关《大武》《象》舞的七篇为舞容外,其余二十四篇未必为舞容。③傅斯年赞成阮元之说,"其实阮君释颂,不特'本义至确'(王君语),即他谓子颂各章皆是舞容,亦甚是。王君之四证中,三证皆悬想,无事实,一证引《燕礼记·大射仪》,也不是证据,只是凭着推论去,拿他所谓礼文之繁证其声缓"④。钱堃新看到傅斯年的《周颂说》后,以为傅斯年之"说殊伟异"。统观傅斯年全文,大抵基于王国维的《诗乐考略》,于"'宗周既灭,文物随之'二语,未能平察于心,遂肊断西周文献亡绝"。该文存

---

① 柳诒徵:《论文化事业之争执》,《史学杂志》第2卷第1期,1930年。
② 阮元:《研经堂集·释颂》,商务印书馆《四部丛刊》本,第12—13页。
③ 王国维:《说周颂》,《王国维遗书》第1册,上海书店出版社,1983年,第125—132页。
④ 傅斯年:《周颂说》,欧阳哲生主编:《傅斯年全集》第2卷,第154页。

在"变其时,改其人,别解其书,颠倒其事"等弊病,之所以会如此,"无他,成见蔽之也"。是故,钱堃新"一言以断之曰,不合考订之法而已矣"。① 在文中,钱氏还特意提及刊登此文的《中央研究院历史语言研究所集刊》的旨趣乃欲以科学方法,整理史料者。"不合考订之法"无疑是对傅斯年的一大讥刺,犹如下文中缪凤林关于《东北史纲》的评论。

7. 评《东北史纲》

傅斯年在1931年10月6日致王献唐函中言及:"弟自辽事起后,多日不能安眠,深悔择此职业,无以报国。近所中拟编关于东北史事一二小册子,勉求心之所安耳。惟丁此国难,废业则罪过更大,只是心沉静不下,苦不可言。"②其中所谓的"辽事"即为"九一八事变",傅斯年称之为"沈阳之变";关于东北史事的小册子即为后之《东北史纲》。《东北史纲》原计划由傅斯年、方壮猷、徐中舒、萧一山和蒋廷黻五人共同编写,最后出版五卷本的东北通史,但最终出版的只有傅斯年的第一卷。因为"《东北史纲》是傅斯年在'九一八事变之后心焦如焚下赶出来的作品"③,故书中疏漏舛误之处不少,郑鹤声和缪凤林都对此有所批评。

关于《东北史纲》的疏漏舛误,郑鹤声从"正名"(傅著各章,"名实颇有乖异,或内容不甚丰富")、"补遗"(傅著取材,"以正史为骨干,其余则略供参考")、"纠误"("因排印校对不精,讹误之处,往往有之")三方面提出了批评。其中"补遗"部分为重心所在,在史料方面多有补充。如他认为关于古代东北的文化,傅斯年"虽亦略有论列,然仅叙述关于生活状态及习俗二项,至于政教文字,及中国文化传播之史迹,则略不道及。而其所据材料,又不出《后汉书》《魏志》所载,殊为缺憾。"更令人遗憾的是,在傅斯年行文过程中,并未使用东北地区的省志、县志等,最近出土的燕明刀、汉孝文庙铜钟,秦戈等也未见使

---

① 钱堃新:《订周颂说》,《史学杂志》第1卷第6期,1929年。
② 欧阳哲生编:《傅斯年全集》第7卷,湖南教育出版社,2001年,第103页。
③ 王汎森:《思想史与生活史有交集吗?——读"傅斯年档案"》,《中国近代思想与学术的系谱》,第507页。

用,而这些"对于燕、秦,汉初在辽东之史迹,皆足以资印证。"①

缪凤林在评论文章开首就对傅斯年所撰文章做了严厉批评,认为:"傅君所著,虽仅寥寥数十页,其缺漏纰缪,殆突破任何出版史籍之记录也",并从十个方面对傅文进行了严厉批评,尤其是针对傅斯年标榜的"史学即史料学"。缪凤林在文中特别提及,傅斯年对最近出土古物,如"乐浪太守章""朝鲜右尉"等封泥和"乐浪礼官"瓦当,以及汉孝文庙铜钟、秥蝉县神祠碑等,皆"了无所知"。甚至讥讽傅斯年"不仅不知两《汉书》外与东北有关之金石而已也,两《汉书》与《魏志》内有关汉代东北史之记载,傅君亦未能尽读也"②。缪凤林的尖锐批评无疑刺痛了向以重史料、重考古文物著称的傅斯年。在傅斯年1933年自拟的著述计划表中,第四项即为"答缪凤林等评《东北史纲》";可见,傅斯年对于缪凤林等人的批评甚为在意,可惜的是最终并未成文。③ 缪凤林也曾写信给陈垣,说及傅斯年对于此事的激烈反应。④

8.《评柳诒徵编著〈中国文化史〉》

柳诒徵的《中国文化史》撰写于1919年至1921年,最初是南京高等师范学校文史地部的中国文化史课讲义。后来因为《学衡》稿源问题,曾在《学衡》上连载。1928年,中央大学出版排印本,1932年,南京钟山书局正式印行。其后,胡适发表书评。胡适在文中承认该书"可算是中国文化史的开山之作","感谢他为中国文化史立下了一个草创的规模,替一般读者搜集了一些很方便应用的材料","列举了

---

① 郑鹤声:《傅斯年等编著〈东北史纲〉初稿》,《图书评论》第1卷第11期,1933年。
② 缪凤林:《评傅斯年君〈东北史纲〉卷首》,《中央大学文艺丛刊》第1卷第1期,1933年。另见《大公报·文学副刊》1933年6—9月之连载。
③ 王汎森:《思想史与生活史有交集吗——读"傅斯年档案"》,《中国近代思想与学术的系谱》,第498页。
④ 缪凤林曾在致陈垣函中提及此事,内云:"评《东北史纲》一文,本为此间文学院院刊而作。嗣因傅君南下,为所探悉,肆布谰言,兼图恐吓。林以学术为天下之公器,是非非个人所能掩,因先付单行,并布之《大公报》。两月以来,傅某因羞成怒,至谓誓必排林去中大而后已。其气度之褊狭,手段之卑陋,几非稍有理性者所能存想。……林方自惧学之不修,且除学术外亦无暇与之计较也。"(陈智超编:《陈垣来往书信集》,第228页)

无数的参考书籍,使好学的读者可以依着他的指引,进一步去寻求他引用的原书,更进一步去寻求他不曾引用的材料。这正是开山的工作"。虽以赞誉开场,但胡适主旨在讨论该书"一些可以指摘的地方"。大体如下:(1) 详古略今,胡适认为柳诒徵将中国文化史分成3期,第一期邃古至两汉有428页,而第三期明末至今日才260页,"这样详于古代而太略于近世,与史料的详略恰成反比例,实在使我们不能不感觉作者对于古代传说的兴趣太深,而对于后世较详而又较可信的文化史料则兴趣太淡薄"。(2) 史料缺陷,胡适以为柳诒徵是一个没有受过近代史学训练的史学家,对于史料的运用和鉴定很不严谨。如占该书四分之一的前二十一章,胡适认为其中"所据材料多很可疑,其论断也多很不可信,为全书最无价值的部分"。另有不引用原始资料而引用第二第三手史料等方面的缺陷。[①] 而与之相反的是,缪凤林、胡先骕、英士和蔡尚思等人却给予《中国文化史》很高的评价。即如史料,英士恰认为柳诒徵的态度是"庄严而郑重的","凡是未经确切否认的传说,它都姑予承认。凡是证据不尚充分的新说,它都置之不理"。[②] 立场的不一样直接得出了不同的结论。与胡适没有公开为文回应一样,柳诒徵也并未答复胡适的批评。

南高学派与北大派之间的交锋,仅古史论战和论文化事业两项争执双方有直接论辩,尤其是古史论战,双方领袖都直接参与,被胡适视为"旗鼓相当,阵势都很整严"[③]。两派学人之间的交锋,在彰显南北学派治学精神方面异同的同时,无疑也推动了民国史学的发展。

第三节 殊途同归

双方之间的学术交锋大多发生在五四时期,此时也是新与旧、激

---

① 胡适:《书籍评论:中国文化史》,《清华学报》第8卷第2期,1933年。
② 英士:《中国文化史·上》,《图书评论》第1卷第3期,1932年。
③ 胡适:《古史讨论的读后感》,《古史辨》第1册,第189页。

进与保守等相互激荡时期。相比学衡派,南高师的人文学者大多被视为守旧一派,即使颇为趋新的教育科系也未能幸免。周谷城即认为:"从前北大曾新极一时,凡奉行新教育主义的,当然到北大去。与北大对抗的有南高。那么反北大,而且专拜古典主义的,当然到南高为好。"①周谷城的观察并不全面,陶行知等人所在的教育系是趋新的,不同于柳诒徵等人尊崇传统,但这也恰折射出时人对南高的印象是近古典的,而这也确实是南高学派和北大派的分歧之一。大略言之,南高学派与北大派之间可谓是异中有同。

一、求真与致用

两派学人之间的学术交锋,源于双方治学精神等方面的差异,就如双方领袖胡适和柳诒徵的治学态度截然相反,胡适等人倡导的是史学求真。他强调"我们做学问不当先存这个狭义的功利观念",而"当存一个'为真理而求真理'的态度"。② 1928年,胡朴安邀请胡适加入中国学会,遭到胡适严词拒绝,其理由是:"我不能赞成草章的第一条。我不认'中国学术与民族主义有密切的关系',若以民族主义或任何主义来研究学术,则必有夸大或忌讳的弊病。我们整理国故,只是研究历史而已,只是为学术而作功夫,所谓'实事求是'是也,绝无'发扬民族之精神'的感情作用。"③易言之,学术研究和国家政治没有关系,学者研究学术,不需要承载太多的历史重任。在胡适那里,很显然学术和政治是两分的,正如他在这里强调的为学而学,也曾经讲过二十年不谈政治,但他也在同时期强调或者提倡好政府主义,而在现代中国,学术与政治截然两分是不可能的,典型案例就是《现代初中本国史教科书》案。④

---

① 周谷城:《官场似的教育界》,《周谷城教育文集》,吉林教育出版社,1991年,第147页。
② 胡适:《论国故学——答毛子水》,朱文华编:《反省与尝试——胡适集》,第305页。
③ 梁颖:《胡朴安友朋手札·胡适函》,《历史文献》第2辑,上海科学技术文献出版社,1999年,第188页。
④ 1929年春,顾颉刚为商务印书馆所编的《现代初中本国史教科书》被国民政府查禁,因为书中不承认三皇五帝为史实,必将"动摇了民族的自信力,必于国家不利"(顾潮:《顾颉刚年谱》,第172页)。

而南高学派追求的是史学经世,学问当对国家和社会有用。求真只是一个过程,其最终结果是要经世,讲求的是求真之后的"用",认为考证问题亦当以通识为依归。正如柳诒徵在回击疑古言论时所言:"有一种比较有历史兴味的人,知道近来各国的学者很注重历史,有种种的研究方法,因此将他们的方法来讲中国的历史。在现在看来,确也有相当的成绩。但是有一种毛病,以为中国古代的许多书,多半是伪造的,甚至相传有名的人物,可以说没有这个人,都是后来的人附会造作的。此种风气一开,就相率以疑古辨伪,算是讲史学的唯一法门,美其名曰求真。不知中国的史书,没有多少神话,比较别国的古代历史完全出于神话的,要可信得多。我们不说中国的史书,比外国的史书是可以算得信史的,反转因为外国人不信他们从前相传的神话,也就将中国的人事疑做一种神话,这不是自己糟蹋自己吗?况且古书不尽是伪造,即使拆穿西洋镜,证实他是造谣言,我们得了一种求真的好方法,于社会国家有何关系。史书上真的事情很多,那种无伪可辨的,我们做什么工夫呢。所以只讲考据和疑古辨伪,都是不肯将史学求得实用,避免政治关系,再进一步说是为学问而学问,换句话就是说讲学问不要有用的。"[①]与胡适多次交锋的缪凤林也不时强调:"治史之的在示真",但"真为解决疑难,故吾人今日研究历史,当实施此的,而求所以应付现今问题之法"[②],所以"史为经世之学,故以实用为归"[③]。可见,南高学派对史学求真其实并无异议,有异议的是一味考据所带来的学术研究成果与社会严重脱节。关于考证方法存在的局限性,不仅南高学派多有反对,即如马克思主义史学家李大钊在当时也已有所反应。他在1924年出版的《史学要论》中如是言道:"今日历史的研究,不仅以考证确定零零碎碎的事实为毕乃能事;必须进一步,不把人事看作片片段段的东西;要把人事看

---

① 柳诒徵:《讲国学宜先讲史学》,《柳诒徵史学论文集》,第501—502页。
② 缪凤林:《历史与哲学》,《史地学报》第1卷第1期,1921年。
③ 缪凤林:《中央大学历史系课程规例说明草案要删》,《史学杂志》第1卷第1期,1929年。

作一个整个的,互为因果,互有连锁的东西去考察他。于全般的历史事实的中间,寻求一个普遍的理法,以明事实与事实间的相互的影响与感应。在这种研究中,有时亦许要考证或确定片片段段的事实,但这只是为于全般事实中寻求普遍理法的手段,不能说这便是史学的目的。"①

史学求真与致用彰显的都是史家的治学精神,求真与致用当无高下之分,在史家那里各有其价值和地位,尤其是在"世变日亟"的近代中国,致用更是有其独特的价值,而求真是在20世纪三四十年代面临民族主义的拷问,很多史家出于爱国激情都向"致用"一途靠拢。顾颉刚在制订个人计划时说:"年来的内忧外患为中国有史以来所未有,到处看见的都是亡国灭种的现象,如果有丝毫的同情心,如何还能安居在研究室里。"②所以,他转而致力于边疆史地之学,创建了禹贡学会。"本会同人感念国事日非,惧念民族衰亡之无日,深知抱'为学问而学问'之态度不可应目前之急,亦非学人以学术救国的应出之途,爰纠集同志从事于吾国地理之研究,窃愿借此激起海内外同胞爱国之热忱,使于吾国疆域之演变有所认识,而坚持其爱护国土意向。"③傅斯年则以"书生报国"的情怀编写了《东北史纲》,一改以往反对著史的态度。而在"西南民族学会"对西南地区民族历史的独立性大加讨论,在报章杂志上形成一股热潮之际,傅斯年勃然大怒,"他痛责说,当此之时,日本军国主义正在提倡大傣主义,煽动云南脱离中国与泰国联合之际,而竟考订他们种族上不同于中国,当龙云等人以中国人自居而正共同为抗战努力之时,竟考查出他们原本是倮倮,是民家,而且'更有高调,为学问作学问,不管政治'。他说这些研究成果如果只是在'专门刊物'上发表,关系还小,而竟腾诸报章,他忍不

---

① 李大钊:《史学要论》,河北教育出版社,2000年,第17页。
② 顾颉刚:《个人计划》,《宝树园文存》第1卷,第388页。
③ 《本会此后三年中工作计划》,《禹贡》第7卷第1—3合期,1937年。

住痛斥'西南民族学会'所治的是'无聊之学问'。"①顾颉刚和傅斯年的转变,无疑说明:面对时代变局,北大派的治学主张无法回答时代之问,无法指导现实,所以他们的主张和行动之间就会出现一种内在的紧张。此种紧张并不会出现在南高学派史家身上,因为在他们看来,目之所及皆为变局,身处世变日亟之时代,史学经世当为不二之途。以当时局势而言,致用之学术理念的价值实不应抹杀或过低评价。诚如严耕望所言:"现代史学应该视为是各种人文学、各种社会科学的综合性的学问,目的在了解人类社会生活过程的大趋向;至于直接经世,已有各种社会科学所分担了,所以不必仍强调史学经世,但仍当注意到自己的工作对于别人是否有用处?对于人类生活过程的了解,是否可增进一步?当然这种了解若能直接提供现代社会的参考借鉴,自是最好!历史的鉴戒作用,虽是个古老的传统观念,但我相信,虽然今后时代已大不相同,但这种观念,无论就个人、就国家、就人类社会而言,都仍有其意义!个人的处人、处事,乃至自处,固然可以从历史人物中得到很多启示,就是国家社会也仍有取鉴于历史的必要。"②

二、学分南北③

两派学者之间的学术交锋,其实也是"学分南北"的一种折射,也是新兴的南高师和北大对抗的一种反映,时人也多有南高北大对立的观感。④ 身在其中的双方对于史学上的南北派分都曾提及。1941

---

① 王汎森:《价值与事实的分离?——民国的新史学及其批评者》,《中国近代思想与学术的系谱》,第451页。
② 严耕望:《严耕望史学论文选集》,台北联经出版事业公司,1991年,第625页。
③ 关于学分南北,亦可参见桑兵(《晚清民国的国学研究》,上海古籍出版社,2001年,第49—55页)、沈卫威(《"学衡派"谱系——历史与叙事》,江西教育出版社,2007年,第287—339页)等人论著。
④ 如张朋园说:"中国学术派别一向有南北之分,早期有所谓'南高''北大',北方是北京大学,南方有南京高等师范,也就是后来的中央大学。"(《郭廷以先生门生故旧忆往录》,"中央研究院"近代史研究所,2004年,第262页)胡适在中央大学演讲之时说:"南高以稳健、保守自持,北大以激烈改革为事。这两种不同之学风,即为彼时南北两派学者之代表。然当时北大同人,仅认南高为我们对手,不但不仇视,且引为敬慕。"(曹伯言整理:《胡适日记全编》第5册,第121—122页)

年的中央大学历史学会在创刊《史学述林》时如是说道:"魏晋南北朝之世,经学传授亦有南、北两派,颇呈瑰玮璀璨之光。至唐初《五经正义》成书,而其焰以息。清代学者初有汉、宋二派,继则经学家有古文、今文之分,宋学及古文学多属北派,而汉学及今文学多属南派,皆有显然之途轨可寻。史学亦然,廿载以往,北都学者主以俗语易雅言,且以为治学之邮,风靡云涌,全国景从。而南都群彦则主除屏俗语,不捐雅言,著论阐明,比于诤友,于是有《学衡》杂志之刊行。考是时与其役者,多为本校史学科系之诸师,吾无以名之,谓为史学之南派,以与北派之史学桴鼓相闻,亦可谓极一时之盛矣。"①突出的是南北两派之间的交锋。金毓黻提及的"史学科系之诸师"当为柳诒徵和缪凤林等人,而非吴宓和梅光迪等人,因为他们任教于西洋文学系。"雅言"和"俗语"则是指文言和白话。南高学派当时的著述确实多为文言,这与他们关于文言和白话的认识有关。关于文言和白话,景昌极说:"现在提倡的人,意在压倒文言,叫从前并行的,变成将来一尊。这就大大不合理,并且万万办不到。"②张其昀主张建立"新文言":"欲图国文之进步,必须将俗语、俗文在相当程度之内,加以洗练,使渐与雅语雅文调和,又须使文字内容不悖于近代思想与科学方法。……用近代思想以求博闻,用科学方法以求贯一,我们相信可以造成'新文言',就是科学的国文。"③语言是文化的载体,南高学派主张文言和白话并行,就是希冀在尊重保留传统文化的过程中,能够在语言的进步上,创造出柳诒徵所谓的"新学术"。钱锺书在《与张君晓峰书》中说:"抑弟以为白话文之流行,无形中使文言文增进弹性不少,而近日风行之白话小品文,专取晋宋以迄于有明之家常体为法,尽量使用文言,此点可征将来二者未必无由分而合之一境,吾侪倘能及身而见之欤?"④事实上,南高学派也并非截然不用白话写作,《时代公论》上刊

---

① 金毓黻:《史学述林·弁言》,《史学述林》第 1 期,1941 年。
② 景昌极:《随便说说》,《文哲学报》第 2 期,1922 年。
③ 张其昀:《南高之精神》,《国风》第 7 卷第 2 期,1935 年。
④ 钱锺书:《与张君晓峰书》,《国风》第 5 卷第 1 期,1934 年。

发的柳诒徵的《唤起民众》《教育民众》，景昌极的《政论平议》等，都是白话文。

胡适则在1920年代初就揭示了南北两派的治学特点："南方史学勤苦而太信古，北方史学能信古而学问太简陋。将来中国的新史学须有北方的疑古精神和南方的勤学工夫。"①"信古"的标签就这样贴在了南高学派身上，后之冯友兰在论述古史研究派别时就明确说："信古一派，与其说是一种趋势，毋宁说是一种抱残守缺的人的残余势力，大概不久就要消灭；即不消灭，对于中国将来的史学也是没有什么影响的。真正的史学家，对于史料，没有不加审查而即直信其票面价值的。"②这里要说明的是，南高学派之所以给人以"信古"之感，就在于他们强烈反对疑古派在证据不足的情况下轻易否定传世文献，"今人读史动辄怀疑，以为此为某某作伪，此为某某增窜，嚣然以求真号于众；不知古人以信为鹄，初未尝造作语言以欺后世"。③这对疑古思潮中出现的矫枉过正，无疑是一种纠偏。同时，胡适也看到了"南派"的"勤苦"④，自承这是"北派"的不足，认为以后的新史学应走南北史学融合之路。事实上，当时南高学派中人颇以此自许，如陈训慈认为："近来自号新文化运动者，大都皆浮浮自信，稀为专精之研究。即其于所常谈之文哲社会诸学，亦仅及其表面，而于专门学科，益无人过问；循是不变，将使名为提倡文化，而适以玷辱文化。诚有专门学会之出现，倡导社会，于真正学术有所贡献，将使智识界空气，由浮虚而趋于笃实。"⑤

另外此种学派之间的交锋，并非唯独与身其中的学人方才有所

---

① 曹伯言整理：《胡适日记全编》第3册，第772页。
② 罗根泽编：《古史辨》第6册，上海古籍出版社，1982年，第1页。
③ 柳诒徵：《正史之史料》，《史地学报》第2卷第3期，1923年。在发表之前，柳诒徵曾在史地研究会会内做"正史之史料"的演讲。
④ 在总结古史论战时，胡适虽然偏向于顾颉刚，贬低刘掞藜的治学方法，但他最终还是表示："我对于刘掞藜先生搜求材料的勤苦是十分佩服的。"（氏著《古史讨论的读后感》，《古史辨》第1册，第198页）
⑤ 陈训慈：《组织中国史学会问题》，《史地学报》第1卷第2期，1922年。

感,一些圈外之人也多有指认。如蒋介石曾和刘安祺有一次对话,问及张其昀学问很好为何"中央研究院"连个院士也不给他,刘安祺答道:"我猜想可能与学派有关。"结果蒋介石拍着桌子说:"一点不错!我们就坏在学派的手里。"①这也反映出两派学人之间的关系较为紧张,至少胡适和张其昀;傅斯年和缪凤林的私人情谊几乎长期处于对峙状态。胡适晚年尚称张其昀"为一神经病、疯子,处处想以南高、东大、中大为主,打击北大及胡适之,专与台湾大学为难,以钱思亮不肯受其支配,张故意抬高政大、交大,压制台大。清华梅月涵亦饱受其欺凌。此次陈辞修组阁,必须使张离教育部"②。而傅斯年和缪凤林则是由于《东北史纲》交恶,这在缪凤林致陈垣书信中有所反映,而黎东方的观察也可概见二人关系之紧张。1943年,中国史学会在重庆中央图书馆成立,黎东方惊讶地发现"早已不交谈"的缪凤林和傅斯年二人,竟然"笑语一堂",黎东方认为这"象征了中国人的大团结"③。除人事外,由于傅斯年出任台湾大学校长和史语所迁台,北大派的考据学风在台湾得以延续和发展。身处其中的杜维运即称20世纪五六十年代的台湾史学界"考据仍然是史学的主流,'中央研究院'历史语言研究所可以说完全是笼罩在考据风气之下的,台湾大学历史系、历史研究所与考据有极深的渊源,学术著作的审查以及奖助,也以其是否有考据分量作最重要的标准之一"④。而南高学风则是在"中国文化大学"

---

① 张玉法、陈存恭、黄铭明:《刘安祺先生访问纪录》,"中央研究院"近代史研究所,1991年,第222页。
② 郭廷以1958年7月9日日记,可参见《郭量宇先生日记残稿》,"中央研究院"近代史研究所,2012年,第82页。
③ 黎东方:《平凡的我——黎东方回忆录》,中国工人出版社,2011年,第206页。
④ 杜维运:《二次大战以后我国的史学发展引言》,《史学与社会科学论集》,台北明文书局,1983年,第51—52页。

和台湾师范大学历史系及"中央研究院"近代史研究所得以延续。①

三、双方之共性

虽然两派学人在求真与致用、疑古与信古等方面态度迥异,但细究他们的治学方法与态度,我们发现南高学派与北大派的研究态度实颇有相近之处:②

第一,他们都主张拓宽历史研究的范围,注意到历史学与其他新兴学科的联系。胡适在《国学季刊发刊宣言》中谈及整理国故的三个方向:一是"用历史的眼光来扩大国学研究的范围",因为清代三百年学术的成就就表现在"整理古书""发现古书""发现古物"等三个方面,"研究的范围太狭窄了";二是"用系统的整理来部勒国学研究的资料",具体包括民族史、语言文字史、经济史、政治史、国际交通史、思想学术史、宗教史、文艺史、风俗史、制度史等;三是"用比较的研究来帮助国学材料的整理与解释",主张采用西方的科学方法来研究国故。本此,《国学季刊》上所刊载文章在宗教史、民族史、思想史、历史地理学、语言文字学、金石器物、中外交通史等方面皆有所涉及,如陈垣的《火祆教入中国考》《摩尼教入中国考》《元西域人华化考》,钱穆的《龚定庵思想之分析》和姚从吾的《欧洲学者对匈奴的研究》等。南高学派同样反对传统史学狭隘的研究视野,主张以新史学的眼光来治史,柳诒徵认为历史范围无所不包,"未有文字之先,地层化石动植物之寸骨片叶,皆历史也"。"文字之史,亦有多种。钱币、金石、甲骨、符牌、印押、器具以及画像、图绘,皆研究史学者所当究心,故就狭义言之,则一切书籍文牍,无往而非历史,其目录家所列史部诸书,又

---

① 学风虽延续,南北学派之间的争论已然终结。汪荣祖认为,当时迁台的南北学者不乏其人,但"仅徐子明一人旧话重提,对以通俗的白话取代典雅的文言尤深恶痛绝,……导致文化凋零,并将过错归之胡适,曾出版《胡祸丛谈》一书,加以挞伐。但是徐氏言者谆谆而听者藐藐,且多以詈骂而轻之,不仅不能撼动学界,反遭孤立与排挤,寂寞愤恨以终,或可称之为学界南北之争的尾声"(氏著《新文化的南北之争——重新认识新文化运动的复杂面向》,《上海文化》2015年第10期)。

② 关于南北学派治学方面之异同,亦可参见桑兵:《晚清民国的国学研究》,第77—78页。

狭义中之狭义耳。其实经史子集，以至小说报章，佛道耶回各教诸书，凡属人类过去之思想言论事实记载，皆在历史范围之中。广言之，充满宇宙皆历史；约言之，一切文字皆历史也。"①陈训慈指出："昔日之史，常限于人类活动之一方面，今则必求记述人类活动之总绩。"他提出了新史学研究范围扩充的三个标准，即"质性之繁富""时间之拓展""空间之统一"。②他也详细介绍了史学与地理学、天文学、人类学、古生物学、谱系学、方言学、古文字学、政治学、社会学、经济学、心理学、论理学、哲学、文学等学科之间的关系，以为"史学有赖于他学科之多且深矣"③。虽然两派都认识到了其他新兴学科对历史学科的影响，总体上来说，北大派主张"以自然科学治史"，而南高学派则偏向于"以社会科学治史"。④

第二，重视译介东西洋学术成果和实地调查。北大派积极"预"欧洲东方学研究之"流"，聘请伯希和担任考古学通信研究员，同时积极译介当时国际汉学界名宿的研究成果，"除了伯希和的著作有专人翻译外，其他法国学者的重要著作也受到同人重视"。如沙畹的学生葛兰言，他的《古中国的舞蹈与神秘故事》出版于1926年，国学门同年即得到该书并立即找人翻译，"可见同人对法国东方学行情留意程度之高及反应之速"⑤。除了法国汉学界，北大派对日本的东洋学也很是关注，如胡适"做《章实斋年谱》的动机，起于民国九年冬天读日本内藤虎次郎编的《章实斋先生年谱》"⑥。同时，国学门下设的歌谣研究会、风俗调查会、方言研究会和考古学会等都积极从事调查工作，如考古学会在1923年和1925年间曾调查河南新郑、孟津出土的

---

① 柳诒徵：《史学概论》，柳曾符、柳定生编：《柳诒徵史学论文集》，第98页。
② 陈训慈：《史学蠡测》，《史地学报》第3卷第1、2合期，1924年。
③ 陈训慈：《史学蠡测》，《史地学报》第3卷第3期，1924年。
④ 关于胡适、傅斯年和顾颉刚均弃"社会科学"而取"自然科学"，可参见王学典：《新史学与新汉学》，上海古籍出版社，2013年，第43页。
⑤ 陈以爱：《中国现代学术研究机构的兴起——以北大研究所国学门为中心的探讨》，江西教育出版社，2002年，第121页。
⑥ 胡适：《胡适全集》第2卷，安徽教育出版社，2003年，第181页。

周代铜器,调查北京西郊大觉寺大宫山古迹及碧云寺古冢,调查圆明园、文渊阁遗迹,调查甘肃敦煌古迹等。① 更广为人知的,则是傅斯年领导的"中央研究院"历史语言研究所所开展的殷墟发掘。南高学派亦相当重视欧美史学和地理学发展态势,陈训慈主张:"对于外国史地作大规模之翻译;凡外国学者对于本国史地之著作,或介绍说明之,或全加翻译,且考订之。"②是故他们曾译介了鲁滨逊等人的新史学和地理学著述,翻译了美国地理学家鲍曼的《战后新世界》,翻译了斯坦因的《西域考古记》,更为可贵的是他们在译介域外学术成果之时,对史学会给予更多关注,可谓是对史学制度建设独具只眼。虽然南高学派在史地研究会时期并没有如北大国学门那样设有多种学会,但他们也开展了多次实地调查。限于条件,南高学派无法参与殷墟发掘之类,但他们对考古发现还是非常关注,并高度认可考古发现对于史学研究的重要价值。如缪凤林曾亲临南京明故宫考古发掘现场,"观察遗址及所得古物","发掘所得古物"也拟请柳诒徵和胡小石帮忙考订年代用途。③

第三,注意到史学科学化的趋向。史学科学化是近代史学发展的方向和必然趋势,许多学者都认识到这一问题。如胡适从乾嘉考据学中寻出与西方近代科学等同的方法,认为就方法而言,哲学、史学等学科与自然科学并无本质区别,只是两者研究范围不同而已。傅斯年则认为现代历史学已经成为各种科学方法之汇集,"地质、地理、考古、生物、气象、天文等学,无一不供给研究历史问题者之工具"④。陆维钊以为,"历史一科,骤视之,若为一种过去纪载物;然其内涵极富,外缘极广,近且有成为一种科学之倾向。其与政治学、社

---

① 关于上述学会的具体活动,可参见陈以爱:《中国现代学术研究机构的兴起——以北大研究所国学门为中心的探讨》,第97—112页。
② 叔谅(陈训慈):《中国之史学运动与地学运动》,《史地学报》第2卷第3期,1923年。
③ 缪凤林:《南京明故宫发掘古物记》,《史学杂志》第1卷第6期,1929年。
④ 傅斯年:《历史语言研究所工作之旨趣》,欧阳哲生主编:《傅斯年全集》第3卷,第7页。

会学、地理学、考古学、人类学、人种学、经济学、心理学、法制学等科，皆有密切之关系"①。柳诒徵认为史学不能与自然科学画等号，史"非科学，自有其封域"②。陈训慈也注意到了史学科学化的趋势，"史学当有条件的采用科学方法，已为必然之趋势"③。与北大派不同的是，陈训慈和柳诒徵一样，承认历史学与自然科学之间存在着差异，"自然界已全然存在，虽繁复而可试验；而史则上推无始，前进无穷，错综繁博，其性质全异于他学。故吾人推求因果，亦但就可能之内，有以殊于自然界必定之因果。故史是否科学，在今日尚为问题"④。虽如此，借助科学方法，史学"纵不能得万能之定律，要非无寻得公例之可能"，"则史学亦自有其科学性"。其科学性主要表现在三方面：（一）史家证史，必根据史料，寻求事实，崇尚证据，谨于判断，即"真正科学家之治学精神也"。（二）"史家既以科学方法治史，固已与科学家交相携手，而沉浸于科学性之中矣。"（三）"史家求公例之企图，虽万难当前，犹当奋进不挠，于可能范围中求其成效，此则公例之寻求，又史学之近于科学者。"⑤可见，陈训慈已经注意到历史学与自然科学在研究对象与方法上存在区别，但仍相信可借助科学方法，寻求历史公例，使之科学化。

第四，与国际学界争胜。中国历史悠久，但令人尴尬的是，当时一些国外学者关于中国历史文化的研究水准大大超越中国学者。1929 年何炳松在《论所谓"国学"》一文中曾如是说道：

> 我们既自命为国学专家，为什么要让瑞典的安特生（Anderson）来代我们研究中国古代的石器？为什么要让美国的卡德（Carter）来代我们研究中国印刷术的西传？为什

---

① 陆惟昭(维钊)：《中等中国历史教科书编辑商例》，《史地学报》第 1 卷第 3 期，1922 年。
② 柳诒徵：《中国文化史·弁言》。
③ 陈训慈：《史学观念之变迁及其趋势》，《史地学报》第 1 卷第 1 期，1921 年。
④ 陈训慈：《史学观念之变迁及其趋势》，《史地学报》第 1 卷第 1 期，1921 年。
⑤ 陈训慈：《史学蠡测》，《史地学报》第 3 卷第 1、2 合期，1924 年。

么要让法国的伯希和(Pelliot)来考订敦煌石室的古籍？为什么要让法国的考狄厄(Cordier)来代我们编《中国通史》？为什么要让日本的桑原骘藏来代我们研究蒲寿庚，来替秦始皇申冤？我们研究国学的人为什么要等到西洋人赏识《大唐西域记》，才去研究慈恩法师？为什么要等到西洋人赏识《诸蕃志》，才去研究赵汝适？我们既然自己有国学，为什么要从荷兰出版的《通报》(Toung Pao)这类出版物中去翻译中国的史料？像这一类问题，真是可以无限的写下去，我们应该请求我国的国学家给我们解答。①

如此多之"为什么"实已揭示中国学术在诸多方面大大落后于国际学界，对此，两派学者都深有感触。沈兼士认为："以中国古物典籍如此之宏富，国人竟不能发挥光大，于世界学术中争一立脚地，此非极可痛心之事耶！"②胡适与陈垣相对叹气，盼望汉学的正统十年后能在北京。③ 傅斯年大声疾呼："我们要科学的东方学之正统在中国"④。向达之所以在20世纪40年代有西北之行，"始意不过欲以个人之经历，促研究院、博物院及北大通力合作，在西北为历史考古之学另辟一工作地方，一方面可以消纳许多新起人才，一方面因此为中国中古史、交通史以及域外史之研究，另奠一合理的基础，进而与欧洲学者在中亚之历史考古研究取得联系，以提高吾国历史考古学学者在国际学术上之水平与地位"⑤。

限于所处环境等因素，我们所见南高学派与国际学界的交往并

---

① 何炳松：《论所谓"国学"》，刘寅生、谢巍、房鑫亮编校：《何炳松论文集》，商务印书馆，1990年，第487页。
② 沈兼士：《筹划北京大学研究所国学门经费建议书》，葛信益、启功整理：《沈兼士学术论文集》，中华书局，1986年，第362页。
③ 胡适：《胡适日记全编》第6册，安徽教育出版社，2001年，第152页。
④ 傅斯年：《历史语言研究所工作之旨趣》，欧阳哲生主编：《傅斯年全集》第3卷，第12页。
⑤ 向达：《敦煌通信》，《文教资料简报》1980年第11—12合期，第34页。

不多,柳诒徵虽与日本的长泽规矩也、神田喜一郎、桥川时雄、三浦周行,美国的顾立雅、恒慕义、毕乃德、富路特,法国的罗都尔、艾立雪夫,荷兰的戴向达等有过接触,但未见详细描述,这也导致叙述他们在与国际学界争胜方面的困难。事实上,南高学派早在创办《史地学报》时期就有与国际学界交流的意愿,每一期刊名无一例外都有英文翻译,指导老师竺可桢还曾在美国的杂志上专文介绍南高师的史地专业;柳诒徵则是痛陈:"一翻世界之学术史,或教育、宗教、文艺、美术诸史,阒然无一支那人名。或有之,亦不过过去之老子、孔子、玄奘、杜甫诸人","实吾民之大耻,抑亦吾国学者之大耻"。① 为洗刷此类耻辱,柳诒徵主张:"恢弘史域,张我国光。"他的主张得到了学生们的贯彻执行,在史学史、中西交通史、历史地理和中国通史等领域多有建树,尤其是缪凤林。缪凤林对日本史很是关注,也有撰写日本史之志愿,所以他对国人的日本史研究著述也很是关注,并将国人的日本史著述置于中日学界争胜的场域中。正如他在评价马衡的文章时所说:"然日人轻视中国学术界久矣。使执马君此文以代表支那学者,马君思之,恐亦将踧踖不安矣。来者可追。窃愿国人之参与国际学术事业者,慎重立言,国家之地位,个人之荣誉,均利赖之矣。"②

总体而言,南高学派实践的新史学建设路向大致包含以下三项主张:中国现代史学建设当以民族文化为本位,形成本土特色,而不应简单以移植西学代替自己的创造;应继承发扬中国史学关注和参与现实的经世传统;强调治史当具通识,既要重视史料考证,也不能放弃史义探究。③ 此三项主张,正是南高学派与钱穆等人共同坚守的现代史学建设路径。正如钱穆所言:"中国新史学之成立,端在以中国人的眼光,来发现中国史自身内在之精神,而认识其以往之进程与动向。中国民族与中国文化最近将来应有之努力与其前途,庶亦可

---

① 柳诒徵:《中国文化西被之商榷》,《学衡》第27期,1924年。
② 缪凤林:《评马衡中国之铜器时代》,《史学杂志》第1卷第3期,1929年。
③ 胡逢祥:《论抗战时期的民族本位文化史学》,《史学月刊》2016年第4期。

有几分窥测。否则舍己之田,而芸人之田,究亦何当于中国之史学。"①此一路向,完全不同于胡适等人致力的新史学。可以说,南高学派所提倡、实践的新史学为边缘的或是非主流的,因为当时"新史学发展的主流始终在'科学化',历来的巨子,莫不以提高史学的'科学'质素为职志,尽管'科学化'的内容和准则恒因派别而异,且与时俱变"②。此新史学的建构,依赖于西方科学方法的传入,以及与中国传统中的科学因子相结合,在现代中国史学界的代表就是北大派,胡适为典型代表。他曾说:"在那个时候,很少人(甚至根本没有人)曾想到现代的科学法则和我国古代的考据学、考证学,在方法上有其相通之处。我是第一个说这句话的人;我之所以能说出这话来,实得之于杜威有关思想的理论。"③胡适一生都在倡导"科学方法",他说:"我治中国思想与中国历史的各种著作,都是围绕着'方法'这一观念打转的。'方法'实在主宰了我四十多年来所有的著述。"④只是疑古就符合"科学方法",信古就违背"科学方法"吗?南高学派显然无法同意这一论断。王庸认为:"古代史料取法,非待新证发明,难下确断。学者固未可迷信古籍,但亦不必以古籍一笔抹杀,而后才得谓合于科学方法耳。"⑤可见,正是"方法"论上的差异,使得两派学人对于传世文献的态度不一。南高学派对传统文献很重视,而胡适则恰相反。如他总结《诗经》研究的基本方法:"你要懂得三百篇中每一首的题旨,必须撇开一切《毛传》《郑笺》《朱注》等等,自己去细细涵咏原文。但你必须多备一些参考比较的材料:你必须多研究民俗学、社会学、文学、史学。"⑥

南高学派和北大派的学术方向反映了中国现代学术两种不同的

---

① 钱穆:《略论治史方法》,《中国历史研究法》,生活·读书·新知三联书店,2005年,第134—135页。
② 许冠三:《新史学九十年》,岳麓书社,2003年,"自序"。
③ 唐德刚:《胡适口述自传》,华文出版社,1992年,第108页。
④ 唐德刚:《胡适口述自传》,第105页。
⑤ 王庸:《四海通考》,《史学与地学》第2期,1927年。
⑥ 胡适:《谈谈诗经》,《胡适全集》第4卷,第612页。

发展路向,与其说是互相排斥,倒不如说他们起了互补的作用,是中国史学现代化进程中的双翼。施耐德认为,中国知识分子,尤其是史学家的任务极富挑战性:"他们必须寻求一种对于中国历史新的理解,以使中国历史成为世界历史的一部分,并使中国在世界民族之林中至少是平等的成员之一。同时,他们还必须维护历史的延续性,从而为中国认同提供基础——而这一历史在'延续'过程中则经常发生显著的变化。他们对历史的书写还要满足让中国能与西方比肩(如果不是高于西方)的要求。最后,所有这些只能在历史传统和当时环境之双重背景下实现,使得历史以及历史学家处于一种特别的政治性地位,由于必须提出解决问题的答案而因此感受到相当大的压力。"[①]身处此"相当大的压力"之下的南高学派始终不唱高调,致力于"维护历史的延续性"和能与世界对话的历史书写,走出了一条属于自己的经世史学之路、文化民族主义之路,在内忧外患的年代彰显了中华民族的历史精神,为中华民族认同和提升国人自信力等提供了基础,对现代学术的诸多流弊具有重要的纠偏作用,直至今日依旧值得我们珍视。

[①] 施耐德:《真理与历史:傅斯年、陈寅恪的史学思想与民族认同》,关山、李貌华译,社会科学文献出版社,2008年,第238—239页。

第四章
南高学派与民国史学

民国史学大家辈出,史学流派众多。王尔敏在回顾百年中国史学历程时,认为20世纪中国史学只有两个主流学派:科学主义史学派和马列主义史学派,"两大主流,势力最大,影响最深,也经营最久"。南高学派既不属于科学主义史学派,也不属于马列主义史学派,[①]无疑是当时的"非主流"学派,在民国众多史学流派中也并非那么耀眼,但在我们看来,他们的学术成就在民国学术史上写下了浓重的一笔,在诸多学科领域做出了开创性的贡献。下面试分述之。

第一节 中国文化史研究

近代以降,随着西方坚船利炮打开中国大门,中国传统文化一直处于新旧嬗替之际,中西、新旧文化之间的冲突和碰撞层出不穷。而五四新文化运动对西方近代文化的输入与宣传,以及对中国传统文化的重估与颠覆,留给后人无尽的思索。南高学派作为一个活跃于民国史坛的史学流派,其成员大多在五四时期求学于南京高等师范学校,对五四新文化运动时期的诸多文化主张多有切身之体会。只

---

① 王尔敏:《20世纪非主流史学与史家》,广西师范大学出版社,2007年,"前言"第3页。

是明显不同于陈独秀、胡适等人,南高学派并没有参与当时两次规模颇大的文化论战:陈独秀、胡适等人与杜亚泉、梁启超等人关于东西方文化问题的论战,丁文江、胡适等与张君劢、梁启超等关于科学与人生观的论战。在他们看来:"欲知中国历史之真相及其文化之得失,首宜虚心探索,勿遽为之判断。"①是以南高学人潜心研究,"虚心探索",以实际行动回应了五四新文化运动时期的主流文化主张,形成了不同于胡适等人的文化观,完成了弘扬中国文化的文化史著作。

一、融通中西的文化观

五四新文化运动时期,一批知识分子猛烈抨击传统文化,认为传统文化是阻碍近代中国社会进步与发展的绊脚石,"废灭汉字""文学革命""吃人的礼教""打倒孔家店"等口号层出不穷,文化虚无主义、全盘西化等思想盛行一时。"盖晚清以来,积腐爆著,综他人所诟病,与吾国人自省其阙失,几若无文化可言。"②"朝野时彦,拾近世西洋论文论政,偏曲之见,暴蔑孔孟以来诸儒阐明讲说之理,谓不足存;……当是时,南雍诸先生深为叹息,以为此非孔孟之厄,实中国文化之厄。"③"因疑古而轻视吾国固有之文化,以诅咒自国为趋时。"④如陈独秀主张全盘西化,认为:"(西洋民族)其力抗艰难之气骨,东洋民族或目为狂易,但能肖其万一……何至处于今日之被征服地位?"⑤"若是决计革新,一切都应该采用西洋的新法子。"⑥钱玄同则指出,中国的救亡之道"必以废孔学、灭道教为根本解决,而废记载孔门学说及道教妖言之汉文,尤为根本解决之根本解决"⑦。同样,胡适在《今日中国的文化冲突》一文中认为:"抗拒西化在今日已成为过去,没有人

---

① 柳诒徵:《中国文化史》,东方出版中心,1996年,第1页。
② 柳诒徵:《中国文化史·弁言》。
③ 王焕镳:《梅光迪先生文录·序》,罗岗、陈春艳编:《梅光迪文录》,辽宁教育出版社,2001年,第245页。
④ 胡先骕:《今日救亡所需之新文化运动》,《国风》第1卷第9期,1932年。
⑤ 陈独秀:《东西民族根本思想之差异》,《青年杂志》第1卷第4号,1915年。
⑥ 陈独秀:《今日中国之政治问题》,《新青年》第5卷第1号,1918年。
⑦ 钱玄同:《中国今后之文字问题》,《新青年》第4卷第4号,1918年。

主张了。但所谓'选择折衷'的议论,看上去非常有理,其实骨子里只是一种变相的保守论。所以我主张充分的西化,一心一意地走上世界化的路。"①张其昀就认为这类主张是"另趋一极端,以为中国文化已将破产,欲借重西洋文化根本改造之"②。

时人主张西化,追步西方,主要是源于进化论的影响和对中国文化的不自信,认为中国文化已经无法适应时代需要。关于进化论,柳诒徵认为:"盖缘西哲就生物之演变,测人群之进步,而得此基本观念。治吾史者,准此以求,亦可以益人神智。"③且在具体论述中,不时借助进化论来解释史事,但他同时对进化论持怀疑态度。如他认为:"历史现象,变化繁赜,有退化者,有进化者,有蝉嫣不绝者,有中断或突兴者,固不可以一概而论也。"④如若一概而论,欧洲弱肉强食的第一次世界大战所带来的巨大灾难也已经向我们证实了这一学说的危害。"十九世纪以来,欧洲学说,以达尔文进化论为中心,谓物类必竞争而后生存,人类亦必以竞争为生存之本。欧战之祸,即基于此,伏尸百万,流血千里。明哲之士,方始觉悟,知达尔文之说未足为人生之定义。"⑤在不拘泥于进化论的同时,南高学派也不否认中国文化有其缺陷,如"文学、史学之畸形发展,科学、哲学之降为附庸",这直接导致了中国文化缺少科学方法与逻辑思维。⑥此点应该是与胡适大体相同的⑦,只是双方都看到了缺陷所在,但所主张的道路不同。南

---

① 胡适:《胡适全集》第 4 卷,第 584—585 页。
② 张其昀:《悼梁任公先生》,《史学杂志》第 1 卷第 5 期,1929 年。
③ 柳诒徵:《国史要义》,商务印书馆,2011 年,第 163 页。
④ 柳诒徵:《中国文化史》,第 391—392 页。
⑤ 柳诒徵:《明伦》,《学衡》第 26 期,1924 年。
⑥ 景昌极:《新理智运动刍议》,《国风》第 8 卷第 4 期,1936 年。
⑦ 胡适在《先秦名学史》导论中说:"我们在哪里能找到可以有机地联系现代欧美思想体系的合适的基础,使我们能在新旧文化内在调和的新的基础上建立我们自己的科学和哲学?"(《胡适文集》第 6 册,北京大学出版社,2013 年,第 10 页)对此,傅斯年有不同意见。傅斯年不认同中国有哲学,他认为所谓"哲学"的高深问题不过是一些语言游戏而已,中国语言语法简单,断难产生"哲学"。没有"哲学"不是中国文化的缺陷而恰恰是其优长。(参见傅斯年:《战国子家叙论》,欧阳哲生主编:《傅斯年全集》第 2 卷,湖南教育出版社,2003 年,第 251—254 页)

高学派主张理性看待各种文化主张："近今有所谓新孔学运动、本位文化运动,及以恢复旧道德为标帜之新生活运动等,皆偏于复古一途,我得谥之曰旧理智运动。旧理智固有其可贵处,然若硁硁自守,而不复有改弦更张之计,则非作者所敢附和。又有所谓科学化运动者,诚属当务之急。然苟不察本源,不通大体,而惟自然科学、应用科学之是崇,亦有使理智陷于幼稚或偏颇之危险。"①因为"文化有随时变迁者,亦有相承不变者,不可胶执一说"②。本此理念,南高学派明确反对两种对待中西文化的极端态度:"凡中国文化皆有价值,皆应保存,或皆当发扬光大。""以中国文化为罪恶之代名词,不必研究其内容与历史,一闻中国文化之名,即可断定其毫无价值。"如欲发扬中国文化,绝不能师法这两派,当"先细心研究中国文化之历史内容,有真正之接触与了解,明其何者为今日所必需,言之方能成理"。③

经过"细心研究",柳诒徵认定我们不能抛弃中国传统文化,因为"有过去之中国而后有今日之中国,而过去之中国之方法可以遗留利若害于今日,而又非一切反之过去之中国之方法,遂可解决其利害。故今日之中国,必须今日之中国人自求一种改造,今日中国之方法,不能无所因袭,而又不能全部因袭,此先解决问题所宜共同了解者也"④。这实际上是提出了对传统文化的扬弃标准,从这可以看出,柳诒徵并非全盘肯定中国传统文化,他要求的是我们对传统的尊重,在尊重的基础上加以抉择和扬弃。至于西方文化,我们就更不能一味模仿,那样就会迷失自我。1924年,来华的泰戈尔也认识到了一味模仿西方的危险。在其演讲时曾如是指出:"西方人把自己的生活作为标准,按照与之相似或者不同来粗暴地划分人类世界的好与坏。这种带有歧视的区分标准,一直在伤害我们,而且给我们自己的文化

---

① 景昌极:《新理智运动刍议》,《国风》第8卷第4期,1936年。
② 柳诒徵:《史学概论》,柳曾符、柳定生编:《柳诒徵史学论文集》,上海古籍出版社,1991年,第101页。
③ 缪凤林:《文化的训练》,《国风》第4卷第9期,1934年。
④ 柳诒徵:《自立与他立》,《学衡》第43期,1925年。

世界造成了巨大损害。"①只是当时的氛围并不适合如此表述,泰戈尔来华的遭到了诸多抵抗,不仅报章上一片抨击之辞,而且在泰戈尔演讲现场都有反对传单散发,甚至有组织明目张胆地要赶走泰戈尔②。泰戈尔的遭遇无疑折射出柳诒徵等人坚守文化主张之艰难和可贵。而柳诒徵之所以主张尊重中国传统文化是基于对中华民族创造力的自信。他相信中华民族具有强大的创造力,中华文化能海纳百川,融合异质文化,始终表现出无穷的生命力。"吾民吸收之力,能使印度文化变为中国文化,传播发扬,且盛于其发源之地,是亦不可谓非吾民族之精神也。"③既然我中华民族具有如许强大的文化容纳能力,中华文化必然不会为西方文化所取代。虽然其间有盛衰之别,但"其于此见为堕落者,于彼仍见其进行"④。中华文化的这一特性,使之必然会顺应潮流,融会变通,与西方文化相激相荡而卒相融合。所以,凡"中国所尚,欧美所无者,一概抹杀,不敢提倡"的民族虚无主义者,"在今日亟宜觉悟"。"洋奴之习不蠲,中夏之道不明!"⑤此种信念,在很大程度上回应了当时的民族虚无主义者,坚定了国人的民族信念,鼓舞了国人的民族精神。胡先骕后来对柳诒徵的主张加以呼应,提出:"对于吾国文化有背于时代性之糟粕固须唾弃,而其所以维护吾民族生存至四千年之久之精神,必须身体力行从而发扬光大之。"⑥

在尊重中国传统文化同时,如何对待西洋文化呢?因为中西文化各有其长,张其昀提出了文化的输入与输出:"令其有严密之组织,分工合作,对于世界文明各国风俗人情典章制度之真相,谋为有计划有系统之输入;而复以余力,将中国数千年来光明灿烂之文献,译为

---

① 沈益洪编:《泰戈尔谈中国》,浙江文艺出版社,2001年,第5页。
② 关于泰戈尔来华遭遇,可参见彭珊珊:《封闭的开放:泰戈尔1924年访华的遭遇》,《清华大学学报》2010年第4期。
③ 柳诒徵:《中国文化史》,第345页。
④ 柳诒徵:《中国文化史》,"绪论"。
⑤ 柳诒徵:《柳诒徵说文化》,上海古籍出版社,1999年,第355、354页。
⑥ 胡先骕:《今日救亡所需之新文化运动》,《国风》第1卷第9期,1932年。

各国文字,以宣传于世界。"①陈训慈主张接纳西洋文化,"融化西洋文化的精义",以"整个文化的观念,注意比较与联络,明白中西圣哲融通的心意"。②郑鹤声以为此意甚善,因为"吾国既有特殊之情况,贵乎取长补短,因势利导。固不能墨守成法而自是,亦不能全用西法而无憾"③。而且揆诸史实,"中国人固能吸收外来文化,必以中国人之特质为骨干而调和之"④。张其昀认为:"人类文化之总绩,必有待于异民族之相互贡献,并和衷共济之。是故己所独造者,必竭诚推布之,殆化被众生,亦无所用其矜功;己所独阙者,必努力吸集之,蕲与人齐,正不宜轻自暴弃也。且不第吸集而已,必思发挥光大,健进不已,彰进化之迹。"⑤易言之,南高学派主张的文化建设是立足本国传统文化,形成中国之特色,"融化西洋文化的精义"虽为必要之步骤,但绝不能简单移植西洋文化来代替本国的文化创造。此种文化运思在抗战时期就显得更为急迫。缪凤林即称:"中国文化范围至广,内容至丰,吾人志切保存及发扬光大者,惟有从各方面细心研究,与之多多接触,则其价值自能渐渐明了,而主张摧毁者之谬妄,亦不难知矣。"⑥正是因为对中国传统文化的坚守,使得南高学派的文化观有了一层保守的色彩。为何他们那么固执地坚持以本土文化为主体?我们可以钱穆的话来理解。钱穆说:"国人一切以信奉西方为归,群遵西方学术成规,返致中国传统旧存诸学,精神宗旨既各异趣,道途格局亦不一致。必求以西方作绳律,则中国旧学,乃若不见有是处。抑且欲了解中国旧学,亦当从中国旧学本所具有之精神宗旨道途格局寻求了解,否则将貌似神非,并亦一无所知。既所不知,又何从而有正确之批判。""中国学术之必有其独特性,亦如中国传统文化之有其独特性,两者相关,不可分割。非了解中国学术之独特性,即亦将无

---

① 张其昀:《悼梁任公先生》,《史学杂志》第1卷第5期,1929年。
② 陈训慈:《西洋通史》,第3页。(该书无出版信息)
③ 郑鹤声:《中国史部目录学》,商务印书馆,1956年,第160页。
④ 郑鹤声:《中国近世史》上册,上海书店出版社,1989年,第18页。
⑤ 张其昀:《火之起源》,《史地学报》第1卷第2期,1922年。
⑥ 缪凤林:《文化的训练》,《国风》第4卷第9期,1934年。

以了解中国文化之独特性。惟从另一面言之,亦可谓不明中国文化之独特性,即无以明中国学术之独特性。"① 无它,"越是民族的,就越是世界的",任何一种存在的文化,必然有其存在的价值,而这就是它的特色,失去了文化特色就失去了活力,而之所以要融合西方文化,就是为了将中国传统文化发扬光大。

二、"中国文化的根本"

中国传统文化包罗万象,博大精深,举凡政治、经济、宗教、哲学、风俗习惯、伦理道德、文学艺术、学术思想等都是文化的表现形式。要弘扬中国传统文化,就必须把握其核心内容,亦即郑鹤声所言之"特质"。中国文化的"特质"为何?柳诒徵认为中国文化独具的"特质"就是重人伦道德,而"人必自五伦始,犹之算学必自四则始,不讲五伦,而讲民胞物与,犹之不明四则,辄治微积分,何从知为人之道哉"。② "世界各国皆尚宗教,至今未尽脱离。吾国初民,已信多神,而脱离宗教甚早。建立人伦道德,以为立国中心;绵绵数千年,皆不外此,此吾国独异于他国者也。"而这正是"西方个人主义之药石也"。西人"苟得吾国之学说以药之,则真火宅之清凉散矣"③。在柳诒徵看来,以人伦道德为核心的中国伦常秩序在维系家庭、社会和国家的稳定与维持上下层社会健康运作方面具有重要意义。"天职所在,不顾一身,虽苦不恤、虽劳不怨。于是此等仁厚之精神,充满于社会,流传至数千年,而国家亦日益扩大而悠久,此皆古昔圣哲立教垂训所赐,非欧美所可及也。"④ 中国文化是西方文化之良药的理念在《对于中国文化之管见》中也有所体现,"欧人国家主义、经济主义、侵略主义、社会主义、个人主义,既多以经验而得其缺点,明哲之士,亟思改弦更张",中国文化正是医治西方文化过于追求经济利益的良药。在柳诒

---

① 钱穆:《中国学术通义·序》,《钱宾四先生全集》第25册,台北联经出版事业公司,1998年。
② 柳诒徵:《孔学管见》,《国风》第1卷第3期,1932年。
③ 柳诒徵:《中国文化西被之商榷》,《学衡》第27期,1924年。
④ 柳诒徵:《明伦》,《学衡》第26期,1924年。

徵那里，五伦之中的人伦已然成为中国文化诸多特质中的核心，"中国文化的根本，便是就天性出发的人伦，本乎至诚。这种精神方能造就中国这么大的国家，有过数几千年光荣的历史"。① 缪凤林也明确提出中国文化"以人伦道德为中心"并加以申说，认为正是因为以人伦道德为中心，所以中国文化有"不尚宗教"，"哲学思想亦皆以伦理为中心"，"所有学理殆无不与人伦道德息息相关"等倾向。② 虽然柳、缪二氏论述的是人伦道德，其实讲的是礼教。"五伦的观点是几千年来支配了我们中国人的道德生活的最有力量的传统观念之一。它是我们礼教的核心，它是维系中华民族的群体的纲纪。"③所以柳诒徵后来一再申言，礼"为立国之根本"④，"礼者，吾国数千年全史之核心也"⑤。缪凤林继承师说，也认为"中国文化的根本在礼"⑥，"中国文化最伟大的成就，从某一方面看，即在其礼教的邃密"⑦。也正是因为对"礼"的重视，柳诒徵和缪凤林都曾经研究过中国的礼俗史，各有《礼俗史论略》和《中国礼俗史》行世。

讲到礼教，必然会涉及孔子。不同于新文化运动诸子对孔子的批评，柳诒徵不同意时人将中国近代腐败的根源归咎于孔子的论调，他认为："中国近世之病根，在满清之旗人，在鸦片之病夫，在污秽之官吏，在无赖之军人，在托名革命之盗贼，在附会民治之名流政客，以殆地痞流氓。而此诸人固皆不奉孔子之教，吾因此知论者所持以为最近结果之总因者，乃正得其反。而盖中国最大之病根非奉行孔子之教，实在不行孔子之教。"⑧不仅如此，在为孔子辩诬的同时，柳诒徵在授课之际，也向学生讲述孔子之伟大。在他看来："孔子者，中国文

---

① 柳诒徵：《对于中国文化之管见》，《国风》第 4 卷第 7 期，1934 年。
② 缪凤林：《中国民族之文化》，《青年中国季刊》第 1 卷第 2 期，1940 年。
③ 贺麟：《文化与人生》，商务印书馆，1988 年，第 51 页。
④ 柳诒徵：《中国礼俗史发凡》，柳曾符、柳定生编：《柳诒徵史学论文续集》，第 624 页。
⑤ 柳诒徵：《国史要义》，第 11 页。
⑥ 缪凤林：《谈谈礼教》，《国风》第 1 卷第 3 期，1932 年。
⑦ 缪凤林：《礼的研究》，《图书月刊》第 3 卷第 34 期，1944 年。
⑧ 柳诒徵：《论中国近世之病源》，《学衡》第 3 期，1922 年。

化之中心也,无孔子则无中国文化。自孔子以前数千年之文化,赖孔子而传,自孔子以后数千年之文化,赖孔子而开。即使自今以后,吾国国民同化于世界各国之新文化,然过去时代之于孔子之关系,要为历史上不可磨灭之事实。"①他的这一言论深深影响了南高学子,他们大多秉承柳诒徵之说。景昌极称许孔子是"一个民族的伟人,是民族性的结晶,同时也是陶铸民族性的要素";"孔子实是中华民族的代表人物","孔子仍然值得全中华民族的崇敬,并且值得廿世纪受过科学洗礼的人去崇拜"。②张其昀称:"孔子是中国人文主义的创立者","孔子学说与人文主义可视为同义语。""吾人深信中国人文主义之精华,为人类共同的精神遗产,这是一种最伟大的道德与精神永无穷尽的潜势力。"③虽如此,南高学派也不神话孔子,"欲知孔子,当自人事求之,不可神奇其说也"④,认为孔子"丝毫无神学意味和玄学意味的人","孔子在中华民族的心目中,却始终是个人"。⑤

对礼教的重视、对孔子的推崇是南高学派与当时新文化派之间最主要的两大分歧。南高学派之所以不愿趋时逐流,是因为他们认为"学者必先大其心量以治吾史,进而求圣哲立人极,参天地者何在,是以认识中国文化之正轨"⑥。所谓"必先大其心量以治吾史",就是强调对中国文化要先存热爱之心,然后才能真正理解其博大与精微。缪凤林和张其昀则进而提出了国人的"文化(的)训练"的概念。缪凤林指出,要保存和光大中国文化,就必须提出种种理由,告诉国人什么是中国文化的精华,中国文化何以仍然能够有益于现代的国家。但是要使国人理解和信服此种种理由,又必须使他们对中国文化"有

---

① 柳诒徵:《中国文化史》,第231页。
② 景昌极:《孔子的真面目》,《国风》第1卷第3期,1932年。
③ 张其昀:《孔学大义》,《张其昀先生文集》第21册,"中国文化大学"出版部,1991年,第11297页。
④ 柳诒徵:《中国文化史》,第233页。
⑤ 景昌极:《孔子的真面目》,《国风》第1卷第3期,1932年。
⑥ 柳诒徵:《中国文化史·弁言》。

相当的接触与了解,是为'文化的修养'或'文化的训练'"①。张其昀认为,这样的文化训练非常重要,如"大学学生,受此种公共训练,对于人格修养,以至于国家大事世界大势,渐有共同之态度,共同之理想,而足以补平时专科教授之所不及。国人所期望之中心人物与中心思想,当在此等空无依傍自由讲学之学者求得之"②。为求"文化(的)训练"有实效,郑鹤声主张整理中国传统文化,以期增强民族自信力。"我国固有文化,本有其特殊之贡献,徒以未经整理,遂致淹没不彰,良为可惜。应就各科材料,搜集排比,运用科学方法,务使系统厘然,推陈出新,一以见我国固有文化之价值,固定国民自信之能力;一以便利学者对于材料之运用,促进其研究之功效。"③他们明确而具体地提出了研究、宣传与普及中国历史文化知识,以提高民族自信心的历史任务。柳诒徵之所以撰著文化史著述,原因亦在于是。

三、中国文化史开山之作——《中国文化史》

西方近代文化史研究滥觞于伏尔泰,他的两部史学名著《路易十四时代》和《风俗论》可谓是西方近代文化史研究的开山之作。在《路易十四时代》中,伏尔泰多次明言:"读者不应指望能在本书中,比在对先前几个世纪的描绘中找到更多关于战争的、关于攻城略地的大量繁琐细节。……在这部历史中,作者将只致力于叙述值得各个时代注意,能描绘人类天才和风尚,能起教育作用,能劝人热爱道德、文化技艺和祖国的事件。""政治上种种详情细节,种种计谋手段都已被人遗忘,惟有良好的法律,各种研究机构、科学和艺术的不朽成就才与世长存。""这部著作绝非各次战役单纯的记述,而是一部人类风尚习俗的历史。"④而在中国,文化史研究的开山之作当属柳诒徵的《中国文化史》。

---

① 缪凤林:《文化的训练》,《国风》第4卷第9期,1934年。
② 张其昀:《悼梁任公先生》,《史学杂志》第1卷第5期,1929年。
③ 郑鹤声:《郑鹤声自述》,高增德、丁东编:《世纪学人自述》第2卷,北京十月文艺出版社,2000年,第12—13页。
④ 伏尔泰:《路易十四时代》,吴模信、沈怀洁、梁守锵译,吴模信校,商务印书馆,1982年,第10、492、140页。

《中国文化史》是柳氏讲义演化而成,起始于1919年,此时正是五四新文化运动方兴未艾之时。"那时有许多学者故意丑诋中国文化,把中国文化说得一文不值,主张彻底地摧毁掉,办杂志大肆宣传,蔚成一时风气;唯有我们东南大学的师生屹然不摇,我们很理智地衡量,对于自己民族文化失掉信心的人,还能爱自己的国家吗?把自己民族文化的长处完全抹杀掉,把一些小缺点拼命地夸大,以偏概全这是公平的吗?这是合乎科学的吗?把所谓'新青年'都变成'洋迷',甘心臣服于异族,这是国家民族之福吗?我们也办了一个杂志,叫做《学衡》,唤醒学术界的理性,对一些邪说,要读者加以客观的理智的衡量。我们的教授柳翼谋(诒徵)先生特写了一部《中国文化史》三巨册,对学生讲授,让学生看到中国文化的全貌和真相,也让青年们自己理解中国文化是否真的一文不值。"[①]东大学生高明的观察颇为精准,《中国文化史》就是柳诒徵对五四新文化运动的一种回应,曾在《学衡》连载,传世版本众多。[②]

　　书中有对五四新文化运动的直接描述,如"欧战以后,世界思潮,回皇无主,吾国学者,亦因之而靡所折衷,不但不慊于中国旧有之思想制度,亦复不满于近世欧美各国之思想制度。故极端之改革派,往往与俄国之过激主义相近,次则诵述吾国老庄、鲍生之说,期反于原人社会,而抉破近世之桎梏,是亦时势使然也。然因此现象复生二种思潮:一则欲输入欧美之真文化,一则欲昌明吾国之真文化,又以欧美人之自讼其短,有取法于吾国先哲之思。而吾国人以昌明东方文化为吾人之大任之念,乃油然以生。又进而以儒家之根本精神,为解决今世人生问题之要义"[③]。更多的则是通过自己对整体框架的安排来体现自己的文化主张。

[①] 高明:《国立中央大学的传统精神》,郑立琪主编:《百年回望话精神》,东南大学出版社,2008年,第130—131页。
[②] 民国时期即有"讲义本""学衡本""钟山本""删节本""缩印本""线装本""正中本"等版本,参见王兴凯:《柳诒徵研究》,第118—123页。
[③] 柳诒徵:《中国文化史》,第869—870页。

综览全书，该书有以下几个鲜明的特点：

第一，文化史写什么？柳诒徵编写《中国文化史》时，国内尚无以"中国文化史"之类名目的书籍出版，日人高桑驹吉的《中国文化史》虽对中国学界影响很大，但该书大正十三年初印，时为1924年，中文译本1926年由商务印书馆出版，柳氏参考高桑驹吉之书的可能很小，且高桑之书凡9章，每章都分为历史概说和文化史两部分，体例上与柳书殊为不同。是以，柳诒徵当时空无依傍，开山之功体现无疑。

柳诒徵尝自述写作动机："世恒病吾国史书，为皇帝家谱，不能表示民族社会变迁进步之状况。""吾书欲祛此惑，故于帝王朝代、国家战伐，多从删略，唯就民族全体之精神所表现者，广搜而列举之。"能表现"民族全体之精神"的是什么？从书中来看，文学、艺术、制度、教育、人伦道德、宗教信仰、社会风俗、知识观念等等皆是。虽然柳诒徵对"帝王朝代、国家战伐，多从删略"，这并不代表他就不涉及这些方面，若以政治、经济、文化三者而言，文化当然是《中国文化史》着力之处，但政治和经济也并未刻意忽略。如关于五口通商与中国思想变迁之关联，他说："国民之思想道德，根于经济之变迁而变迁者，尤为治史者所当深究。"[①]有学者指出，"对文化史学的最大误解，是将'文化'视为相对于政治及经济的、有关宗教、学术、艺术等狭义的文化现象，从而把'文化史'看作部分地或综合地记述该类历史的一种特殊史"。[②] 柳诒徵的研究取径，"能克服旧式叙事史的个别性和独特性，从而发现文化发展的一般原理"，表明"政治、经济、宗教、哲学、风俗习惯、伦理道德、文学艺术、学术思想都是文化的表现形式，如果把它们割裂开来分别研究，犹如将一个人肢解以后再去研究他的各种生理活动一样"。[③]

---

① 柳诒徵：《中国文化史》，第527、845页。
② 石田一良：《文化史学：理论和方法》，王勇译，浙江人民出版社，1989年，第144页。
③ 常金仓：《穷变通久：文化史学的理论与实践》，辽宁人民出版社，1998年，第39页。

第二，确立了文化史书写的典范。《中国文化史》除了以章节分目外，在写作时采用了中国史学传统的纲目体，以大字书写谨严的提要是"纲"，以小字详注各类资料为"目"。该体例的特征是论、史分明，史家的主观见解和客观史事令人一目了然。其缺点是"纲文甚简，往往只一两句，而为此一两句作解之目文往往极长"，"目文与纲文往往重复"，"纲文只是简单的小结论，不免显得太枯燥，而精采反而见于目文中"，是以驾驭纲目体殊为不易。严耕望以为："近代学人应用此体颇见成功者，如柳翼谋先生的《中国文化史》，即为一例。"[①]其后钱穆在撰写《国史大纲》时也不严格地采用了纲目体的做法。

柳诒徵的《中国文化史》凡分三编，第一编自邃古以迄两汉，是为吾国民族本其创造之力，由部落而建设国家，构成独立文化之时期；第二编自东汉以迄明季，是为印度文化输入吾国，与吾国固有之文化，由牴牾而融合之时期；第三编自明季迄今日，是为中印两种文化均已就衰，而远西之学术思想宗教政治以次输入，相激相荡而卒相合之时期。书中将各种文化做一扼要的平均的历史的叙述，一以求人类演进之通则，一以明吾民独造之真际。此种分期法，开斯学之先河，胡适以为"我们不妨承认这个为方便起见的分段"[②]。事实上，柳诒徵这样的处理方式，不仅是为了方便，更是确立了文化史书写的主轴，"这正好说明中国文化史先有一个民族与国家的核心，然后由核心逐渐弥散融合的特征，也正好可以一方面寻求中国文明的普遍进程，一方面可以凸显中国文化的特殊历史"[③]。这种分期法也影响了后出的文化史和通史著作。当然，我们也应注意到，柳诒徵对于文化史的分期并不是以朝代为界，而是以中西文化冲突融合为分期依据，并着重叙述了第一期以伦理道德和礼为核心的本土文化的形成与发展，其篇幅之巨为当时新派学人所讥刺。柳诒徵之所以有如此分期

---

① 严耕望：《治史三书》，上海人民出版社，2011年，第67页。
② 胡适：《书籍评论：中国文化史》，《清华学报》第8卷第2期，1933年。
③ 葛兆光：《叠加与凝固——重思中国文化史的重心与主轴》，《文史哲》2014年第2期。

和安排,无疑是要向国人展示,虽然历经此后二期异质文化之冲击,但只要中国文化之根本不曾动摇,我们就有可能如第二期那样,创造出一种新的中国文化,因为"异族之强悍者,久之多同化于汉族,汉族亦遂泯然与之相忘"①。

虽然至今没有形成一种为学界所共同奉行的"文化史"写法,但也大体可以分为两类。"一是分门别类的平行叙述,政治制度经济思想学术文艺风俗,甲乙丙丁,一二三四,逐一开列出来,这是名为文化史的'中国文化常识',其重心落在'文化'二字上。"如陈安仁《中国近世文化史》等属之。"二是以时间为纲的纵向叙述,顺着历史写各个文化领域的转变",其重心放在"史"上。柳诒徵的《中国文化史》就是后者的模式,葛兆光认为该书"大体上以时代为纲,以文化为纬,既不很清晰'文化史'的主轴,也难划清'文化史'的边界"。② 这在文化史学科草创和成立时期,自然是难免之事。

第三,什么是"中国的"文化? 柳诒徵编写《中国文化史》不仅仅是教授南高学子中国文化有什么那么简单,他是有所寄托的,那就是"以诏来学,以贡世界",柳诒徵认为这是文化史研究者的职责所在。③ 既然讲的是中国的文化史,既然要与世界对话,要对世界文化有所贡献,那什么样的文化是"中国的"呢? 或者说"中古文化异于印欧者何在?"柳诒徵"尝反复思之,一国家一民族之进化,必有与他国家、他民族所同经之阶级、同具之心理,亦必有其特殊于他民族、他国家,或他民族、他国家虽具有此性质,而不如其发展之大且久者,故论中国文化必须着眼于此。否则吾之所有,亦无以异于人人"④。苏渊雷说柳诒徵的思想"本乎《尚书》《周礼》之古训",是为至言。柳诒徵坦承:"我生平最佩服《周礼》这部书,以为是中国政治的根本,后来多少政

---

① 柳诒徵:《中国文化史》,"绪论"。
② 葛兆光:《文化史应该怎么写》,《中华读书报》2012年6月20日,第9版。
③ 柳诒徵:《中国文化史》,"弁言"。
④ 柳诒徵:《中国文化西被之商榷》,《学衡》第27期,1924年。

治家,小小有点成绩的,都是从《周礼》出来的。"①他认为:"周之文化,以礼为渊海,集前古之大成,开后来之政教。"②"吾国文明,在周实已达最高之度,嗣又渐降而渐进,至今,则古制渐灭殆尽,而后群诧域外之文明。"③而在周代最能代表中国文明的则是《周礼》,是以当时西人研究《周礼》,"虽其观察吾国政教礼俗,未能得其真际,而谓《周礼》为陶冶后代国民性之具,亦不可谓无见也"④。正是因为礼为中国文化之核心,而《周礼》又是中国文化的代表,所以"第十九章《周之礼制》一章,全用《周礼》作材料,凡占八十六页,共占全书十二分之一的篇幅"⑤。既然推崇"礼",必会讲到人伦道德,也必然会涉及忠孝仁义等,当然也会涉及孔子,在《中国文化史》中,这些在在皆是。《忠孝之兴》和《孔子》专章即是显例。

正是对周以及此前历史的崇奉,在柳诒徵笔下的三代之治无疑是令人无比向往的。而从章节来看,上古文化史33章,中古文化史26章,近世文化史19章,可以说上古详于中古,中古又详于近世,如此安排是因为"自太古至秦、汉,为吾国人创造文化及继续发达之时期。自汉以降,则为吾国文化中衰之时期。虽政治教育仍多沿古代之法而继续演进,且社会事物,亦时时有创造发明,足以证人民之进化者。然自全体观之,则政教大纲不能出古代之范围,种族衰弱,时呈扰乱分割之状。虽吾民亦能以固有之文化,使异族同化于吾,要其发荣滋长之精神,较之太古及三代、秦、汉相去远矣"⑥。此种处理方法自然迥异于胡适等人主张的详今略古,也很容易给人以"信古"之感。关于文化史,在胡适那里是国故。"国学的使命是要使大家懂得中国的过去的文化史,国学的方法是要用历史的眼光来整理一切过去文化的历史,国学的目的是要做成中国文化史。"其心目中的"中国

---

① 柳诒徵:《从历史上求民族复兴之路》,《国风》第5卷第1期,1934年。
② 柳诒徵:《中国文化史》,第121页。
③ 柳诒徵:《中国文化史》,第128页。
④ 柳诒徵:《中国文化史》,第187页。
⑤ 胡适:《书籍评论:中国文化史》,《清华学报》第8卷第2期,1933年。
⑥ 柳诒徵:《中国文化史》,第345页。

"文化史"的系统包括民族史、国际交通史、经济史、政治史、文艺史、思想学术史、制度史等专门史。① 在胡适看来,柳诒徵"列举了无数的参考书籍,使好学的读者可以依着他的指引,进一步去寻求他引用的原书,更进一步去寻求他不曾引用的材料。这正是开山的工作"。但柳氏"对于古代传说的兴趣太深,而对于后世较详而又较可信的文化史料则兴趣太淡薄"了。②

要说明的是,柳诒徵对周代的颂扬,不是要回到周代,事实上三代之治,当时人根本无法回去,既然是一个回不去的时代,柳诒徵为何还要颂仰不已。其原因当在于对时局之不满,以古鉴今,希望当时社会民生能如三代那样和谐强大而已。这也是柳诒徵等人虽然是学者身份,与政治较少关联,但他还是在《学衡》和《时代公论》等杂志上发表了一些类似于政论性文章的原因所在。钱穆也是对中国古代社会多有褒扬,有学者认为温情与敬意使得他们对中国传统文化论述正面评价过高,忽视负面影响之类的,这些论调严重忽视了当时时代大环境的影响,而这也是20世纪20年代南派学者和北派学者的差异所在,北派多揭中国传统文化之短,南派多颂其长。钱穆的回应可作为南高学派的回应。"有人说,我向来讲中国史总爱举其长处,如此则容易误认为中国文化有长无短。其实要讲中国史,盛衰进退治乱兴亡都该讲。不能只讲汉唐,不讲三国与五代。……不能说今天中国不像样,便对以往不该叙述其长处。这真是:'中国不亡,是无天理了。'"③

第四,论断多具启发性。书中关于民族起源、海上交通等诸说均足以沾溉后学。如柳诒徵在阐述中国近世历史与上世、中世历史之区别时,指出:"区别有三:(一)则东方之文化无特殊之进步,仅能维持继续为保守之事业,而西方之宗教、学术、物质、思想逐渐输入,别开一新局面;(二)则从前之国家,虽与四裔交往频繁,而中国常屹立

---
① 胡适:《国学季刊发刊宣言》,《国学季刊》第1期,1923年。
② 胡适:《书籍评论:中国文化史》,《清华学报》第8卷第2期,1933年。
③ 钱穆:《中国历史研究法》,生活·读书·新知三联书店,第140页。

于诸国之上,其历史虽兼及各国,纯为一国家之历史。自元、明以来,始于西方诸国有对等之交际,而中国历史亦植身于世界各国之列也;(三)则因前二种之关系,而大陆之历史变而为海洋之历史也。三者之中,以海洋之交通为最大之关键,故欲知晚明以降西方宗教、学术输入之渐,当先观察元、明时海上之交通焉。"①以此为门径,陈训慈和郑鹤声研究中国近世史时,其起点即为明代西人东来;向达中西交通史之研究关注元明时期中外交通,他的交通史分期也深受柳氏文化史分期的影响;郑鹤声和束世澂研究明代海上交通之关键人物郑和皆发端于此。另缪凤林的中国通史著述,对民族起源问题的重视,对文化的重视;张其昀阐发孔子,写《中华五千年史》,陈训慈关注浙江文化史等亦受《中国文化史》的相关论述的影响。施之勉就认为柳诒徵的《中国文化史》有很多第一手资料和独到见解,"好些朋友、学生从他的讲义取出一部分,发展成为专著"②。

　　第五,"信""疑"之间。柳诒徵的《中国文化史》,表现出相当的"信古"情结。从内容分配来看,《上古文化史》一编占了全书约40%的篇幅。第一编共33章,古史传说占了17章,周朝历史占了10章,其中《周之礼制》一章,史料全采自《周礼》,占了全书约8%的篇幅。在具体的论述中,柳诒徵对一些先秦传说也颇为认可。如大禹治水十三年,而九州之地尽行平治。"以今人作事揆之,断不能如此神速。"故而有些西洋历史学家,对于大禹治水持怀疑态度。柳诒徵认为治水之难,以人工及经费为首。近世人工皆须以金钱雇之,故兴工必须巨款。但中国古代每有力役,只须召集民人,无须予以金钱。"故《书》《史》但称禹之治水,不闻唐、虞之人议及工艰费巨者,此其能成此等大工之最大原因也。西人但读《禹贡》,不知其时治水者,实合全国人之力,故疑禹为非常之人。"并据《尚书大传》等书计算出当时大禹治水,所用徒役,都三百八十八万八千人。③ 对此,柳诒徵颇有今

---

① 柳诒徵:《中国文化史》,第647页。
② 乔衍琯编:《柳翼谋先生文录》,台北广文书局有限公司,1970年,第31页。
③ 柳诒徵:《中国文化史》,第57—58页。

不如昔之感,称"吾国文明,在周实已达最高之度,嗣又渐降而渐进,至今,则古制澌灭殆尽,而后群诧域外之文明"。"自太古至秦、汉,为吾国人创造文化及继续发达之时期。自汉以降,则为吾国文化中衰之时期。虽政治教育仍多沿古代之法而继续演进,且社会事物,亦时时有创造发明,足以证人民之进化者。然自全体观之,则政教大纲不能出古代之范围,种族衰弱,时呈扰乱分割之状。虽吾民亦能以固有之文化,使异族同化于吾,要其发荣滋长之精神,较之太古及三代、秦、汉相去远矣。"①无怪乎胡适要说柳诒徵"对于古代传说的兴趣太深,而对于后世较详而又较可信的文化史料则兴趣太淡薄"了。②

然而,在具体史料选择上,柳诒徵却又不时流露出疑古的倾向。如他认为,虽然从《世本》《管子》《吕氏春秋》《白虎通》《汉书》等书"皆可见洪水以前制作之盛。然诸书所言,多有牴牾,制作之方,亦未详举。吾侪研究古史,随在皆见可疑之迹"。如"晋以后所传之《舜典》,实即《尧典》之文,《舜典》之首二十八字及《大禹谟》,皆后人所伪撰,不可信"。而"《汉书·艺文志》道家有《伊尹》五十一篇,当亦出于伪托"。鉴于夏、殷之礼,文献无征。而古书所言古代制度,多有莫知何属者,"汉、晋诸儒解释其制,往往托之于夏、殷,谓其与周代制度不合也"。柳诒徵将诸说合为一篇,列为《传疑之制度》专章。③ 此种处理,"足以见柳氏治学,不为深疑,不为妄信,要以古籍为根本","柳氏之不轻于疑古","柳氏又非轻于信古者也"。④ 刘英士就认为柳著"既不泥古,亦不骛新。凡是未经确切否认的传说,它都姑予承认。凡是证据不尚充分的新说,它都置之不理"⑤。

因为是"开山的工作","为中国文化史立下一个草创的规模",⑥粗疏或不能令人信服之处自然难免。柳诒徵并未就文化史学科诸多

---

① 柳诒徵:《中国文化史》,第128、345页。
② 胡适:《书籍评论:中国文化史》,《清华学报》第8卷第2期,1933年。
③ 柳诒徵:《中国文化史》,东方出版中心,1996年,第13、49、92、105页。
④ 沅思:《近代古史研究鸟瞰》,《无锡国专季刊》第1期,1933年。
⑤ 英士:《中国文化史上册》,《图书评论》第1卷第3期,1932年。
⑥ 胡适:《书籍评论:中国文化史》,《清华学报》第8卷第2期,1933年。

名词的内涵、外延等予以阐明,如他未曾在书中给"文化"或"文化史"下一定义,但正如他虽然大谈"礼"也未曾给"礼"下一明确定义一样,因为"中国古代所谓'礼'者,实无乎不包,而未易以一语说明其定义也"。① "文化"者也同样如此。虽如此,因为当时新派诸人如胡适、何炳松等人都有志于撰写《中国文化史》,却都未成书,是以胡适亦不得不承认柳书为"开山之作"。只是胡适的书评并非以赞扬为主基调,批评才是其主旨。如柳诒徵花费大力气的前21章,在胡适看来是"全书最无价值的部分",他以为柳诒徵之所以会信古,对材料取舍不严谨,就是因为他是"不曾受过近代史学训练的人"。胡适的批评有其合理之处,亦有意气在内。不同于胡适,杨联陞对柳诒徵的《中国文化史》等著述很推重,随时参考。② 杨联陞受过严格的现代学术训练,对于西方社会科学的了解和掌握程度当在胡适之上,③而胡适讥刺柳诒徵未曾接受过现代史学训练,过于信古,实为立场使然。

1935年,《人间世》杂志于史地方面选出"百部佳作",《中国文化史》名列其中,理由如下:

> 柳先生本书,最初在《学衡》杂志发表,已颇得学者赞赏,盖因通史著作,规模太大,自非学有素养,难以独立奏功。试观至今日为止,大都[部]分所谓"中国文学史""中国××史",还不是根据了二三流作品或从"次料"中你抄我抄你抄来的。能在一本著作中有一些独创的见解,一些读书的心得,如柳先生书,真正难得也。虽然柳书对于历史的见解或史观,我们是并不同意的。④

---

① 柳诒徵:《中国文化史》,第173页。
② 周一良:《毕竟是书生》,天津人民出版社,2016年,第168页。
③ 胡适曾对何炳棣"讲实话":"你必须了解,我在康奈尔头两年是念农科的,后两年才改文科,在哥大研究院念哲学也不过只有两年;我根本就不懂多少西洋史和社会科学。"(何炳棣:《读史阅世六十年》,广西师范大学出版社,2005年,第321页)
④ 胡嘉:《"百部佳作"史地部分拟目》,《人间世》第39期,1935年。

胡嘉的评论颇为允当。其中提及的"独创的见解",亦为顾颉刚所赞同。顾颉刚说:"研究文化史部门,柳诒徵、陈登原二先生均有所撰述。柳先生有《中国文化史》二册,所用系纲目体,征引繁富,并有其一贯之见解;陈先生亦有《中国文化史》二册,并称佳著。"①将柳著称为"佳著"自非过誉之词。柳著《中国文化史》不仅在大陆有众多单行本,在台湾也是一版再版,钱穆以为"柳氏书如《国史要义》与《中国文化史》皆获在台重印,并获再版、三版,此后当益获社会及学术界之重视,可预卜也"②。钱穆的预见正在变成现实。

四、陈训慈与浙江文化史著述

陈训慈关于浙江文化史的著述主要是《浙江省史略》和"浙江文化概说"。在1935年发表的《浙江省史略》中,除"引端"和"余话"外,陈训慈以七章的篇幅论述上古三代至清代的浙江历史,颇具新意的是每章标题即为该时段历史的重要特色:草昧初开与越国兴亡(自三代迄战国)、郡县的规设与开辟(秦汉三国)、中原文化的南被(东晋南朝隋唐)、百年混乱中的乐国(五代时的吴越)、政治与文化的重心(南宋)、商业与学术的进步(元明)、近世中国文化的渊薮(清)。这段历史又分为三个时期:西周至西晋是浙江的开辟时代,东晋至北宋末年是浙江文化的蕃育时代,南宋至清朝灭亡是浙江的兴盛时代。据陈训慈自述,该文"大体是从'文化的开发'为着眼,所以也可以说是浙江文化开发史略",故而在"中原文化的南被"章开始都有专门篇幅论述该时段的学术文化,分析其兴盛的原因。其后在任教浙江大学时,陈训慈曾讲授"浙江文化概说"一课,并编有授课讲义。该讲义共分为四讲,分为:浙江省文化开发之回顾、浙江文化之特殊精神、浙江文化与中华民族、浙江文化前途之展望。就其内容而言,第一讲"浙江省文化开发之回顾"实即《浙江省史略》之内容,稍微有异的是于三个时期之外增加了"民国成立后之浙江"部分。这种分期法对后来的浙

---

① 顾颉刚:《当代中国史学》,第82页。
② 钱穆:《柳诒徵》,《钱宾四先生全集》第23册,台北联经出版事业公司,1998年,第209页。

江文化史研究产生了影响。如腾复、徐吉军等编著的《浙江文化史》将整个浙江文化史分为四期,即上古到秦汉为形成期、魏晋南北朝和隋唐五代为发展期、两宋为繁荣期、元明清为走向近代期。① 第二讲"浙江文化之特殊精神"认为浙江文化的精神为博大之精神、躬行之精神、经世实用之精神、民族主义之精神。第三讲"浙江文化与中华民族"概述了浙江历史上有功于国家民族之先贤,一直从越王勾践讲到辛亥前的徐锡麟和秋瑾。之所以以人物为中心,是因为"至于今日,浙人尤多当民族安危之大任焉。是以欲讨论浙江文化,其对于学术文教,与各种事业,固已足垂不朽;而于浙江人之所以维系吾中华民族者,尤不能不注意阐述,谓为吾浙文化最伟大最可贵之一特色"。第四讲"浙江文化前途之展望"指陈浙江文化在中国之地位、现今浙江文化进展中之不健全状态、浙江文化复兴中应努力之方向。②

因是讲述大纲,我们很难从中看到陈训慈的具体论述,不过从他此前发表的《谈浙江文化问题》我们可以发现,有关内容已经在该文中得到了具体阐述。《谈浙江文化问题》为报刊约稿,共探讨了"浙江在中国近代文化上之优越地位""发扬经世实用与民族主义之学风""浙江文化之转变与其振兴之管见"三个问题。第一个问题以史实为依据,证明浙江自南宋以来即为全国文化之重心,希望浙人能"维持其在各方面文化贡献上优越之地位"。第二个问题则是鉴于原有光荣之民族精神在浙省青年上已很难见到,故而"如何为之发皇光大,以学术界为之先导,而广播之于社会;以本省树立之风声,而与全国上下以共进。凡所致力,一以民族之利益为前提;发扬我先民伟大之前绪,以挽回我民族当前值劫运,浙江人士应更有其重大之使命也。"既然问题已经明确,如何解决呢? 陈训慈在第三部分提出了解决良方:奖掖学术,倡导风气;防弭倖进,奖成大器;讲求生产,以助滋长;

---

① 详见腾复、徐吉军等编著:《浙江文化史》,浙江人民出版社,1992年,"绪论"。该书实际上可以视为浙江古代文化史,因为近代化历程只占据了17章篇幅中的一章,且以"近代文化的揭幕人:龚自珍"收尾。

② 陈训慈:"浙江文化概说"讲述大纲(未刊稿)。

改善教育,以宏造就。①

揆诸陈训慈相关著述,从其大纲看,陈训慈是很有可能以此讲义为基础来撰写一本"浙江文化史"的,惜因战事、人事纷扰,他未能继续此未竟事业。通观整个大纲,到处洋溢着陈训慈对浙江的热爱,正如其在导言中所说的那样,"吾人生在浙省,服务于浙江,对于本省之地理文化与现状,尤应有较详之研究。本此研究,因而阐扬浙江文化之卓特精神,进而指导民众,以继承乡贤之嘉志伟业,以共对吾民族作更多之贡献。此即本讲微旨之所在"②。

概言之,南高学派对中国传统文化有充分的自信,认为中国传统文化在历史上领先于世界,它本身具有强大的同化力和顽强的生命力。所以当五四新文化运动的健将们全面抨击中国传统文化的时候,南高学派发出了不同的声音,在认可西方文化有其优势同时,充分表彰中国传统文化,力图走出一条"以中化西"的中西融通之路。这种文化自信在当时语境下显得很是格格不入,尤其是他们对孔子和伦理道德等地推崇和弘扬,更是受到了不少学者的批评。他们的文化主张在当时并未成为时代主流,却如涓涓细流时刻在警醒和匡正那些过激的文化主张,在西风盛行的时代努力接续中国传统文化的血脉,并逐渐彰显其时代价值。

另外,在近代学术史上,以一己之力编撰《中国文化史》亦殊为不易。1921年,梁启超在南开大学讲授"中国文化史",编有《中国文化史稿》讲义,但讲义中所述多是关于史学编纂方面,③也可能缘于此,次年出版时候该讲义易名为《中国历史研究法》。此后,梁启超也曾立志编写一部规模宏大,包括"文艺军备、农业商市、工业美术"等25类内容的真正的《中国文化史》。犹如其立志完成《中国通史》一样,这又是梁启超一项未能完成的志业,最后留下的是《原拟中国文化史

---

① 陈训慈:《谈浙江文化问题》,《杭州民国日报》,1934年元旦特刊。
② 陈训慈:"浙江文化概说"讲述大纲(未刊稿)。
③ 朱维铮即认为梁之讲义"只能被看作历史编纂学史的引言"(《中国文化史的过去和现在》,《复旦学报》1984年第5期)

目录》和《社会组织篇》。于此,柳诒徵等人有着清醒的认识。如若按照梁启超的构想,"杀青之后,必无古人","杜郑以来,无斯宏著"。只是全书"综摄既多,钩纂匪易,体大思精,骤难卒业"。① 是以,柳诒徵在撰述《中国文化史》时以"中国文化为何?中国文化何在?中国文化异于印、欧者何在?"三大问题统摄全书,以一人之力完成。梁启超之外,胡适提倡"整理国故"的一个方向是"专史的整理","文化史"正是"专史的整理"之一,他也曾在中国公学讲授中国文化史课程,也有意于文化史之编撰;②何炳松也曾有意编撰中国文化史,③可惜都未能成书。此外,陈训慈在区域文化史方面的探索,无疑也是史家才情的一种调适。他们的文化史实践,虽然并未具体探讨文化史学科的诸多理论问题,但通贯性的《中国文化史》与区域性的文化史撰写无疑是文化史著述中的两条大路,如何才能写出传之久远的文化史著述,南高学派的探索是一种宝贵的尝试,也提供了诸多鉴戒。

第二节 中国通史研究

关于通史研究,1931年5月,陈寅恪在《吾国学术之现状及清华之职责》一文中直陈中国学界的弊病:"本国史学文学思想艺术史等,疑若可以几于独立者,察其实际,亦复不然。近年中国古代及近代史料发见虽多,而具有统系与不涉傅会之整理,犹待今后之努力。今日全国大学未必有人焉,能授本国通史,或一代专史,而胜任愉快者。

---

① 柳诒徵:《中国史学之双轨》,柳曾符、柳定生编:《柳诒徵史学论文集》,第93页。
② 胡适有《文化史大纲》油印稿传世,大纲为:一、史前文化;二、太古文化;三、人类成人时代的文化;四、古文化衰老时代(中古文化);五、文化的再生时代;六、近世文化;七、十九世纪;八、文化混合的倾向。(参见耿云志主编:《胡适遗稿及秘藏书信》第9册,黄山书社,1994年,第440页)
③ 何炳松在1925年给姚名达回信时说:"不佞向多致力于西文,于吾国史学少所研究。现在在浏览二十四史。妄思于读后编一部中国文化史。"(刘寅生、谢巍、房鑫亮编校:《何炳松论文集》,商务印书馆,1990年,第125页)

东洲邻国以三十年来学术锐进之故,其关于吾国历史之著作,非复国人所能追步。昔元裕之、危太朴、钱受之、万季野诸人,其品格之隆污,学术之歧异,不可以一概论,然其心意中有一共同观念,即国可亡,而史不可灭。今日国虽幸存,而国史已失其正统,若起先民于地下,其感慨如何?"①据陈寅恪的观察,当时中国学界几无人可以讲授通贯的中国通史,可见当时中国通史人才与著述之奇缺。1941年,周予同指出中国史学体裁上的所谓"通史"蕴含两种意义,一是中国固有的"通史",另一种是中国与西方接触后输入的"通史",此类通史将中国史分为若干期而再用章节的体裁写作。第一种"通史"源于《史记》,第二种"通史"是由日本间接输入的,夏曾佑的《中国古代史》即属此种。② 研究者对陈、周二氏关于通史之论述多有论及,而对南高学派于此之论述则多付之阙如③。事实上,终民国之世,南高学派对通史义例与著述的探究和实践一直未曾中断。

一、通史与专史

在中国近代,随着学科分科意识的滋生和增强,历史书写方式的探索也随之发生。梁启超说:"欲创新史学,不可不先明史学之界说。欲知新史学之界说,不可不先明历史之范围。"在"历史之范围"毫无边界可言的情形下,"通史"与"专史"的书写方式也应运而生④。梁启超在《中国历史研究法》中阐述通史的做法时指出:"今日所需之史,当分为专门史与普遍史之两途。专门史如法制史、文学史、哲学史、美术史等;普遍史即一般指文化史也。""因为作通史不是一件容易的事情。专史没有做好,通史更做不好;若是各人各做专史的一部分,

---

① 陈寅恪:《吾国学术之现状及清华之职责》,《陈寅恪集·金明馆丛稿二编》,生活·读书·新知三联书店,2001年,第361页。
② 周予同:《五十年来中国之新史学》,朱维铮编:《周予同经学史论著选集》(增订本),上海人民出版社,1996年,第535—536页。
③ 郑师渠在论述学衡派关于中国史学的总体设想时,对南高学派中人的通史主张有较多申论,详见氏著:《在欧化与国粹之间:学衡派文化思想研究》,北京师范大学出版社,2001年,第242—252页。
④ 章清:《"通史"与"专史":"民国史"写法小议》,《近代史研究》2012年第1期。

大家合起来，便成一部顶好的通史了。"①众多史家以才情与志趣之不同而于此别择不一。

柳诒徵1922年提出修史当"上迄古初，下迄今日，详其原委，抉其利病，庶足征前民之矩矱，备当途之考镜，轨躅合乎六洲，徽美彰乎五族"②。此处主张的是通史，而在《中国史学之双轨》中他主张通史研究和专史研究并重："史域虽广，类例无多。较其大凡，不越二轨。甲则分类，乙则断代。分类纵贯，断代横通。"③他的主张为南高学子所赞同，并加以发扬。陈训慈在观照中西史学发展的基础上指出，日后史学的发展当为通史与专史并进之路："大抵近世史学演进之中，通史与专史之分野日明；今后史学必益呈两方并进之现象：一方以简略之史识，普及于最大多数之人类，以成其'为人'之常识；一方由少数之专家，从事于分析精深之研究，以充实史料而辨正旧失。……传诵所及，浸浸及于一般职业界；异日此类生动之简作，必将继起收普及之效。……异日学术之分工愈精，专究之风亦必日盛。夫惟通史能普及，斯历史益能尽其裨益人生之使命；惟专史有精究，斯史学能有无限之增拓。……两者之间，尤必谋相互之联络；异日相与并进，必能由相反而相成，以促成史学之进步。抑史学之观点，今已由一时代一民族，而扩大为全时全人类；则今后通史固将常以人类为单位，即专家亦必采此精神，其研索中注意世界的重要焉。"④张其昀则注意到通史与专史之间存在的紧张，声称："今后读史者，贵乎博通古今，以明发达之理，而万不可囿于朝代。其与通史争衡并大者，乃为各种专门之史。"同时，他也指出通史有其独特的魅力："通史终不可废者，因历史事实，错综蕃变，不可孤离。专史不足见人事之全，一如断代之史不能见会通因仍之道也。"⑤张其昀此言实在是意有所指。因为

---

① 梁启超：《中国历史研究法》，第38、145页。
② 柳诒徵：《修史私议》，《史地学报》第1卷第4期，1922年。
③ 柳诒徵：《中国史学之双轨》，《史学与地学》第1期，1926年。
④ 陈训慈：《史学蠡测》，《史地学报》第3卷第5期，1925年。
⑤ 张其昀：《刘知几与章实斋之史学》，《学衡》第5期，1922年。该文也曾刊载于《史地学报》1卷3、4期，题为《读〈史通〉〈文史通义〉〈校雠通义〉》。

当时的学术风气,"由普通而渐趋专门,研究之风为盛。然以其易视研究,往往标持单文只义,遽自诩为新得"①。专史的盛行,无疑会导致学者对通史的重视程度不够,也会导致历史学提高有余而普及不足,尤其是在国人历史知识的教育与普及方面。关于此点,缪凤林在1931年中央大学入学考试时业已发现,2500多名应试者中,"以府兵为国府之卫队,青苗为青海之苗民者,多至二百余人。知崔浩、王应麟为何代人者,则仅十数人"②。对此,疑古派的童书业也深有同感:"在现在通史研究空气薄弱的当儿,一般学历史的人只注意专题的探讨,往往除了自己所攻的小范围以外,便什么都不知道了。这种情形,实在普遍一时。"③故柳诒徵深愿当世学者能"师亭林反复寻究,且勿即下定论"④。缪凤林则是呼吁"时人轻视国史之心理,必须革除。世之君子,有能通古今之变、成一家之言者,悯其移山之愚,别为宏编巨制,以飨国人"⑤。

通史与专史,孰轻孰重,殊难言说。揆诸史实,在当时已有将通史与专史对立之倾向。如有学者提出:"经济史是一种科学,是一种方兴未艾的科学。我们还要认定,要是我们研究史的范围能广,研究的方法能够精细而严密,经济史学可脱离普通史学而独立。""我们为学术而学术,要把这人类历史最基本的经济史独立起来,使它格外精密,臻于至善,以助长他科学之进步。"⑥而主张"为学问而学问"的傅斯年和顾颉刚等人自然偏向于专史之研究,且也比较轻视通史之写作。如傅斯年"似主先治断代史,不主张讲通史",而顾颉刚于"史学则偏重先秦以上"⑦。胡适与傅斯年意见相近,"故北大历史系所定课

---

① 柳诒徵:《与某君论研究经济史之法》,《史学杂志》第1卷第4期,1929年。
② 缪凤林编:《中国通史纲要》第1册,钟山书局,1932年,"自序"第6页。
③ 童书业:《读缪著中国通史纲要》第一册,《童书业史籍考证论集》下册,中华书局,2005年,第683页。
④ 柳诒徵:《与某君论研究经济史之法》,《史学杂志》第1卷第4期,1929年。
⑤ 缪凤林:《中国通史纲要》第1册,第18页。
⑥ 章渊若:《经济史学底发生与发展及其在学术上之地位》,《社会科学杂志》第1卷第2期,1929年。
⑦ 钱穆:《八十忆双亲·师友杂忆》,《钱宾四先生全集》第51册,第177页。

程似先注意于断代史"。职是之故,曾求学于北大的杨向奎觉得"当时北大的历史系,应当称作中国古代史专业(先秦史专业)"。① 虽然在九一八事变之后,傅斯年等人曾提倡中国通史的编撰,但总体而言,还是如顾颉刚后来所言,大家都投向专的方面,而忽略了通的方面,以后当两方面发展。这恰反映出当时南高学派主张通史与专史并重的可贵与前瞻。

二、通史义例

何炳松对于20世纪20年代的通史编撰是颇不满意的。在谈到通史编撰时,他说:"吾国近年来史学界颇受欧化潮流之激荡,是以努力于通史编纂者颇不乏人。其对于西洋史学原理之接受,正与一般政治学家、经济学家、新文学家同,一时顿呈饥不择食活剥生吞之现象。偏而不全似而非是之通史义例,因之充斥于吾国现代之史著中。"②事实上,通史编撰殊为不易。因为如张荫麟所云:"通史艰巨之业,绝非少数人之力所克负荷,断制营构,固须自用匠心。至若网罗散佚,分析史材,及各方面之综,则非资众手不可。③"张荫麟之言,实已道及通史编撰之难何在。南高学派诸人于通史编撰多有创想,并多有实践。

(1) 通史范围与分期

缪凤林说:"通史范围较广,不仅注意文化之升降,尤宜统观政治之分合,民族之盛衰。"正因为通史范围广,所以驾驭取材颇为不易,这就需要对通史进行分期。"为历史划分年代,乃不得已之事。"④陈训慈说:"史事绵延相承,本不易明分时期;只为讲习便利计,始寻绎史事上之重要关键以为区分,正不必有确定之年期,更无须拘泥一说。"本此理念,陈训慈将中国历史区分为上古(自太古至秦之统一即

---

① 杨向奎:《回忆钱宾四先生》,中国人民政治协商会议江苏省无锡县委员编:《钱穆纪念文集》,上海人民出版社,1992年,第3页。
② 何炳松:《通史新义·自序》,《何炳松文集》第4卷,商务印书馆,1996年,第86页。
③ 陈润成、李欣荣编:《张荫麟全集》上卷,清华大学出版社,2013年,第673页。
④ 陆维钊:《中等中国历史教科书编辑商例》,《史地学报》第1卷第3期,1922年。

西元前三世纪)、中古(自秦至唐亡,即西元前三世纪至西元十世纪初)、近古(自宋至明季,即西元十世纪至西元十六世纪初)、近世(自明季至清季,即十六世纪至十九世纪末年)、现代(自清光绪末年至最近,即十九世纪末年迄今)五个时期。① 缪凤林则"以政治、民族、社会等为准,顺应乎世变自然之势,默会乎典制变革之交,本通史之规模,寓断代之义例,画分九时代。甲、唐虞以前曰传疑时代;乙、唐虞夏商西周曰封建时代;丙、东周曰列国时代;丁、秦汉曰统一时代;戊、魏晋南北朝曰混乱时代与南北对峙时代;己、隋唐五代曰统一时代与割据时代;庚、宋辽金元曰汉族式微与西北诸侯崛起时代;辛、明至清中叶曰汉族光复与满洲侵入时代;壬、清季至今曰列强侵略中国屈伏时代"②。二人之分期各有特色,陈训慈提出了具体的分期,但未见具体行事,而缪凤林则是有《中国通史纲要》之实践,这也可能与二人所授课程有关。

(2) 通史撰述的主旨

将通史与民族主义联系在一起是南高学派的一大特色,也是他们关于通史著述所宗奉的主旨。柳诒徵的《中国文化史》即为一文化通史,书中追求的是"明吾民独造之真际"。陈训慈认为通史教材应当"充分表达本国民族之由来、变迁与演进,提示民族伟大的事迹,而引起学生之强烈的民族意识,激励他们为本国民族之生存与繁荣而努力"③。所以,关于中华民族是否西来等学说就是通史著述必须回应的一个问题。柳诒徵、缪凤林和向达等人的著述无一不在卷首就予以回应,以见中华民族之伟大。缪凤林认为中华民族是一个的,提出国史的目标"即为如何从讲习国史,以唤醒中华民族的自信心,振起中华民族精神,恢复中华民族堕失的力量,达到结合国人成一坚固的民族之目的,以挽救当前危局,使中华民族永远存在而已"④。郑鹤

---

① 陈训慈:《初级中学历史课程标准草案》,《史学杂志》第1卷第1期,1929年。
② 缪凤林:《中国通史纲要》第1册,第66—67页。
③ 陈训慈:《民族名人传记与历史教学》,《教与学》第1卷第4期,1935年。
④ 缪凤林:《中学国史教学目标论》,《教与学》第1卷第4期,1935年。

声长期任职于国史编译馆,审查过众多学术专著和教材,于此多有只见,他认为国史编纂"当舍弃以汉族为中心之小民族主义,而提倡整个中华民族之大民族主义,俾全国人民逐渐养成大一统之观感,共同其利害之关系。如是,则金瓯虽缺,意识尤定,纵形式灭亡分裂而精神则永久团结一致,长期抵抗,失土未始不可以恢复;否则意志薄弱,自行分裂,不但为识者所痛,且为仇者所快矣!"他主张来一场唤醒本国民族意识的运动,而这场运动"自指整个中华民族而言"。[1]

(3) 通史体例

关于通史体例,章学诚认为,通史体例便于史家免重复,均类例,便铨配,平是非,去抵牾,详邻事;但其利弊互见,"其长有二:一曰具剪裁,二曰立家法。其弊有三:一曰无短长,二曰仍原题,三曰忘标目"。张其昀认为:"章君之言,至不可易。""六便二长实为通史之定律。"[2]他主张纪传、编年和纪事本末三种方法综合运用,以为此类合用体"最适于通史之用,而实为吾国前人所未见。将来吾国之通史,必将于此取法"。缪凤林认为:"今日而言作史,宜就编年、本末、传记、地理诸类旧史之所未备者,及民族、社会、宗教、文艺、建筑、经济各种专史,为旧史之所无者,肆力为之。"若成编具在,校读涉猎,偶有启悟,则当仿钱大昕《廿二史考异》和王鸣盛《十七史商榷》之类,标举之以贻后人;如若旧史疏略,新得又多,则当如欧阳修和宋祁重修唐史,或如裴松之注《三国志》,皆无不可。[3] 可见,张其昀和缪凤林并不拘泥于史书体裁,注重的是史书体裁的灵活性,要求史家按照实际情况来决定史书体裁。以后南高学派致力于编撰通史著作,多杂糅章节体和纪事本末体,乃至纲目体等,除了柳诒徵的影响外,当与此种认识有很大关系。

(4) 了解之同情

柳诒徵主张修史者对各时代学术思想、学人行事等应抱有了解

---

[1] 郑鹤声:《历史教学旨趣之改造》"小引"。
[2] 张其昀:《刘知几与章实斋之史学》,《学衡》第5期,1922年。
[3] 缪凤林:《中国通史纲要》,钟山书局,1932年,"自序"。

之同情,因为"学术思想,各有时代,由后责前,无异于以耳消目"①,"其专崇君主,则时代为之,不可以今日之眼光,病当时之作者也"②。正是因为"一时代有一时代之学术",所以不能以今例古。正如陈寅恪所言,史家当"对于古人之学说,应具了解之同情,盖古人著书立说,皆有所为而发,故其所处之环境,所受之背景,非完全明了,则其学说不易评论"③。而钱穆则是主张对中国历史当抱有"温情与敬意",可见在文化民族主义学人那里,了解之同情的治史态度是相通的。张其昀就借用了陈寅恪的话用于思想史研究:"吾人研究思想史,对于古人之学说,应具了解之同情,盖古人著书立说,皆有所为而发,故其所处之环境,所受之背景,非完全明了,则其学说不易评论。"④刘掞藜则在治民族史时,提倡了解之同情。"吾人研究过去之史事,断不可存心藐视,以荒谬目之,须平心静气,具有同情。盖史家之目的,不在批评过去人事制度之当否,而在说明人事制度之由来及其变化。""可谓示治史者以科学之态度矣。"⑤

(5) 以世界眼光编中国通史

柳诒徵"视吾往史,殆不过世界史中之一部域,一阶程,吾人正不容以往史自囿"⑥。陆维钊则提出"认中国历史为世界史之一部分","并不是将世界事实,牵附到中国,乃是将世界眼光,观察国史;也并不是把世界历史,范围中史,乃是把中国历史,加入世界历史"。⑦ 如玄奘之取经,元代之西征,都是当时关乎世界的大事,因为史家只有中国眼光而没有世界眼光,所以史事书写一般都是从略,这在陆维钊那个时代被引为憾事。他坚信"以中国史为世界史之一部分,乃是编

---

① 柳诒徵:《修史私议》,《史地学报》第1卷第4期,1922年。
② 柳诒徵:《中国文化史》,第327页。
③ 陈寅恪:《冯友兰中国哲学史上册审查报告》,《陈寅恪集·金明馆丛稿二编》,第297页。
④ 张其昀:《时代观念之认识》,《思想与时代》第1期,1941年。
⑤ 刘掞藜、娄景表:《汉代之婚姻奇象》,《国立武汉大学文哲季刊》第1卷第2期,1930年。
⑥ 柳诒徵:《中国文化史》,"弁言"。
⑦ 陆维钊:《中等中国历史教科书编辑商例》,《史地学报》第1卷第3期,1922年。

中国史正当方法,也即是今后必趋之方向"①。

(6) 以良史著信史

刘知几在《史通》中提出"君子以博闻多识为工,良史以实录直书为贵"②。是否"秉笔直书"是良史的重要标准,这涉及史家的史德。柳诒徵、张其昀和刘掞藜在论述史家四长时多推重史德,柳诒徵主张"史家治史必本于德",强调史德在治史中的决定性作用。他认为,"编纂历史,殊非易事"③,史家"宜先屏去一切褒讥之说,平心考究人所共见共闻之事"。讲求的是一种客观超然的治史态度。④ 所以,柳诒徵反对治史者武断和附会的态度。"某一时代之制度,有某一时代之思想,须一一求其所以然,不可出以武断者,治史学之要义也。"近世东西方学者多有考述中国古史之作,柳诒徵认为其中多有附会,如刘师培和白河次郎等人"述邃古往事,则不免附会"。⑤ 缪凤林认为:"史文叙述,其事实皆有客观的存在,言史者惟当以事实为依归,实事求是,不宜先怀成见,尤忌向壁虚造,务求所言合乎人心之公,绝不能稍逞一人之私。"⑥所以,他反对当时有人提出来的通史教育应当以三民主义为中心。因为"三民主义之根柢在国史,亦惟国史能明其伟大性,言党义者,当奉历史为中心,不当削通史以就党义也"。何况民族、民权、民生之史亦很难叙述。"以我国种族之复,历年之久,幅员之广,苟以全史为经,而以三者纬之,予未见今服膺党义者之能负荷斯也。""以过去为现在之母,知今必先明古,根据往事可以因应方今。通史所陈,多为学者基本知识故也。"⑦陆维钊则明确提出"要用真实的学者精神研究历史,不以作史为手段",尤其是不能如日本史家那样,"如欲张扬自己,则说别国如何野蛮,己国如何文明;如欲挑拨战

---

① 陆维钊:《中等中国历史教科书编辑商例》,《史地学报》第1卷第3期,1922年。
② 浦起龙:《史通通释》,上海古籍出版社,1978年,第409页。
③ 柳诒徵:《清史刍议》,《史地学报》第1卷第4期,1922年。
④ 柳诒徵:《史学概论》,《柳诒徵史学论文集》,第108页。
⑤ 柳诒徵:《史学概论》,《柳诒徵史学论文集》,第102页。
⑥ 缪凤林:《中国通史要略》,东方出版社,2008年,"自序"。
⑦ 缪凤林:《中国通史纲要》,钟山书局,1932年,"自序"。

争,则说别国如何违背公理,己国如何受侮,以兴起同仇敌忾之心"。这是"厚诬古人,欺惑来者",与事实不符,也没有信史的价值。①

南高学派在20世纪20年代即开始探索通史编纂的理论与实践,除前述义例之外,他们也曾讨论过通史取材等问题。关于通史取材,面对汗牛充栋的史书和无数的史事,缪凤林认为,"苟论其大而忽其细,亦皆可执简驭繁,以表现其演进构成之总相"。学校通史教材旨在介绍重要历史知识,与修史性质迥异,"凡读史而心知其意,能别史迹之轻重,而以一己之新理想熔铸散见之事实者,皆能优为之也"。在编纂过程中,举凡"事之与全体历史无大关系者,一朝巨典阙之可也;虽有关系而历史潮流不必赖此事而始显者,略之亦可也"。② 注重的是事关全体历史及其发展潮流之事件,抓住影响历史发展的主要因素,从而给读者以直观明晰的中国通史全史图景。陈训慈提出取材要"简单而能概括,是这种通史所最需要的条件,而作者审慎的取舍,以及概举旁涉种种方法的应用,可说是很能完成这个要件"③。他也同时指出通史写作不应忽略史事的经济背景,南高学人也多重经济对于史事之影响,如柳诒徵《中国文化史》的"近世文化史"部分第十八章述经济之变迁,缪凤林《中国通史要略》第七章述唐代商业经济之进步等。可以说,南高学派关于通史义例的探讨,不仅在当时,即使在当下,对通史编撰也具有重要的参考价值。更难能可贵的是,他们并非纸上谈兵,缪凤林、刘掞藜、郑鹤声、陈训慈等人还有具体的通史实践。因为,通过国史,国人可以"明兴亡之大义,知立国之网罗,导民力于正轨,此负荷国史之重任,乃青年自觉之源泉"④。

三、缪凤林的通史著述

缪凤林的通史著作主要为《中国通史纲要》和《中国通史要略》二书,二书皆为未完之作。《中国通史纲要》三册,第一册由南京钟山书

---

① 陆维钊:《中等中国历史教科书编辑商例》,《史地学报》第1卷第3期,1922年。
② 缪凤林:《中国通史纲要》,"自序"。
③ 陈训慈:《最近十年的欧洲》,《史学杂志》第1卷第4期,1929年。
④ 张其昀:《国史与青年》,《国风》第8卷第7期,1936年。

局出版于1932年,第二、三册分别出版于1933年和1935年。第四册"宋元时代"原拟1937年秋改定出版,因战事而未能付梓。

《中国通史纲要》分为四编:"首编导论,略述史学通义及国史上之民族年代与地理,次编历代史略,以说明各时代之重要潮流及主旨;三编政治制度、四编学术文化与宗教则分门论述自太古以至最近,以明今日各种现象之所由,及其蜕变之所以。"凡所叙述,皆先通其大,标立节目。并将所见正史、《通鉴》、《通考》,及百家传记之书与中日学术界时彦论著,扼要汇录。因本为大学通史课程讲义,书中有所征引,多因仍旧文,鲜加润饰,有人就批评该书"似稍拙笨,全书一半的地位都被引录的历史原料或他人意见所占据……仅将别人的意见生吞活咽,殊难令人满意"。[①] 赞赏者则认为"作者搜罗之勤,新旧兼收,与读者甚大便利";"作者已做到了无一语无出处,无一章一节而无所本的工夫";"从头到尾有所见,不是胸无成竹,全然折中派的办法"。[②] 童书业认为《中国通史纲要》可滋异议的地方很少,"是一部超过夏曾佑《中国古代史》的通史著作。我们以为这书不仅可供大学通史教学和自修之用,还可作为一般想研究历史的人的初步阶梯!"[③]

缪凤林其实在出版《中国通史纲要》时已经认识到"每成一章,即付学校印作讲义",书中文字多未"熔铸",繁杂有余而简略不足,系统性不强。"旧著纲要,篇幅过巨,且印本已不易得,不如另草一简编,就我国族所以开拓广土团结庶众及历久长存之本原,与其政治文化各种变迁之荦荦大者,略述其根柢与趋向,以饷学子。亦书生报国之一端也。"[④]是以他在1939年着手修改前作,于是有了《中国通史要略》。《中国通史要略》亦为三册,国立编译馆初版于1943年,"系教育部史地教育委员会中国史学丛书丙辑第二种,经馆奉部核定列入

[①] 田义生:《书籍评论:中国通史纲要》,《清华学报》第8卷第1期,1932年。
[②] 张德昌:《缪凤林著中国通史纲要》,《图书评论》第1卷第6期,1933年。
[③] 童书业:《读缪著中国通史纲要第一册》,《童书业史籍考证论集》下册,第688页。
[④] 缪凤林:《中国通史要略》,"自序"。

大学用书"①。该书实际上是《中国通史纲要》的简编,内容除新增"汉族式微与北方诸族崛兴时代(宋元)"、"汉族复兴时代(明)"和"满族入主时代(清)"三章外,多本于《中国通史纲要》,"三十万之言,因袭旧稿者殆半"。但二书在编纂体例上大有不同。"然二书宗旨虽同,而面目有绝异者。《纲要》史略与政制学术,各自为篇,兹则每章成一完全之单位,义取纵贯,一也。《纲要》体如读史要录,征引颇详,兹则文多熔铸,仅著大凡,二也。《纲要》多考订史事,辨析异说,兹则惟直叙正义,凡钩索辩难者,概付阙如,三也。"②是以,《中国通史要略》可视为缪凤林数十年通史研究最后之结晶,无论文字抑或内容,都显得精炼而饱满,且富有系统性。金毓黻即以为《中国通史要略》"第八章专述宋辽金元时代,以极简括之笔,叙五百年之史事,非有极大气概不可臻此"③。罗香林盛称该书在并世通史著述中为"内容最简明,文字亦甚优美者"④。吴景宏认为该书"材料无可疵议,说法或有斟酌"⑤。

缪凤林的中国通史著述特色有四:

第一,宣扬民族主义以期发扬民族精神。缪氏一再强调,史书之"记事载言,则于人类之进化,民族之兴亡,所系至巨"。"高中与大学普通科之国史,以说明古今各方面之重要潮流,示国家民族社会文化政治演进构成之真相为主。"而"总理建国,首重民族主义";"爱国雪耻之思,精进自强之念,皆以历史为原动力,欲提倡民族主义,必先昌明史学;此史之有关于民族存亡者又一也"。⑥ 全面抗战爆发,"中国危险到了万分,中国民族能否免于灭亡,能否寻找一条生路,关键全在此一片散沙似的国民,能否恢复他固有的民族精神,团结成一坚强

---

① 插页"国立编译馆大学用书编辑委员会启事"。
② 缪凤林:《中国通史要略》,"自序"。
③ 金毓黻:《静晤室日记》第6册,辽沈书社,1993年,第4678页。
④ 李东华:《中国史研究指南——总论(一)》,关玲玲、杨宗霖编校:《李东华教授论文集》,台湾稻乡出版社,2013年,第283页。
⑤ 吴景宏:《中国史学界人物及其代表作》,《治平》第1卷第2期,1947年。
⑥ 缪凤林:《中国通史纲要》第1册,第23、24页。

的民族,发挥一种力量,以克服此种难关"①。史家"当此神圣抗战之会,既不获执干戈以临前敌,苟对我先民盛德宏业,尤弗克论载,罪莫大焉"②。是以,缪凤林在书中极力宣扬"先民盛德宏业","即汉族与诸族相竞争而相融合为一个中华民族之历史也"。汉族与其他各民族之间的冲突与融合就成为他通史书写的主轴。如"统一时代(秦汉)""混乱时代与南北对峙时代(魏晋南北朝)""汉族式微与北方诸族崛兴时代(宋元)""汉族复盛时代(明)""满族入主时代(清)"等章节即为显例。通过爬梳史事,缪凤林认为中国文化具有很强的同化力和生命力,虽有异族的不断入侵,但"我夏族虽时有亡国之痛,永无沦胥之祸",而且在融合各异族过程中不断发展壮大。"盖夏族文化冠绝东亚政教文字,根深莫拔,故异族有中国者,必行汉法,乃可长久。"③突出中华民族对异族同化的历史,无疑是为了增强国人抗战必胜的信心,振奋国人的民族精神。同时,缪凤林也反思了中华民族的特性和精神,将其概括为:以孝为制行之本的家族主义、以中道垂教的中庸主义、以平天下为理想,而以国治为过程的世界主义、怀敌柔远,以德服人的和平主义、垂拱无为的政治上的不干涉主义、以利用厚生养欲为目的的实用主义,并分析其优缺点,认为"此六者虽云未备,吾民族得失之林,大略在是。往史所载,班班可征。如何发扬其优点,革其缺失,并吸取他人之长,补吾之短,以竞存于兹世,且永保世界先进之令誉,则吾人所宜自勉也"④。而要使得中华民族能"竞存于兹世,且永保世界先进之令誉",则必须奉行"民族主义至上"的12条民族宝训。"民族主义实永为至高无上的主义。以民族之最高的要求,莫大于维护民族生命,欲维护民族之生命,非团结全民族之力量不为功也。"⑤可以说,缪凤林通过宣扬民族精神来增强民族自信力

---

① 缪凤林:《中学国史教学目标论》,《教与学》第4期,1935年。
② 缪凤林:《中国通史要略》第1册,"自序"。
③ 缪凤林:《中国通史纲要》第1册,第47—49页。
④ 缪凤林:《中国通史要略》,第5—6页。
⑤ 缪凤林:《从国史上所得的民族宝训》,新中国文化出版社,1940年,第3页。

的目的在当时是能够实现的。如宗白华说:"多谢缪先生给我们这一份珍贵的伟大的新年礼物,从国史上得来的十二条'民族宝训'。它增厚我们的自信力,同时也给与我们深刻的警惕的历史教训。它激起我们伟大的兴奋,也指示我们沉着的有计划的努力方针。"①

第二,尊重传统。无论是南高学派参与《学衡》时的"昌明国粹",还是主编《国风》时期的"发扬中国固有之文化",无不体现了他们对中国传统文化的尊重。此一倾向在缪凤林的通史著述中也展露无遗,这主要表现为博采众家之长,和重视传统文化与制度考察两方面。关于以往史家编撰史书之足以借鉴者,缪凤林服膺顾炎武、赵翼和柳诒徵三人,自承其书于"顾氏《日知录》、赵氏《廿二史札记》、丹徒柳先生《中国文化史》三书采录为尤多"。缪凤林极度推崇顾炎武的《日知录》,认为:"上篇经术、中篇治道、下篇博闻,意在拨乱涤汙,法古用夏,启多闻于来学,待一治于后王。上下二篇不全与史学有关外,迨道一篇于官方吏治财赋水利风俗典礼选举之属,多疏通其源流,邕论其利弊,学博而识精,理到而辞达,史学经世之业,惟此书足以当之。"王夫之和黄宗羲等人"之论著不足与之并论也。吾书第三编多取之"。赵翼的《廿二史札记》"略可区为四类,曰考证诸史源流,审订诸史曲直,校正文字异同,综论历代史迹,前三者虽略逊于钱氏《考异》、王氏《商榷》,然第四类于古今风会之递变,政事之屡更,有关于治乱兴衰之故者,多据正史综合论述。……《札记·自序》欲比《日知录》,虽规切时弊,深切著明,远有不逮,而事实之详明过之,《日知录》为采山之铜,《札记》则泛论一切故也。吾书第二编于赵书第四类几全部采入"。柳诒徵的《中国文化史》"以六经诸史为经,而纬以百家,举凡典章经制教学文艺社会风俗以致经济生活物产建筑图画雕刻之类,皆就民族全体之精神所表现者,广搜列举,以求人类演进之通则,以明吾民独造之真际。体例虽为近代史著,而性质与《日知录》

---

① 宗白华:《〈从国史上所得的民族宝训〉编辑后语》,林同华主编:《宗白华全集》第2卷,安徽教育出版社,2008年,第210页。

中篇、《札记》第四类略近,议论亦在二氏之间。曩从先生受此书,余之粗通史学,先生启之也。兹于三四两编多从其说,至先生口耳所传,微言要旨,今书亦多录入,则又在文化史外者矣"。在继承三家之说的基础上,缪凤林"先揭纲要,从事辑录,综合离析,各以类从,彼繁此略,独断一心。故面目与三书迥异。其或诸家所未及详,则或约辞以比事,或博考而辅益,论辩有未当者,研精覃思,悠然有得"。① 也正因为他对三家著述大段"采录",《中国通史纲要》易给人史料汇编之感。

于博采众家之长外,缪凤林的通史著述很是注重对传统文化与制度的分析和叙述。这可从他当时为中央大学历史系规划课程设置时所设定的《国史要略》一课略见端倪。课程内容分:种族、朝代、职方、官制、田赋、征榷、钱币、选举、学制、军制、刑法、四夷、外交、国耻、文化、学术、宗教、礼俗……等问题。"通贯古今,作一扼要之讲述,尤注意说明今日各种现象蜕化之所由,及其造成之所以。学者习此,觇国论政,皆有历史的根据。"② 在他的通史著述中更是贯彻了这一设想,注重阐明"民生休戚,风俗之变迁,典制文物之隆污,学术宗教之盛衰……以表现演进构成之总相"③。《中国通史纲要》分为导论、历代史略、政治制度、学术文化与宗教四部分,政治制度和学术文化是重心所在。《中国通史要略》虽对前作多有删减,但也予以传统文化和制度相当关注。以第四章"列国时代(东周)"为例,此章共有35目,其中11目叙东周史略,10目叙学术,7目叙制度,5目叙经济,制度与文化的比重占了50%。事实上,其后相关章节的侧重层面依旧在文化和制度。与之相类的是钱穆。钱穆认为:"全史之不断变动,其中宛然有一进程。自其推动向前而言,是谓其民族之'精神',为其民族生命之泉源。自其到达前程而言,是谓其民族之'文化',为其民

---

① 缪凤林:《中国通史纲要》,"自序"。
② 缪凤林:《中央大学历史系课程规例说明草案要删》,《史学杂志》第1卷第1期,1929年。
③ 缪凤林:《中国通史要略》,"自序"。

族文化发展所积累之成绩。"①注重的也是从思想文化和制度层面来解释历史。

第三,注重理论的指导与阐发。无论是《中国通史纲要》还是《中国通史要略》,都很注重对通史理论的阐述,并以此指导通史写作,具体表现在二书的"自序""前论""总说"上,尤其是《中国通史纲要》的"前论"编。《中国通史纲要》"前论"编由"史学通义"和"民族及年代"两章组成,所论问题涉及史之起源、各种史观得失、历史因果论、史学功能、史书体制、人种民族、纪年与时代、疆域变迁等。其中所论,多有新意。如史家的主客观问题。"或者谓史家立言,首尚客观。今泛立标节,驱策史事,取舍任意,繁简随心,毋乃太偏主观。曰史之记载,苟非臆造,皆有其客观性。然人事万千,史家选择斯凡有记载皆本主观,客观之史徒虚语耳。虽然主观为修史所必具,而史家则为之极慎。……是虽一人之主观,以其合乎人心之公即为社会之客观。"对于当时盛行的"黄帝尧舜禹本无其人""殷为石器时代,至周始用铜器""汉代太学生皆资产阶级",以及某君翻译的俄国人所著太平天国革命运动史,以洪秀全为小资产阶级,杨秀清为无产阶级,韦昌辉为大地主,三王内讧代表三阶级冲突之类,缪凤林指出:"虽各自附于客观,史家则名之曰邪见,而不谓为主观。盖史家之主观,其叙述皆有客观性,而彼则多向壁虚造;史家之主观,务求合乎人心之公,而彼则多逞一人之私;史家之主观,要在明其迹而观其通,而彼则多忽其大而举其细;史家于史事一秉大公,信而有证者从之,彼则惟择一二传疑乖异者以宣传其学说;史家先无成见,惟以事实为依归,而实事求是,彼则先有主义,而以史事为其主义之奴隶;史家先无结论,虚心研究事实,结论犹未可必得;彼则先有结论,曲解或臆造一部分之事实以证明其结论。"②在《中国通史要略》中,缪凤林又对主客观问题再三致意。"史文叙述,其事实皆有客观的存在,言史者惟当以事实为依

---

① 钱穆:《国史大纲》,商务印书馆,1996年,"引论"第11页。
② 缪凤林:《中国通史纲要》第1册,第14页。

归,实事求是,不宜先怀成见,尤忌向壁虚造,务求所言合乎人心之公,绝不能稍逞一己之私。"①个中深意,值得史学理论工作者探究。另如盛行一时的"中华民族西来说",缪凤林分别从地理阻隔、人种差异、年代悬殊、文物各异、论证不确等方面加以反驳,力证"吾民独造之真际"。关于此点,童书业认为:"本书第二章力辟中国民族西来说,举地理阻碍,人种不同,历代悬殊,文物各异,论证不确五点,把中国民族西来说攻击得体无完肤。最厉害的是根据考古学、人类学上的发现,来确定中国民族决不由西方来,这是任何人所不能反对的。"②

第四,"信""疑"之间。关于缪凤林的古史观,时人多认定其为"信古"一派。如田义生认为《中国通史纲要》"就基本观念言,缪君未免过于信古。书中讲到尧舜禹以至唐虞以上的古圣遗迹的几篇正统文章,评者不愿加以只字的论断;因为时至今日,仍费精神去讨论这个问题,或者难免无聊之讥……这种勇于信古的精神处处都充分的表现"。③ 即使对缪著多有肯定的张德昌也指出:"作者在态度上,很显然的是一方面深受传统的儒家的明经通史,讲微言大义的史观,一方面是站在民族主义的立场,以历史为民族的原动力。如我们可以武断的说顾颉刚的态度是一味的怀疑,郭沫若的态度为故立新奇的话,那缪先生的态度便是无条件的是古。"④对此言论,童书业很不认同。他说:"现在一般人多以为缪先生是位极端'信古''是古'的人,这种看法是很不对的! 他实在只是位受过民族主义洗礼的儒家正统派的历史学家。他受崔述的影响颇深。""缪先生本是当代的通史专家,他的学问极赅博,见解极谨慎,所以稍有疑问的新说法与荒诞无稽的旧史料,本书概不收录。""本书著者用了他的'民族主义的'和'崔述的'态度,从《尚书》之义,次唐虞以降为信史,而以唐虞以前为

---

① 缪凤林:《中国通史要略》,"自序"。
② 童书业:《读缪著中国通史纲要第一册》,《童书业史籍考证论集》下册,第684页。
③ 田义生:《书籍评论:中国通史纲要》,《清华学报》第8卷第1期,1932年。
④ 张德昌:《缪凤林著中国通史纲要》,《图书评论》第1卷第6期,1933年。

传疑时代,表阐旧史,考证传记去取成说,著成了一册数十万言的上古史略,站在旧史的立场上看来,确是一部很成功的著作了。"是以三皇五帝传说的探究,是本书最精彩的一点。① 同是三皇五帝的描述,田义生看到的是信古,而童书业则看到的是疑古,只能是二者立场和观念差异所致。截然两端的学术评价,无疑说明缪氏的古史观念介于"信""疑"之间。当然,"信"的成分大于"疑"也是显然的。常为人所指摘的就是关于大禹治水的叙述。缪凤林认为大禹"功施万代","吾民今日之宅土安生,亦禹之力"。②"禹伤父功不成,劳身焦思,以求继续先业,乘四载,随山刊木,调查测量,而后酌其缓急,因其高下,从事疏凿。""所用徒役,都三百八十八万八千人。虽未必同时并作,亦必经年累月,更番迭起。"③此处论述,明显带有柳诒徵的痕迹。

这里还有必要谈下缪凤林的"笔削"标准。缪凤林认为,在编纂过程中,史家宜"举凡典章经制、教学文艺、社会风俗以至经济生活、物产建筑、图画雕刻之类,皆就民族全体之精神所表现者,广搜列举,以求人类演进之通则,以明吾民独造之真际",举凡"事之与全体历史无大关系者,一朝巨典阙之可也;虽有关系而历史潮流不必赖此事而始显者,略之亦可也"。④ 着力凸显的是中华民族之精神并以此为标准来"笔削"史事。关于"笔削",言之最详的当是张荫麟。张氏在《中国史纲》中提出了五种标准:新异性的标准、实效的标准、文化价值的标准、训诲功用的标准、现状渊源的标准。他认为:"这五种标准并不是作者创新出来的,乃是过去一切通史家部分地、不加批判地、甚至不自觉地,却从没有严格的采用。"⑤以此标准来衡量,缪凤林在其著作中更多的是自觉地采用了"训诲功用的标准"和"现状渊源的标准",关注的是所选史料是否能作为成败得失的鉴戒,能否使读者了

---

① 童书业:《读缪著中国通史纲要第一册》,《童书业史籍考证论集》下册,第686、687、684页。
② 缪凤林:《中国通史纲要》第1册,第233页。
③ 缪凤林:《中国通史纲要》第1册,第263页。
④ 缪凤林:《中国通史纲要》,"自序"。
⑤ 张荫麟:《中国史纲》,上海古籍出版社,1999年,"自序"。

解现状,从而要追溯现状的由来。而此二"标准"的采用,亦可说明缪凤林与张荫麟在通史标准上之差异。缪凤林重视的"训诲标准",恰是"张荫麟主张应该放弃的,这并非成败得失的鉴戒不重要,而是基于学术分工理由,可以把众多方面的诫镜分别应用在不同的领域中,如领袖学等范围"。① 前贤多将柳诒徵、缪凤林和陈寅恪、张荫麟等人视为学衡派史学代表人物,今笔者将柳诒徵和缪凤林等人独立成派,实有相当之理由,已如前述。此处提及通史标准差异外,在通史开端上,张荫麟与南高学派也有绝大差异。南高学派的通史或上古史著述多从上古三代黄帝开始,而张荫麟的《中国上古史纲》第一章《中国史黎明期的大势》第一节为《商代文化》,以商代为中国信史的开端,夏商大事及以前的传说列为第二节,认为:"我们若从夏朝再往上溯,则见历史的线索迷失于离奇的神话和理想化的传说中不可析辨了。"也正因为此,张荫麟坚定地认为黄帝是一个传说中的重要人物,他存在的最大功用就是将中国上古史大大简化了。② 另外,张荫麟擅长用语体文说故事的方式来叙述史事,这和他编写的是高中历史教科书有关。此外,林丽月指出,虽然学界对张氏此书多有推崇,但此书仍有其不足之处。张氏对信史以前之文化、民族起源问题略而不谈;对社会经济史的注意不足,尤其是经济史的讨论太贫乏;虽主张引文简洁,但书中引用原始资料的篇幅仍不少,最长引文为481字;全书没有小注,而这恰是严谨的历史著作中必不可少的。③ 缪氏之书为大学用书,引文繁多,但关于民族起源和信史以前的文化等方面的讨论恰可补张氏之不足。

在看到缪著通史著作成就之时,我们也必须看到,由于种种因素,两书都未能最后完成,尤其是《中国通史纲要》更是繁杂有余而简略不足。就此点来说,当不符合当时一些史家之所期。如钱穆尝言

---

① 张妙娟:《张荫麟的通史理论与实践——以〈中国上古史纲〉为例》,《史耘》第3、4期,1998年。
② 张荫麟:《中国史纲》,上海古籍出版社,1999年,第12—14页。
③ 林丽月:《张荫麟史学理论评析》,《台湾师范大学历史学报》第6期,1978年。

及当时"所急需者,厥为一种简要而有系统之通史,与国人以一种对已往大体明晰之认识,为进而治本国政治、社会、文化、学术种种学问树其基础,尤当为解决当前种种问题提供以活泼新鲜之刺激"①。"简要而有系统"这无疑是缪凤林后期修改《中国通史纲要》时所努力之方向。虽然缪凤林的通史著述,主要是《中国通史纲要》多有人批评,但当时中国社会正值国家建构和民族认同之际,面对日寇制造的九一八事变和一·二八事变,如何致力于增强民族向心力成为时代课题,通史编撰成为学人共识。可以陶希圣回忆傅斯年的一段文字为例:"民国二十年,孟真在北平,担任中央研究院历史语言研究所所长,同时主持北京大学史学系。我到北京大学教书,九一八事件发生,北平图书馆开了一个会,孟真和我都在座。他慷慨陈词,提出一个问题:'书生何以报国?'大家讨论的结果之一,是编一部中国通史;此后北大史学系即以这一事业引为己任。'书生何以报国'这一句话始终留在同人的心里,激励着大家来工作。"②当然,傅斯年主张的《中国通史》最终并未编成,而当时坊间也没有一部足堪使用的通史著作,"我们又知道,现在要马上编出一部完备的通史来,是不可能的事。因为现在中国的环境是这样的坏,大家救死不暇,哪能全力来做这样艰巨的工作?"③缪氏的《中国通史纲要》就在如此之环境下出版了。虽有足供人疵议之处,但毕竟特色明显,且耗时十年,"修订再四,可谓择精而语详矣"。"是编条理朗晰,本末赅备,儒先精粹及近人钩索辩难之文,大略在是。"④所以,童书业认为"缪凤林先生这部《中国通史纲要》,很足以解除我们目前的学问饥渴"⑤。魏应麒称之

---

① 钱穆:《评夏曾佑中国古代史》,《中国学术思想史论丛》九,《钱宾四先生全集》第23册,台北联经出版事业公司,1998年,第280页。
② 傅乐成:《傅孟真先生年谱》,台北传记文学出版社,1979年,第33页。
③ 童书业:《读缪著中国通史纲要第一册》,《童书业史籍考证论集》下册,第683页。
④ 柳诒徵:《中国通史纲要》,钟山书局,1932年,"序"。
⑤ 童书业:《读缪著中国通史纲要第一册》,《童书业史籍考证论集》下册,第683页。

为"精心之作"①。顾颉刚将缪著《中国通史纲要》列为"较近理想"之作。② 这些无不反映出缪氏通史著述在中国通史领域有着不容忽视的价值。

在民国时期,尤其是20—30年代,当时中国开设中国通史课程的院校存在分期讲授和断代讲授的分野。"所谓'分期'讲授,就是将'中国通史'分为'中国上古史''中国中古史''中国近古史''中国近世史'四个时期讲授,从而形成一个讲授体系。"③刘掞藜、郑鹤声和陈训慈在讲授相关课程时都有相关讲义,有的还付梓行世。

在"中国上古史"方面,刘掞藜编有《中国上古史略》,是其任教武汉大学时期的讲义,约10万字。除了第一章《论太古史料之别择》外,他将太古至秦朝的史事分为7个时期,每个时期皆标明其最显著之特征:太古至尧舜:社会进化与政治文化萌芽;夏代:君位禅让转成世袭;商代:神权政治时代;西周:封建政治完成时代;东周春秋:霸主政治时代;东周战国:贵族政治转成君主独裁政治时代;秦代:君主专制政体之初立。每期叙事力求做到无征不信,无信不征。如三皇五帝之说,刘掞藜认为:"《补三皇本纪》《帝王世纪》《拾遗纪》及谶纬诸书所言虽详博,但悉属神话杂说,怪诞不经,毫无信史价值,不足闻问。且所谓'三皇五帝'之名与其人,从来亦异说纷纭,莫衷一是。"史家"各执一说,聚讼纷如,穿凿支离,臆为曲合。究之孰是孰非,无能决定;纵欲深知研诘,而虚无荒渺,徒劳无功;即能曲为别说,终不能得识者之致信"。所以"吾人于此,宜弃绝而弗道"。④ 在史料的运用上,他也能充分利用当时的甲骨文来证史。是书关于商代社会诸事,多以甲骨文为证。如以殷墟甲骨文中"农"字的多种写法,刘掞藜得出"商代农业,究与后世有异,不仅种植禾黍以供人食谓之农,不仅种

---

① 魏应麒:《中国史学史》,商务印书馆,1941年,第299页。
② 顾颉刚:《当代中国史学》,上海古籍出版社,2002年,第81页。
③ 尚小明:《由"分期"史到"断代"史——民国时期大学"中国通史"讲授体系之演变》,《史学集刊》2011年第1期。
④ 刘掞藜:《中国上古史略》,第3页。(无出版信息)

植榭木以供人用谓之农,而且种植刍草以供畜牧亦谓之农"的结论。①此外论证的尚有钱币、婚姻、名谥等。有研究者认为刘掞藜"精心编写的《中国上古史略》的八个章节启示我们,刘掞藜疑古的目的在于'建设'——构建出一套在史料来源上基本可靠、能向学生及公众讲授的上古史来"②。

在"中国近世史"方面,郑鹤声和陈训慈都曾开设过中国近世史课程,二人所编讲义《中国近世史》皆曾出版。郑著《中国近世史》为中央政治学校讲义,分上下两册,共二十八章,约80万字,记事上起新航路的发现,下迄辛亥革命及中华民国成立,就新航路以来世界局势变化对中国的影响,明之衰落及满洲之崛起,清代政治、经济、文化及军事外交,以及晚清社会变迁和革命进行了较详分析。陈著《中国近世史》为中央大学历史系讲义,全书共分十章,另附表二十,约18万字,起自明季之中西通商,迄道光中叶之鸦片战争前。该书以1516年葡萄牙人来华通商作为中国近世史的开端,是因为陈训慈认为新航路之开辟为世界史开一新纪元,而明代中西贸易开始、基督教东来、科学输入三方面"实为中国史之大关键,治史者往往据为近世史所托始"③。郑、陈二氏关于中国近代史的起点见解相当一致,代表了民国时期中国近代史研究的一大派别。顾颉刚即说:"所谓近代史,现在史家对于它的含义与所包括的时代,有两种不同的看法。第一种认为新航路发现以来,世界的交通为之大变,人类生活与国际关系,较之中古时代,显然有不同的地方,是为中古史与近世史的分界;这时期历史孕育出来的局势,每以民族的思想为其演变的原动力;故近世史的范围,实包括近三四百年之历史,无论中国与西方皆系如此;此派可以郑鹤声先生的《中国近世史》为代表。第二种……可以蒋廷黻先生的《中国近代史》为代表。""在这两种不同的看法之下,所

---

① 刘掞藜:《中国上古史略》,第32页。
② 周荣:《刘掞藜的古史思想——以武汉大学图书馆藏民国老讲义为蓝本》,《武汉大学学报》2014年第1期。
③ 陈训慈:《中国近世史》,美丰祥印书馆,1931年,第2页。

产生的近代史著述很多……其最完善的,为郑鹤声先生的《中国近世史》。……全书体大思精,甚为赅备,惜迄今仅出二册。"①

在中国近代学术史上,章太炎②、梁启超③、陈寅恪④、顾颉刚⑤等大家都有著《中国通史》之宏愿,也都在此领域多有着力,可惜他们心多旁骛,且身处乱世,终究未能亲自担纲来实现编著《中国通史》的宏愿。而在民国时期的"中国通史"学科体系中,南高学派不仅有缪凤林一以贯之的《中国通史纲要》和《中国通史要略》,也有刘掞藜、郑鹤声和陈训慈等人分段式的"中国通史"著述,他们的论著和对通史义例的探索,对如何编撰一部符合时代需求的中国通史著述既是一种有益的尝试,也是一种启发。

第三节　中国史学史研究

史学史是20世纪上半叶我国历史学领域出现的一门新兴分支学科,它的形成和发展,在相当程度上反映了现代史学日趋自觉和自律的特点。关于初创时期的学科发展,学界已有不少成果予以检讨

---

① 顾颉刚:《当代中国史学》,上海古籍出版社,2002年,第79—80页。
② 章太炎致书梁启超,内云:"惟通史上下千古,不必以褒贬人物、胪叙事状为贵,所重专在典志,则心理、社会、宗教诸学,一切可以熔铸入之。"(章太炎:《致梁启超书》,《章太炎政论选集》,中华书局,1977年,第167页)
③ 梁启超《三十自述》:"一年以来,颇竭薄,欲草一《中国通史》,以助爱国思想之发达。"(《饮冰室合集·文集之十一》,中华书局,1989年,第19页)
④ "他平生的志愿是写成一部'中国通史',及'中国历史的教训',如上所说,在史中求史识。因他晚年环境的遭遇,与双目失明,他的大作(Magnum Opus)未能完成。"(俞大维:《怀念陈寅恪先生》,张杰、杨燕丽选编:《追忆陈寅恪》,社会科学文献出版社,1999年,第9页)
⑤ "这数十年中,我们受帝国主义者的压迫真够受了,因此,民族意识激发得非常高。在这种意识之下,大家希望有一部《中国通史》出来,好看看我们的民族成分究竟怎样,到底有哪些地方是应当归我们的。"(顾颉刚:《〈禹贡〉发刊词》,《顾颉刚古史论文集》第5卷,中华书局,2011年,第363页)

和反思,但南高学派对史学史学科的贡献尚乏系统探讨。① 本节即欲在时贤研究基础上,从史学史分期、史家研究和史学史著述、史学理论等方面探讨,以期能有益于对史学史学科早期发展进程的认识。

一、渊源

国内最早以《中国史学史》为题的讲义很可能是陈功甫的《中国史学史》。1920年夏,陈功甫北京大学毕业后任教广东高等师范学校,因授课需要,自编讲义《中国史学史》,该讲义以时代为序,以史籍与史体为纲,分十章概述唐虞三代至清代史学,由广州大马站博文印刷场承印。因是讲义,无刊印年月,但广东高师于1924年改组为国立广东大学,陈功甫在此校任教另编讲义《中国史学述略》,是故我们可以认为陈功甫的《中国史学史》讲义编写刊印于1921—1923年间,因为没有公开出版,他也未曾有相关文章发表,所以此后的关于中国史学史的论著多未提及陈功甫及其讲义就不难理解了。② 虽然胡适在1924年就公开提出"中国史学史"这一名词,但未见具体叙述。③ 最早明确地把中国史学史作为一门专史提出来的是梁启超。在1926年10月至次年5月给清华学校学生所讲的《中国历史研究法补编》中,梁启超率先将"史学史"视为文化专史中"学术思想史"的一个分支。与它并列的还有道术史(哲学史)、自然科学史、社会科学史。在讲"史学史的做法"时,他一开始就做了说明:"史学,若严格的分类,应是社会科学的一种。但在中国,史的发达,比其他学问更利害,有

---

① 相关著述可参见周文玖:《中国史学史学科的产生和发展》(北京师范大学出版社,2002年),胡逢祥:《历史学的自省:从经验到理性的转折——略评20世纪上半叶我国的史学史研究》(《华东师范大学学报》2004年第1期),瞿林东:《中国史学史研究八十年(上)》(《淮阴师范学院学报》2007年第2期),张越:《中国史学史学科的发展路径与研究趋向》(《学术月刊》2007年第11期),王应宪:《20世纪上半叶中国史学史学科建设再探讨》(《华东师范大学学报》2012年第5期),等等。

② 陈功甫的《中国史学史》讲义已收入王传编校的《中国史学史未刊讲义四种》,上海古籍出版社,2016年。

③ 1924年,胡适发表《古史讨论的读后感》一文,认为古史讨论"这一件事可算是中国学术界的一件极可喜的事,他在中国史学史上的重要一定不亚于丁在君先生们发起的科学与人生观的讨论在中国思想史上的重要"(《古史辨》第1册,189页)。

如附庸蔚为大国,很有独立做史的资格。"就是最简单的中国史学史,也需要一二十万字才能说明个大概,所以很可以独立著作了。关于史学史的研究内容,梁启超说:"中国史学史,最少应对于下列各部分特别注意,一、史官,二、史家,三、史学的成立与发展,四、最近史学的趋势。"[1]梁氏关于史学史研究内容的阐述深刻影响了此后的史学史著述。

同在1926年,柳诒徵也曾为商务印书馆函授社国文科编写过一本讲义,名为《史学概论》,内分七章,分别是《史学之范围》《古史》《正史》《近世史》《编年纪事分类之史》《地理》《史学书》。柳诒徵虽未提出"史学史"的概念和写法等,但对中国史学的范围、史书编纂体裁、传统史观、史部目录学、史学理论和史学评论等均有所论述,其中史部目录学相关内容着墨甚多,内容基本上是关于中国史学史的。而1926年的柳诒徵早就因为"易长风潮"离开了东南大学,其实他在南高—东大任教时期,曾开设"史学问题"课程,并编有讲义《史学研究法》,共七章:历史之种类、史学之定义、史学之材料、史学之补助学科、史料之整理、史事之考证及批评、历史哲学,所讲之"史学问题"皆与史学史学科息息相关。

值得注意的是,梁启超和柳诒徵曾共事于东南大学,同为郑鹤声、陈训慈等南高学子的导师。梁启超在1922年秋任教东南大学,被聘为史地研究会指导员,参与会内学术演讲,曾做"历史统计学""先秦政治思想史"等学术讲座。此时他的名著《中国历史研究法》已经正式出版,其间《过去之中国史学界》一章,对史官制度、各种旧史体裁的缘起、演变和优劣做了较为详细的评判;其《要籍解题及其读法——史记》《要籍解题及其读法——左传、国语》《中国近三百年学术史》等都刊登在《史地学报》上,且梁氏"常于暇时邀集学生,悠然叙谈"[2],是以中国史学史相关的内容为南高学人与闻当不成疑问,且南

---

[1] 梁启超:《中国历史研究法》,第295页。
[2] 张其昀:《悼梁任公先生》,《史学杂志》第1卷第5期,1929年。

高学人多有私淑梁启超者,如缪凤林和张其昀在梁启超逝世后都曾撰文纪念。柳诒徵是当时史地研究会导师中与学生互动最频繁的导师,除会内互动外,更多通过上课来培养学生的史学素养与能力。他上课以正史为参考书,平时也要求学生以阅读正史为主,且经常会从正史中抽一些题目来训练学生。学生基本上能把四书五经和《纲鉴易知录》等书读完后,"又把二十四史、九通、《资治通鉴》、《史通》、《文史通义》等书约略翻阅一过",从而打下较为厚实的史部目录学基础。① 这些,无不说明南高学人较早关注中国史学史的研究实在是渊源有自,而且他们的研究深受梁启超和柳诒徵的影响。

二、中国史学史的分期

梁启超在阐述"史学史的做法"时,并未明确史学史的分期问题,而南高学派中明确史学史分期的是郑鹤声和缪凤林。1924年9—12月,郑鹤声在《学衡》33—36期上连载了《汉隋间之史学》一文,曾转载于《史地学报》3卷7、8期。该文共分十章,计为《导言》《史官之作用》《史家与史著上》《史家与史著中》《史家与史著下》《史著之体例》《五大史家之史学》《史界之现象》《三大史案之经过》《结述》。在《导言》中,郑鹤声将中国史学发展历程分为黎明时代(三代)、昌盛时代(汉隋)、中衰时代(唐明)和蜕分时代(清代)四个时期,认为我国"真正之史学皆自秦汉以后萌芽",由司马迁开启,所以他先述汉隋间之史学。② 1925年东南大学毕业后,郑鹤声任教云南高等师范学校,编有《中国史学史》讲义四册。据郑鹤声回忆,1928年,上海商务印书馆将它作为郑氏史学丛书的一种出版。该书目次为:"一、总叙,二、上古三代之史学(胚胎时期中国史学第一集),三、汉隋间之史学(昌盛时期中国史学第二集),四、唐明间之史学(衰落时期中国史学第三集),五、清代之史学(蜕分时期中国史学第四集),六、现代之史学(作

---

① 郑鹤声:《郑鹤声自述》,高增德、丁东编:《世纪学人自述》第2卷,北京十月文艺出版社,2000年,第6页。
② 郑鹤声:《汉隋间之史学》,《学衡》第33期,1924年。

新时期中国史学第五集）。"①与先前在《汉隋间之史学》中的分期相较，增加了现代史学时期，按照其朝代断限，当为民国时期，也即梁启超在《中国历史研究法补编》中倡导的"最近史学之趋势"时期。

缪凤林对中国史学史的分期与郑鹤声大体一致，只是他将中国史学史分成四期：秦以前为初兴时代；汉隋间为极盛时代；唐明间为中兴时代；由清迄民国为复兴时代，即郑鹤声区隔的第四期和第五期在缪凤林那里是合为一期。至于每期的内容，"特详于重要作者及著作"。除了史学分期外，缪凤林也特别注意到了西洋史学对中国史学的影响，"至欧西史学，则特辟过去之西洋史学史一章。略志梗概"。②

郑鹤声和缪凤林关于中国史学史分期的见解无疑是一种宝贵的探索，尤其是郑鹤声所论更早，可惜由于传媒影响等因素，二人主张的分期并未得到学界足够重视③，但郑鹤声和缪凤林作为青年学子，能在学界并未对史学史分期问题有所探讨之时，就提出中国史学史的分期问题，并进行了可贵探索，在当时而言是非常难能可贵的。

三、对重要史家、史学流派的研究

对史学史上重要史家的研究主要通过史家年谱和史家传记等形式来进行。（1）史家年谱。年谱是中国传记中的一种独创形式，"到明、清两代简直'附庸蔚为大国'"④。柳诒徵认为，身处乱世，国势衰微，编撰名人年谱可以起"挽波流而隆国族"之效，⑤是故南高学派多有编撰年谱之举。柳诒徵撰有《卢抱经先生年谱》，王焕镳编撰了《明遗民万履安先生年谱》，陈训慈积数十年研究四明万氏之功写成《万斯同年谱》，郑鹤声更是"把中国的史学大家，一一撰作年谱，详加介

---

① 郑鹤声：《郑鹤声自述》，高增德、丁东编：《世纪学人自述》第2卷，第21页。
② 缪凤林：《中央大学历史系课程规例说明草案要删》，《史学杂志》第1卷第1期，1929年。
③ 金毓黻在史学史分期问题上与郑鹤声等人较为接近，金氏将中国史学史分为五期：上古迄汉初，为创造期；两汉之世，为成立期；魏晋南北朝至唐初，为发展期；唐至清末为蜕变期；民国以来为革新期。
④ 梁启超：《中国历史研究法》，第210页。
⑤ 柳诒徵：《柳诒徵劬堂题跋》，第121页。

绍",出版的有《司马迁年谱》《班固年谱》《袁枢年谱》《杜佑年谱》,《荀悦年谱》和《刘知几年谱》毁于上海一·二八之役。(2) 史家传记与史家史学。史家传记如柳诒徵的《柯劭忞传》《张慰西先生别传》,缪凤林的《司马迁·杜佑》,王焕镳的《张君荫麟传》。史家史学有柳诒徵的《顾氏学述》、郑鹤声的《司马迁之史学》、张其昀的《刘知几与章实斋之史学》、束世澂的《范晔与后汉书》等。

于前述之外,南高学派对民国史学大家如王国维、梁启超也多有关注。关于王国维,陈训慈有《广仓学宭出版关于国史之书目》对其甲骨研究推崇备至,柳诒徵在《国史要义》中也对王国维多有致意。在王国维投湖自尽后,南高学派主办的《史学与地学》第三期插图有"王国维先生遗像",登载了王国维遗著《元朝秘史之主因亦儿坚考》和赵万里编撰的《王静安先生著作目录》,以示纪念。

梁启超作为东南大学史地研究会导师,与柳诒徵等人多有交集。柳诒徵虽然不赞同梁启超的一些论断,如视二十四史为帝王之史等,在柳诒徵看来,"在善读史者读之,任何朝之帝王史,皆吾民之史也"①,但他也非常认可梁氏在新史学方面的贡献,"通贯新旧能以科学方法剖国故者,当推梁氏《历史研究法》"。②而在梁氏病逝后,缪凤林与张其昀都有文纪念。缪凤林认为梁启超一生可以分为四期:1898年以前为第一期,1898至1911年为第二期,1912至1918年游欧前为第三期,1920年游欧归至病逝后为第四期。梁氏"始则服膺康有为之说而鼓吹变法,至戊戌去国而专力于宣传,壬子返国而从事于政治,及欧游倦归,则寄托于讲学。论其贡献,第一二期之宣传较浅薄,而影响最大;第三期之从政最失败,而帝制一役厥功最伟;第四期之讲学较宏博,而收效最微"。"然其对中国史学之贡献,如《中国史叙论》《新史学》则树立国史之新观念。""近年以来,梁氏屡欲裁敛其学问欲,专精于三百年学术史及文化史,吾人方谓以氏之魄力,及

---

① 柳诒徵:《史学概论》,柳曾符、柳定生编:《柳诒徵史学论文集》,第106页。
② 柳诒徵:《史学概论》,柳曾符、柳定生编:《柳诒徵史学论文集》,第116页。

其数十年来所积之资格,其造福于史学界将无量。"惜其年未六十而逝,"以一代新史学巨子,不得志于时,委其心于书策,而犹不获尽其才,良足悲矣"。① 其后张其昀又有《悼梁任公先生》一文,于梁启超以充分之同情了解,认为"凡欲成为伟大之史家,必须兼具文学之情操,科学之知识,哲学之思想。而一般史家,大都得此失彼,若兼具三长,真旷世而一遇,难能而可贵者,……梁先生以卓绝一世之大才,膺此一席,必能胜任而愉快,固为众望之所归矣。……梁先生晚年息影津门,优游林下,尝有志于中国通史之草创,使寿之以年,当不让司马温公专美于前。……今先生往矣,先生所欲结撰之中国通史,不得不有待于后起者之努力矣"②。缪凤林和张其昀都勠力于中国通史之撰述,与他们对梁启超事业有同情之了解当不无关系。十余年后张其昀再论梁启超,以为梁氏"为创造历史之人物,其德性功业与言论,并已深镌于国史"③。

于王国维和梁启超之外,南高学派也曾论及章太炎、沈曾植④、孙诒让和冯承钧⑤等。如陈训慈论章太炎:"先生一生治学,以谨严称。其推本则精研小学音韵之学,所发抒则极论经世实用之务;初视之似相背驰,实则正相反而相成。"⑥由张其昀和王焕镳、夏承焘等人主编的《浙江学报》曾刊行"瑞安孙仲容先生百岁纪念专号",张其昀撰文纪念,以为孙诒让"融合儒墨的创见,以中和的德性为根本,济之以力行精神与科学方法,这种新学风果能深入于民间,深信对于当前建国大业,必将有重大的贡献"。⑦

至于史学流派的研究,柳诒徵尝论乾嘉学派的史学研究。在柳

---

① 缪凤林:《悼梁卓如先生(1873—1929)》,《史学杂志》第 1 卷第 1 期,1929 年。
② 张其昀:《悼梁任公先生》,《史学杂志》第 1 卷第 5 期,1929 年。
③ 张其昀:《梁任公别录》,《思想与时代》第 4 期,1941 年。
④ 南高学派认为:"嘉兴沈子培增植,为中国近代学术界之通人。其所治学方面之多,造诣之深,近世罕有其比。其尤邃者为史学,著作极多。因先生不自矜惜,传世者甚鲜。"(《沈子培先生著书目》,《史学杂志》第 1 卷第 2 期,1929 年)
⑤ 向达:《悼冯承钧先生》,《文讯》第 6 卷第 4、6 期,1946 年。
⑥ 陈训慈:《悼章太炎先生》,《图书展望》第 1 卷第 9 期,1936 年。
⑦ 张其昀:《孙诒让之政治思想》,《浙江学报》第 1 卷第 1 期,1947 年。

诒徵看来，世人以为乾嘉诸老以汉儒之家法专治经学是一大误解，"乾嘉诸儒所独到者，实非经学，而为考史之学"。"考史之学，不独赵翼《廿二史札记》、王鸣盛《十七史商榷》或章学诚《文史通义》之类，为有益于史学也，诸儒治经，实皆考史，或辑一代之学说，或明一师之家法，于经义亦未有大发明，特区分畛域，可以使学者知此经师之学若此耳。"①乾嘉诸老治史存在的问题是"过于尊圣贤，疏于察凡庶，敢于从古昔，怯于赴时势"，在柳诒徵看来，今人治学恰与之相反，"今之人则过于察凡庶，怯于从古者"，正确的治学大道"必双方剂之"。②

缪凤林曾应某大学史学会之邀，讲演《研究中国古史之派别及得失》，后易名为《古史研究之过去与现在》。缪凤林认为，研究古史的新旧学者互不相涉，从而"言古史者愈多，古史益乱而不可理"。他综括古今关于古史的论著，区为十派，以旧者四派为上篇，新者六派为下篇③。旧者四派：一为疏通知远派，其旨为"疏通知远而不诬"，司马迁《史记》、班固《汉书》、杜佑《通典》、司马光《资治通鉴》、柳诒徵《中国文化史》等属之；二为博古派，其特征为"不以六艺为衷据，而较《史记》尤博尤古"，如谯周《古史考》、韦昭《洞记》、马骕《绎史》、林春溥《开辟传疑》、陈汉章《上古史》等属之；三为杂糅派，"惟杂采成书，其迷信载籍逾于博古派，而博雅不足，无别择，无义法"者属之，如胡宏《皇王大纪》、李楷《尚史》和王桐龄《中国史》等；四为儒家正统派，"其谓古史当屏百家之异说，据儒家之记载"，如欧阳修《帝王世次图序》、吕祖谦《大事记》、崔述《考信录》等。④ 我们将该文视为南高学派在民国史学上最早做出学派划分的一种尝试，就时间而言远早于为人所熟知的冯友兰、钱穆和周予同等人。

陈训慈似是近代历史上第一个以"浙东史学"为名来研究浙东学

---

① 柳诒徵：《中国文化史》，第747页。
② 柳诒徵：《与青年论读史》，《柳诒徵史学论文集》，第559页。
③ 惜其下篇之文我们无从得见。缪凤林该文下篇在《史学杂志》第1卷第6期的"本志第二卷第一期要目预告"中有，但在《史学杂志》第2卷第1期中，出现的缪凤林的文章为《洪范五行传出伏生辨》，此后数期也未见。
④ 缪凤林：《古史研究之过去与现在》，《史学杂志》第1卷第6期，1929年。

派的学者。他在1925年就有《浙东之史学》一文刊于宁波《四明日报》之新年增刊,惜其文不彰。1930年,陈训慈在中央大学《史学》创刊号上发表《浙东史学管窥》一文,其后又在《史学杂志》发表《清代浙东之史学》。从1922年和张其昀合作的《浙东学术管窥》到后来之《清代浙东之史学》,由"学术"而变为"史学"及范围最终限定为清代,体现了陈训慈对于浙东史学认识的变化和深入过程。①《清代浙东之史学》发表于《史学杂志》2卷5、6合期上,全文共分为十节:(一)浙东史学之渊源;(二)清代浙东史学之统系;(三)黄梨洲开创清代浙东史学;(四)万季野与明史;(五)万氏考礼之学;(六)全谢山文献之学;(七)章实斋之史学与方志学;(八)邵二云之史学;(九)定海黄氏父子对古史之贡献;(十)浙东史学之特色。关于浙东史学渊源,何炳松在《浙东学派溯源》中以为源于程颐,而陈训慈认为此说过于武断,程颐只是来源之一,"若仅就清代史学而论,则当以梨洲为开山祖也"②。该文通过对黄宗羲、万斯同、全祖望、邵晋涵、章学诚和黄式三、黄以周父子等人史学的论述,比较系统地梳理了浙东史学的学术谱系,并归纳出浙东史学流派的治学精神为:博约、躬行、经世致用、民族思想、不立门户与大公。文中所论黄宗羲、万斯同、全祖望和邵晋涵等人的史学被不少学者称为"确论",金毓黻在撰写《中国史学史》第九章"清代史家之成就"时所论"黄、万、全、邵四氏间取材于陈训慈《清代浙东之史学》一文"③。有论者认为该文"虽承二章、梁、周的基本观点,然而逻辑之严密,取材之丰富,论述之详尽,远远超过前人,故言之有理,持之有据,令人心服"④。

四、史学史与史学理论著述

南高学派中多人有编撰《中国史学史》的理想与实际行动,如柳

---

① 有关浙东学术、浙东史学等概念嬗变,可参见钱茂伟:《论浙学、浙东学术、浙东史学、浙东学派的概念嬗变》,《浙江社会科学》2008年第11期。
② 陈训慈:《清代浙东之史学》,浙江图书馆编:《陈训慈百年诞辰纪念文集》,北京图书馆出版社,2006年,第45—48页。
③ 金毓黻:《中国史学史》,商务印书馆,1999年,第366页。
④ 钱茂伟:《浙东史学研究述评》,海洋出版社,2009年,第32页。

诒徵、郑鹤声等人。蔡尚思于1940年出版的《中国历史新研究法》一书书末附录有《中国历史用书选要》,于"史学史"一类列有柳诒徵《读史法》《作史法》两书,下注言"柳氏谓:'合并此两书,即等于《中国史学史》,决于两年内完成'"。①蔡尚思曾长期在柳诒徵主持的江苏省立国学图书馆住馆读书,柳诒徵与之多有接谈,"两年内完成"之语当为二人交谈时之话语,可惜我们并未得见柳著《中国史学史》。另如郑鹤声在东南大学求学时期已经有撰写《中国史学史》之创想与行动。正如其所言:"我在大学求学时代,即有志于中国史学史的撰述。我的毕业论文《汉隋间之史学》,就是一种初步的尝试。"②1925年东南大学毕业后,郑鹤声任教云南高等师范学校,编有《中国史学史》讲义四册。据其说,他于云南高师主讲的4册《中国史学史》讲义,曾在1928年由上海商务印书馆印行,但事实上很可能是成书而未刊行。其发表在1930年3月出版的《史学杂志》2卷1期上的《古史官考略》,尚言"本篇为《中国史学史》之一章,全书另刊"。此时发表的文章很可能是他《中国史学史》讲义的部分内容,郑鹤声斯时任教中央大学史学系,承担《中国史学史》课程,其要点:研究中国史学界之沿革,俾学者明了国史之体系及其盛衰得失迁变之故;其内容注意点:一、史家与史著之概况;二、各种史体之源流;三、重要史学家之学说与其贡献;四、重要史著之体制与其价值;五、最近中国之史学③。就此内容而言,也并未能超出梁启超框架之范围。十余年后,金毓黻在《中国史学史》导言中说:"何炳松、郑鹤声二氏皆有是作,何氏治史参用西法,卓然有声,其所著必甚可观,惜亦未见。郑氏之作,尚未成书,仅见其间数章,无从窥其全豹。"④虽然柳诒徵、郑鹤声的《中国史学史》没有付梓行世,但柳氏的《国史要义》却在金毓黻等人的《中国

---

① 蔡尚思:《中国历史新研究法》,《民国丛书》第一编第73册,上海书店,1989年,第144页。
② 郑鹤声:《郑鹤声自述》,高增德、丁东编:《世纪学人自述》第2卷,第20页。
③ 国立中央大学文学院编:《国立中央大学一览第二种:文学院概况》,1930年,第67页。
④ 金毓黻:《中国史学史》,商务印书馆,2010年,第1页。

史学史》之后刊行,体现了南高学派在史学理论问题上的一种探索。

南高学派中人,如柳诒徵、陈训慈、张其昀和刘掞藜等人对史学理论问题多有探讨,体现了他们对中国传统史学理论的继承发扬和对西方史学理论的汲取。

五四时期,虽然众多学人致力于引进西方史学,但也有学者建议中西并重,不能忽略本民族史学遗产之价值。梁启超说:"我辈虽当一面尽量吸收外来之新文化,一面仍万不可妄自菲薄,蔑弃其遗产。"①陈寅恪说:"窃疑中国自今日以后,即使能忠实输入北美或东欧之思想,其结局当亦等于玄奘唯识之学,在吾国思想史上,既不能居最高之地位,且亦终归于歇绝者。其真能于思想上自成系统,有所创获者,必须一方面吸收输入外来之学说,一方面不忘本民族之地位。"②而南高学派中陈训慈对西方史学理论之绍介,张其昀和刘掞藜等人对中国传统史学理论之阐发,及至柳诒徵对传统史学理论总结之《国史要义》,无不是为了构建具有鲜明中国特色的新史学理论体系,而非简单搬运,以彼代此。

虽然柳诒徵并未留洋,但他对西方史学理论并不隔膜,在其讲义《史学研究法》《中国文化史》《国史要义》中也多有涉及。在他和一些留美学者如徐则陵和吴宓等人影响下,南高学子对西洋史学理论也很是关注。如陈训慈的《史学观念变迁及其趋势》《美国史学协会年会记》《历史之社会的价值》《历史之价值》《文化北进说》《美人研究中国史之倡导》《史学书五种》《近世欧洲政治社会史》《中国之史学运动与地学运动》《史之过去与将来》《史学蠡测》,缪凤林的《历史之意义与研究》《历史与哲学》,王庸的《欧史举要》《社会学与史学之关系》《大战开始后七年间西洋之中国史研究》,张其昀的《美国人之东方史观》《方志之价值》《旅美见闻录》《罗素之西方文化论》,向达的《近四

---

① 梁启超:《清代学术概论》,《饮冰室合集·专集之三十四》,中华书局,1989年,第78页。
② 陈寅恪:《冯友兰中国哲学史下册审查报告》,《陈寅恪集·金明馆丛稿二编》,第252页。

十年来美国之史学》《明清之际中国美术所受西洋之影响》《史学史》①（又名《史学》《社会科学史纲·史学》）等，无不力求全面观照欧美各国史学的发展脉络，了解西方史学研究的现状和采用的研究视角、方法等。其中陈训慈的《史学蠡测》对此讨论尤为详备，该文为长篇论文，共分为12节，另有附录2篇，计为字原、定义、综合史观与新史学、史之范围、史与人类之关系、史料之审别、史法之应用、史学是否一种科学、史学与其他学科、中国史学一瞥、西洋史学一瞥、余言、西洋论史学之书籍要目、中国论史学著述论文要目等。陈训慈之所以撰写该文，主要是鉴于当时国内论史旨、史法，考史学沿革得失之详密巨作，求之而不可得。他说：

> 学子有求，每苦阙如。循是以空谈整理国史，私恐其志大而道拙也。吾辈于西人专书，既不克遍致尽读；前哲论史佳旨散见群籍者，尤未能穷搜广通。顾心之所向，颇复杂涉；则又泛泛脑际，未获谛要。尝以斯意叩之同好，莫不具此同感。因知学校中但以历史备一科者，殆益稀闻于是。既昧其旨，徒诵其事，则惰者骇怪而遽致厌弃，勤者亦苦读未明其义；欲史学不为学子所诟病，又安可得。兹以浅知薄闻，稍加整理，于现今史学之要端，以及吾国与欧美史学之演进，作一最简略之叙述，名曰蠡测，以识疏浅。非敢自矜寸见，好为表宣；实以积疑求质，用发其惑。且意欲有求，而所知乃若是贫薄；则国之通人，必且怜后进之无似，感斯学之待昌；因而宏绎前闻，广致西说，以为吾后生诏矣。区区此文，固不敢怀以砖引玉之望；即粗揭凡要，亦惧未足供一

---

① 向达的译作有助于西方史学史学科在中国的逐渐确立，而他在西方史学史学科方面的学术水准受到了何炳松的重视。何炳松和郭斌佳翻译的《西洋史学史》问世之时，何炳松特意提及向达："译文清样曾承友人向觉明君校读一过。向君精于中外史学，译者曾请其代为作一导言，将中西史学发展之陈迹作一比较之研究，以便读者。不幸向君因母丧回籍，终未能命笔也。"绍特维尔：《西洋史学史》，何炳松、郭斌佳译，商务印书馆，1929年，"译者序"。

般问史者之涉览。但求国内宏达,丕发佳著;则馨香祷祝,固吾辈所同望。①

这段话非常清楚地显示出:避免莘莘学子诟病史学,为他们整理国史提供指引,是促使陈训慈撰写该文的最主要动因。而在这个动因的背后,当时讨论史法、史旨、史学沿革得失之史学理论与史学史的著述很少,②难为学子问学津梁;因此他才"以浅知薄闻,稍加整理,于现今史学之要端,以及吾国与欧美史学之演进,作一最简略之叙述",对探究现代中国史学理论与史学史学科发展历程,提供了可贵的借鉴。

关于传统史学理论,虽然南高学子对西方史学理论多有译介,但他们反复强调,输入西学的目的在使之与本土学术融合,进而推进其发展,而不是将传统轻易地抛弃。张其昀指出,"国人之治史者亦当思窥涉西史之真相,奋发砥砺,高瞻远瞩,而常以振衣千仞岗,濯足万里流之气概勉自策也"。但如"不暇详校学术真际何若,殊域遗籍,方谋尽量输入,先民旧典,则欲一语掩尽;虽云大道之行,天下为公,学术亦不容有种族之见主客之分;然吐弃世界文化之半部于不顾,微特无学者广大之精神,尚安得谓能尽人类文化相互贡献之责任乎"。③王庸也说:"吾国人之读欧史也,非徒周知希腊罗马之文化,记诵英法德美之功绩,以为作文谈论之助,当师其探讨编著之法,遂引以研究国故,整理国史,斯为要也。""借他山之石以攻我之璞则可,得他人之

---

① 陈训慈:《史学蠡测》,《史地学报》第3卷第1、2合期,1924年。
② 以史学史著述为例,有研究者指出,尽管"'中国史学史'在20年代被提出以后,即引起史学界的重视,但在30年代,中国史学史专著并未出现"。到了40年代,中国史学史学科方才得到较大发展。"40年代发表有关中国史学史的论文达220多篇,从先秦史学到民国时期的史学,均有研究文章问世。40年代初,先后出版了魏应麒、王玉璋、金毓黻的《中国史学史》。此外,还有几部著作,虽未标明'中国史学史',但从其内容来看,也属于中国史学史的范畴,中国史学史的教学在这一时期有了更大范围的开展。"(周文玖:《中国史学史学科的产生和发展》,"内容提要"第2页)
③ 张其昀译:《美国人之东方史观》,《史地学报》第1卷第1期,1921年。

玉而遗我之璞则不可也。买椟还珠，智者弗为。"①注重的都是在吸纳西学新知的基础上，昌明国粹。本着这一心愿，南高学人普遍十分重视对传统史学理论与方法的梳理、研究和价值发掘，个中翘楚是刘掞藜、张其昀和缪凤林等人，用力最深者当属柳诒徵。

当时南北学界，无不对章学诚和刘知几两位传统史学理论大家产生了兴趣。胡适作《章实斋先生年谱》，姚名达增补之，并撰《章实斋之史学》，梁启超在《中国历史研究法》和《补编》中对刘知几、章学诚多有着墨，何炳松对刘知几和章学诚的专文研究等等。刘掞藜和张其昀二人对刘知几和章学诚也很是推崇②，"本刘章二子所言，旁及他书，插以己意"，撰成《刘知几与章实斋之史学》《史法通论——我国史法整理》，希望能补前人之未逮。其中《刘知几与章实斋之史学》分导言、典籍之搜罗、校雠与考证、论记载之真确、史之义例、史之述作、结论上、结论下九部分。《史法通论》除《弁言》外，共分史学、史识、史体、通史、史限、详略、史才、史文、史德、自注、史论、史称、阙访、史表、史图、纪元、叙源、句读十八章。二文皆结合现代史学理念，对史家四长、史书体例等传统史法进行了认真总结。缪凤林则在《中国通史纲要·前论》及《中国通史要略·总说》中，对史学源起及其性质、各种史观得失、史料搜集与考订、编纂方法及史学的社会功能等都有所探讨。

虽然刘、张、缪诸人对传统史学多有弘扬，但尚显粗疏，真正在现代史学理论领域为中国传统史学理论赢得一席之地的是柳诒徵的《国史要义》。

《国史要义》③原名《中国史学要义》。在柳诒徵提交的部聘教授

---

① 王庸：《欧史举要》，《史地学报》第1卷第1期，1921年。
② 关于章学诚，刘掞藜和张其昀有着与柳诒徵不一样的论断。柳诒徵认为"章氏《文史通义》泛论文章，不专言史，较之《史通》未堪方驾"。见氏著《史学概论》，《柳诒徵史学文集》，第116页。
③ 关于《国史要义》研究成果可参见张文建《传统史学的反思——柳诒徵和〈国史要义〉》(《学术月刊》1985年第4期)、瞿林东的《探索建设史学理论的道路——谈谈史学要论和国史要义的启示》(《安大史学》第一辑，2004年)，王信凯的《柳诒徵研究》(台湾佛光人文社会学院硕士研究生论文，2005年)，王家范的《柳诒徵国史要义探津》(《史林》2006年第4期)，向燕南的《关于柳诒徵国史要义》(《史学史研究》2011年第4期)等。

《教学及研究报告》中,他说自己1943年重点比较研究中国与世界史学的异同,编纂《中国史学要义》一书,"顷已纂成史原、史权、史德、史识、史义、史统六篇,一方面摘要口授,一方面将稿件付本校文史哲季刊印布"[①]。后又撰成史联、史例、史术、史化四篇,共得十篇,于1948年由中华书局出版。各篇所述,按我国传统史学中的相关理论与方法分门别类,加以连贯疏通。为民国时期最后一部传统史学理论著作,也是影响最大的一部。

柳诒徵撰《国史要义》为何?是单纯为了总结传统史学理论,抑或是为始自梁启超的新史学纠偏?更抑或是为了"恢弘史域,张我国光"?我们认为数者皆有。自从五四新文化运动以后,中国学术全面转型已是不争的事实,从内容到方法、思维方式和语言等等皆以西学为标准,在唯西是从的过程中,中国传统学术遗产被束之高阁,乃至被视为阻碍中国学术转型和进步的历史包袱。这背后折射出来的其实是很多中国学人的不自信。因为近代以来,中国一直落后于西方,先哲们一直在努力追上西方,而追上西方的一个标准就是能和西方学者直接对话,所谓争东方学正统也是这个意思。而柳诒徵此作,希望中国学者不要唯西是从。他不是对西方学术无知,而是对中国学术的未来充满了信心,正是因为对中国学术的信心,他努力尝试于建构本国固有的话语来与西方学界对话,这应该是《国史要义》的最大本义。而他也并非是从开始撰写《国史要义》方始有此理念,早在《史地学报》创刊时即有此念。即使在考证类文字如《南朝太学考》也多少带有此类含义在内:"今世讲中国教育史者,率不厝意于南朝太学之事实,号称讲学,而不知吾国讲学之风,何时最盛。爰为刺举,以明西纪四五百年顷,吾国太学讲学之风尚已如是,虽所业与今殊科,其劝学之方,析理之式,固皆足为诵法,恶可任其湮郁史册而不章哉。"[②]谋篇布局的最后一篇是"史化",是要化西为中,因为"任何国族之心

[①] 柳诒徵:《教学及研究报告》,《核定及指派部聘教授案(四)》,台北"国史馆"教育部档,档案号:019000001487A。

[②] 柳诒徵:《南朝太学考》,《史学杂志》第2卷第3期,1930年。

习,皆历史所陶铸,惟所因于天地人物者有殊,故演进各循其轨辙"。①也正如其早年在《中国文化史·绪论》中提出的:"人类之动作,有共同之轨辙,亦有特殊之蜕变。欲知其共同之轨辙,当合世界各国家、各民族之历史,以观其通;欲知其特殊之蜕变,当求一国家、一民族或多数民族组成一国之历史,以觇其异。"②最终的落脚点还是在人,即柳诒徵所谓的人本主义。《国史要义》也没有采用第一章第二章之类的章节体,而是采取了某某第一、某某第二的体例,也不同于传统的卷一、卷二之分法。

该书最大特色有三:

第一,"礼"为中国数千年全史之核心。中国历史之核心为何?柳诒徵以为"礼者,吾国数千年全史之核心也。""为国以礼,为史以礼。"关于"礼"与国家和史学的关系方面的阐述,书中俯拾即是。因为在柳诒徵看来,"伯夷所典,五史所掌:本以施于有政,范畴当时。久之社会变迁,人事舛牾。史官所持之礼,仅能为事外之论评,不能如周官之逆辨考赞矣"。然"赖此一脉之传,维系世教,元凶巨慝有所畏,正人君子有所宗。虽社会多晦盲否塞之时,而史书自有其正大光明之域"。故"吾国以礼为核心之史,则凡英雄宗教物质社会依时代之演变者,一切皆有以御之,而归之于人之理性,非苟然为史已也"。由此,他提出"史家全书之根本皆系于礼"的观点。何以言此?因为"本纪、世家何以分?分于礼也。封爵、交聘何以表?表以礼也。列传之述外戚、宦官、佞幸、酷吏、奸臣、叛逆、伶官、义儿,何以定名?由礼定之也。名臣、卓行、孝友、忠义,何以定名?以礼定之也。不本于礼,几无以操笔属辞。"③就史法、史例而言,"史官掌全国乃至累世相传之政书,故后世之史,皆述一代全国之政事,而尤有一中心主干,为史法、史例所出,即礼是也。"循此史法和史例,史家写史时"要必本于君臣、父子、夫妇、兄弟之礼,以定其是非。其饰词曲笔无当于礼者,

---

① 柳诒徵:《国史要义》,第 309 页。
② 柳诒徵:《中国文化史》,第 1 页。
③ 柳诒徵:《国史要义》,第 11 页。

后史必从而正之"。君臣、父子、夫妇、兄弟和朋友为五伦,是古代人们必须遵守的伦理道德中最为重要的五项人际关系,以忠、孝、悌、忍、善为"五伦"关系准则,所以柳诒徵强调:"伦理者,礼之本也;仪节者,礼之文也。观秩叙之发明,而古史能述此要义。司马迁所谓究天人之际者,盖莫大乎此。徒执书志以言礼,不惟隘于礼,抑亦隘于史矣。"① 书中关于"礼"之论述多有精义,且以礼释史足见中国史学之特色,是以熊十力称柳诒徵"精于礼,言史一本之礼,是独到处"。② 蔡尚思则指出,柳诒徵"早就指出中国历史以礼为核心,伦理是礼之本,真为许多后辈的论孔子思想核心者所不及"。③ 关于"礼"是否为中国历史之核心,学者自有不同解释,但在文化民族主义学人那里,此当为一种共识。正如钱穆所言:"在西方语言中没有'礼'的同义词。它是整个中国人世界里一切习俗行为的准则,标志着中国的特殊性。正因为西语中没有'礼'这个概念,西方只是用风俗之差异来区分文化,似乎文化只是其影响所及地区各种风俗习惯的总和。""中国人之所以成为民族就因为'礼'为全中国人民树立了社会关系准则。""要了解中国文化必须站得更高来看到中国之心。中国的核心思想就是'礼'。"④

第二,比较中西史学以"表章国光",以史德为依归,用以经世。书中多见中西史学之比较,其目的是为了凸显中国传统史学之特色和优越性。柳诒徵篇首即言:"吾国之有史官乃特殊于他族","吾国与他族之史,皆记事也"。"由赞治而有官书,由官书而有国史。视他国之史起于诗人,学者得之传闻,述其轶事者不同。世谓吾民族富于政治性,观吾史之特详政治及史之起原,可以知其故矣。"⑤ 从"吾国"

---

① 柳诒徵:《国史要义》,第8、11、13页。
② 柳诒徵:《国史要义·题辞》"熊十力函",华东师范大学出版社,2000年。
③ 蔡尚思:《中国思想研究法 中国礼教思想史》,复旦大学出版社,2015年,第347页。
④ 邓尔麟:《钱穆与七房桥世界》,蓝桦译,社会科学文献出版社,1995年,第7、8页。
⑤ 柳诒徵:《国史要义》,第2页。

"吾民族"与"他国""他族"可以看出柳氏比较中西史学之意。实则,在《国史要义》中,此类比较在在皆是。姑举一例以证之。在《史联》篇,柳诒徵意在表彰中国史学表述的独创性,中西对比自为最佳方式。他说:

> 世人矜言创作,动辄訾诃古人,而于古人政治学术著作之精微,都不之察。史公创制之精,纪传书世皆摄于表,旁行斜上,纵横朗然,琐至逐月,大兼各国。读此者第一须知在西历纪元前百年间,何国有此种史书,详载埃及、巴比伦、腓尼基、波斯、希腊、罗马各国行事,年经月纬本末灿然者乎?且史公端绪,上承《周谱》,在西元前更不止百年。盖吾政教所包者广,故其著作所及者周。竹素编联,乃能为此表谱。(《春秋》书之竹简,表谱殆必书之缣素。)下迄秦楚之际,世乱如麻,而群雄事迹,亦能按月记注。他国同时之史,能若是乎?《史通》初病表历,后亦赞美。止就国史评衡,未与殊方比勘。今人论史,尤宜比勘外史,始有以见吾史之创制为不可及矣。又如今人病吾国族记载户口数字多不确实,是诚亟宜纠正。然因以谯诃昔人,则又未知吾史之美。如《汉书·地理志》详载郡国户口,吾尝询之读域外书者,当西历纪元时,有详载今日欧洲大小都市户口细数者乎?且《汉志》之纪户口,又非自平帝时始有纪录,其源则自周代司民岁登下万民之生死而来。民政之重户口,孰有先于吾国者乎?①

是以柳诒徵反对学者"徒以近百年间,国力不振,遂若吾之窳敝,皆受前人遗祸,而不知表章国光"的治学态度,主张表宣国史②。而史

---
① 柳诒徵:《国史要义》,第98—99页。
② 柳诒徵:《国史要义》,第99页。

家会致力于国史之宣传,与他的史德修养有很大关系。若史德不佳,史家"挟考据怀疑之术以治史,将史实因之而混淆,而其为害于国族也亟矣"。是以"学者之先务,不当专求执德以驭史,而惟宜治史以蓄德矣"。① 只要史家具备良好的史德,那他就会有强烈的正义感。"史之所重在持正义。""虽史才之高下不同,而必持义之正,始足以经世而行远。""持义"正,"史术"就正。"史术"正就能"道济天下,参赞育位,礼乐兵刑,经纬万端,非徒智效一官,行比一乡,德合一君,能征一国已也。第人事之对待,安危存亡祸福利害,亦演变而无穷。治史者必求其类例,以资鉴戒。则原始察终,见盛观衰,又为史术所最重者也"。②

第三,"以中释中"。以中国传统史学话语和思维方法来疏解传统史学理论的内涵和特质等,而非当时流行的以现代西方史学理论来观照中国传统史学,展现了柳诒徵的文化自信和理论自信。在柳诒徵看来,"苟屏前史,一切不信,妄谓吾之识力能破传统观念之藩,则事实所不可能也。或袭近人之言,或采异域之说,亦即秉遐迩之史,以为创新之识,隐有其传,非能舍史而得识也"。所以"吾人治中国史,仍宜就中国圣哲推求人群之原理,以求史事之公律"。③ 就此而言,书中也是精义纷呈。如"治史之识,非第欲明撰著之义法,尤须积之以求人群之原则。由历史而求人群之原理,近人谓之历史哲学。吾国古亦无此名,而其推求原理,固已具于经子。近人治史,多本进化论,盖缘西哲就生物之演变测人群之进步,而得此基本观念。治吾史者,准此以求,亦可以益人神智"。④ 晚年柳诒徵尚提及《国史要义》,说"避兵入蜀,居中央大学为《国史要义》。私冀史界史家明了此数千年中吾国史事之真相而已"。⑤ 那么中国数千年"史事之真相"为

---

① 柳诒徵:《国史要义》,第134、109、266—267页。
② 柳诒徵:《国史要义》,第65、84页。
③ 柳诒徵:《国史要义》,第140、163页。
④ 柳诒徵:《国史要义》,第163页。
⑤ 柳诒徵:《人民生活史叙言》,《中国历史文献研究集刊》第5集,湖南人民出版社,1985年,第237页。

何？柳诒徵说：

> 任何国族之心习，皆其历史所陶铸。惟所因于天地人物者有殊，故演进各循其轨辙。吾之立国，以农业、以家族、以士大夫之文化、以大一统之国家，与他族以牧猎、以海商、以武士、以宗教、以都市，演为各国并立者孔殊，而其探本以为化，亦各有其独至。骤观之，若因循而不进，若陈腐而无当，又若广漠而不得要领；深察之，则其进境实多（如疆域之推广，种族之镕化，物产之精制，文艺之深造等），而其本原不二。近世承之宋明，宋明承之汉唐，汉唐承之周秦。其由简而繁或由繁而简者，固由少数圣哲所创垂，要亦经多数人民所选择。此史迁治史，所以必极之于究天人之际也。《大学》曰：物有本末，事有终始。知所先后，则近道矣。又曰：其本乱而末治者否矣。吾之人本主义，即王氏所谓合全国为一道德之团体者。过去之化若斯，未来之望无既。通万方之略，弘尽性之功，所愿与吾明理之民族共勉之①。

此处透发出来的历史感和现实感可谓深沉矣。其间展现出来的民族自信也可从柳诒徵关于域外讲学所用语言得到解答。据柳诒徵说："有一次在教育部开会，张君劢提议我国当派学者到外国讲学，柳某可去，惜不会说英语。余（即柳诒徵）即说罗素、杜威来我国讲学，他二人是英美人，故用英语。我到外国去讲学，我是中国人，自应说中国话，何以要说英文。"②

因为是书主旨在于展现"国史"之"要义"，突显中国史学之独创性与优越性，在此预设语境下，柳诒徵之《国史要义》实有预设之对手

---

① 柳诒徵：《国史要义》，第309页。
② 乔衍琯：《柳翼谋先生传略》，第6页，转引自王信凯：《柳诒徵研究》，第163页。

方,那就是梁启超和以顾颉刚为代表的疑古派①。因为梁启超尖锐指出中国的旧史学虽"汗牛充栋",但不是编排"帝王的家谱"、士大夫的"墓志铭",就是罗列一些"邻猫生子"的琐事,"皆如蜡人院之偶像,毫无生气,读之徒费脑力"。② 于此,柳诒徵实无法赞同,故书中多有针对梁氏之处。如"近人谓吾史都似聚若干篇墓志铭而成","病吾国史籍只述朝政不及民众社会,目为帝王家谱",等等③。至于疑古之风,柳诒徵也很是不满,一再批评有人"以他族古初之蒙昧,遂不信吾国圣哲之文明,举凡步天治地、经国临民宏纲巨领、良法美意,历代相承之信史,皆属可疑。其疑之者,以他族彼时不过图腾部落,吾族似不能早在东亚建此大邦。复以晚近之诈欺,推想前人之假托。不但不信为事实,即所目为乌托邦之书,亦不敢推论其时何以有此理想。只能从枯骨断简,别加推定……至其卑蕙已甚,遂若吾族无一而可,凡史迹之殊尤卓绝者,匪藉外力或其人出于异族,必无若斯成绩。"④也正因为如此,柳诒徵在《国史要义》中的一些表述亦孔多溢美。如"古史孔多,唐虞时已有五典""《周官》之制,相权最尊,而太史、内史执典礼以相匡弼。法意之精,后世莫及"等⑤。

《国史要义》出版之际,中华书局曾有广告:"本书作者是当代史学权威,研究中国史学垂五十年。本书为抗战后期著者讲学重庆国立中央大学时所作,一生精力,实萃于是。所述皆国史根本要义,且多为刘知几、章学诚辈著作所未论及者。诚吾国史学上不朽之名著也。"⑥评价不可谓不高。可能因为关涉的是传统史学理论,写作上又是采用了传统的纲目体,写作语言上用的又是文言文,导致《国史要

---

① 《国史要义》针对梁启超之处,亦可参见张昭军:《柳诒徵"为史以礼"说的意蕴》,《社会科学》2015年第10期。
② 梁启超:《新史学》,《饮冰室合集·文集之九》,中华书局,1989年,第3—4页。
③ 柳诒徵:《国史要义》,第103、174页。
④ 柳诒徵:《国史要义》,第136页。
⑤ 柳诒徵:《国史要义》,第3、44页。
⑥ 转引自柳曾符:《新版后记》,柳诒徵:《国史要义》,中国人民大学出版社,2007年,第328页。

义》并未引起学界足够的重视,但作为中国近代最后一部系统省察中国传统史学的论著,对我们继承和发展我国传统史学遗产具有重大价值和意义①。缪凤林即盛称《国史要义》"为先生一生研究国史心得的结晶;全书篇幅及论述范围虽不及《史通》和《文史通义》,而胜义纷纭,尚在二书之上。以此书与二书鼎立为三,实毫无惭色。传统的国史学,可说自此书出,始尽发其蕴,亦自此书出始得一真正的总结。国史研究的最高境界,可与读此书时得之"。② 苏渊雷视《国史要义》为柳诒徵"文史学之晚年定论,于刘(知几)、章(学诚)、梁(启超)、刘(咸炘)诸氏之著作,皆有所突破"。③ 也有学者认为该书价值较《史通》和《文史通义》有过之而无不及,足以和梁启超《中国历史研究法》相媲美④。

在 20 世纪上半叶,史学史研究并未成为显学,史学史学科也并没有被普遍认可。据杨翼骧回忆,当时史学史课程仍旧比较冷僻,很多大学也不开设这门课程,一些人认为史学史不是学问,即使是,也是 50 岁以后才能研究的学问;而在金毓黻《中国史学史》出版之后,"有人说中国史学史已经搞完了,不必再研究,因为研究的余地微不足道了"⑤。南高学派的史学史研究就是在此氛围下进行的,这展现了他们史学撰述的自觉和自律意识。虽然他们并没有在史学史学科建设上提出系统的理论架构,但他们却在梁启超提出的史学史框架基础上予以各种细化和深入,尤其是在史学史分期和浙东史学等方面做出了开创性的贡献。他们在史学史学科基础建设上也多有卓见,除了前述外,南高学派对各时代史学基本状况也多有研究,如郑

---

① 张文建:《传统史学的反思——柳诒徵和国史要义》,《学术月刊》1988 年第 4 期。
② 缪凤林:《研究中国历史漫谈》,《创进》第 1 卷第 15 期,1948 年。
③ 苏渊雷:《柳诒徵史学论文集》,"序"。
④ 康虹丽:《论梁任公的新史学和柳翼谋的国史论》,杜维运、陈锦忠编:《中国史学史论文选集》第 3 册,台北华世出版社,1980 年,第 429—504 页。
⑤ 杨翼骧:《学忍堂文集》,中华书局,2002 年,第 459 页。

鹤声的《古史官考略》《汉隋间之史学》《唐以后之史学》。① 毋庸讳言，南高学派的史学史研究，多以中国史学史为主，虽然向达和陈训慈都曾醉心于西方史学史，但二人最终都未继续相关研究，陈训慈曾转向图书馆学，成为图书馆事业大家，而向达则成为中西交通史大家，可谓收之桑榆。无论是中国史学史的探索，还是传统史学理论的弘扬，无疑都是有助于中国史学史学科的发展的。

第四节 中西交通史研究

中西交通史在中国的史学上是一门新兴的学问，民国史坛从事此研究的学者甚少，这也导致民国时期的大学能开设中西交通史课程者也不多。南高学派中的向达、王庸、郑鹤声和束世澂等人在中西交通史领域多有研究，且多成一家之言。

一、知识来源

南高学派从事中西交通史研究的有向达、郑鹤声、王庸和束世澂等人，他们之所以会从事此项研究，应与柳诒徵和陈衡哲有很大关系。

柳诒徵在南高师所授课程甚多，其中的"中国文化史""南方诸国史"和"东亚各国史"等，实与中西交通史多有关联。如《中国文化史》中的文化史分期直接影响了向达关于中西交通史的分期，其中言及蒙古文化时说："其统辖诸国，全恃驿站之交通。""盖元之疆域，亘古无匹。使非有特殊制度，以便利交通，则其国家必不能抟结为一。……故欲考元代所以能合亚洲全境及欧洲东北部为一大国者，不可不注意于此也。"述及元明时海上交通，又说："故欲知晚明以降西方宗教、学术输入之渐，当先观察元、明时海上之交通焉。"②"东亚各国

---

① 吴宓在其自编年谱中说："东南大学学生郑鹤声投来其所作之《汉隋间之史学》及《唐以后之史学》两长稿，皆罗列材料，而乏义理。"(《吴宓自编年谱》，第258页)

② 柳诒徵：《中国文化史》，第556、558、647页。

史"讲义共分六编。一编印度,二编朝鲜,三编日本,附琉球、台湾,四编南方诸国(安南、老挝、柬埔寨、暹罗、缅甸、马来半岛、荷属东印度群岛、斐列宾群岛等),五编北亚,"皆成初稿。六编中亚,尚未脱稿。杀青付梓,亦史学界一盛事也"。[①] 柳氏所讲虽名为东亚各国史,其实是在讲述中国与他们之间的交往。如《北亚史》实际上讲述的是中俄关系史,他爬梳载籍,随时增改,叙述了从中俄有关系以来,直至1924年的中俄两国之间的交往和纷争。其目录为:地理、民族、汉唐间之部落、蒙古及诸部、俄罗斯与哈萨克、俄人攻取西伯利亚之次第、中俄冲突之始、中俄之战及尼布楚条约、中俄通商及恰克图条约、俄占黑龙江及诸条约、西伯利亚及东清铁道、西伯利亚之近况、俄国与蒙古之关系、最近中俄之交涉。向达和郑鹤声等人就修过柳诒徵主讲的"中国文化史""东亚各国史""南方诸国史""北亚史"等课程。柳诒徵对他们的影响也可以南方诸国史为例,柳氏在此课上也讲述中国和暹罗的关系,郑鹤声就曾写了《千六百年来中暹两国之旧谊》,认为"中暹两国之旧谊,为和平而有礼"。[②] 而且,柳诒徵虽然不曾讲授过中西交通史课程,但他却对此颇为关注。其藏书中有桑原骘藏的《蒲寿庚考》,他和缪凤林将《蒲寿庚考》单行本给陈裕菁看,直接促成了陈裕菁重新译订该书[③]。而该书出版,也是以南高学派主导的南京中国史学会丛书之名。

于柳诒徵之外,对向达等人的中西交通史研究产生深刻影响的无疑是陈衡哲。陈衡哲是当时为数不多的在大学讲授中西交通史的学者。她留美归来后,曾在北京大学讲授"欧亚交通史"课,离京赴宁后,被史地研究会聘为指导员,曾在史地研究会内作"中国与欧洲交通史大纲"的演讲。"所讲大纲限于中国与欧洲之交际,纵分为(1)

---

① 缪凤林:《评王桐龄新著东洋史》,《学衡》第60期,1926年;又见《史学杂志》第1卷第5期,1929年。
② 郑鹤声:《千六百年来中暹两国之旧谊》,《亚洲世纪》第3卷第4期,1948年。郑鹤声另有《中印两国在历史上之关系》,《东方杂志》第44卷第5号,1948年。
③ 陈裕菁:《蒲寿庚考》,中华书局,1929年,"序"。

上古(2)中世(3)近世三期;其横的区分,则谓当注意三方面:1. 政治上 2. 商务上 3. 宗教上。所讲内容,大致以此为准,而于古代交通,阐明匈奴西域与交通之关系及早年丝茶之贸易,尤多中国史籍上所不可考。其于近世,则以时近有征,故讲述从略。末复绘一起伏大势之图,表明自秦至元明中西交通之盛衰。"①于演讲之外,陈衡哲的《中欧交通史目录》发表于《史地学报》,这是《史地学报》"书报目录"专栏刊发的第一份目录,其"编者附记"如是写道:

> 中国与欧洲交通,导源极远。自汉通西域,已近东欧,此后唐传景教,元征欧俄,东西交通,遂启其端。十五世纪欧洲航海事业勃兴,有明之季,与西国关系遂密。清代承之,交往弥盛,自后外交失败,欧人东来日众,时势冲激,厥成今日之局。此其滥觞成渠,源流渊长,不但吾国史之要事,亦世界文化史上之大问题也。顾史家专究此学者,寥不多见,吾国考求之疏,西洋专籍之寡,遂使如斯大问题,不能得其史学上相当之位置,亦可叹已。去年陈衡哲先生来此讲演,谈及此事,并谓在美研究此题,曾搜遍此类史籍,成目录一纸。近由本会向先生索得,揭诸本报。惟于中国方面之书略而未及。诚以此种研究,固宜博求中西群籍,拘稽撷引,以发幽微而明因果。而今兹目录,可便学者向西文研究之导径,或亦兴起学者研究之一助也。②

此处的"编者",当是向达。出版《史地学报》第 1 卷第 3 期是在史地研究会第五届任内,此时的编辑部主任是陈训慈,编辑共 8 人,分别为向达、陆维钊、仇良虎、吴文照、景昌极、陈人文、范希曾和谢群。结合他们学术研究兴趣和英文水准,向达的可能性最大,陈训慈

---

① 《史地研究会第五届纪事》,《史地学报》第 1 卷第 4 期,1922 年。
② 《中欧交通史目录》,《史地学报》第 1 卷第 3 期,1922 年,"编者附记"。

也精通英文,但此时他的学术兴趣都在绍介西方史学理论,此后也未曾有关中西交通史方面的著述;而向达此时就有《赫郜民族考》《希印古代交通考》,此后更是有一系列论著问世。所以,向达的中西交通史研究方向确立于南高师时期当无疑义。同理亦可推及郑鹤声和王庸等人。

二、王庸:第一个中西交通史研究生

王庸在南高师毕业后,在无锡中小学短暂任教后负笈北上,1925年考入清华国学研究院。王庸所选导师为梁启超,所定题目为"中西交通史",不在导师指导范围内,当时梁氏指导题目是中国佛教史、金元明学术史、清代学术史和中国文学。1926年,梁启超的指导题目有了重大变化,东西交通史、宋元明学术史、中国文化史等列入指导范围。王庸的毕业论文为《四海通考》和《陆象山学述》。从题目的选定来看,在1925年时的王庸就有志于"中西交通史"研究,同学于梁启超的吴其昌就说斯时的王庸"既致力于陆王外,又酷嗜西北地理、中西交通地理"[1]。于此我们应予以更多关注,对于他此后的舆图或地理学史研究,就不能仅以地理学的视角来对待,也应从中西交通史的视角来看待,否则我们就无法理解当时一些学人对王庸的身份定位。如陈寅恪尝为王庸借书一事致函陈垣:"顷清华教员王君以中来言,尊处藏有《殊域周咨录》一份,不知能允许借抄否?王君为李君济之助教,专攻东西交通史,故亟欲得此书一观也。"[2]1928年8月,陈寅恪向傅斯年推荐戴家祥、王庸和刘节等五人去广东中山大学,提及王庸治"中西交通史、地理,能看英、法、日文书,故常识较富,现在暨南大学教书"[3]。同年,商务印书馆印赠的《万有文库第一集一千种目录》,内有拟请王庸撰写"百科小丛书"之《中外交通小史》,此书未见,

---

[1] 吴其昌:《清华学校研究院同学录·王庸》,夏晓红、吴令华编:《清华同学与学术薪传》,生活·读书·新知三联书店,2009年。

[2] 陈寅恪:《陈寅恪集·书信集》,生活·读书·新知三联书店,2001年,第122—123页。该信未署年份,仅注明2月3日,王庸1926年夏毕业后任李济助教,1928年6月回南京,故此信应为陈寅恪1927年或1928年所写。

[3] 陈寅恪:《陈寅恪集·书信集》,第18页。

但1933年向达出版同名著作。1932年,在顾颉刚所拟定的一份当时学人治学专长的名单中,王庸与张星烺、向达、张维华、郑德坤、黄文弼等人同为治交通史学者,而地理、河渠类所列专家为郑德坤和谭其骧,并未列王庸。[1] 陈寅恪对王庸的介绍和顾颉刚对王庸的定位,无不说明:王庸在当时学界大佬心中是以中西交通史学者形象出现的,至少在1932年前是如此;只是此后的学术史书写都将王庸纳入地理学史学者一栏,这也是对中西交通史研究范围或概念的界定存在歧异所导致的。王庸在出版《中国地理学史》之前,所刊文章多为地图载籍类,陈寅恪等人认为此属中西交通史范畴,后来学者却将其置于地理学范畴,是故后来的中西交通史研究论著多不谈及王庸。即以近年出版的修彩波著《近代学人与中西交通史研究》,虽以近代学人的中西交通史研究为主旨,所论学人为沈曾植、张星烺、方豪、向达、陈垣、冯承钧,并未涉及王庸。

王庸的中西交通史论著并不多,计有《宋明间关于亚洲南方沿海诸国地理之要籍》《四海通考》《中国古代沿海交通史记》等。虽如此,以柳诒徵和梁启超的学生,第一个中西交通史研究生,加上论著的独特视角和贡献,足以让王庸厕身中西交通史大家之列。

《宋明间关于亚洲南方沿海诸国地理之要籍》介绍了(宋)周去非的《岭外代答》、(宋)赵汝适的《诸蕃志》、(元)汪大渊的《岛夷志略》、(明)马欢的《瀛涯胜览》、(明)张升的《瀛涯胜览集》、(明)巩珍的《西洋番国志》、(明)费信的《星槎胜览》、(明)黄省曾的《西洋朝贡典录》、(明)张燮的《东西洋考》诸书的作者和版本等情况,文后并附有各书著作年期表。因该文"仓促成篇",文中所举之书,王庸有未见者,如《西洋番国志》和《瀛涯胜览》等,他也坦承"余未见""余尚未见"。[2]

《四海通考》为王庸的毕业论文,以传世文献为主考证了古代东、南、西、北四海名称之由来及海域之变迁,以为"先秦海域虽难确定,

---

[1] 顾颉刚:《顾颉刚日记》第2卷,中华书局,2011年,第726、729页。
[2] 王庸:《宋明间关于亚洲南方沿海诸国地理之要籍》,赵亚中编选:《王庸文存》,江苏人民出版社,2014年,第84页。

但东海、北海,皆有约略方域可指;惟南海、西海,则古书所言类多为荒晦蛮夷之通称,或则对举以充数,无确实之海域可指"。文中探讨并未局限于传统文献,"今日所知之甲骨文字与金文,均不见有海字;是则后世所谓海者,在周代以前,是否具有正确之观念,未始非可疑之问题"。[①] 可见,在写作该文过程中,王庸也试图以甲骨金文相关记述来论证,这当与当时的导师王国维等人有关。《四海通考》得到了梁启超的嘉许,也获得了日本学者海野隆一的赞许[②]。

《中国古代沿海交通史记》,梳理了自辽东渤海以至南海中国沿海之间的海上交通,以及中国沿海、台湾(日占)与朝鲜半岛、日本、交趾以及南亚诸国发生海上交通的初始情况,所述时代多至两汉止。其所关注的问题,目前仍较为新颖。[③] 此文之写作,是王庸尝"有意于中国海上交通史之编辑",惜其后来"觉此事无甚意味"而中辍,只留下《中国古代沿海交通史记》一文。[④] 此文也可视为王庸学术兴趣转向之关键。

近代的中西交通史研究,多根据相关的文字记载,而王庸则另辟蹊径,从中国古代地理、地图来探讨中西交往,他似可谓此领域的第一人。正如其所言:"东印度者,中西海上交通之媒介,而亦世界商业发达之导火线也。以故吾人欲知中西海上交通之源流,不可不知亚洲南方沿海诸国地理之沿革。"[⑤]此言实已道出王庸治中西交通史之独特视角。另外,王庸当时从事中西交通史研究也有民族主义情怀寓于其中。在王庸看来,关于中西交通史,西人不仅对西方相关史料如《马哥波罗游记》和来华传教士的笔记很是娴熟,对新发现的阿拉伯人游记之类很是关注,而且"吾国古籍之关于南亚及西亚史地者,亦为西方学者所注意"。反观中国,"中国固有之典籍,虽为西人所重

---

① 王庸:《四海通考》,《王庸文存》,第 101、96 页。
② 赵亚中:《前言》,《王庸文存》,第 22 页。
③ 赵亚中:《王庸先生年谱简编》,《王庸文存》,第 489 页。
④ 王庸:《中国古代沿海交通史记》,《王庸文存》,第 110 页。
⑤ 王庸:《宋明间关于亚洲南方沿海诸国地理之要籍》,《王庸文存》,第 80 页。

视,而吾国学者尚鲜注意及之"。① 所以他撰写《宋明间关于亚洲南方沿海诸国地理之要籍》,希望能引起国人之重视。向达有着与王庸类似的观感②,且有着相同的研究取径。其《汉唐间西域及海南诸国地理书辑佚(第一辑)》和《汉唐间西域及海南诸国地理书叙录》从地理书角度探究中西交通史,"以述此一时期西域及海南诸国古史要略,中外交通梗概"。③ 只是向达从西域和南海的角度来探讨,范围广于王庸,也符合当时中西交通史研究的方向。"东西文化交通之研究,为19世纪以来新兴之学问,俊杰识时之士,咸知所以致力;而其所以致力之途,则又可分南海与西域。"④虽然王庸此处没有提出类似与西方学界争胜之类的口号,但就学术研究而言,以西方学科标准来衡量当时的中国诸多学科,追步西方,力图与其能平等对话当是众多学人的一个共相,此也是南高系学人文化民族主义精神的一种体现。

三、马可波罗和郑和研究

南高学派的中西交通史研究,就人物而言,关注重点有二,一为马可波罗,二为郑和,因为这二人是元明时代中西交通中的关键人物。

关于马可波罗,张星烺无疑是民国时期研究和翻译马可波罗的大家,南高学派与之多有交集。张星烺的《马哥孛罗游记导言》为受书堂丛书第一种,1924年中国地学会出版,柳诒徵为之作序。柳诒徵详述其与张氏之交往,感慨国内学者少有人研究马可波罗,述及亨利·玉尔关于马可波罗游记的注本时,以为"他国人读吾国史书,究未能烛照数计,无微不至",张星烺对亨利·玉尔的注本"时时为之补

---

① 王庸:《宋明间关于亚洲南方沿海诸国地理之要籍》,《王庸文存》,第80页。
② 向达也认识到了国人对于相关史料之疏忽,并以日人学术研究为例,"日本的学者对于中国典籍的了解比西洋学者来得深;而其对于西洋资料的接触以及语言方面的修养,又比中国学者来得广。所以他们的成就有时竟可以胜过中西的学者而自树一帜"(向达:《介绍蒲寿庚考》,《史学杂志》第2卷第1期,1930年)
③ 向达:《汉唐间西域及海南诸国地理书叙录》,《唐代长安与西域文明》,重庆出版社,2009年,第458页。
④ 贺昌群:《唐代长安与西域文明》,《向达学记》,第35页。

苴罅漏",成《马哥孛罗游记导言》《中国史书上之马哥孛罗》和《元代西北三藩源流略记》等,详备之处超过了玉尔的注本,柳诒徵认为,"异日西士欲求是书善本,当反访诸中国"。① 1950年,张星烺修订旧作《中西交通史料汇编》,欲出一"增补及改正之新本",请柳诒徵作序。柳诒徵在序中除了回顾二人之交往外,盛称张氏"为中西交通史之开山者"。② 可见,二人之交谊匪浅。

张星烺的《中国史书上之马哥孛罗》列出忽必烈时期以孛罗为名者有8人,他认为马可波罗为元朝的枢密副使,束世澂搜罗资料更为完备,指出以孛罗为名的有15人,也认为担任枢密副使的孛罗为马可波罗。在补充张说同时,束世澂也提出一点疑问:"今所定者枢密副使孛罗即马哥孛罗其人。此人最初曾任御史中丞,其任御史中丞也,最迟亦在至元七年,使此人即为马哥,则马哥之至中国,最迟亦在至元七年。"而至元七年为1270年,与《马可波罗游记》中说马氏1275年到中国不符。"岂枢密副使孛罗非马哥孛罗欤?然其行事与游记何无一不合者也?"③张星烺看完束世澂的《中国史书上之马哥孛罗考》后,"心中不禁跃然而喜","今束君之为是篇,不独可作鄙文他山之石,而实亦代中国争一脸面也"。④ 并对束世澂于文中提出的将《元史》"人地名改归明代之旧"甚是赞同。⑤

张星烺当时只翻译了亨利·玉尔编订的《马可波罗游记》的导言和第一卷,向达则翻译了该书第二卷的三章,以《梦粱录》《武林旧事》等对《马可波罗游记》做了注释,题为《元代马哥孛罗诸外国人所见之杭州》,以见杭州号为天城之盛。⑥ 陈训慈则曾推介过张星烺翻译的《马哥孛罗游记》第一册,以为"马氏游记为欧人纪载东方情形之巨

---

① 柳诒徵:《马哥孛罗游记导言序》,《柳诒徵劬堂题跋》,第10页。
② 柳诒徵:《中西交通史料汇编改正本序》,《柳诒徵劬堂题跋》,第13页。
③ 束世澂:《中国史书上之马哥孛罗考》,《史地学报》第2卷第7期,1923年。
④ 张星烺:《答束世澂君〈中国史书上之马哥孛罗〉质疑》,《史地学报》第3卷第3期,1924年。
⑤ 束世澂:《中国史书上之马哥孛罗考》,《史地学报》第2卷第7期,1923年。
⑥ 向达:《元代马哥孛罗诸外国人所见之杭州》,《东方杂志》第26卷第10号,1929年。

著,各国皆早已迻译,且一国内有译本若干种者,而英人亨利·玉尔(Henry Yule)、法人考茨(Cordier)且详加考证注释,迄今犹为治史者考证研究之一中心。独马哥氏所亲历十余年又为此书叙述中心之中国,竟至六百余年后犹未有详明之译本。十数年前张先生发愤此业,从事译注是书……曾闻北平友人道及,业已译竟。知海内学人,必皆引领望其公世。数年以来,是书既乏人研究,而张先生之原稿,亦以书涉专门,书贾不为承印。……译序以此书'无人承印',久稽出版,感慨不胜。吾人鉴于欧美各国于马哥此书研究在学术上地位之重要,而中国至今始得此册,询[洵]可感叹。所望全书不日出版,能引起治史者之蹤起研究也"①。

关于郑和。郑和下西洋为中国航海史上的壮举,为明代盛事,传世文献颇多,所以和国人疏于研究马可波罗不同,国内学者对郑和颇为关注,且研究较早。如梁启超在1905年的《祖国大航海家郑和传》一文中,认为郑和下西洋"当哥伦布发见亚美利加以前六十余年,当维哥达嘉马发见印度新航路以前七十余年",推崇郑和为"海上之巨人""大航海家""国史之光"。②柳诒徵也尝论及郑和,"明之郑和、王景弘辈,持投哥伦布亚美利加,无所于让。且其年襮孰先乎?郑和经三朝七奉使,其事尤脍炙人口,史传典录,稗官碑刻灿烂具在,移之他邦,固殊尤卓绝,睥睨万世者矣"③。柳氏弟子向达、郑鹤声和束世澂对民国时期的郑和研究多有贡献。

1929年,向达发表《关于三宝太监下西洋的几种资料》一文,列举了他所知晓的有关郑和研究的资料,计有《昆阳马哈只碑跋》《古今识鉴》《西洋朝贡典录》《西洋番国志》《星槎胜览》《瀛涯胜览》《自宝船厂开船从龙江关出水直抵外国诸番图》《西洋朝贡典录》《海语》《皇明

---

① 陈训慈:《张译〈马哥孛罗游记〉第一册出版》,《史学杂志》第1卷第5期,1929年。
② 梁启超:《祖国大航海家郑和传》,《饮冰室合集·专集之九》,中华书局,1989年,第1—11页。
③ 柳诒徵:《长乐县郑和天妃灵应碑亭记》,柳曾符、柳定生编:《柳诒徵劬堂题跋》,第6页。

四夷考》《殊域周咨录》《东西洋考》《三宝太监西洋记通俗演义》等。这些资料对研究郑和生世与下西洋史事很有帮助,"有些地方很可用来校正今本《瀛涯》之失"。① 其中所论及的资料,如"《瀛涯胜览》尚有《国朝典故》本;《星槎胜览》两卷本尚有《国朝典故》本、罗以智校本、广州中山大学复刻天一阁本,四卷本尚有《历代小史》本,皆是伯希和此文(指《郑和下西洋考》,引者按)所遗漏者"。② 在爬梳郑和研究资料同时,向达觉得很有必要为郑和作一传记。他说:"日本人桑原骘藏曾作了一部《宋末泉州提举市舶使蒲寿庚的事迹考》,以蒲寿庚为中心,叙述唐宋时代中国与阿拉伯人在海上交通的情形。若是有人以郑和为中心,而叙述元明时代中国与西方之交通,钩稽群书,疏通证明,其成就一定不会比桑原的书坏。"③他自己就曾有意"将郑和的事迹仿照桑原氏《蒲寿庚考》的办法,钩稽群书,阐发幽潜,为元明两代海上交通史的缩本。……只苦没有暇日,使辑书之举一时未能卒业,郑和一作更其没有动手"。④ 向达虽未能撰写郑和相关著作,郑鹤声和束世澂却是继其之后有相关著作问世。

郑鹤声的郑和研究,不同于当时学者之处在于他充分利用了碑文资料,尤其是他发现了刘家港《通番事迹记》碑文和《静海寺残碑》。刘家港《通番事迹记》碑文在明嘉靖年间钱谷《吴都文粹续集》卷二十八内有录,顾炎武《天下郡国利病书》卷十九"江南"七中也有记录,但顾炎武只录了碑文的后半部。另外清陈文述《秣陵集》卷六,也提及"今刘河天后宫有通番事迹石刻"之句。1935 年夏,郑鹤声从《吴都文粹续集》(四库全书珍本)中发现该文,"取与《明史》'成祖本纪''郑和传''外国传'等相较,其出使年岁大有歧异"。⑤ 据此,郑鹤声撰《从新史料考证郑和下西洋之年岁》一文,考证了郑和七下西洋的年岁,

---

① 向达:《关于三宝太监下西洋的几种资料》,《唐代长安与西域文明》,第 453 页。
② 冯承钧:《郑和下西洋考序》,伯希和:《郑和下西洋考·交广印度两道考》,冯承钧译,上海古籍出版社,2014 年。
③ 向达:《关于三宝太监下西洋的几种资料》,《唐代长安与西域文明》,第 432 页。
④ 向达:《介绍〈蒲寿庚考〉》,《史学杂志》第 2 卷第 1 期,1930 年。
⑤ 郑鹤声:《娄东刘家港天妃宫石刻"通番事迹记"》,《国风》第 7 卷第 4 号,1935 年。

"校正其余记载之谬误",认为郑和"先后七奉使,所历三十余国,涉沧溟十万余里,不可谓非盛事。无怪以后凡将命海表者,莫不盛称和以夸外番,和诚一大伟人也"。① 冯承钧认为郑鹤声的"考证是不错的"②。1936 年春,郑鹤声探访静海寺,发现了《静海寺残碑》。当时拓得碑文一百四十八字,有助于考证郑和"宝船"的实际大小。该残碑追述通番往事,语气、字迹、格式都与《通番事迹记》碑文及《天妃灵应碑》碑文相仿,也是考证郑和出使事件之珍贵实物资料。除此两碑以外,郑鹤声于收集郑和史事未尝懈息,除自行博采文物图片外,更托人向各处摘抄相关文献,曾亲赴云南、福建等地寻访郑和资料,先后撰成《郑和出使之宝船》《郑和之家世及其境遇》《郑和》《郑和遗事汇编》等论著。

《郑和》全书分绪言、正文和附录三部分,1945 年由胜利出版社出版,为"历代贤豪"第二辑,同年获重庆教育部学术奖金。其正文部分凡六章:(一)郑和之生平,(二)出使之因果,(三)使团之组织,(四)航行之概况,(五)出使之经过,(六)诸国之风物。附录四:(一)本传,(二)碑记,(三)诗赋,(四)海外诸国释地。其中所论,多能成一家之说。如郑和出使具体时间,历来众说纷纭,史书记载也是歧异纷见。如《明史·郑和传》《明纪》《明通鉴》记载了郑和七次出使时间,但各有不同。即如法国汉学大家伯希和,"把他(指郑和,引者按)七次下'西洋'的年月加以考证,但是其中倒有五次弄错了"③。伯希和之所以会出错,是因为他没有看到国内新发现的碑文资料。而郑鹤声依据各种新出资料,在原来《从新史料考证郑和下西洋之年岁》一文基础上,对郑和七次出使西洋时间重加考订,得出郑和七下西洋时间分别为:永乐三年、永乐五年、永乐七年、永乐九年、永乐十

---

① 郑鹤声:《从新史料考证郑和下西洋之年岁》,《大公报·史地周刊》第 57 期,1935 年 10 月 25 日。
② 冯承钧:《为〈瀛涯胜览〉答伯希和教授》,《冯承钧学术论文集》上,上海古籍出版社,2015 年,第 254 页。
③ 朱偰:《〈郑和〉自序》,徐建荣主编:《孤云汗漫——朱偰纪念文集》,学林出版社,2007 年,第 357 页。

一年、永乐十五年、永乐十九年、宣德六年。研究者关于郑和出使时间的考订之所以会不一致，乃是"碑文以永乐五年至七年为第二次出使之期，永乐七年至九年为第三次出使之期，而诸书则合并为一次，误为第二次出使之期"①。

《郑和遗事汇编》为郑鹤声应金兆梓之约而编写，着重点为《郑和》所未备者，是以该书取材与《郑和》多有相同之处，但详略不同。其主要内容为：第一章郑和之世系里邸，第二章郑和之品性与时代，第三章郑和之生卒与年表，第四章郑和经历之地方与港口，第五章郑和出使之年岁与大事，第六章诸国朝贡之事略，第七章郑和之轶闻。另有补遗，附录了诸书所载诸国之数目和诸国名称之异同。书中所搜集之史料，多为同类书未见者。1948年9月28日天津《益世报·史地周刊》介绍此书时指出："曩者法国汉学家伯希和氏撰《郑和下西洋考》（冯承均译，商务出版）及补考补遗（均见通报，补遗之译文见中国学报冯译）。此外，冯承均氏撰《中国南洋交通史》（商务出版）均曾详考郑和之事绩及其奉使之经过，惟郑氏此篇所搜集之史料，多有未见伯、冯诸氏之书者，材料之搜集，极为完备，这非他书所能及也。"②郑鹤声也以《郑和》与《郑和遗事汇编》"被称为研究郑和最有权威的学者"③。

束世澂曾应商务印书馆之约编撰《南洋群岛拓殖史》，后与刘继宣合著《中华民族拓殖南洋史》，该书第五章《明代之南洋拓殖》讲的就是郑和与南洋的关系，叙述了南洋诸国与中国的历史来往关系。1941年，《郑和南征记》作为青年史地丛书之一由青年出版社出版。全书凡七章：（一）绪论，（二）明代以前的南洋经营，（三）郑和，（四）郑和南征纪事，（五）郑和南征的价值，（六）郑和的辅佐及郑和以后，（七）郑和所传南海风俗。束世澂认为中国经营南洋不同于西方的

---

① 郑鹤声：《郑和》，胜利出版社，1945年，第216页。
② 郑鹤声：《郑鹤声自述》，高增德、丁东编：《世纪学人自述》第2卷，第32页。
③ 曾锦波：《郑和下西洋考略》，无出版信息，第29页。

强取豪夺,充分表现了中国人的博爱、和平和信义,足以"永光天壤"。①书中详细考证郑和七下西洋的史事、经过,以及历代对南洋各国经营和造船情况,并介绍了史籍记载、人员、影响、成就、郑和生世、南洋风俗等。"作者对《明史·外国传》中叙述西洋各国作了详细的分析综合,分叙了郑和每次出洋到达各国的活动及各国来朝的情况,总结出郑和七下西洋的功绩在政治上是睦邻友好,帮助了一些弱小国家;在经济上是兼办贸易活动,不但为宫廷取获重宝,也输入了大量的民用品。还叙录了随同出洋人员以及西洋各国的风俗。束世澂的这本传记在涉及的范围和包含的内容上,都比较前人写的有了很大的提高。"②是以方豪认为该书"编著尚善"③。

南高学派的学术研究素有发扬民族主义精神之情怀,郑鹤声和束世澂等人研究郑和亦不例外。中日战争全面爆发后,中国所处的严峻形势需要激励民气,振奋民心,让中国民众始终相信中国不会亡。"自东北四省失陷以来,我们的国家受外辱凌逼可算到了极点,所以有血气的人们,大都暂时放弃了纯学术的研究,而去从事于实际工作,至于留在学术界的人物,也渐渐转换了研究方向。"④在国外,南洋各国纷纷沦为殖民地,反华、排华、屠杀华侨的事件不断发生。许多华侨寄希望于郑和,因为郑和"之所以来南洋,就为驱除'番仔',保佑'唐郎'","他是古时一位万能的神人,超乎诸神之上的"。南洋华侨"以为华人的一切休咎都是从他得来的,因此到处有三宝公庙,岁岁祭祀勿衰"。"华侨的信仰三宝公,的确较国内吃食店之敬关公,读书人的尊孔子,尤为热烈。他的地位,简直可以和基督教的耶稣,回教的谟汉默德相当,几成为一个宗教主了;所以在传说中,他是法力无边,万物听命的。"⑤于是,有关郑和在南洋的史迹、传说、地名考等,

---

① 束世澂:《郑和南征记》,青年出版社,1941年,第10页。
② 李士厚:《郑和新传》,晨光出版社,2005年,第23页。
③ 方豪:《中西交通史》下,上海人民出版社,2008年,第430页。
④ 童书业:《古代地理专号序》,《禹贡》第6、7期,1937年。
⑤ 许云樵:《三宝公在南洋的传说》,《珊瑚》第3卷第2期,1933年。

就成为研究南洋问题的重要内容。他们希望通过对郑和的研究来振起国人的民族精神,支持国家抗战。郑鹤声和束世澂等人的论著就担负起了这样的历史使命,他们也有着高度的自觉和使命感。束世澂和刘继宣合著的《中华民族拓殖南洋史》就是为南洋华侨而写,书中指出:"中国民族,无论从智力体力各个的团体的方面言,皆不亚于世界任何优秀人种。方今外祸侵陵,日蹙百里,国人或庸有惴惴焉堕其自信力者,则请观于是篇(指《中华民族拓殖南洋史》——引者注)。""愚等之为此编,或于唤起民族之自觉心,恢复民族之自信力,不无裨益。"①书的最后还就南洋华侨相关问题提出了10条建议。在《郑和南征记》中,束世澂认为中华民族是非常注重正义的,"注重正义的人群,有时会吃眼前的亏,但我们相信正义必能得最后的胜利"。② 同样,郑鹤声编著《郑和》和《郑和遗事汇编》,也是深感于"日本帝国主义者变本加厉,益肆其侵略之狂焰,既并我朝鲜,割我台湾,又欲侵占我全国,以遂其大陆之政策,扰乱世界之和平,蔑视人类之信义"。"缅怀郑和出使之往事,当益知所自勉也。"③

四、向达:中西交通史大家

向达在南高师期间,就已经撰写了中西交通史方面的论文。在商务印书馆编译所工作时,翻译了《高昌考古记》《斯坦因黑水获古纪略》《斯坦因敦煌获书记》《斯坦因第三次中亚考古略记》《葡萄考》等作品。其后他开始翻译卡特(T. F. Carter)的著作《中国印刷术之发明及其西传考》(*The Invention of Printing in China and Its Spread Westward*),部分译文如《中国印刷术之发明及其传入欧洲考》《土鲁番回鹘人之印刷术》《日本孝谦天皇及其所印百万卷经咒》《高丽之活字印刷术》等登载于《图书馆学季刊》和《北平图书馆馆刊》等刊物。1930年秋,经同学赵万里介绍,向达任职于国立北平图书

---

① 刘继宣、束世澂:《中华民族拓殖南洋史》,国立编译馆,1935年,"导言"。
② 束世澂:《郑和南征记》,第10页。
③ 郑鹤声:《郑和遗事汇编》,中华书局,1948年,"自序"。

馆,担任编纂委员会委员,"主要工作为编辑《国立北平图书馆馆刊》"①,"自此进入书的海洋之中,便充分利用这一有利条件,废寝忘食学习和工作,经常伏案到午夜一、两点钟"。②"那时的北平,名家如云。研究中外文化交流的长者有陈垣、陈寅恪和冯承钧。馆内还有一批潜心治学的青年精英,如赵万里、王庸、王重民、贺昌群、谢国桢、孙楷第、于道泉、刘节等人。他们各有专长,互相砥砺,在整理和介绍馆藏图书文献的同时,密切关注当代学术发展潮流,既传播学术信息,又不断开拓新的研究领域。"③也正是在北平图书馆工作的时期,向达明确了在中西交通史和敦煌学方面的研究方向,并迅速在上述领域确立了自身的学术地位。先后出版了《明清之际中国美术所受西方之影响》《中外交通小史》《唐代长安与西域文明》《中西交通史》《鞑靼千年史》《斯坦因西域考古记》等,他"专门研究中西交通史,在西南联大和北大开过中西交通史、印度史、中国考古学史、亚洲史和中国史料学等课程"④。向达的中西交通史课程给学生留下了深刻印象,何兆武在40多年后还记得当时向达"讲起中西交通史来,历历如数家珍,他特别强调中世纪中国的思想和文化所受到印度的极大影响"⑤。顾颉刚在晚年日记述及向达时,也认为"向觉明(达)治中西交通史,冯承钧、张星烺逝世后仅有斯人"⑥。而奠定向达中西交通史大家地位的,无疑是《中外交通小史》《中西交通史》《唐代长安与西域文明》等论著。

1930年10月,《中外交通小史》作为万有文库之一种由商务印书馆印行出版。该书以亨利·玉尔(Henry Yule)所著《契丹及通往其路途》(*Cathay and the Way Thither*)一书为蓝本,分为绪论、希腊罗马与中国古代的文化交通、中国与中亚、中国与伊兰文化、印度文化

---

① 沙知:《编后记》,《向达学记》,第326页。
② 潘铺:《纪念向达先生诞生九十周年》,《云南师范大学学报》1992年第4期。
③ 阴法鲁、肖良琼:《中国敦煌学的开拓者——向达》,《向达学记》,第18页。
④ 向达:《向达自传》,《向达学记》,第3页。
⑤ 何兆武:《中西文化交流史论》,湖北人民出版社,2007年,第212页。
⑥ 顾颉刚:《顾颉刚日记》第10卷,中华书局,2011年,第620页。

之东来、中国与阿拉伯的交通、中国文化之东被与南传、景教与也里可温教、中古时代到过中国的几位外国人、明清之际之中西交通与西学等9章。向达虽以 Cathay and the Way Thither 为"张本",但他"也不是完全据此书,此书只详中国通西方的交通,于中国文化的东被及南传既不着只字,于中外交通在文化上的收获,也没有提及;又于明清之际中西文化上的交通,更屏弃不道,对于这些处所,我都就我所知,为之补充。至于各时代的交通路线,则就中国史籍所纪为之摘录,列于附注之内;偶有可以补充正文的也列入附注。所以这部小书其实就是一部中外文化交通小史"①。在中西交通史著述中,对中西文化交流予以极大关注,这是向著的特色,这也应与他师承柳诒徵有很大关系,就如柳氏《中国文化史》开篇力斥"中华民族西来说"一样,向达在书中也是对这一盛行一时的说法提出了自己的见解,认为要"等待中国的考古学大盛,地下掘出的实物一多,方才可以得一近乎正确的解答"②。

1934年3月,《中西交通史》作为中华百科丛书之一种由中华书局印行出版。全书凡十章,计为小引及叙论、中国民族西来说、古代中西交通梗概、景教与也里可温教、元代之西征、马哥孛罗诸人之东来、十五世纪以后中西交通之复兴、明清之际之天主教士与西学、十八世纪之中国与欧洲、十三洋行、鸦片战争与中西交通之大开等。另附录《中西交通大事年表摘要》《中文名词索引》和《西文名词索引》等。叙述重点是中国同欧洲诸国在政治和文化交通方面的情形。该书将"中国民族西来说"列为专章,强调"一定要把地下的材料和纸上的文献,充分地找出来,然后验之制度、文物、古代文字、声音、传说而皆合;稽之地下新出各种材料而不悖,方可以作近似的决定"③。张一纯认为该书与《中外交通小史》相较,"后来者居上,新出的《中西交通史》,似乎精彩得多呢!"优点有四:中西交通大事年表的编制、参考书

---

① 向达:《中外交通小史》,商务印书馆,1930年,"作者赘言"。
② 向达:《中外交通小史》,第3页。
③ 向达:《中西交通史》,中华书局,1934年,第9—10页。

籍的介绍、剪裁新颖、增加插图。①

向达的这两本交通史著述,在中西交通史学科确立过程中具有非常重要的地位。在二书中,向达不仅提出了"中西交通史"的学科名称,还明确了中西交通史的研究内容和范围。何谓交通史?他说:

> 所谓交通史有两个意义:一是就交通制度的本身而言,如中国历代交通器具的变迁以及交通时间的缩短,都是这一类交通史中讨论的资料;一是就这一个地理单位同又一个地理单位在各时代交往的情形及其影响而言,如中国同日本历代往来的梗概,和其在文化上所激起的变革,那是这一类交通史所要讨论的。②

在向达看来,中西交通史当然属于后一类。明确了交通史研究对象后,向达又提出了交通史研究的范围:"在时间方面既需上下几千年,在空间方面也得纵横九万里。不仅要述到中外政治上的交通,即在文化方面,小而至于名物度数之微,大而至于思想世运之转,都不能不为之一一标举,溯其流变。"③在此基础上,向达提出了交通史分期的三段论:先秦以前是中国所有文化孕育发展略告完成时期,其间中西双方图谋接触,但基本没有什么交往;秦汉至宋代为印度佛教传入中国并影响中国时期;元明以后为中西交通的高潮时期,"七百年来的中国,同西方的文化一天一天的接近,同印度的文化一天一天的离远"④。从而推进了中西交通史学科的确立。张维华认为,"确定了这一学科的正式名称,建立了中西交通史的体系","主要以《中西交通史》(向达,1930)和《中西交通史料汇编》(张星烺,1930)两部著

---

① 张一纯:《书评:中西交通史》,《出版月刊》第3期,1937年。
② 向达:《中外交通小史》,第1页。
③ 向达:《中外交通小史》,"作者赘言"。
④ 向达:《中西交通史》,"叙论"。

作的问世为标志"。①

对于二书的价值,曾有学者指出:"这两本书取材精当,立论新颖,提纲挈领,脉络分明,章节安排在侧重点有所不同。它们是姊妹篇,可谓先生早期在中西交通史研究方面的奠基之作。开榛辟莽,导夫先路,先生旁征博引,从浩如烟海的史料中为中西交通史整理出一个头绪,其功诚不可没。"②也正因为此,向达与张星烺、冯承钧三人在中西交通史领域鼎足而三,并为顾颉刚认为是对中西交通史的研究贡献最大者之一。③

1933年10月,《唐代长安与西域文明》作为《燕京学报》专号之二刊发;1957年,向达出版《唐代长安与西域文明》即以此篇论文作为书名。该文以唐代传入中国的西域文明与长安有关系的史事为核心,加以分类排比和系统论述,除叙言和附录外,阐释主题有七:流寓长安之西域人、西市胡店与胡姬、开元前后长安之胡化、西域传来之画派与乐舞、长安打球小考、西亚新宗教之传入长安、长安西域人之华化。七大主题,若有人着力甚多,向达就从略或概略叙述并注明出处。如《西域传来之画派与乐舞》节中论及胡旋舞,言:"胡旋舞,日本石田干之助氏有《胡旋舞小考》一文,考证綦详,余愧无新材料以相印证,兹惟略述其概而已。"又如《西亚新宗教之传入长安》节中,向达坦承:"关于西亚诸宗教之流行中国,近世各贤讨论綦详,愧无新资料以为附益,兹谨述其流行长安之梗概如次。"④但若前人未曾着墨,向达亦竭力搜求史料并加以考证,以期还原历史。如《长安打球小考》一节,"玲珑跌宕,考证最精,加以著者清隽流畅之笔,尤觉声色照人,读之宛然白头宫女为吾人谈开元天宝遗事,忽忽忘倦"⑤。无怪乎有论者认为,"《唐代长安与西域文明》是唐代中西文化交流史方面的力

---

① 张维华、于化民:《略论中西交通史的研究》,《文史哲》1983年第1期。
② 阎文儒、陈玉龙编著:《向达先生纪念论文集》,新疆人民出版社,1986年,第24页。
③ 顾颉刚:《当代中国史学》,第112页。
④ 向达:《唐代长安与西域文明》,第53、67页。
⑤ 贺昌群:《唐代长安与西域文明》,《向达学记》,第36页。

作,此文不仅在内容所涉及的范围方面超过了前人,而且也有相当的深度,其所阐释的六个突出方面(指七大研究主题的前六个——引者注),迄今仍不断地被地下层出不穷的考古资料所证明"。①

中西交通史作为一门新兴学科,学者多致力于发掘新旧史料来阐释中西交往中的诸多面向,若能借助语言工具,尤其是拉丁文和法文等,其研究必将事半功倍。南高学派中人精通英语,但不通拉丁文和法文,向达就认为"中国习学法文的不甚多",所以法国学界关于中西交通史的研究成果"我们学术界能够利用参考的便寥寥可数"②,也曾"以自己不谙拉丁文及法文",希望方豪接棒十六七世纪的中西交通史③。事实上,当世国际汉学祭酒伯希和就以自己精通欧亚多种语言及众多古文字和死文字之便利,其学问几乎涉及东方学的所有领域,因此中国学者对其著述也多有译述,中西交通史大家冯承钧就曾译介了伯氏的《郑和下西洋考》《蒙古与教廷》《交广印度两道考》等。是以,未能借助法文和拉丁文等语言来研究中西交通史不能不说是南高学派的一大遗憾。虽如此,向达的交通史著述"首次系统考察了近代以前整个中西交通的历程,对中西交通的渊源、演变及影响的来龙去脉,条分缕析,简洁明了,初步形成了中西交通史体系,也便于人们对整个中西交通过程的认识和把握,从而为后来的中西交通史研究奠定了基础,提供了不少有益的借鉴"。④ 另外,王庸和郑鹤声等人的研究则是提示了于传统书籍之外,地图和碑帖等实物资料在中西交通史研究中具有重要的作用。南高学派在中西交通史领域的实践,极大地推动了中西交通史学科的确立与发展。

---

① 荣新江:《敦煌学新论》,甘肃教育出版社,2002年,第358页。
② 向达:《悼冯承钧先生》,冯承钧著,邬国义编校:《冯承钧学术论文集》(下),上海古籍出版社,2015年,第681页。
③ 李东华:《中西交通史》,仓修良主编:《中国史学名著评介》第5卷,山东教育出版社,2006年,第8页。
④ 修彩波:《近代学人与中西交通史研究》,光明日报出版社,2010年,第198页。

第五节　中国民族史研究

20世纪二三十年代,随着民族学、人类学和社会学等新学科理论传入中国,一批学者开始从事中国民族史研究,前有梁启超和王国维等人之倡导,后有王桐龄、吕思勉、林惠祥、缪凤林、刘掞藜和张其昀等人之开拓,都撰有《中国民族史》(张其昀是《中国民族志》)。我国的民族史研究取得了长足进展,近代意义上的民族史研究开始出现。以往学者研究的主要对象集中在梁启超、王国维、李济、王桐龄、吕思勉、林惠祥等人,甚少涉及缪凤林、刘掞藜、张其昀等南高学派同人的民族史研究。事实上,南高学派在民族史研究上所取得的成果,与王桐龄、林惠祥等人相较,殊不多让。中国考古学之父李济认为:"现代中国考古学家的工作,不能仅限于找寻证据以重现中国过去的辉煌,其重要的责任,毋宁说是回答那些以前历史学家所含混解释的,却在近代科学影响下酝酿出的一些新问题。""其一是有关中华民族的原始及其形成,其二为有关中国文明的性质及其成长。"[1]李济希图通过考古发现来回答历史学家"含混解释的"两大问题,南高学派则是在考古学发展起来之前,即已致力于解决第一个问题。

一、缪凤林的中国民族史研究

缪凤林对于中国民族史的关注。缪凤林在中央大学任教时编有《中国民族史》讲义,完成于1930年前后,有1936年中央大学铅印本[2]。当时该课程"专究中国民族之构成与其进化及今日民族分布之状况",其内容大要如次:(一)汉族之构成;(二)汉族之演进;(三)满蒙藏诸族及回教民族苗族之起源及其演进;(四)中国史上过去诸民族之回溯;(五)中国民族海外拓展之成绩;(六)今日中国境

---

[1] 李济:《中国文明的开始》,张光直主编:《李济文集》第1卷,上海人民出版社,2006年,第366—367页。

[2] 杜信孚等编著:《同名异书汇录》,江苏古籍出版社,2000年,第20页。

内之民族及其问题。"旨在阐明今日中国民族构成之原素与其融化，由民族之兴衰研究中国民族精神之特长与缺点，并考求中国境内诸族与汉族关系之今昔及今后联络融合之方策，期为解决中国民族问题之一助。"①缪凤林最后形成的讲义是从中华民族之由来、民族之成分、华夏势力之扩张、异族势力之侵入、异族之华化、各地民族之开化、民族精神与缺点、民族思想之消长等8个问题入手，探讨中华民族的历史，希图国人能明了中国"现今所处之危机，亡国灭种之祸之迫在眉睫。必如何振起吾民族之精神，始能图存于世界"。至于中华民族的政治、学术、宗教、礼俗，异族统治下的夏族状况，民族的迁徙，血统的混杂，谱系的分合等，缪凤林欲"别为篇详之"。② 而这部分内容可以从《中国通史纲要》和《中国民族之文化》等论著中得见。该讲义笔者尚未得见，但讲义部分内容可见《中国民族西来辨》《中国民族由来论》《中国民族史序论》《国史上之民族年代及地理述略》《两晋南北朝汉族对异族之态度及异族统治下汉族之地位》《中国民族之文化》《从国史上所得的民族宝训》等文，已大略可见其民族史著述之架构和特色。上举诸文以《中国民族由来论》和《中国民族西来辨》最为人所熟知，二文驳斥了"中华民族西来说"等言论，坚信中华民族并非来自西方，中华文明乃中华民族之独创。

  关于中国境内民族分类，缪凤林依照民族分布的地理方位将民族分为四类，北方国族，如东胡；南方国族，如瓯、闽；西方国族，如西戎；东方国族，如莱夷。③ 其后又称"国史主人，今号中华民族，其构成之分子，最大者世称汉族。自余诸族，无虑百数，世或别之为五：正南曰苗族，正西曰藏族，东北曰东胡族，西北曰突厥族，正北曰蒙古族"。④ 可见，缪凤林是有民族、国族意识的，只是他并未对此加以阐释。在具体研究中，他也并未仅仅依据传世文献，也充分利用当时的

---

① 《国立中央大学文学院史学系课程规则说明书》，《史学》第1期，1930年。
② 缪凤林：《中国民族史序论》，《史学杂志》第2卷第4期，1930年。
③ 缪凤林：《中国通史纲要》"四裔国族表"，第43页。
④ 缪凤林：《中国通史要略》，第3页。

考古发现和人类学研究成果。如在驳斥安特生的结论时,缪凤林就依据了步达生的研究成果。北京协和医院解剖学家步达生有《奉天沙锅屯及河南仰韶村之古代人骨与近代华北人骨之比较》《甘肃史前人种说略》《甘肃河南晚石器时代及甘肃史前后期之人类头骨与现代华北及其他人种之比较》等论著,认为:"仰韶、沙锅屯居民之体质,与史前甘肃居民之体质亦相似,盖三组人之体质,均似现代华北人,即所谓亚洲嫡派人种也。""吾人比较研究之结果,颇不易避去沙锅屯、仰韶居民体质与近代华北居民体质同派之结论。"缪凤林据此来论证中华民族并非西来,"我们可以没有疑虑的说,史前人种的头骨,在物理性质方面,很明显的代表一种东方派的人种。因为史前及现代华北人种有许多相同之点,我们更可以谓史前人种为中华原始人"。①

缪氏的民族史研究,具有以下几个明显特点:

第一,力斥中华民族西来说。无论是《中国民族西来辨》,还是《中国民族由来论》,乃至《中国通史纲要》,缪凤林都在极力否定"中华民族西来"说。缪凤林认为,中国民族之由来,远在有史以前。欲加考证,自必凭借有史以前之遗骸与用器。而当时国中地质、古生物、人类诸学,或则才有萌芽,或则犹未发轫。遗骸、用器,发现者绝无仅有。遗骸、用器发现极少,不得已而依据文字。而文字之缺乏依然。如此,各种中国民族西来的理论就有机可乘,在中国大行其道。他重点批驳了拉克伯里的巴比伦说,认为此说"不仅为事所必无,抑亦理所难有者也"。因为就地理环境而言,西亚民族在伏羲、黄帝之时,于数年之内,能经千万里高山雪岭和沙漠不毛之地到达中国,即使在数千年之后犹视此为难途。若论年代,则中国远在旧石器时代,而巴比伦仅可溯至新石器时代;论人种,则中华民族为黄种人,而塞姆人、霭南人为白种人,苏米尔人亦近似白种人。从文物创作看,中国有旧石器文化,而巴比伦没有;中国河南等地出土的新石器也与巴

---

① 缪凤林:《中国民族由来论》,《史学杂志》第2卷第3期,1930年。亦见《中国通史纲要》,第142—143页。

比伦不同；殷墟、甲骨文更是中国独有，那些"见于载籍而可信"的文化也多为巴比伦所无，同样"巴比伦之学术技艺等，为古代中国所无者尤多"。有学者认为，"若谓诸人苟不相同，何以其发音又若是之近似"。缪凤林指出，"各种文字，各有其音，亦各有其形与义，三者一异而二同，一同而二异，固未可附会。即三者全同，既无此出于彼之确据，亦只能目为偶合，断不能以其偶合而谓为相出"①。在后来的《中国通史纲要》中，缪凤林更是专辟一节"民族西来说之不经"，从地理、人种、年代、文物和论证5个方面加以驳斥，得出了"西来说去事理益远矣"的结论。②在缪凤林看来，"吾民族自有史以前，久已生息东亚，有史以来之民族，决无外来之可能"。③顾颉刚在回顾民族史研究时说："关于中国民族由来的讨论，自清末以来，讨论也很热烈，虽然这问题到现在还无定说。大家如要知道他们辩论的内容，可参看缪凤林先生的《中国民族西来辨》（《学衡》第三七期）、《中国民族由来论》（《史学杂志》二卷二期及三、四合期）这两篇文中，已把中国民族由来的各说大略都引征和评论到了。"④

第二，以"汉族"和"异族"势力消长来叙述中国民族历史。其《中国民族史》讲义即有"异族势力之侵入""异族之华化"两章来论述非汉族民族与汉族之间的斗争与被同化的史事。在《中国通史纲要》和《中国通史要略》中，具体章节安排也是以汉族与少数民族即异族之间的斗争与融合为主线。"自上古以来，内则诸部落相攻战，外则与

---

① 缪凤林：《中国民族西来辨》，《学衡》第37期，1925年。关于文字上的异同，柳诒徵言："世人附会中国人种西来之说，谓八卦即巴比伦之楔形字。愚谓卦象独具横画，不作纵画，实为与楔形字之极大区别。楔形字或纵或横，且多寡不一，故亦无哲理之观念。八卦之数止于三画，又以一画之断续，分别阴阳，而颠倒上下，即寓阴阳消息之义。故八卦可以开中国之哲学，以一为太极，以一为两仪，以三为天地人，举宇宙万有悉可归纳其中。……使世人观玩巴比伦楔形文字，虽极力附会，必不能成一有系统之哲学也。"（柳诒徵：《中国文化史》，第28页）
② 缪凤林：《中国通史纲要》，第29—32页。
③ 缪凤林：《中国通史要略》，第18页。
④ 顾颉刚：《当代中国史学》，第129页。

诸侯启竞争,亘数千百年,乃合诸小民族为一大民族。"①在一些具体描述异族的章节,缪凤林也分析了异族为何会入侵的原因。如论及两晋南北朝混乱与对峙之因,缪凤林认为"异族入侵为最大的关键","而异族入侵则以杂居塞内为主因"。西汉时就采用吸收之策,归化请降的异族多增属国于边郡以处之。匈奴昆邪王投降,就在边郡设置五属国来安置他们。对于请降的羌族亦如是,"而胡羌之人处汉地者,亦不止诸属国之数郡数县"。东汉之世,羌族迁徙关中,入据三辅;氐族由岷山附近散居巴蜀之地,"而河湟之中,复有月支胡杂处,荐居张掖,侵略陇西,皆异族入侵之渐"。"故东汉之世,上虽足以继西汉之边,下亦即以开晋代之戎患。"曹操又将匈奴分为五个部落,逢塞外水灾,塞泥、黑难等部落"自塞外归化,益与汉族杂居"。而氐、羌、乌桓、鲜卑等民族也在北魏初年迁居塞内。晋武帝时又盛纳降胡,而到了晋惠帝时代,因为国力下降,"其势益不可制"。加之水旱大灾和疾疫等因素,原来与异族杂居的汉族大多迁移,原地"汉族或十不存二"。由于晋惠帝昏庸无能,"内则贾后八王,祸乱相寻,外则州郡空虚,盗贼蜂起"。社会矛盾极其尖锐。"而边吏士庶或侮异族之轻弱,侵淫倍至,使其怨恨之气,毒于骨髓。边鄙愚民,或习其犷悍之俗,渐摩濡染,弃夏就夷。异族以贪悍之性,挟愤怒之情,加以入居既久,识边塞之盈虚,明山川之险易,候隙乘便,遂为横逆"。② 虽如此,诸异族最终皆被"华化",盖中国政教文化根柢深固,诸族仿中国之意,"又多用汉人为政"。③ 以此为例,通观中国历史,"虽乱于五胡,割于拓跋、宇文,肉于女真,亡于鞑靼、建夷,数过时迁,仍能统承烈祖,修其旧物"。④ 在民族融合同时,缪凤林认为中华民族已经成为一个血缘相互混合的群体。"隋唐之一统,自种族言之,不徒上承汉魏

---

① 缪凤林:《中国通史要略》,第25页。
② 缪凤林:《中国通史纲要》第2册,南京钟山书局,1933年,第153—161页。
③ 缪凤林:《中国通史纲要》第2册,第243页。
④ 缪凤林:《中国通史要略》,第11页。

以来诸族混合之果也,亦容纳当时无数之四夷,加入无数之外族血统。"①

第三,注重中华民族精神和特点的分析。在讲义《中国民族史》中有专章《民族精神与缺点》,缪氏认为中国民性异常复杂,难以一语概括,"但全民族自有其共同之精神,而优点所在,缺点亦寓其中焉"。举以概之,家族主义导致人以家族为重,以国家为轻,官吏贪墨任私;中庸主义导致国人"习于消极妥协,不能积极进取","政治社会,奄无生气";世界主义使国民"乏国家观念","鲜敌忾同仇之心";和平主义使国人"流于文弱,与外国遇,常致失败";不干涉主义使得"政治为少数人之专业,民不之问";实用主义使国人"重实利而轻理想,可与乐成,难与虑始",中国"遂鲜纯粹之科学"。② 在以《中国民族史》为名的著述中专章讨论中华民族的精神和缺点的,在当时是颇为少见的。缪凤林的这一分析,在其此后的通史著述中再度展现。数年之后,中日战争全面爆发,缪凤林努力"从历史上寻得民族最可宝贵之经验教训,以为国人思想行动之指南针"③,共得12条民族宝训,分别为:民族主义至上、国家至上、吾民族自力之表现为民族赓续生存发达之基础、民族思想之不坠为吾民族屡蹶屡兴不至卒亡之关键、民族自力之充分的发展与表现受灾国家之统一、民族自力之充分的发展与表现次在上有统率指导之领袖,下有克尽义务之全体国民、民族自力之充分的发展与表现又在全民族身心之康健、颓废浪漫之思想与行为足致民族国家于危亡、历代民乱之因源于内者为灾害流行与官吏横征暴敛导致的贫富不均、各种规制与礼俗可努力改善而不可轻言废除、改进田制当注重农田水利与分配、改革政治应自健全的地方自治始。在宣扬民族主义同时,缪凤林提出了"民族自力"的概念。所谓"民族自力"就是能以自力创造种种文物政教,能以自力克服种种困难艰阻,能以自力外拓国境,能以自力内辟僻壤。"一部中华民族史,就民

---

① 缪凤林:《中国通史要略》,第174页。
② 缪凤林:《中国民族史序论》,《史学杂志》第2卷第4期,1930年。
③ 缪凤林:《从国史上所得的民族宝训》,第2页。

族自力表现之观点言,即此四种自力表现之记录而已。"晚近国族衰弱,"非因吾民族已往之无力,乃吾人失坠吾民族固有自力之咎"。倭寇荼毒中国,然以历史观之,"亦不过吾民族历世所受外患之一耳。倭人虽强,方之汉世之匈奴,唐世之突厥,犹若不逮"。所以,只要恢复"民族自力","倭寇之驱除也必矣"。①

缪凤林在中国民族史研究方面的论著虽不多,其讲义《中国民族史》"史"的特点也并不突出,没有采用分期的方法来叙述中国民族发展历程,也并未付梓行世,但缪氏民族史论著的相关结论和观点却也多为学界所认可。如林惠祥在论述中华民族华夏系时所列的参考书目中就有缪凤林的《中国民族由来论》《中国民族西来辨》《中国通史纲要:国史上之分类,国家种族之定名》《中国通史纲要》第一册等。

二、刘掞藜的《中国民族史》

刘掞藜关于民族史的论文有《月氏与东西文化之关系》《晋惠帝时代汉族之大流徙》《唐代藩镇之祸可谓为第三次异族乱华》等,著作则有《中国民族史》讲义,完成于其执教国立成都大学期间(1928—1930)。

刘掞藜的民族史研究始于《月氏与东西文化之关系》,他在文中指出:"中国史籍虽经过明清以来的人研究补苴,但是这里面依然不知道有多少疑难问题没有解决,不知道有多少谬误没有纠正,也不知道有多少重大事件没有提出讲来。"月氏就是"疑难问题""重大事件","他在汉代不仅有关于中国的政治外交,而且在东西文化上也有很重大的关系"。② 所以,刘掞藜分13个问题来探讨月氏与东西方文化的关系。能系统反映刘氏民族史理念的则是《中国民族史》讲义。在绪论部分,刘掞藜阐述了他对民族分类、民族源流和民族分布等看法。"吾国今日之民族,乃黄种中汉满蒙回藏苗六族所合成。……吾

---

① 缪凤林:《从国史上所得的民族宝训》,第5页。
② 刘掞藜:《月氏与东西文化关系》,《文艺》第1卷第1号,1925年。

国古代则不然。"①此论既暗合于林惠祥的"两重分类法"②,又与王桐龄的"中国人民为汉满蒙回藏苗六族混合体"一说相契合③。除了探讨古今民族分布地域外,刘掞藜还重点回应了"中华民族西来说"。在他看来,中华民族是外来还是土著,"东西学者尚在研究时代,无正确之解决"。结合安特生在仰韶的发掘,"所谓'汉族外来'之说与夫'汉族何时自何而来''其他诸异族又何如'之问,俱有待乎古物家由发掘古物上证明解决"。所以,西人拉克伯里等中华民族外来之说"俱不足据",中人章太炎等附会之说"亦不足信也"。"总之,欲明上古汉族及其四围诸异族是否属外来或土著;其或外来也,又自何时何地,均有待于古物学家之发掘古物。"考古发现之物"远非呻吟残篇以想象者所可同日而语"。是以他一再强调:"欲明有史以前汉族及其四围诸异族之来源,而拘拘于后世臆说之文字,必无当也。"④

大要言之,刘氏的民族史研究有以下特点:

第一,以汉族兴衰和与异族之间的相互斗争为主线来叙述中国民族史。该讲义共十一章,除第一章绪论外,每章名称都以汉族或异族为名,其目如下:汉族势力之开始发展(黄帝唐虞夏商时代)、异族之侵扰及其为汉族所吸收同化(西周及春秋时代)、汉族势力之愈益伸张(战国时代及秦代)、汉族威势之极盛上(西汉时代初期中期)、汉族威势之极盛下(西汉末期及东汉)、汉族中衰,异族之侵入云扰与同化(东汉末期及三国两晋南北朝时代)、汉族势力之复兴与极盛(隋唐时代)、汉族复衰:异族之侵扰与压迫(唐代后期及五代宋代)、蒙古族之极盛与征服汉族(宋代后期及元代)、汉族之三兴与三衰(元明及清初)。汉族与异族交织纠缠的历史从标题中就得以突显。在叙述民族间冲突与融合史事时,刘掞藜归纳了异族同化于汉族的四种方式:

---

① 刘掞藜:《中国民族史》,国立成都大学讲义,日新工业社印,第1页。
② 林惠祥的"两重分类法"是指:"民族史内对于民族之分类应有一种历史上的分类,复有一种现代的分类。""此种'两重分类法'——即以历史上民族与现代民族各位一种分类,然后将前者联合于后者。"(林惠祥:《中国民族史》,上海书店出版社,2012年,第7页)
③ 王桐龄:《中国民族史》下,吉林人民出版社,2013年,第578页。
④ 刘掞藜:《中国民族史》,第5—8页。

(一)诸异族自杂入汉族之内以后,多浸染通习汉族之文籍;(二)异族君主豪酋提倡及模仿汉族之学术与教育;(三)异族君主豪酋立国多采取汉族之政治典制;(四)异族改从汉族姓名,与汉族通婚。① 正是因为汉族与异族之间的融合,刘掞藜认为,中国民族出现了"新汉族"与"新异族":"然因汉族文化根柢深固,表面上虽屡为异族征服,实际上则使各异族之杂入者皆失其故俗而同化。其中固尝彼此倾轧,势不相容,结果终致语言风俗姓氏血统完全融合调和,泯无痕迹。诸异族之名称观念亦日消亡,虽属异族之裔,不复自知其为异族。于是汉族增加多系新血统新分子而成为扩大之新汉族,势力复兴。"同样,随着新汉族形成,"旧日中原所有异族胡羯氐羌鲜卑等既经同化,四方边疆,多系新异族相继起而与汉族接触交涉"。② 正如费孝通所言:"在看到汉族在形成和发展过程中大量吸收了其他各民族的成分时,不应忽视汉族也不断给其他民族输出新的血液。从生物基础,或所谓'血统'上讲,可以说中华民族这个一体中经常在发生混合、交杂的作用,没有哪一个民族在血统上可说是'纯种'。"③

第二,民族史分期。不同于缪凤林的《中国民族史》讲义,刘掞藜的著述有清晰的民族史分期。他以汉族势力消长与异族的入侵和同化为分期标准,将中国民族史分为10期,然后各以专章叙述该时期的民族史概况。民族史分期是民族史书写中一种很好的方法,王钟翰就认为"中国民族史的分期,应该有一个能够反映中国各民族产生、发展、兴旺、衰落或消失的客观规律的研究方法"④。而当时在社会上流行的《中国民族史》著作多采用民族史分期的方法来书写中华民族的历史。如王桐龄的《中国民族史》以汉族势力消长为主线,以汉族"善蜕化之故",将中国民族史分为8期:(1)汉族胚胎时代(太

---

① 刘掞藜:《中国民族史》,第55—58页。
② 刘掞藜:《中国民族史》,第59页。
③ 费孝通:《中华民族的多元一体格局》,方李莉编:《全球化与文化自觉:费孝通晚年文选》,外语教学与研究出版社,2013年,第105页。
④ 王钟翰主编:《中国民族史》上,武汉大学出版社,2012年,第2页。

古至唐虞三代);(2) 汉族蜕化时代(春秋战国);(3) 汉族休养时代(秦汉);(4) 汉族第二次蜕化时代(三国两晋南北朝);(5) 汉族第二次休养时代(隋唐);(6) 汉族第三次蜕化时代(五代及宋元);(7) 汉族第三次休养时代(明);(8) 汉族第四次蜕化时代(清)。[①] 林惠祥则以华夏系为主干,以他族消融于华夏系为次,认定"各民族之每一次接触混合而至同化为一期",将中国民族史分为4个时期:秦以前,汉至南北朝亡,隋至元亡,明至民国[②]。关于三种民族史分期,有研究者认为:"王桐龄的《中国民族史》在分期上与刘氏有着共同之处,但不如刘氏客观。""林、刘分期标准相似,但前者不如后者细致。值得注意的是,林著对各民族在每一历史阶段中发展状况的描述与刘著重合较多,换言之,若将刘著浓缩,与林著吻合度较高。"但林著没有参考刘著。总之,"刘掞藜民族史分期的方法比同时期诸人更加合理"。[③]

第三,叙事简洁,文字凝练。中华民族史事纷繁,相关史籍浩如烟海,如何以较简篇幅来描述黄帝至清初的民族发展史,无疑对刘掞藜的史事剪裁与叙述能力有很高的要求。书中关于汉族与异族之间的史事剪裁与叙述,很是简介和凝练。如"五胡乱华"为时颇久,中原汉族被异族统治达两百余年。当时异族乱华的有匈奴、羯、鲜卑、乌桓、氐、羌及高丽,"特最甚者,厥为匈奴、羯、鲜卑、氐、羌五族,故世曰'五胡乱华'"。在介绍各异族与汉族杂处情况后,刘掞藜将"五胡乱华"分成6个时期来叙述:"(一) 前赵、匈奴强盛时代(约公元三零四年至三二九年)、(二) 后赵、羯强盛时代(约公元三一九年——三四九年)、(三) 前燕(鲜卑)强盛时代(约公元三四九——三六九年)、(四) 前秦(氐)强盛时代(约公元三五零——三八三年)、(五) 后燕(鲜卑)后秦(羌)对立时代(约公元三八四——四零零年)、(六) 元魏(鲜卑)兴盛与汉族南北对抗时代(约公元四零零——五八零年)。"最

[①] 王桐龄:《中国民族史》,"序论"。
[②] 林惠祥:《中国民族史》,第17页。
[③] 渠颖:《刘掞藜史学研究》,华东师范大学硕士学位论文,2016年,第29、30页。

后,他从汉族和中华民族的角度得出结论:"就当时汉族言之,……诚为祸至大也。然就各异族之同化于汉族言之,则实使汉族中增加新血统新分子而种族混合扩大。且汉族南渡……长江流域文化从此日盛,致以后渐驾黄河流域而上之。有斯步骤,汉族势力后益南伸,渐至殖民于南洋,汉族范围,愈张愈大矣。"①

当然,刘掞藜的《中国民族史》讲义并没有具体述及有清一代与民国时期的中华民族史事,不过他在讲义最后有所解释:"关于中国近世种族之分布;汉族之向海外发展……等,均详舍友张其昀所编《中国民族志》,由商务印书馆出版,可往购阅,兹不另编。"②书中也有一些结论稍显武断之处。如"自禹后迄周,蛮夷事迹不见于经籍史传,殆因当时对于汉族均无甚交涉与关系也"。③

三、张其昀的《中国民族志》

张其昀的《中国民族志》由上海商务印书馆出版于1928年,为新时代史地丛书之一种。书分八章:第一章,中华民族发展史。第二章,中华民族之现状。第三章,海外华侨与祖国之关系。第四章,移民实边政策。第五章,原始民族之开化运动。第六章,西北回教徒之分布。第七章,外蒙问题与西藏问题。第八章,中国之民族精神。卷首另有"纲要"一篇,摘述各章的大要。

该书有如下特色:

第一,强烈的现实关照。张其昀的《中国民族志》没有"叙论"或"序"之类,我们无从得见其写作缘由与主旨等,但从书中章节内容安排来看,他的写作具有很强的现实意义,对许多现实问题都予以回应,希望能有助于中华民族的生存与发展。其书第二章为"中华民族的现状",讨论的是中国的人口问题和粮食问题:"主要粮食之不足自给,已属显然,民已穷矣,财已匮矣!"且为了进口大米,中国金钱外

---

① 刘掞藜:《中国民族史》,第40、44、58页。
② 刘掞藜:《中国民族史》,第119页。
③ 刘掞藜:《中国民族史》,第17页。

流,每年在八千六百万元,"不图急救,何堪设想乎"①! 又如第三章"海外华侨与祖国之关系",当时华侨海外分布为,英属马来半岛120万人,荷属东印度群岛70万人,美属菲律宾群岛40万人,法属安南25万人,美国6万人,加拿大5万人,欧洲华侨2万人以上,日本华侨1万人以上。他们"皆爱乡邦,重祖先,姓氏宗族,均仍旧贯,其心目中皆有祖国'唐山'之遗影"。所以,在经济许可情况下,他们都会汇款回老家,如福建漳州和泉州等地华侨每年寄回之款就有三千万元之巨;也有"华侨归国振兴教育实业者,彬彬日出",如陈嘉庚"开办之厦门大学与集美学校,颇得南洋华侨之信仰"。所以,政府应"善为启导,奖励招徕,则华侨必有乐于投资,开风兴起者"。而华侨虽然不少人家财巨万,但也常受不公正待遇,如财产权、营业权、纳税问题、入籍问题婚姻权等需要中国政府能提供强力支持与保护。"政府苟能保护华侨,华侨必能赞助政府也。"②另如第七章关于外蒙问题和西藏问题的讨论,更是与中国领土问题息息相关。如西藏问题,张其昀通过爬梳史事,得出"就历史言之,中国与西藏政治的关系与宗教政治的关系,已亘千三百年之久"的结论,所以"英人谓西藏之独立,当由藏人自决者,实为欺人之谈"。③

第二,图表和照片的运用。在南高师求学之际,张其昀就主张史家著述宜多用图表。关于图表,章学诚认为,"表之为体,纵横经纬,所以爽豁眉目,省约篇章,义至善也";"史不立表,而世次年月,犹可补缀于文辞;史不立图,而形状名象必不可旁求于文字。此耳治目治之所以不同,而图之要义,所以更甚于表也"。④ 张其昀认为章学诚之论"特重图学,尤能直指最新史书体例之要素"。只是近世学者著史,罕列图迹。"自马班以来,二千年间,进步若兹,斯真吾国学艺文大辱

---

① 张其昀:《中国民族志》,商务印书馆,1928年,第72页。
② 张其昀:《中国民族志》,第95—97页。
③ 张其昀:《中国民族志》,第161—162页。
④ 章学诚:《文史通义》,上海古籍出版社,2015年,第315、254页。

也。有志之士,乌可不思奋起,共雪此耻乎"。① 所以,张其昀在其论著中多用图表来解释一些纷繁复杂的史事。在《中国民族志》中,有图 6 幅、表 9 张,照片 7 张。除了第七章《外蒙问题与西藏问题》没有图表外,另外每章都有辅以图表或照片。以 183 页的篇幅言,这样的比例是颇为允当的,不会出现以图表代替文字叙述之嫌。相应的是,王桐龄在 1934 年版的《中国民族史》中大量运用了图表,共计 231 张②,几占全书总篇幅的三分之二,如此多之图表,就使得有学者认为"全书轻论述、重图表,详略不当,大部分篇目以表论史,难免有其牵强之处"。③

第三,建构中国民族学之尝试。不同于缪凤林和刘掞藜等人致力于民族史著述,张其昀撰著的是民族志。"民族志是民族学(文化人类学)家对于被研究的民族、部落、区域的人之生活(文化)的描述与解释。"在古代,民族志就是人们根据自己的见闻,对所关注地区和民族的一些记录。"当民族学(文化人类学)作为一门学科建立以后,民族志就逐渐成为民族学家所作调查和研究报告的专称。"④现代民族志的一大特点是田野调查,然后据以撰写民族志,很显然,张其昀的《中国民族志》不属于此类,民族志研究者论及中国的民族志时也未见提及张著。⑤ 且民族志的英文一般译为 Ethnography,而张其昀《中国民族志》的英文书名为 *A STUDY ON THE CHINESE ETHNOLOGY*,用的是 Ethnology(民族学)即张其昀此作要建构的是中国民族学,虽然他用的是民族志这一名称。所以,该书既不同于

---

① 张其昀:《刘知几与章实斋之史学》,《学衡》第 5 期,1922 年。
② 马戎:《读王桐龄中国民族史》,《中国民族史和中华共同文化》,社会科学文献出版社,2012 年,第 25 页。
③ 李远龙:《筚路蓝缕 开启来学——中国汉民族研究述评》,赵旭东、韦小鹏主编:《徐杰舜与汉民族研究》,云南人民出版社,2013 年,第 11 页。
④ 杨圣敏主编:《中国民族志》,中央民族大学出版社,2003 年,第 1 页。
⑤ 如徐黎丽、孙秀君的《论民族志文本的中国价值》(《思想战线》2016 年第 1 期)在论及民族志的"模仿与探索"阶段,是从 20 世纪 30 年代开始的,直接忽略了张其昀的《中国民族志》。杨圣敏主编的《中国民族志》在论述"中国民族志研究的历史与特点"时,是从 1928 年中央研究院的民族学组和人类学组建立开始的。

民族志也不同于民族史。在书中,张其昀探讨了中华民族的民族性和民族精神,将中华民族分为6类——汉族、东胡族、突厥族、蒙古族、西藏族、苗蛮族;以民族迁徙为标准将东汉后的汉族历史分为两期——五胡乱华至北宋,南宋至清;认为民族与国家的观念中西有别:"在外国言,民族与国家往往有别;而在中国则民族即国家,国家即民族,此实中华民族之特色也。"①诸如此类的讨论具见于第一章和第八章,占全书比重不大,也不甚符合民族学学科标准。虽如此,张其昀关于中国民族学的探索无疑是有益于此后的民族史著作的撰写,而其对当时涉及中华民族诸多现实问题的观照,对于国人对于"中华民族"观念的认同具有重要意义。

关于张其昀的《中国民族志》,顾颉刚认为张氏"颇能留心搜集材料,惟不能融化,又不能自己提出新问题,发见新事实,故其著作直是编讲义而已"。② 姜亮夫则是惜其书"太简单"。③ 与之相反的是,吕思勉则对张著较为认可,以为"此书是详于记载现状的。作中国民族演进史,其势不得不偏于既往;对于现状,其势不能甚详;此书很可以补其所不足。全书分量不多,叙述颇为简明,用作普通参考书。实在很为适宜"。④ 刘节更是推崇《中国民族志》"实为研究民族问题入门必读之书。以此而推溯其源,则我国古代民族之复杂情况可以逐步解决矣。此书末了一节言中国民族精神为先家族而后国家,实一语道破,救之以民族主义,亦不刊之论也"。⑤ 学界评价不一,加之《中国民族志》无论是在有关张其昀的研究,还是在相关民族史研究中都被"遗忘"了,无不说明该书很有探讨的空间和价值。

南高学派的民族史研究多有其共性。如缪凤林和刘掞藜都反对

---

① 张其昀:《中国民族志》,第52页。
② 顾颉刚:《顾颉刚日记》第4卷,中华书局,2011年,第53页。
③ 姜亮夫:《姜亮夫全集》第22册,云南人民出版社,2002年,第130页。
④ 吕思勉:《中国民族史·中国民族演进史》,上海古籍出版社,2012年,第312页。
⑤ 刘节:《刘节日记》上,大象出版社,2009年,第161页。

西来说，只是两者态度上有所差异。关于月氏的研究，先有柳诒徵《大夏考》，后有刘掞藜的《月氏与东西文化之关系》、郑鹤声的《大月氏与东西文化》、向达的《昭武考大月氏拾遗》等文。总的来看，南高学派的民族史研究有以下特点：

第一，重视异族入侵的历史。如刘掞藜曾将异族入侵分成三期："异族之乱华者，周代以前，不可得而详。由周至唐，异族之乱华也有三期：其（一）为西周末叶及东周春秋之时。……其（二）为两晋南北朝之时。是时也，异族云扰，世谓之'五胡乱华'。其实非止五胡也。……其（三）为唐中叶至五代之时。""唐代藩镇之祸实可谓为异族乱华，亦可谓为中国有史以来第三次之异族乱华也。"①张其昀的《中国民族志》虽未如缪、刘二人那样径以异族为名来做章节标题，但在叙述相关史事时也以汉族和异族来指称。这里，我想讨论下"异族"之称是否具有大汉族主义倾向。有研究者认为当时的民族史著述存在着以汉族为中心的大汉族主义倾向，如黄现璠考察了吕思勉和林惠祥等人的民族史论著后发现，这些论著"一律以'大汉族主义'为中心指导思想"，与其说是中国民族史，毋宁说是汉族通史②。他在文中也提到了柳诒徵著有《中国民族史》（上海世界书局1935年出版），似为误记，张其昀的《中国民族志》也被点名。那么，南高学派的民族史研究是否存在这种倾向呢？

我们认为，"异族"泛指一切非汉族，更多是为了行文和称呼上的方便。柳诒徵在《中国文化史》中以"异族"来指称非汉族民族，如"虽吾民亦能以固有之文化，使异族同化于吾，要其发荣滋长之精神，较之太古及三代秦汉，相去远矣。""凡异族之以武力兴者，率多同化于汉人之文教，即其文字有特创者，亦多出于华文"。③ 陈寅恪释王国维

---

① 刘掞藜：《唐代藩镇之祸可谓为第三次异族乱华》，《国立武汉大学文哲季刊》第1卷第4期，1931年。
② 黄现璠、甘文杰：《民族调查与研究40年的回顾与思考（上）》，《广西民族研究》2007年第3期。
③ 柳诒徵：《中国文化史》，第345、527页。

"二重证据法"中有一条为"取异族之故书与吾国之旧籍互相补正",其中的"异族"显然指境外民族。可见,众多学者以"异族"来指称他族并不存在什么歧视。而南高学派眼中的"异族"也并不局限于中国境内的非汉族,即如日本也是异族,南高学派对此异族也很是在意。缪凤林就有《日本论丛》,"为目凡十:曰日本研究史要,曰中东汉文日史提要,曰日本史纲要,曰中日民族论,曰中日关系上,曰中日关系下,曰日本旧军阀论,曰日本新军阀论,曰日本维新运动之成功与中国改革运动之失败,曰日本政党论",也打算写一部《日本通史》来叙述这个异族的历史,以补戴季陶《日本论》之"空疏浅陋"①。陈训慈则希望学界能"努力日本的研究"②,周悫在日寇侵占东三省后,在《抄静海乡志后跋》中说:"遥望白山黑水间,数千里幅员一旦沦于异族,曾不顾惜,则吾之拳拳,此已入海之黑子地,不亦呆乎!悲从中来,忧思万端,我欲无言矣。"③正如缪凤林所言:"中国之所以为中国,专以礼仪文化为标准,而无种族亲疏之别,故经数千年,混杂数千百人种,而其称中国如故。吾中国人之责任亦惟以文化孕育异族,使进于文化同于中国而后已。是虽后起之意,而高尚广大与今世国家以侵略为能事者,相去远矣。"④

第二,宣扬民族主义。柳诒徵主张从历史上去寻求民族复兴道路,就是要"讲兴不是讲衰",讲民族就是要讲多数人,"那就是要在历史上找多数人可以做榜样的才好",在多数人中求得民族精神。要探求中华民族精神,就必须讲民族主义;"要讲民族主义,只有研究中国的历史"。国人"欲求民族复兴之路,必须认清吾民族何时为最兴盛,其时之兴盛由于何故,使一般人知今日存亡危急之秋,非此不足以挽回颓势"。⑤ 缪凤林认为汉、唐、明三朝为盛世,"自秦皇统一中国以

---

① 缪凤林:《中日民族论》,《史学杂志》第1卷第1期,1929年。
② 陈训慈:《努力日本的研究》,《图书展望》第7期,1936年。
③ 张熙瑾、余景宪:《周雁石生平概述》,政协海门市文史资料委员会编:《海门市文史资料第13辑:海门名人史略》,1995年,第65页。
④ 缪凤林:《中国通史纲要》第1册,第250—251页。
⑤ 柳诒徵:《从历史上求民族复兴之路》,《国风》第5卷第1期,1934年。

还,吾华盛世,惟汉、唐、明三代"①,"其时之人有功于吾国最大者,实在外拓国家之范围,内开辟壤之文化,使吾民所处炎黄以来之境域,日扩充而日平实焉"②。是以,缪凤林和刘掞藜等人的民族史著述注重汉族势力兴盛时的论述。如刘掞藜以两章的篇幅来论述两汉时期"汉族威势之极盛"。陈训慈则认为民族史著述"充分表达本国民族之由来变迁与演进,提示民族伟大的事迹,而引起学生之强烈的民族意识,激励他们为本国民族的生存与繁荣而努力"。因为"这一个世界还是民族角逐的世界,历史也还应是民族本位的历史"。③ 同时,陈训慈等人也认识到宣扬民族主义要避免出现民族沙文主义,以德国和日本等国走向极端的流弊为戒,"然在中国,则以民族风尚之和平与目前自卫之亟要,实不可同日而语。且吾人鉴于身受侵略之痛苦,苟得完全独立之自存,方将以实力扶助弱小,决无仿行侵略之弊"④。这无疑有助于理性民族主义观念的形成。

第三,缺少理论阐述与概念界定。中国民族史作为一门新兴的学科,既需要实践,也需要理论建构。南高学派无疑在实践一途上进行了有益探索,而于民族史学科的理论建构方面殊少建树。无论是缪凤林,还是刘掞藜等人,都没有对民族概念,民族史研究对象、内容,民族同化与民族融合问题等进行理论阐述和界定,在他们看来,这些应该是不言自明的。而林惠祥则对中国民族史学科性质、对象、内容和民族史研究的现实意义等都进行了阐述。⑤ 如中国民族史的研究对象和内容,林惠祥认为中国各民族古今沿革之历史即为研究对象,研究内容"详言之即就各族而讨论其种族起源、名称沿革、支派区别、势力涨落、文化变迁并及各族相互间之接触混合等问题"⑥。之

---

① 缪凤林:《从国史上所得的民族宝训》,第 7 页。
② 缪凤林:《中国通史要略》,第 88 页。
③ 陈训慈:《民族名人传记与历史教学》,《教与学》第 1 卷第 4 期,1935 年。
④ 陈训慈:《历史教学与民族精神》,《图书展望》第 4 期,1936 年。
⑤ 王文光、段丽波:《林惠祥的中国民族史及其对中国民族史学发展的贡献》,《云南民族大学学报》2008 年第 5 期。
⑥ 林惠祥:《中国民族史》,"序"。

所以会出现这种差异,当为双方学科背景差异所致。

学界一般将吕思勉的《中国民族史》(1934 年出版)、林惠祥的《中国民族史》(1939 年出版)、王桐龄的《中国民族史》(1928 年初版,1934 年增订)①视为 20 世纪 30 年代的三大民族史名著。若以完成时间来说,南高学派的民族史著述早于吕、林二氏,也早于王桐龄有影响的增订版,且南高学派的《中国民族史》(《中国民族志》)架构也显然不同于王、吕、林三人著述,如他们对中华民族精神的探讨,对海外华侨的关注等都与他人异趣,也丰富了中国民族史学科的内容,推动了中国民族史学科的发展,在中国民族史学科发展史上理应有南高学派诸人之位置。

第六节　南高学派与中国史学会

南高学派不仅在诸多专史中成果丰硕,在史学制度建设方面也是多有探究与实践,尤其是在史学会建设方面。近代以来,随着中西文化的交流和碰撞,清末出现了众多以保存传统文化为号召的国学团体,如国学保存会、国学振起社、国学扶轮社等,虽与史学有关,但终非专门的历史学会。据俞旦初考证,目前所知的史学会以 1908 年成立的贵州陆军小学历史研究会和湖北史学会为最早,前者仅开二次讲演即遭清廷取缔,后者虽得官方认可也并未见持续活动②。民国肇造,马相伯等人筹划具有史学会形质的函夏考文苑,惜未成功。五四时期,随着中西文化交流进一步频繁,国内各专业学科相继成立了学会,唯独史学会一直未能付诸实施。有鉴于此,南高学派进行了可

---

① 1934 年的订正增补本,篇幅和内容均有大幅增加,如关于民族同化方式等就未见于 1928 年版的序中,正因为内容增加,页码由 142 页激增至 680 页,在学术界产生重大影响的无疑是 1934 年版。

② 俞旦初:《中国近代最早的史学会——湖北史学会初考》,《近代史研究》1986 年第 6 期。

贵探索,推进了中国史学现代化进程。

一、南高学派对建立现代史学专业学会的呼吁

傅斯年在1928年说,"历史语言学发展到现在,已经不容易由个人作孤立的研究了,他既靠图书馆或学会供给他材料,靠团体为他寻材料,并且须得在一个研究的环境中,才能大家互相补其所不能,互相引会,互相订正,于是乎孤立的制作渐渐的难,渐渐的无意谓,集众的工作渐渐的成了一切工作的样式了"①,从而有了"中央研究院"历史语言研究所的成立。"中央研究院"史语所是中国近代学术史上占有重要地位的学术机构,它团结了当时学界的一时翘楚,培养了大批后来独步中国学界的年轻后进,努力将东方学正统争回中国,是团体研究的成功典范。

事实上,在傅斯年领导的"中央研究院"史语所成立,发表《历史语言研究所工作之旨趣》之前,南高学派已经在倡导成立一个集合同行学者共同交流、出版学术期刊、策划并推动学术合作计划的组织、团体、研究机构。1922年,陈训慈发表《组织中国史学会问题》一文,呼吁成立全国性的史学会。他认为,古代多有史馆,集合学者从事纂修,他们搜查编订,分工合作,已经有史学会的精神了;而西方则在16世纪后叶出现了专门的考古团体,其后不久就出现了法国古碑铭皇家学会(Royal Academy of Inscriptions and Medal)等专门学术团体,"自后史学研究,日臻发达,至十九世纪中叶,各国史学会兴起日多"。截至1908年,英国有史学会28个,法国26个,德国38个,比利时7个,而且史学会的数量与该国的史学研究水平正相关,德国数量最多,其历史研究水平也是国际领先。当时世界范围内的史学研究,就其研究成就而言,德国确实傲视全球。反观中国,学术不振,出版界也相当沉寂,其因全在没有专门的史学团体。组织专门的史学会已经成为刻不容缓之事,它将在三方面发生重要影响:一、促进实学之研究。专门的史学会将使知识界空气由浮虚而趋于笃实,而所

---

① 岳玉玺等编选:《傅斯年选集》,天津人民出版社,1996年,第184页。

以说明源流,促起真实之研究者,史学会其尤要者也。二、表白中国文化。以史学会为中心,于古文化作忠实之研究,以发现完全之过去,畀中国文化以正当之地位,使外人明了中国的地位,则史学会不但有功于中国文化,且有助于世界文化。三、增加与保存史料。考古发掘事业,我国尚无人为之;且"吾国古物其有旧藏或发见者,多为外人收买,而当代之史料,又散佚无人注意,收集而保存之,实史学会之责也"。上述三端仅是举其大者而言,"至于研究史之教法,利用史学以为他学之取用,乃至间接裨助社会,其重要者尤有不可胜言者"。明乎此,史学会开展的工作将有:1. 整理旧史;2. 编订新书;3. 探险考察;4. 保存古物;5. 组织图书馆博览室;6. 参预近史 a 促进清史之编订 b 发行年鉴为研究资料 c 搜集无人注意之物,可为最近之史料。基于此,陈训慈建议国中各大学的史学教授和专门史家联合发起组织,然后征集志同道合的博学之士,多方筹措经费,建筑集会之所,以图渐次扩充。同时,国中有识之士也可自由组合,形成一定的研究团体,务必使我国的学术研究水平能与西方并驾齐驱,携手共进。[①]

一年过后,陈训慈又将成立史学会的紧迫性提升到中国急需开展一场史学运动的高度,对史学会的运作也有了进一步看法。1923年,万国史学会召开,中国无代表与会,实为"邦家之奇耻巨辱"。在陈训慈看来,中国各学术中,以史学最为发达;而史学在世界各国,又以中国最为美备。西方欧美史学向来落后于中国,但近数十年来却凌驾于中国之上,究其实就是西方学者成立了学术研究团体,开展了史学运动,而史学运动的中心就是成立专门的学会。当时中国并非没有学会,如亚洲学术研究会、学术研究会、丙辰学社、尚志学会、中国地学会等,但专门的史学研究会却尚阙如。"若勉求其他从事史地研究之结合,则有北高之史地学会与南高之史地研究会;然此皆学生

[①] 陈训慈:《组织中国史学会问题》,《史地学报》第 1 卷第 2 期,1922 年。

课余之团结,限于学校一部;审慎名义,殊未敢自侪于专门之学会。"①是以建立专门的史学会就显得非常之急迫与重要,这就需要国内学者团结起来,以史学会为中心,共同致力于学术研究。史学会可开展之主要事业有:古史之开拓,西洋古史之再造,以及古文明之发见,多赖掘地事业之发达;旧史之全般整理;近代史料之搜集;地方史迹之保存;历史博物馆之建设;学校历史教学之统筹改造,并进谋历史常识之普及。

为了促成中国学术之发达,形成规模宏大的史学运动实为当务之急;而形成规模宏大的史学运动则以成立学会为前提,如此则"根本之图,尤当注意人才之培养"。当时中国学界专门的史地学者"自若干耆宿以外,新进中实不多觏",而且"耆学宿儒往往与新进学者各不相谋"。为改变此种现状,陈训慈认为,此后高等院校的史地二系都应扩充增设,留学国外的也应有人专修这两科;对于有志于专攻打青年学者,更应当设法补助他们的经济,使得他们不至于为稻粱谋,可以毕生研究;长此以往,专门研究人才增多,大规模的史学运动就可以全方位展开。②

陈训慈的主张应与徐则陵有一定关系。徐则陵也是南高师史地研究会指导教师,在谈及中学历史教学的设备问题时,就认为,"一种学问之成立,必经几许研究,学术共作尤为今日当务之急"③。作为史地研究会的指导员,徐则陵在南高师讲授欧洲文化史和史学方法等课程,是"我国真正读通西洋史的少数人之一"④,他也不时应邀给史地研究会会员做演讲。

在陈训慈发表《组织中国史学会问题》一文同时,缪凤林发表了《中国史之宣传》作为对陈文的补充。缪凤林认为当时海外学者对中

---

① 陈训慈:《中国之史学运动与地学运动》,《史地学报》第2卷第3期,1923年。
② 陈训慈:《中国之史学运动与地学运动》,《史地学报》第2卷第3期,1923年。
③ 徐则陵:《历史教学之设备问题及其解决之方法》,《史地学报》第1卷第3期,1922年。
④ 张朋园等:《郭廷以先生访问纪录》,台北"中央研究院"中国近代史研究所,1987年,第119页。

国史的研究存在很多谬误,"西人虽有研究吾国历史之志愿,以文字之不同,典制之睽隔与史籍之浩如烟海,决难有成。际此以宇宙史为的之日,自我表扬,宣传吾国之历史,以答彼土之需求,因而免去种种误会,实吾史学界之天职"。① 要宣传国史,"非特组史学会,造就专门人才不为功"。缪凤林以为,史学会成立以后,不宜单独存在,最好附设在国内高等学校史学科中,并特设国史宣传部,挑选兼通中史和西文,并有志于终身宣传事业的年富力强的学子,在免除学杂费之外给予一定津贴,悉心培养。十年后,他们"以西文编纂翔实之国史,次及各种学术史,制度史……行销各国,或任各国大学教授,或赴各国巡回讲演,使西人了然于吾国之历史文化,不致因误会模糊而生种种恶果,国际地位,学术荣誉,两利赖之矣"。可见,史学会的成立和人才的培养,有助于提高民国学者在国际学界的地位,并获得国际性的学术荣誉。但缪凤林此际主张的史学会,依然只是局限于各大高校的史学会,此意很可能是为了以后成立全国性的史学作力量上的积蓄和运作上的准备。

张其昀则从历代设史馆修史种种弊端出发,认为"今后中国史学会当如何讲究组织,确定步骤,明立科条,审定区域,使有总纂以举纲领,有编辑以尽分功,以其所能,易所不能,或事分析,或事综合,互助合作,秩然有序,庶几实现章君大公无我之精神,并期不忝刘君所言史之功用"。② 注重的是学者共同协作。较陈训慈、缪凤林和张其昀低一级的郑鹤声,也主张"学术研究,端赖众功"。"而今内外交通,吸收发扬,有应接不暇之势。史地疆界,日益拓广,任重道远,更非合作不为功。试观今欧西史家之言中国史者,率臆度虚测,谬误滋多。若不自起整理,则辱没国体,遗羞学术,不知伊于胡底。"③ 与缪凤林一样,郑鹤声也是基于纠正国外学者在中国史研究方面普遍存在的谬误而倡导学术研究上的合作。表彰中国传统文化,纠正海外学者的

---

① 缪凤林:《中国史之宣传》,《史地学报》第1卷第2期,1922年。
② 张其昀:《刘知几与章实斋之史学》,《学衡》第5期,1922年。
③ 郑鹤声:《清儒之史地学说与其事业》,《史地学报》第2卷第8期,1924年。

谬误,以防传统文化与现代文化之间的彻底断裂,其实是南高学派从事学术研究的一个基本出发点。[①] 郑鹤声所提倡的学术合作采取什么方式呢?那就是成立史学会。他认为学术研究,本无畛域;南高师史地研究会的成立,仅是倡其先声,"深盼海内之士,分道扬镳,同怀目标,成此宏图"[②]。

揆诸当时史学界情状,成立史学会并非是仅南高师一家。在南高师史地研究会成立之前,武昌高等师范学校和北京高等师范学校都成立了史地学会。北京大学历史系也在南高史地研究会成立前后筹备成立史学会,但因故中辍。朱希祖在北大史学会成立会上曾说:"我们在两年前已经发起组织史学会,办史学杂志。因为学校常有罢课的事情,欲成立而停止的已数次。"[③]在北大史学会成立之前,北大历史系学生鉴于"史学范围广大,图籍繁多,纵贯古今,横极中外,非群策群力广为稽考,而以一人驰骋其间,若涉大海,茫无津涯,欲其周变综贯,盖亦难矣";从而发起史学读书会,该会后来成为北大史学会成立的基础。但南高师史地研究会、北高师史地学会和北大历史学会等都是局限于一校的学会组织,并未牵涉到其他高校,更遑论南北史学会之间的通力合作。但陈训慈等人谋求成立全国性史学会的创想,在当时而言是具有相当的学术前瞻性的。燕京大学历史学会曾对自己提了三点希望。其中一条就是"从今后当体学术无畛域之真谛,联络各校同好,共谋中国史学会之发展,共同工作,以发扬史学,整理国史"[④]。此点希望与郑鹤声所提之愿望类似,但困于多种因素,希望终究是美好的希望,并未水到渠成的成为现实。

---

① 缪凤林在《中国史之宣传》(《史地学报》第1卷第2期,1922年)中详述此意,认为"如孟罗之教育史,即以中国教育为初民教育与西方教育之过渡。呜呼!是可忍,孰不可忍"。陈训慈在《组织中国史学会问题》(《史地学报》第1卷第2期,1922年)中也认为"孟罗教育史论中国教育谬误甚多,而其视东方文化为过渡为尤甚"。

② 郑鹤声:《对于史地学会之希望》,《史地学报》第2卷第5期,1923年。

③ 《朱遏先教授在北大史学会成立会的演说》,《北京大学日刊》第1116号,1922年11月14日。

④ 《历史学会之过去与将来》,《史学年报》1929年第1期。

南高师史地研究会成立伊始,就相当重视与外界史学会的联系,以图共同促进史学发展。如北高师史地学会1920年出版会刊《史地丛刊》2期后,因种种原因停顿多时。南高史地研究会认为,"北高《史地丛刊》,自《地学杂志》外,实导史地界定期刊物之先"。对于他的停顿,深为惋惜。见到《史地丛刊》复刊后,南高史地研究会同人为之欣喜不已,并希望"异日与本报(指《史地学报》)左提右挈,以昌明吾国之史学地学"①。北高师史地学会对南高师史地学会亦甚为投契,双方互相交换会刊,"声应气求,志趣相合"②。

时人认为南高与北大隐然对立,互相排斥,但南高史地研究会对此并不以为意。北大史学读书会成立不久,南高学派成员就对其做了较为详尽的报道:

> 北京大学史学系学生张国威、王光玮等十二人,于本年四月发起组织史学读书会。其意见书略谓(1)当今史学以普遍史为归,欲各方并观,有赖于解各国文字者之助。(2)史学关系各种科学特盛,尤须专究各门者协力共进。(3)故该会目的,将以自由研究之精神,整理国史,以贡献世界。并订有简章十三条,内述其研究暂分本国史,外国史,科学史三组;其会务则为(1)读书报告(2)名人讲演(3)与外界通信研究,调查史料云云。

并认为北京大学学生自组的学术团体很多,唯独史学会久付阙如;"今有此组织,必能发扬有为。吾人对此友会,谨表示诚恳之同情与希望"③。因为将北大史学读书会认作"友会",所以南高史地研究会

---

① 《北京高师史地学会近讯》,《史地学报》第1卷第4期,1922年。
② 《北高史地学会近讯》,《史地学报》第2卷第2期,1923年。
③ 《北京大学史学读书会》,《史地学报》第1卷第4期,1922年。

专函与之联络,但北大史学读书会却未曾给予回应。① 尽管如此,南高师史地研究会还是一如既往地关注北大史学读书会的发展。当北大史学读书会发展成为北大史学会后,南高史地研究会"爰谨纪之,且以表吾人之愉快与希望"②。

在关注国内史学会组织同时,南高学派成员也很注意国际史学界的发展态势,译介了大量有关史地学会方面的消息。如国际美术史公会、维也纳东方古物展览会、伦敦大学历史研究院、布鲁塞尔国际学术联合会、万国地质学会、万国历史学会、纽海芬美国史学协会年会、纽约史学会、英美史学协会等。译介过程中,陈训慈等人感慨良多。当国际美术史公会开会时,法国因为中国古代美术极其发达,邀请中国派代表赴会,但中国政府却漠然不理,经法国公使催促再三,方才由教育部和外交部合派观象台台长高某出席。同样,在维也纳举行的东方古物展览会上,陈列物大部分是中国文物,但只见中国海外华侨徘徊往来,没有一个中国史学家为他们阐释中华文化。这"岂不令友邦人士,兴吾国无人之叹"。很显然,随着中西交流的日益频繁,国际性的集会更是日益增多。"吾国殊宜多派学者参与,以与各国学者相联络";但政府派遣往往不周,根本之道还在于学者组织学会,从根本上解决问题。"而史学会可以发扬吾国之古文化,济世界学者之不及,实尤为切要之图也"③。遗憾的是,陈训慈等人呼吁成立全国性的史学会,改变耆宿与新进互不相谋境况的愿望并没有很快实现。

当时中国学界南北学统间的无形对立,使得成立全国性的史学研究会成为一种不可能。当时南高史地研究会致函北大史学读书会,试图联络感情而无回应,就在一定程度上彰显了北方学界以正统

---

① 胡焕庸、张其昀在报告第五届史地研究会会务工作时说:"北大近有史学读书会之发起,本会寄以一函,未得其复。"(《史地研究会第五届纪事》续,《史地学报》第1卷第4期,1922年)

② 《北京大学史学会成立》,《史地学报》第2卷第3期,1923年。

③ 《国际学术团体与吾国》,《史地学报》第1卷第4期,1922年。

自居,对南方学人的学术活动不甚在意的一种心态①。此种情状的存在,决定了如果没有强有力的外界因素的影响等原因,南北史学界联合而组建成全国性的史学会只能是一种空想。

二、中国史地学会和地方性史学会

1925年,东南大学发生了"易长风潮"。教育部免去郭秉文东南大学校长职务,改任胡敦复为校长,引起了部分师生的不满。此时,史地研究会的诸指导教师也是处境各异。柳诒徵身陷"易长风潮"漩涡,处境尴尬,最终愤而出走东北大学,与先他而至的缪凤林和景昌极等人会合。竺可桢也因不满东大部分师生对部聘校长胡敦复的过激做法,而应商务印书馆之聘。此外,梁启超在1923年就离开了东南大学;杜景辉也在1923年11月病逝;陈衡哲留宁半年后回到四川;徐则陵担任历史系主任不久,就转而主持教育系;顾泰来在东南大学任教不久,就远走北京供职外交部;白眉初也在南高师任教不久,回到北京高师。绝大部分指导员的离去,使得史地研究会会员无从请教治学津梁;其中又以柳诒徵和竺可桢的离去损失最大,因为平时史地研究会开展的具体活动和学术论文的撰写都是由他们二人负责。1923年,胡焕庸、陈训慈、张其昀、缪凤林和诸葛麒等人的离校,意味着史地研究会骨干新陈代谢的开始;1925年,向达、郑鹤声、刘掞藜、陆维钊等人的毕业离校,更是史地研究会核心成员的风流云散。后继的史地研究会成员中,很可能缺少上述诸人的才干,虽然陈登原曾经主持过史地研究会,但仅凭一人之力,实在是回天乏术。因东大"易长风潮"影响,《史地学报》3卷8期延至1925年10月出版,而其终刊号4卷1期,更是拖至1926年10月方才问世,其间间隔长达一年,可以想见当时史地研究会人才之匮乏。

虽然当时南高学派成员星散各处,但他们并未放弃成立全国性

---

① 钱穆在20世纪30年代就燕京大学、北京大学和清华大学讲席,似乎是进入了中国学界的主流圈子,但其始终与北方学人如胡适、傅斯年等不甚相得,交往甚欢的还是原来南方的学人如汤用彤、张其昀、缪凤林、王庸和向达等人。参见钱穆:《八十忆双亲师友杂忆》,生活·读书·新知三联书店,1998年,第165—191页。

史学会的努力。柳诒徵认为,"欲明宇宙之真相,舍治史地,其道无由","欲知国家之真谛,舍治史地,其道无由","欲识人生之真义,舍治史地,其道无由"。① 与陈训慈、张其昀、缪凤林、向达等人商议成立中国史地学会事宜,在诸生支持的情况下,成立了中国史地学会,发刊《史学与地学》杂志。中国史地学会会刊《史学与地学》并未刊载有关该会的详细情形,仅就目前所知,成员依然为南高师时之师友,柳诒徵担任总干事,具体的编辑和问题商榷等事项由任职商务印书馆编译所的向达和张其昀负责。从《史学与地学》刊发文章来看,也以史地研究会同人为主。所以,我们可以认定柳诒徵等人组建的中国史地学会虽然以"中国"为号,但他其实是南方学者,或者说是南高学人的一个自发组织,地域限于江浙一带,成员也为南高师旧人,故而完全是一个地方性组织。

1928年,胡焕庸留法归来,任教中央大学,并和张其昀一起创办了《地理杂志》。本来《史学与地学》将历史学和地理学都囊括其中,现在张其昀等人另创《地理杂志》,并与缪凤林、陈训慈、范希曾、郑鹤声等人倡议另创《史学杂志》以呼应之。"盖孪生之子自毁齿而象勺,虽同几席而各专其简策之通轨也。"②既然犹如孪生兄弟的史学与地学已经分家,中国史地学会之名就有点名实不符了。经过酝酿,1929年1月,南京中国史学会成立,并于同年3月创刊《史学杂志》。无独有偶,北方的朱希祖等人也与柳诒徵等人差不多同时组建中国史学会。1929年1月7日,朱希祖作《发起中国史学会的动机和希望》一文,表达了自己发起中国史学会的三种动机和七种希望。1929年1月10日,朱希祖与张星烺、罗家伦共拟中国史学会简章。1929年1月13日,"中国史学会开成立会,到会者,有北京大学、清华大学、师范大学、燕京大学、辅仁大学、女子师范大学六校教授、学生共九十四人,推公为主席,并以七十四票,当选为首席委员(其次为陈垣六十

---

① 柳诒徵:《史学与地学》,1926年,"弁言"。
② 柳诒徵:《史学杂志发刊词》,1929年。

票,罗家伦四十九票,钱玄同四十三票,王桐龄四十一票,张星烺三十九票,沈兼士三十三票,陈衡哲三十一票,马衡三十票,候补者陶孟和、袁同礼、萧一山、刘崇鋐、翁文灏五人)"[①]。1929年1月20日,开中国史学会第一次委员会,朱希祖当选为主席及征审部主任。

南北学界同时出现中国史学会,说明史学界对于协作治史已经在某种程度上达成了共识,在理论上为成立全国性的统一的中国史学会打下了基础。但此种愿望在20世纪二三十年代竟然成为一种空想。究其实,由于多种原因,南北两方的中国史学会均无多大建树。南京中国史学会与南高史地研究会和中国史地学会一脉相承,研究旨趣和成员大体上相对固定。《史学杂志》以"发表研究著作,讨论实际教学,记述史界消息,介绍出版史籍"为宗旨,对国际史学界的动向依旧给予很大关注。1928年8月,国际历史学会第六次大会在挪威首都奥斯陆举行,陈训慈在1929年3月出版的《史学杂志》创刊号上作为史学界消息加以报道,然后在1929年5月出版的《史学杂志》第1卷第2期上专门从美国《史学杂志》译载了《国际历史学会第六次大会记》,认为"此次盛会,中国虽未有代表参与;然史学研究之国际合作近况,与各国研究之趋势,当为国内研治史学者所注意……吾人以中国人之地位而言,尤望国内学术界得循政治之渐趋安定,而有健实之进步,届时国内史学界再不致如此次之漠视此会,而能由学术团体与政府之合作,推定代表前往参与也"。此外,南京中国史学会还出版了《南京中国史学会丛书》,计有桑原骘藏的《蒲寿庚考:唐宋元市舶史料》、柳诒徵的《中国文化史》、缪凤林的《中国通史纲要》和《日本论丛》、陈鼎忠的《通史叙例》和《六艺后论》等。在刊布同人著作的同时,希望能扩大南京中国史学会的影响。而北京的中国史学会在具体事业规划上较南京中国史学会详明,但这些活动最终都

[①] 朱偰:《文史大家朱希祖》,学林出版社,2002年,第161页。

没有切实有效地进行①。北京方面中国史学会的成立和所拟开展的具体事项,说明身在中国学界主流圈子的学人开始有意识的借鉴国际史学会模式来建设中国史学。就此认识而言,北方学人明显滞后于以柳诒徵等人为核心的南高学派;而他们在此时成立中国史学会之际,前冠以"南京"二字加以限定,很显然从前此之中国史地学会的运作中认识到,南北史学界存在很大差异,在短时期内很难沟通,所以自囿于"南京"一地。

尽管中国史学会事不可为,但南高学派众人并未放弃努力。1933年11月11日,柳诒徵、缪凤林、张其昀和郑鹤声等南高学人与蔡元培、吴稚晖、何炳松、雷海宗、张乃燕、金兆梓等21位学人联名在《申报》登载了《发起中国历史学会启事》,称中国历史悠久,载籍丰富,晚近以来,交通大开,史料更为繁复,"其积也日以深,其涵也亦日以广",若不疏通知远,势将因应无方。"今世治史之士,望古遥集,术有专攻,或以通今著,或以竺古闻,或潜心于考订,或致力于采掘,或则长记注,或则擅撰述,分道扬镳,各程其效。同人等窃以为百川分流,同归于海,分以极其深,尤必合以成其大。用是不揣梼昧,爰有中国历史学会之发起。颇冀以琢雕磋切之功,收熔铸钧陶之效。"②所留通信处有二,其一为缪凤林,可见在中国历史学会发起过程中南高学人可能出力甚多。陈训慈未列名发起人,但他主持的《浙江省立图书馆馆刊》也登载了这一启事,视之为当时重要的一则学术消息。虽有蔡元培等人的呼吁,但中国历史学会并未就此成立,后续也未见有相关活动和消息。在全国性史学会难以成立的情况下,南高学派致力于地方性的史地学团体建设,取得了一定进展。1936年1月12日,陈训慈等人在浙江省立图书馆举行了浙江中华史地学会成立大会,

---

① 朱希祖等人意欲开展七种事业:办史学杂志;发展会员,扩大组织;分组进行工作;改良史学教育;推动史学研究;重修清史,修民国史和整理档案;改良地方史志等。参见朱希祖:《发起中国史学会的动机和希望》,周文玖选编:《朱希祖文存》,上海古籍出版社,2006年,第332—335页。

② 《发起中国历史学会启事》,《申报》1933年11月11日第4版。

以研究史地,阐扬民族精神为宗旨。会议选举陈训慈、李絜非等9人为理事,刘文翻、蒋君章等五人为候补理事。同年12月27日举行本届年会,并决定改名为浙江史地学会,会议选举张其昀、陈训慈、董世祯等九人为理事。全面抗日战争爆发后停止活动。在浙江中华史地学会开始运作的时候,另外一个地方性史地学团体——吴越史地研究会,也于1936年2月,由一部分热心研究江浙古文化的学者在上海发起,李济、柳诒徵、朱希祖、缪凤林、董作宾等人参与了发起注意事项的讨论。1936年8月30日下午在上海八仙桥青年会举行成立大会,与会者有宁、沪、杭等地会员60余人,蔡元培任大会主席。大会通过的《简章》规定:"本会以研究吴越(暂以江苏、浙江两省为限)史地为宗旨","凡有志研究吴越史地者得申请入会……","本会设于上海,并得于江苏、浙江两省设立分会"。[①] 大会推举蔡元培为会长,吴稚晖、钮永建为副会长,卫聚贤为总干事,马衡、柳诒徵、何炳松、李济、陈训慈等任评议,朱希祖、吕思勉、缪凤林和张其昀等人任理事,董作宾等为常务理事。吴越史地研究会虽存在时间不长,却开展了一系列考古发掘与调查,促进了学界关于吴越地区的文化研究。

三、南高学派与中国史学会的成立

虽然南高学人参与、发起了一些地方性史学团体,并徐图扩大至全国;北方的清华大学历史学会、燕京大学历史学会、北平研究院历史学会等也都开展了不少工作;但对于中国史学会的建设却有无从着力之感。吕炯在1934年参加了在华沙召开的第14届国际地理会议,但此前一年在华沙召开的国际历史学会第7次大会,中国史学界却依旧无人与会。顾颉刚在《禹贡》半月刊"三周年纪念号"的《发刊辞》中说:"以前的学术界不懂得分工,……近十余年来……但能分工而不能合作",这或许可以解释其中部分原因。但位居中国史学主流的北京学术团体,尤其是中央研究院历史语言研究所等机关未曾派人参加,如若是国际历史学会未曾邀请中国与会,那自当别论;但若

[①] 卫聚贤:《吴越史地研究会》,《江苏研究》第2卷7、8期合刊,1936年。

在他人邀请情况下,而未曾与会,说明傅斯年等学人在中国史学会建设问题上所给予关注程度不够。① 当时中外史学交流比较频繁,一些中国学人如王国维和陈垣等人都取得了很高的国际声望。对于史学大国未曾参与,国际历史学会也颇为注意。1936年底,国际历史学会会长田波烈应上海各大教授会常委康选宜邀请来华讲学,并就中国加入国际史学会之事与国内学者进行了接触。"康氏以中国至今无历史学会之成立,对于史学之研究亦不甚注意,故特约田氏来华讲学,以提高国人对史学之注意,并促进中国历史学会之成立。康氏抵平后,与平方历史学者研讨结果,认为确有从速组织中国历史学会之必要,并决定由北京大学历史系主任姚士鳌先生及清华大学历史系刘主任负责在平联络发起;中央大学罗校长负责在京联络发起;上海方面则由康氏南返后进行,务期赶速成立,并希望派代表出席一九三八年在瑞士举行的国际历史学大会。"②该消息说北京方面由姚士鳌和所谓的刘主任负责等,未提及顾颉刚,可能初始商议结果如此,因为登载此则消息的出版日期为1936年12月10日,而未及当时最近的发展动态;但后来的相关筹备运作事项均与顾颉刚发生了莫大关联。1936年12月1日,顾颉刚与陶希圣、连士升一起到北京饭店拜访国际历史学会会长田波莱(烈),商议组织中国历史学会以便加入国际历史学会事项。③ 具体讨论问题主要有中国入会问题、入会后中国政府之援助与中国的财政担负和中国历史学者即时开始史学工作之条项等,"务期从速成立,并希望出席一九三八年在瑞士举行之国际历史学会大会"。为了促成此事,田氏表态"将往南京谒见外交部长、教育部长及中英庚款委员会主席"。次日,田波烈致函顾颉刚,请他协助进行此事。在田波烈给顾颉刚的信中,田氏表示"我愿意并且

---

① 中国要加入国际历史学会,必须由中国政府申请;或由一个代表全国的研究院请求,如中央研究院;或由一个代表全国的历史学者委员会请求。(参见《史学消息》第1卷第3期,1936年)国民政府无暇及此,又没有全国性的中国史学会,由傅斯年担纲领衔的中央研究院历史语言研究所就责无旁贷地担负起申请入会重任,却未见具体实践。
② 《康选宜发起组织中国历史学会》,《图书展望》2卷2期,1936年。
③ 顾潮编著:《顾颉刚年谱》,中国社会科学出版社,1993年,第264页。

希望你能领袖着把它组织起来",“我也相信没有人比你更有资格来辅助这件伟大的工作"①。同时还附上"中国历史学者及图书馆订购公报减价通告",决定将每个与会国或会员国均须订购的《国际历史学会公报》由年价75法郎减为50法郎。因田波烈有南京之行等因素,顾颉刚和陶希圣将相关情形函告傅斯年,"希望在南京设立一个总会,由中央研究院负责,在北平设立一个分会",至于"经费的来源,希望教育部,英庚款董事会,中央研究院和各大学的史学系共同负担"②。

在确认田波烈会努力帮助中国加入国际历史学会后,顾颉刚与郑振铎、罗家伦等人开始积极筹组中华史学会,作为中国研究历史的最高研究团体。经过各方交换意见,彼此都认为此事极为重要,决定将中华史学会总会设在北京,上海、南京和广州等地设立分会③。但由于时局变换过快,抗战军兴,筹组中华史学会一事很可能就此作罢。顾颉刚在1937年7月21日的日记中如是写道:"予在平所管事,燕大史系主任交煨莲或贝庐思女士,禹贡学会交宾四与张维华、赵肖甫,歌谣学会与方纪生等,通俗读物社则移绥办理,只剩一北平研究院,仍可遥领也。"④在顾颉刚的工作安排中并无只字提及中华史学会,可见此事已经淡出了顾颉刚的视线。不过,虽然顾颉刚等人组建中华史学会并未成功,但胡适还是作为中国代表出席了1938年在瑞士召开的国际历史学会第7次大会,并宣读了论文。中国也在此次会上,与爱尔兰和梵蒂冈史学会一起成为新的会员国⑤。

田波烈来华虽未能真正促成中国史学会的诞生,但在很大程度上让中国史学界学人明白了努力方向。随着全面抗战爆发,民族危机的进一步加深,国民党官方对史地之学的重视有所加强,进而推进

---

① 《史学界消息中国历史学会积极组织》,燕京大学历史学系史学消息编辑委员会编辑:《史学消息》第1卷第3期,1936年。
② 顾颉刚:《顾颉刚书信集》第1卷,第217页。
③ 《中华史学会将成立》,《图书展望》第2卷第6期,1937年。
④ 顾潮编著:《顾颉刚年谱》,第277页。
⑤ 季羡林主编:《胡适全集》第33册,安徽教育出版社2003年,第159—163页。

了中国史学会的筹建。1940年4月,民国教育部成立史地教育委员会。吴俊生、张西堂、黎东方为专任委员,陈东原任秘书,吴俊生;颜树森、陈礼江、张廷休等7人为当然委员,吴稚辉、张其昀、蒋廷黻、顾颉刚、钱穆、陈寅恪、黎东方、傅斯年、胡焕庸、徐炳昶、雷海宗等19人为聘任委员[①],柳诒徵、陈训慈、郑鹤声也是史地教育委员会成员[②]。该会于1940年5月14日举行了第一次全体委员会议,通过了"改进大中小学史地教育事项、推动社会史地教育事项、编纂中国史地书籍事项、编制抗战史料事项"等议案[③]。1941年7月4日至6日,史地教育委员会举行第2次全体会议,顾颉刚和缪凤林、金毓黻、黎东方一起提出《由本会补助设立中国史学会案》[④]。该议案获得大会通过,决定将史地教育委员会作为筹备中国史学会的通讯处,并由该会酌助经费及发函征求专家学者意见。到了1942年,已经征得116位专家同意,地点遍及后方各省。鉴于此,史地教育委员会决定另案呈请准予定期开成立大会,拟与史地教育委员会第三次全体委员会议同时举行[⑤]。1943年3月24日,教育部史地教育委员会第三次全体大会召开;与此同时,中国史学会成立大会也在中央图书馆举行,顾颉刚、傅斯年、钱穆、方豪、雷海宗、缪凤林、陈训慈、张其昀、郑鹤声、陈衡哲、萧一山、黎东方、卫聚贤、吴其昌等124人。顾颉刚担任大会主席,并致开幕词。大会通过了《中国史学会会章》,选举了理事和监事;选举结果柳诒徵38票、缪凤林40票、张其昀26票、陈训慈22票当选为理事,向达以8票当选为候补理事。1943年3月26日,中国史学会第一次理监事联席会议召开,顾颉刚、傅斯年、朱希祖、缪凤林

---

① 陈力:《20世纪中国史学学术编年》,罗志田主编:《20世纪的中国:学术与社会·史学卷》(下),山东人民出版社,2001年,第780页。
② 陈训慈:《劬堂师丛游脞记》,柳曾符、柳佳编:《劬堂学记》,上海书店出版社2002年,第72页。
③ 《教育部史地教育委员会1940年5月至1941年6月工作总报告及参考资料》,中国第二历史档案馆藏,全宗号五,案卷号467。
④ 顾潮:《顾颉刚年谱》,中国社会科学出版社,1993年,第306页。
⑤ 《教育部史地教育委员会1940年5月至1941年6月工作总报告及参考资料》,中国第二历史档案馆藏,全宗号五,案卷号467。

和陈训慈等9人被选为常务理事。至此,中国出现了形式上统一的中国史学会,南北学人也于一定程度上统一于中国史学会之内。中国史学会成立后曾计划开展十项工作,分别为:"一、筹设中国文化史学社。二、设置国际史料编译处。三、创刊全国性之'中国史学'期刊。四、筹备出版史学专刊,以便利研究。五、设法提倡对远东各专史及世界华侨史之研究。六、与各大学通力合作搜集地方史料。七、筹置奖金奖励史学专门著作。八、拟请教育部每年选派出国研究人员。九、拟请教育部在各大学设立史学特别讲座并与同盟国交换教授。十、拟请教育部增加高中历史授课时间。"①虽如此,中国史学会运作极其困难,内部也是矛盾重重。会上被选为总主席和常务理事的顾颉刚在日记中曾十分不满地表示:"使教部肯出钱、许作事,则我担负其责固无不可,若只为挂牌子计,并不想作事,更不许我作事,则我代人受过亦何必。观黎东方此次为抢作秘书,致演笑柄,真使我寒心也。"②不仅成立时,顾颉刚满腹怨言,成立后,顾颉刚也是觉得事无可为,处处受制。如1945年7月22日中国史学会在理事卫聚贤家召集理监事开会,学会秘书黎东方提出辞职,并荐卫聚贤继任,经出席者六人(四理事、二监事)议决同意。但不久就接到因故缺席会议的陈训慈和傅斯年两位常务理事之函,对此持异议,以为此决议恐不得多数理事及会员之认可。傅更谓:"如照此局,恐联大、中大、李庄(史语所驻地)、成都之会员及理事纷纷请退,则又如何?"③顾得书"为之一气"④。在给陈训慈的回函中,顾颉刚对陈训慈做了解释并表达了自己对史学会的期望,"弟所以要维持史学会者,只缘此会北平、南京都想办,而各怀成见,均办不起,现在两方人士同集重庆而竟办成,虽困于经费,不能发展,然有此'告朔之饩羊'存在,俟抗战结束,当可定一计划而实现之,使我国史学界发生一点集团力量,不复如以前之

---

① 《中国史学会工作近况》,《教育通讯》(汉口)第6卷第12、13合期,1943年。
② 顾颉刚:《顾颉刚日记》第5卷,中华书局,2011年,第50页。
③ 顾颉刚:《顾颉刚书信集》第3卷,第236页。
④ 顾颉刚:《顾颉刚日记》第5卷,第505页。

散漫分裂"①。遗憾的是,抗战结束了,中国史学会却并未能发挥原先设想的作用,其会刊《史学杂志》也仅出一期而终刊。正如桑兵所言:"总的来说,该会没有太大的作为,与其创办之宗旨并不相衬。战后复员,学人星散,中国很快又陷入新一轮战乱。随着政治动荡和经济崩溃,学人不得不为生存与生计奔波,无暇顾及学术研究和学术团体的活动。"②

可见,终民国之世,南高学派成员都在孜孜追求着成立统一的全国性史学会的愿望。从南高史地研究会的"仅具先声",到中国史地学会,到南京中国史学会,到中国历史学会,到吴越史地研究会,到浙江中华史地学会,乃至抗战时期的中国史学会,无不留下了他们努力的足迹。他们创建中国史学会的努力,不仅有理论的指导,也有不懈的实践。正是他们的不懈努力,在一定程度上促成了中国史学会的成立。

---

① 顾颉刚:《顾颉刚书信集》第3卷,第237页。
② 桑兵:《二十世纪前半期的中国史学会》,《历史研究》2004年第5期。

第五章
南高学派与民国图书馆事业

作为一个力主经世致用的学派,南高学派不仅于史学领域卓有建树,在以实用为归的图书馆事业方面也是建树颇多。于史学之外,南高学派中人大多有主持或在图书馆工作的经历,尤其是柳诒徵和陈训慈师徒二人更曾执掌江浙两省省立图书馆,对两省省立图书馆事业的发展均留下了难以磨灭的印记。此外,柳诒徵曾任中华图书馆协会执行委员会主席、监察委员会主席、善本调查委员会主席等职,陈训慈曾任中华图书馆协会执行委员会委员、监察委员会委员、经费委员会委员等职,对中华图书馆协会的会务多有贡献。以往的图书馆事业研究多关注杜定友、刘国钧、李小缘、沈祖荣、王重民和梁启超等大家的贡献,对南高学派中的柳诒徵、陈训慈、向达和王庸等人着墨甚少。事实上,南高学派在图书馆事业方面也有很多创举,推动了民国图书馆事业的发展。

第一节 独创性的制度

柳诒徵和陈训慈是民国时期杰出的图书馆事业"经营服务拓展家"[1],

---

[1] 王子舟:《图书馆学是什么》,北京大学出版社,2008年,第164—166页。

一个是江苏省立国学图书馆馆长,一个是浙江省立图书馆馆长,师徒二人执掌两省图书馆之牛耳在当时传为佳话。他们在图书馆服务项目上多有创举,其大者为江苏省立国学图书馆的"住馆读书制度"和浙江省立图书馆的"通年日夜开放制度"。

一、住馆读书制度

住馆读书在当下"实尚无所闻",在民国时期也是极其罕见。据柳诒徵撰的《国立中央大学国学图书馆小史》,国学图书馆各项规章制度中有"住馆读书规程",凡"有志研究国学之士,经学术家之介绍,视本馆空屋容额,由馆长、主任认可者,得住馆读书",住馆读书者须缴纳保证金20元、每月住宿费10元、伙食费6元、茶水灯火费1元、仆役费1元。① 后来收费标准有所更改,住馆读书不再收房租。② 如此一来,"远方好学之士,可以长期下榻,兼备饮膳,取费与馆友相同,不事盈利,斯诚我国图书馆事业中之创举"③。此项"创举"惠及众多清贫学子,许多学子"没有许多钱可以买书与许多书是有钱所买不到的",因而与各大图书馆结缘,而国学图书馆是当时唯一可以住读的地方,所以蔡尚思将那里"当作自己的藏书和书房了"。④ 同时,柳诒徵对住馆读书者也尽量予以各种帮助。如蔡尚思要为《中国思想史》搜集各种资料,借阅图书很频繁,柳诒徵告诫馆员:"我们必须尽力支持他。他的贡献也等于我图书馆的贡献。别人借阅图书是有限的,不还不再出借;对蔡先生借阅图书是无限的,即使一天要阅十部、二十部或者更多的数量,你们都要到后面藏书楼把书搬来供他使用。搬上搬下,虽很费力气,却不要表示不耐烦,这是我们应尽的义务。"⑤ 又如谢国桢住馆读书期间,柳诒徵特意为他在善本室"辟了一个座位,于是(谢国桢)白天在馆中看书,下午有时到夫子庙,重登奇芳阁,

---

① 柳诒徵:《国立中央大学国学图书馆小史》,中央大学国学图书馆,1928年,第85—86页。
② 蔡尚思:《柳诒徵先生学述》,柳曾符、柳佳编:《劬堂学记》,第2页。
③ 顾廷龙:《柳诒徵先生与国学图书馆》,柳曾符、柳佳编:《劬堂学记》,第251页。
④ 蔡尚思:《柳诒徵先生学述》,柳曾符、柳佳编:《劬堂学记》,第3页。
⑤ 蔡尚思:《柳诒徵先生学述》,柳曾符、柳佳编:《劬堂学记》,第2—3页。

喝一杯茶,暮色苍然,始返馆中"。到了中秋佳节,柳诒徵在中午请谢国桢于馆中午餐,共度佳节,让他乡游子备感温馨。① 诸多学者如郑鹤声、谢国桢、赵万里、张叔亮、蔡尚思、柳慈明、刘掞藜、吴天石、徐方域等皆曾在江苏省立国学图书馆住馆读书。住馆读书不仅使得众多学人免于路途上之来回奔波,有更充裕时间从事学术研究,也使得他们有机会可以向柳诒徵请益,而博学的柳诒徵也非常乐于与青年学子互动,指示治学门径。蔡尚思白天在阅览室赶阅图书,晚上整理笔记,常于夜间八九时以后去向柳诒徵请教。柳诒徵从清朝掌故到民间时事,无所不谈,边谈边笑,如袁子才与戴东原异同之类,是蔡尚思此前所未闻,也是书本上所无法得到的知识。是以他慨叹:"柳先生学识既富,品格又高,学者住馆读书,几如受业于门,遇有疑难,可以质叩。盖此公和蔼可亲,且喜奖进贤士。""此图书馆之'住馆读书'一办法实最便于学者,惜其他大图书馆尚未知注意及此。"②

二、通年日夜开放制度

当代图书馆通行惯例是星期一闭馆,而民国时期的图书馆因为条件所限,除周一闭馆外,平时晚上开放时间也不长,这对一些白天无暇,只有晚上才有空去图书馆阅览和研读的人来说颇为不便。有鉴于此,以导扬学风,促进阅览,发扬民族精神为己任的陈训慈在与各部门主任商议后,决定取消周一闭馆旧例,逐步延长浙江省立图书馆的开放时间。从 1933 年 8 月 15 日起,大学路总馆将阅览时间延长至晚上 9 时;1934 年 5 月 29 日起,总馆上午 8 时至晚上 9 时,连续开放;1934 年 9 月 1 日后实行通年日夜连续开放(特种纪念日停借),其办法如下:(1) 大学路总馆阅览借书,全年每日除纪念日外概不停止。(2) 总馆开放时间为上午九时至下午九时,日夜借阅。全年除暑期短期间或有特例,余概不因时令而更改。(3) 原应付阅览出纳之职员六人,于星期一休息,是日调阅览组内部办公及他组织职员六

---

① 谢国桢:《瓜蒂庵小品》,北京出版社,1998 年,第 92 页。
② 蔡尚思:《学问家与图书馆》,《江苏省立国学图书馆第八年刊》,1935 年。

人应付出纳,此六人则于星期日休息。(4) 1月1日至3日新年假,9月15日总馆成立纪念日,及其他特定之纪念日,全馆休假,先期布告停阅。(5)应付出纳职员每人服务八小时,每日分为三班,每人各任二班。(6)阅览人有欲在馆午晚膳者,得预告而代办,在会客室用膳。① 这种"通年日夜开放"制度,在为读者来馆借书阅览提供更多的时间选择与便利的同时,对浙江图书馆工作人员无疑是一个巨大的挑战。为了能更好地服务读者,陈训慈要求馆员们要有化被动为主动的服务意识,他相信"只要我们能有宽大的胸襟,忍耐的能力,逆来顺受,一秉至诚,读者是决没有不受感化的。总之,我们要有如宗教家一般的虔诚,如慈母一样的和爱,如学生一般的勤慎,如赤子一样的热忱,如战士一样的牺牲精神。热忱、负责、愉快、勤奋、耐劳,是一个图书馆成功的要素(其关系之重大远过于经费与设备的增加),也是一切服务、一切事业的必要条件"②。经过馆内同人努力,仅1935年4月,阅借达27 750人,平均每日阅借达975人,借书每日平均2 116册。③ 若就一个年度而言,借阅数据也是惊人的。据统计,1934年7月至1935年6月,浙江省立图书馆开放日数为286天,阅借人数249 976人,日均874人,阅借册数总数为594 186册,日均2 078册;与之形成鲜明对比的是尚未实行通年日夜开放制度的上一年度,开放日数为269天,与后一年度仅差17天,但相关数据相差甚大:阅借人数102 671人,日均385人,阅借册数总数为323 805册,日均1 204册。④ 对于浙江省立图书馆这一当时独一无二的制度,当时的《福建教育周刊》曾有报道,认为:"国内各公立图书馆,除北平图书馆全年每日开放以外,大抵每星期有一日例假停阅,其日期多在星期一,今该馆打破例假,似足为国内图书馆开其先声。"⑤

---

① 《总馆通年开放办法之实施》,《浙江省立图书馆馆刊》第3卷第5期,1934年。
② 陈训慈:《民众图书馆改进之管见》,浙江图书馆编:《陈训慈百年诞辰纪念文集》,北京图书馆出版社,2006年,第346页。
③ 《浙江图书馆近讯》,《江西图书馆馆刊》第2期,1935年。
④ 《本馆五年来工作之回顾》,《图书展望》第2卷第4期,1937年。
⑤ 《浙江图书馆通年开放》,《福建教育周刊》第210—211合期,1934年。

第二节　馆史撰写与书目编纂

馆史的撰写无疑有助于传承本馆的历史和精神,有助于社会民众对该馆有一大体认识,有助于提升图书馆的社会知名度。历史学科背景的柳诒徵和陈训慈无疑在这一方面有独特的优势,他们在出任图书馆馆长后先后撰写了《国立中央大学国学图书馆小史》和《浙江省立图书馆小史》。

一、两部"小史"

柳诒徵在1928年执掌中央大学国学图书馆之初,就以一个史学家的卓识,编撰了《国立中央大学国学图书馆小史》,内分缘起、沿革、环境、图书、目录、人物、经用、规制等章节,虽名为"小史",去掉勘误表和插图等亦有86页之多,保存了很多相关史料。如第九章规制,先列举了江南图书馆时期的馆藏编目归架章程等外,又详列了当下现行的各项规章,计有：第一章总则、第二章保管部规程、第三章编辑部规程、第四章阅览部规程、第五章传钞部规程、第六章访购部规程、第七章印行部规程、第八章参观规程、第九章住馆读书规程、第十章附则。该《小史》出版于1928年,早于金陵大学图书馆的《金陵大学图书馆概况》(1929)和洪范五的《廿年来之清华图书馆》(1931),这充分体现了柳诒徵作为一个历史学家的历史自觉,也开了我国高校图书馆史编撰之先河。1929年10月,民国大学区制取消,国立中央大学国学图书馆定名为江苏省立国学图书馆,柳诒徵的《小史》实又开创了省立图书馆编撰馆史之范例。正如有论者指出的那样,柳诒徵"所采用的史志笔法,不但使资料无逸,尤彰显出文化中心地带图书馆事业兴起的缘由与过程,堪称中国式图书馆史著作的典范"[①]。

1932年,陈训慈出任浙江省立图书馆馆长后,也仿照老师柳诒

[①] 王子舟：《重读近现代图书馆学典籍的必要性》,《图书情报工作》2009年第11期。

徽之例,撰写了《浙江省立图书馆小史》,"举本馆渊源变革之大事,略述为篇,以彰往绩,而谂当世"①。内分藏书之渊源、浙江藏书楼之创设、浙江图书馆之成立与官书局之归并、孤山馆舍之建筑与图书馆文澜阁之合一、浙江公立图书馆之演进、文澜阁四库全书之抄补完成、改称省立图书馆与扩充组织、馆舍之增辟与现制之确定等节,并附录"浙江藏书楼碑记""浙江巡抚增韫请建浙省图书馆疏""浙江省立图书馆大事年表""本馆历任馆长一览表"。于较有系统的馆史之外,陈训慈也曾专文介绍与浙江省立图书馆馆藏有极深渊源的丁氏兄弟,如《丁松生先生与浙江文献》和《丁氏兴复文澜阁书纪》等,以为馆史之补充。

柳、陈师徒二人关于图书馆"小史"之撰写,实开今南京图书馆和浙江图书馆两馆馆史编撰之先河,即使在民国时期亦为少见之开创性举措。两馆之"小史"是中国近代图书馆学里程碑之作,"它们保留了丰富的图书馆学史料,且出自名家之手,研究水平、写作方法都昭人以法式"②。

二、书目编写与目录学研究

书目的编写既有利于统计馆藏,又便于读者寻书,所以民国时期的图书馆多编有图书书目。南高学派在编撰了《江苏省立国学图书馆图书总目》与《浙江省立图书馆图书总目》之外,对传统目录学也有阐发和弘扬。

编写馆藏书目主要是为了方便读者寻书,柳诒徵到馆之时,国学图书馆尚有《江南图书馆善本书目》《江南图书馆书目》《南京图书局书目》,但时过境迁,已经很难反映图书馆实际藏书现状。正所谓"曩者所编诸目,乃多与存书不符,或目存而书已他徙,或书增而目尚未沾,学者病焉"③。所以,柳诒徵立即延请高足范希曾偕汪汝燮编订馆存书目,并让赵鸿谦整理续提善本。范希曾以《书目答问补正》闻名

---

① 陈训慈:《浙江省立图书馆小史》,《浙江省立图书馆馆刊》第2卷第6期,1933年。
② 王子舟:《重读近现代图书馆学典籍的必要性》,《图书情报工作》2009年第11期。
③ 柳诒徵:《改良省立第一图书馆计划书》,《中央大学国学图书馆第一年刊》,1928年。

于世,经其发凡起例,成经史别集目若干册,病逝后由王焕镳继之,经过数年努力,完成普通书全目和善本合目若干册。柳诒徵以"馆有之书,歧分两目,不便寻检。且丛书近刻,恒有异同,宜汇载之,以资参考。于是综善本、普通本、丛书本三者而一之"。最后编成三十巨册的《江苏省立国学图书馆图书总目》,"扬榷各家书目得失,创为斯目类例","别裁互见,纲举目张",将馆藏除书画、档案、手札及金石拓片和人物画像等之外皆网罗无遗。① 该目录"上法班刘,下规'四库',旁参西士时贤之论,范围群言而不过,通乎古今之道而知善善从长,因时制宜,未敢媛媛姝姝奉一家之言,终古不肯变也"。② "因时制宜"是为该目录的最大特色,也体现了南高学人在目录学领域既不一味趋新,也不一味守旧的特点,是所谓"基本上守四部之旧垒,而在分类上同时作出了新的突破"。③ 当时国学图书馆馆藏的最大特色就是传统古籍较多,所以有论者以为该目录"是结合馆藏的实际情况而定的",并且为此后的南京图书馆古籍部的特色馆藏方志典藏奠定了基础④。有此目录,"读者查阅总目对学术源流、刊刻的先后,均可窥其脉络",极大方便了读者按图索骥⑤。蔡尚思在住馆读书期间,就曾自购图书总目中的集部五册,"利用这书目,逐部查看"。到了晚年,面对采访者,蔡尚思还"小心翼翼地捧起搁置在案头的这几部书目说:'这是我做学问的命根子。'"⑥唐圭璋也认为,在编纂《全宋词》的过程中,柳诒徵"组织人力编印三十巨册的《国学图书馆总书目》,对我的工作提供

---

① 柳诒徵:《国学图书馆总目序》,柳曾符:《柳诒徵劬堂题跋》,第41—42页。
② 王焕镳:《江苏省立国学图书馆图书总目叙例》,《因巢轩诗录文存》,上海古籍出版社,2005年,第188页。
③ 程千帆、徐有富:《校雠广义·目录编》,《程千帆全集》第3卷,河北教育出版社,2000年,第106页。
④ 徐昕:《柳诒徵与国学图书馆》,《中国典籍与文化》1998年第4期。
⑤ 柳定生:《柳诒徵传略》,《中国当代社会科学家》第1辑,书目文献出版社,1982年,277页。
⑥ 包中协:《图书馆是太上研究院——访复旦大学蔡尚思教授》,《江苏图书馆学报》1987年第6期。

了极大方便。"①如此佳构,因时局等因素,咨询、购买图书总目者并不多,为了让更多学者能了解馆藏,知晓图书总目,1935年12月,国学图书馆致函江苏省各教育机关,介绍图书总目。② 此外,国学图书馆还编印过不少专藏目录,如《馆藏历代名人年谱集目》《陶风楼藏书画目》《陶风楼藏名人手札目》《陶风楼藏拓本影片目》《陶风楼藏清季江宁局署档案目》等。

陈训慈执掌浙江省立图书馆后也启动了馆藏图书目录的编纂工作,在王勤堉、金天游、张友梅、罗家鹤等人的努力下,于1935年初编成《浙江省立图书馆图书总目》(中日文书第一辑),分上、下两册,分别于同年4月,次年3月出版。该目汇编了当时馆藏图书,除文澜阁本《四库全书》《古今图书集成》及其他善本图书,本有旧目尚待重编以外,一律合并分类编目,"每书著录书名、著者、出版年、出版者等,并一一注明每种书分类号、册数、复本数及收藏处(总馆或分馆),具有馆藏目录和读者目录双重功能"③。同时,"为了检索便利计,更依书名与著者之笔画次序混合编成索引二册"④。与江苏省立国学图书馆不一样的是,浙江图书馆所编目录并没有采用传统的四部分类法,而是以新式图书分类法来编排目录。上册包括总类、哲学、宗教、社会科学、语文学五大类图书,下册包括自然科学、应用技术、美术、文学和史地五大类图书,共计十类。

除了柳诒徵与陈训慈主持过馆藏书目编撰外,王庸与向达也曾编制过书目。王庸在任北平图书馆舆图部主任时,曾与茅乃文合作

---

① 包中协:《访词学大师唐圭璋》,《江苏图书馆学报》1986年第2期。
② 该信原文如下:"敬启者:敝馆蒐藏古今图书数达二十一万余册,顷已分门别类,编成总目,特介绍于国人,藉以认识吾国学术之美富。全书凡二十四册,已出版经史子集四类,计二十二册,其他方志、地图、丛书等类亦将次完竣;并经呈准江苏教育厅,予以提倡,通函本省及各省教育机关一律购备,以增进社会读书之便利在案。兹为优待本省起见,仍照最初预约,每部只收十六元,较特价再减二元。相应函达,即希查照赐购为荷。"(《江苏省立国学图书馆第九年刊》,"案牍",第33页)
③ 浙江图书馆编:《浙江图书馆志》,中华书局,2000年,第101页。
④ 陈训慈:《浙江省立图书馆图书总目中日文书第一辑序例》,《学风》第5卷第9期,1935年。

编纂了《国立北平图书馆中文舆图目录》《续编》《中国地学论文索引》《续编》等。关于《中国地学论文索引》，人口地理学家胡焕庸认为："不独地理学者，允宜人手一编，他如地质水利政治经济历史社会诸科，均相关及，受其赐者，不在少数。"①

向达1935年12月至1936年7月在英国牛津大学鲍德里图书馆(Bodleian Library)编中文书目，所编目录以作者和主题来编排，作者目录按姓氏笔画编排，主题目录按皇家图书馆系统（四部分类法）及社会学与宗教编排，极大地便利了读者。欧洲汉学家戴闻达(J. J. L. Duyvendak)在牛津大学访问时，依托向达所编目录能够非常容易地找到他所想要的书。以致牛津大学汉学家修中诚(R. Hughes)自豪地说："除了在国立北平图书馆外，卜德(Derk Bodde)……没有见过像鲍德里这么好的目录。"②

于具体的书目编制工作外，南高学派在目录学理论上也颇有建树，主要体现在范希曾的《书目答问补正》和郑鹤声的《中国史部目录学》。

《书目答问》完成于张之洞任四川学政时，缪荃孙在其中起了非常重要的作用。该书以经、史、子、集、丛书五大目分类，丛书目跳出了原有的四部分类法，为其创新之处，另有附录：别录目和国朝著述诸家姓名略总目。学子据此可以避免出现"读书不知要领，劳而无功；知某书宜读而不得精校精注本，事倍功半"的问题③。"书成以来，翻印重雕不下数十余次。承学之士视为津筏，几于家置一编。"④正因为学者对其的重视，随着时间的推移，《书目答问》的不足也日益显现。"其书断自乙亥，阅五十余年，宏编新著，影刻丛钞，晚出珍本，概

---

① 胡焕庸：《中国地学论文索引序》，王庸、茅乃文编：《中国地学论文索引》，国立北平师范大学暨国立北平图书馆，1934年。
② 吴芳思：《向达在英国》，樊锦诗、荣新江、林世田编：《纪念向达先生诞辰110周年国际学术研讨会论文集》，中华书局，2011年，第19页。
③ 张之洞：《书目答问·略例》，孙文泱增订：《增订书目答问补正》，中华书局，2011年，第1页。
④ 范希曾：《书目答问补正跋》，孙文泱增订：《增订书目答问补正》，第644页。

未获载,故在光绪初足为学人之津逮者,至晚近则病其漏矣。"有鉴于此,范希曾"补"了未见于《书目答问》的"宏编新著、影刻丛钞,晚出珍本"1200种左右,也"正"了部分内容之误。柳诒徵认为足以补其"漏略"并承"艺风之传"。①

郑鹤声的《中国史部目录学》,"以中国为主,而兼采西说,用资参证"。② 该书共分十章,第一章略述中国史书渊源,第二、三章叙述史部位置与源流,第四五六章叙述史目流别,第七章叙述刘知几、章学诚、章炳麟、梁启超和柳诒徵诸家分类之说,第八章论史料分类法,第九章以张尔田和柳诒徵为例论史体分类法,第十章为结论:借鉴西方史料审查与分类方法提出今后可行的中国史部目录分类法。民国时期的历史书籍目录学很是少见,郑鹤声此书在史学专科目录学建设方面具有重要地位,史家姚名达即认为郑鹤声之作"为正史篇目结一总账"。③ 至于书中关于史学专科目录的框架结构和理论建构等方面的时代局限,在20世纪50年代为王重民的《历史书籍目录学》所突破。④

第三节　创办馆刊与译介西方图书馆学

南高学派不仅创办了《史地学报》《史学与地学》《史学杂志》等史学刊物,他们也在图书馆学领域创办了《江苏省立国学图书馆年刊》《浙江省立图书馆馆刊》《文澜学报》等图书馆类刊物,因为馆刊的创办,除了绍介本馆情况外,实有助于与其他馆和社会互通声气,增进了解,提升图书馆的社会、学术地位。

---

① 柳诒徵:《书目答问补正序》,孙文泱增订:《增订书目答问补正》,第645—647页。
② 郑鹤声:《中国史部目录学》,商务印书馆,1930年,"自序"。
③ 姚名达:《中国目录学史》,岳麓书社,2013年,第256页。
④ 王锦贵:《试论王重民先生的目录学成就》,《新世纪图书馆》2003年第3期。

一、创办馆刊

江苏省立国学图书馆创办的刊物为《江苏省立国学图书馆年刊》（最初名为《中央大学国学图书馆第一年刊》），创刊于1928年12月，停刊于1937年10月，共出版10期，时间跨度长达10年，这在近现代图书馆期刊史上也是颇为不易之事。所设栏目一般为插图、专著、题跋、表格、簿录、纪事、案牍等，专著是最能体现该刊特色的栏目。柳诒徵和王焕镳、范希曾、向达等多有长篇专著发表，如柳诒徵的《南监史谈》、王焕镳的《万履安先生年谱》、向达的《唐代刊书考》等。时任浙江图书馆馆长的陈训慈认为："年刊发表师之专著与当时在馆工作之王驾吾、范希曾及赵吉士、周雁石诸君之长文专篇（早期亦有向达、缪凤林诸兄之文），其中长文可自成单本者亦复不少。王君之《明孝陵志》《首都志》，均为单行，以及范希曾兄之《书目答问补正》。凡此皆可谓承师教之遗泽。"[①]通观十期年刊，很明显所刊论著没有图书馆学理论方面的论著或译介东西方图书馆之作，多为文献学或目录学方面之作，这很可能与柳诒徵以史学大家出任图书馆馆长有关，不过这也恰成为《国学图书馆年刊》最大的学术特色。关于此点，亲炙柳诒徵的陈训慈已然发现，并有独到的见解："各期之内容，大抵以史学考订、校勘目录之专著为多，与《山东省立图书馆馆刊》之富于考古色彩者不同，而与《国立北平图书馆馆刊》之专以考订著者又微殊。盖庋藏图籍性质之影响，与主持人为学互有不同，所表见者自各有其独至矣。"[②]

陈训慈长馆时期的浙江省立图书馆出版刊物较多，有《浙江省立图书馆月刊》《文澜学报》《图书展望》等，这在省立图书馆中极为罕见。《浙江省立图书馆月刊》，创刊于1932年3月，初为月刊，年出8期合为第1卷；1933年2月改称《馆刊》，发行周期由月刊变为双月刊，终刊于1935年12月，出版了2—4卷18期。其宗旨有五：一为

[①] 陈训慈：《劬堂师从游胜记》，柳曾符、柳佳编：《劬堂学记》，第74页。
[②] 陈训慈：《江苏省立国学图书馆年刊》，《浙江省立图书馆刊》第2卷第3期，1933年。

记载馆务以自省职责而求社会之教督也;二为传达消息、互通声气以促事业之进展也;三为辅助阅览以增加本馆之效率也;四为研究讨论以实施辅导县市之职责也;五为提倡读书以期成学术救国之大愿也。《文澜学报》以研究中国学术,阐扬浙江文献为宗旨,创刊于1935年1月,1937年6月停刊,共出3卷7期6册,其中第2卷第3、4期合刊为"浙江省文献展览会专号"。有通论、专著、译述、书评、序跋、杂著、馆藏善本书志、特载、文苑、书林等栏目,章太炎、黄侃、柳诒徵和陈训慈等人都有文登载。《图书展望》于1935年10月创刊,1937年6月终刊,共出2卷20期。该刊不同于《馆刊》和《文澜学报》,针对的是普通民众,希望社会大众形成读书的风气,所以所设栏目多为学术短评、读书问题讨论、学者介绍、参考资料、图书介绍、新书月报、文化简讯、本馆情报、读书通讯、杂俎。以一馆之力,创办了兼顾普及与提高的三份刊物,陈训慈及其浙江省立图书馆同仁所付出之艰辛可以想见。图书馆史专家谢灼华就认为浙江省立图书馆创办的众多刊物是当时图书馆刊物中的重要刊物,是当时的核心期刊[①]。而且,因为陈训慈认识到了江苏省立图书馆馆刊传统色彩尚浓厚,没有介绍和传播西方图书馆学理论,所以在浙图自办刊物中对图书馆学相关内容多有涉及,如《浙江省立图书馆馆刊》(含《月刊》)共刊载关于国外图书馆事业的译文17篇,对各类型图书馆研究的论文有10篇[②]。

另外,向达等人也参与了《国立北平图书馆馆刊》的编辑和出版,且多有鸿篇巨制刊登于该刊。1934年,"以向国内外人士传达中外学术界之消息,藉谋万国人士在知识上之谅解,以为人类和平辟未来之新路"的《图书季刊》创刊[③],向达与谢礼士、翟孟生、曾觉之、顾子刚等任编辑,内容有专论、新书之批评与介绍、学术界消息、西书华译目

[①] 谢灼华:《二十世纪上半叶浙江省立图书馆馆刊的历史地位》,《图书馆研究与工作》2006年第1期。

[②] 赵凤霞:《抗战前浙江省立图书馆馆刊研究》,苏州大学硕士论文,2013年,第77页。

[③] 《本刊编辑部启事》,《图书季刊》第1卷第1期,1934年。

录诸项,陈垣、钱穆、胡适、孟森、王重民、顾廷龙、王庸、贺昌群、谢国桢、刘节、罗尔纲、闻一多、孙楷第、白寿彝等都有论著刊载于此。关于此刊的学术价值,目前尚未见图书馆学史研究者有专文论述,期待民国图书馆史研究者能加以重视和探究。

二、西方图书馆学译介

民国图书馆事业的发展,与西方图书馆学的传入有很大关系,一个显著的表现就是专业图书馆期刊登载文章的变化。如创刊于1915年的图书馆期刊《浙江公立图书馆年报》其实就类似一份"年终总结报道",有异于现代意义上的专业图书馆学期刊①。1920年代之所以会出现现代意义上的图书馆学期刊,和当时学者对西方图书馆学学说的译介也有很大关系,尤以沈祖荣和杜定友为最。"自民国初年,东西图书馆学潮流趋入而后,报章杂志之中,渐有图书馆学术论文之散见,其中有讨论图书馆学术者,有鼓吹图书馆事业者,沈祖荣氏最先撰述图书馆论文于新教育杂志中,杜定友氏,亦先后撰述论文于各大杂志中,此二君者,所撰最多,且最有价值。"②在此方面,向达与陈训慈领导的浙江省立图书馆也颇有贡献。

向达毕业于东南大学后进入商务印书馆编译所工作,先任百科全书委员会编辑,后在史地部审查校对史地类书稿。在那里,向达"博览中外史籍,重点研究从汉唐到明清的中外文化交流史,并开始涉及'敦煌学',翻译了大量资料和学术著作"。③ 也正在编译所工作时期,向达开始接触到了卡特(T. F. Carter)的著作《中国印刷术之发明及其西传考》(*The Invention of Printing in China and Its Spread Westward*)并开始了翻译工作。据赵万里言,向达曾将卡特之书译出,并摘载于《图书馆学季刊》,"因请将全书转登,以广流传。

---

① 程焕文:《中国近代图书馆学期刊史略(上)》,《图书馆》1985年第5期。
② 金敏甫:《中国现代图书馆概况》,广州图协会,1929年,第33页。
③ 阴法鲁、肖良琼:《中国敦煌学的开拓者——向达》,《向达记》,第18页。

向君复书,慨然以译稿第二册见假"。① 由于某种未知原因,也可能是并未译完,坊间并未见向达译作全文面世,流行的是吴泽炎的译本,题为《中国印刷术的发明和他的西传》(与向达译名稍异),商务印书馆 1957 年出版。据笔者所见,向达有下列卡氏书及图书馆类译文及见之于期刊:《纸自中国传入欧洲考略》刊登在《科学》11 卷 6 期,刊登在《中华图书馆协会学报》上的有《俄国大革命以后图书馆事业概况》(6 卷 1 期)、《国际知识合作与新发展》(6 卷 2 期)、《道尔顿制与中学图书馆》(6 卷 3、4 期)、《期刊名称缩写国际标准法》(6 卷 6 期);登载于《图书馆学季刊》上的有《土鲁番回鹘人之印刷术》(1 卷 4 期)、《日本孝谦天皇及其所印百万卷经咒》(2 卷 1 期)、《高丽之活字印刷术》(2 卷 2 期)、《中国雕版印刷术之全盛时期》(5 卷 3、4 期)、《论印钞币》(6 卷 4 期),另有《中国印刷术之发明及其传入欧洲考》译文登载于《北平北海图书馆月刊》(2 卷 2 号)。印刷史大家张秀民著《中国印刷术的发明及其影响》补卡特书之不足,即与他在北平图书馆任职时得读向达译文不无关系,他同时认为向达"对印刷史之研究亦有筚路蓝缕之功"。② 于译介之外,向达也曾撰文介绍过海外图书馆。如他在参观了新加坡的图书馆和博物馆后,写了《新加坡的赖佛尔博物馆及图书馆》一文,"目的只在介绍一个大概,使来游新加坡的人不要放过这一处可看的地方"。③

于向达之外,陈训慈领导的浙江省立图书馆对西方图书馆学和图书馆事业多有介绍。陈氏治史中西兼重,在学生时代便致力于西方史学的译介,在主持《史地学报》"史学界消息"栏目时对西方史学界、出版界的重要变动和消息多有介绍,任教中央大学时更曾讲授西洋通史一课。主政浙江省立图书馆后,他在注重中国传统版本目录

---

① 向达:《中国印刷术之发明及其传入欧洲考》,《北平北海图书馆月刊》第 2 卷第 2 期,1929 年。
② 张秀民:《忆与向觉明先生交往的琐事》,《向达学记》,第 126 页。
③ 向达:《新加坡的赖佛尔博物馆及图书馆》,《图书馆学季刊》第 9 卷第 3、4 合期,1935 年。

之学外，也很注重西方图书馆学的译介。李絜非、陈豪楚、张崟等人是这一理念的执行者。如李絜非认为："西洋图书馆史，国内尚乏专书，顾一般读书界于此，似不可不有相当之了解。"①所以他翻译了美人 L. E Fay 和 A. T. Eaton 合著的《西洋图书馆发达史略》《美国图书馆发达略史》、美人欧罗奇阿的《菲律宾图书馆史略》《波斯之图书馆事业》等文，张慕骞翻译了日人坂田吉彦的《意大利图书馆界概观》，张崟翻译了《静嘉堂文库略史》和日人长泽规矩也的《书林清话纠谬和补遗》，子越翻译了日人坂田野的《英国图书馆概观》。另外，馆刊的常规栏目《图书馆消息》《出版界消息》《书报提要》等栏目，对国外图书馆和图书馆学界的动态都有较为详细的介绍，如《馆刊》2 卷 6 期的《图书馆消息》国外部分，就登载有《日本图书馆协会近讯》《第十次帝国大学图书馆协会讯》《图书分类法之新倾向》《日内瓦研究图书馆之组织》《纽约图书馆举行稿本展览会》等资讯，3 卷 3 期则介绍了《美国会图之注意汉学及汉籍》《美国会图远东之部汉学索引工作》等，这些无疑极大方便了读者了解域外学界的现状，对中国图书馆学的发展颇有裨益。

第四节 文献展览

刘国钧认为，近代图书馆"以用书为目的，以诱导为方法，以养成社会上人人读书之习惯为指归"②。而在当时的情状下，图书馆馆藏展览不失为最佳方式："图书馆举行展览会，其目的为集中阅览人之思想，增进其兴趣，或为特藏纪念或为学术上之宣传，咸有深意存乎

---

① 李絜非：《西洋图书馆发达略史（上）》，《浙江省立图书馆月刊》第 1 卷第 2 期，1932 年。
② 史永元、张树华辑：《刘国钧图书馆学论文选集》，书目文献出版社，1983 年，第 12 页。

其间。"①江苏省立国学图书馆和浙江省立图书馆都举办过图书文献展览,尤其是浙江省立图书馆,更是举办了民国时期规模最大的文献展览会。

一、江苏省立国学图书馆的馆藏展览

国学图书馆定期举行善本陈列,以便参观;囿于经费和场地,与北平图书馆和浙江图书馆相较,展览会举行的并不多,规模较大者有2次,社会反响都很大。第一次是1930年4月19日开始的书画展览会,内设书画陈列室、古籍陈列室、名贤墨迹陈列室,所列皆馆藏精粹,一时"海内鸿硕,毕萃都门。遐迩博雅眈奇之士,应声接武而集,欣然署名于宾籍者逾千人"。参观者来自各阶层,计学界619人、政界267人、法界23人、党部6人、农界1人、工界8人、商界11人、军警18人、邮界16人、妇女11人、医生1人、报界1人、仆厮3人、方外1人、东西洋人4人。②"展览期中,自晨及晡,人络绎无停趾,时及退休而低回忘返,会已终了而要约续开者有之。"③

第二次是1935年清明节,在南京的社会名流借国学图书馆盋山精舍修禊,论茗清谈。国学图书馆决定禊集之后举行图书展览,"一以引祓禊之清娱,一以供多方之鉴赏"。原计划展期三天,后又延期一天。此次展览共设五个展览室:第一展览室设在"艺宦",陈列清刊本110种、梵夹本1种、四库馆底本8种、刊本19种、高丽刊本6种等;第二展览室在"松轩",陈列清代禁书抽毁者14种、全毁者28种、明刊本82种、明清钞本及本馆传钞本32种等;第三展览室在陶风楼,陈列珍本秘籍,计宋刊本47种、元刊本60种、明清名贤手稿本18种、校本37种、钞校本13种等;第四展览室在新堂,陈列明清名人书画、清代名贤手札等;第五展览室在盋山精舍,陈列汉、魏、唐、宋、辽、元各时代之碑。虽然展览期间,天气阴雨,路途泥泞,但仍有1653人前来参观,中以学校教职员和学生为最多数,年龄最大者为80高龄

---

① 《图书馆之展览会》,《江西图书馆馆刊》第2期,1935年。
② 张逢辰:《记本馆书画展览会》,《江苏省立国学图书馆第三年刊》,1930年。
③ 张逢辰:《书画展览会撷余》,《江苏省立国学图书馆第三年刊》,1930年。

的陈衍。国民政府主席林森听闻此事已在闭会之后,但亦欣然莅临参观,称赞国学图书馆的图书展览会"为都门盛事"①。

在举办馆藏展览同时,国学图书馆也奉行走出去的战略,积极参与国际交流,扩大国学图书馆的影响。如由中华图书馆协会转寄附有中英文说明的国学图书馆小史、年刊各一册,参加1929年6月15日至30日在罗马举行的国际图书展览会,以"沟通文化","扬我国粹"。② 1930年又参加了比利时独立一百周年纪念博览会,江苏省立国学图书馆选送的书籍"颇得外人欢迎",经评选获得金质奖章。

二、浙江省立图书馆的文献展览

浙江省立图书馆虽然是浙江省保存本省图籍文物之中心,但"经费有限,人力微薄,征访搜购,既每叹资绌,考订阐扬,更力不从心"。这就需要政府和社会的支持,以能集思广益,播扬声气。为了引起政府和社会对于文献资源的重视,浙江省立图书馆举办过多次文献展览会。规模较大的展览有如下几次:1932年9月15日在大学路总馆举行"丁氏(松生)文物展览会",为期三天;1932年9月18日,在大学路总馆举办"九一八国难图书展览会",展出关于东北事变、东北问题及中日关系等中外书籍、图片、地图等;1933年12月31日至1934年1月3日,在总馆举办"浙江省立图书馆三十周年纪念文物展览会",展出馆史拓片、图片、善本书、卷轴、书画、古器物及乡邦文献等;1936年2月9—11日在孤山分馆举办的善本展览会,所陈列善本皆为近四年所收宋元明刊本名钞校本及旧稿本,凡来馆参观之人,皆赠送《浙江省立图书馆四年来新收善本展览书目》一册,既方便参观者参观,又扩大了影响。影响最大的一次展览当为1936年的"浙江省文献展览会"。

早在1933年6月,陈训慈就有"拟集各方之助力,逐渐准备,期

---

① 陈兆鼎:《本馆二十四年四月展览会纪事》,《江苏省立国学图书馆第八年刊》,1935年。
② 柳诒徵:《致中华图书馆协会函》,《中央大学国学图书馆第二年刊》,1929年。

望异日举行一度'浙江文献展览会',以激发省人士继往开来之精神"。① 因经费问题,进行中辍。1935 年,浙江省教育厅将举行文献展览会列入本年年度计划中,其大意谓:为启爱乡观念,培养民族意识,拟广两浙文献,举办浙江省文献展览会。并确定经费预算为二千元,而仍令浙江省立图书馆主办其事,还颁发了组织大纲七条。据此,浙江省成立了文献展览会干事会,由浙江省教育厅第三科科长张彭年与陈训慈为正副总干事;后又成立了设计委员会和征品分会。征品分会的成立,对于文献展览会的成功举办有着举足轻重的作用。浙江省各地征品分会"大抵皆在九月以前先后成立,并就地推出分会委员加聘。省外则先由通信接洽,后复由省馆陈馆长往各地联络,先后成立南京、北平、上海三征品分会。南京征品分会于八月十四日成立,当推定主任二人,并决定以中英庚款董事会为会所。上海征品,事实上早已进行,但征品分会则至九月十一日成立,推定主任外,并决定以宁波路福源钱庄为会所即收件处。至于北平,则当陈氏在七月杪北上参加中华图书馆协会年会时,在青岛得晤到会之旧都浙籍名硕,即约集商榷,请在北平并设征品分会,在八月廿五日成立"②。如南京征品分会截至 1935 年 10 月 7 日,征得展品"一百七八十件,内以中央研究院历史语言研究所及南京古物保存所两处应征者最为大宗"③。经过各方努力,总计应征凡三百余户,征件总数达二万余件,六千余种。1936 年 10 月 31 日,浙江文献展览会开幕,11 月 1 日正式开放,11 月 18 日结束。展览分设 12 个陈列室:一、乡贤遗书;二、选举文献;三、藏书文献;四、浙江方志;五、乡贤字画册页;六、乡贤字画立轴;七、吴越钱氏文物;八、钟鼎彝器金石;九、乡贤遗物;十、章氏文物陈列室;十一、民族革命文献;十二、畲民文献。各地来杭参

---

① 陈训慈:《浙江图书馆之回顾与展望》,浙江图书馆编:《陈训慈百年诞辰纪念文集》,第 249 页。
② 陈训慈:《浙江文献展览会之回顾》,浙江图书馆编:《陈训慈百年诞辰纪念文集》,第 487 页。
③ 《朱家骅致陈训慈》,1935 年 10 月 7 日,藏浙江省图书馆档案室。

观者达 7.6 万余人,社会名流有于右任、张元济、柳诒徵、竺可桢、朱希祖、马衡、邵裴子、余绍宋、陈可忠、蒋复璁、叶恭绰、李拔可、王体仁、张寿镛、王绶珊、潘承弼、任鸿隽夫妇等,张元济更是"往观者再"①。这次民国时期罕见的文献展览会,《大公报》和《申报》等均加以报道,《国风》和《文澜学报》也都设浙江文献专号以宏观览。"衡其成效,如以萃前哲之遗著而著表微阐幽之效,因陈先烈之文物而兴继起光大之念,访补缺失,流传名著,以及倡导风气,辅佐教育,并增进政府社会对于乡邦文献注意爱护之观念,不无成效之可言。"②

第五节 战时图书之保存

图书馆藏书的增加与保护,除了单纯购置以外,馆员们的访求与对本馆图书的尽心保护也非常重要。和平时期他们访购、修补图书,战时则是竭力保护藏书。因为在抗日战争时期,日本在中国境内有意识地劫掠各地珍藏。为了更好地掠夺文化典籍,日本在华的各种特务机构也参与其中,为珍贵典籍的劫夺提供各种信息,并成立了类似"占领地区图书文献接受委员会"的专门机构。面对如此情状,中国当时现存的文化典籍命运堪忧,而中国在整个抗日战争中损失的文化典籍数量和价值也是难以估量。③ 幸运的是,柳诒徵和陈训慈二

---

① 张元济:《〈浙江省立图书馆善本书目甲编〉序》,张人凤编:《张元济古籍书目序跋汇编》(下),商务印书馆,2003 年,第 1108 页。
② 陈训慈:《浙江文献展览会之回顾》,浙江图书馆编:《陈训慈百年诞辰纪念文集》,第 501 页。
③ 有关我国战时"汉籍"损失,据严绍璗调查,在 1930 年至 1945 年 8 月的 15 年间,"中国文献典籍被劫往日本的共计二万三千六百七十五种,合二百七十四万二千一百八册,另有二百九箱,内装不知其数。……中国历代字画被劫往日本的共计一万五千一百六十六幅,另有十六箱,内装不知其数。……中国历代碑帖被劫往日本的共计九千三百七十七件。……中国历代古物被劫往日本的共计二万八千八百九十一件,另有二箱,内装不知其数。……中国历代地图被劫往日本的共计五万六千一百二十八幅。"(严绍璗:《汉籍在日本的流布研究》,江苏古籍出版社,1992 年,第 202—203 页)

人在抗日战争时期努力保存了两省的文化珍藏。

一、柳诒徵保护馆藏

全面抗战爆发后，江苏省立国学图书馆的藏书，尤其是125种善本古籍面临被日寇劫夺之危险，所以柳诒徵想方设法将最珍贵的善本古籍110箱，妥藏于南京朝天宫内的故宫博物院密库，又将丛书、方志等3万册，水运至苏北兴化罗汉寺和观音阁收藏。普本15万余册，因藏量太大，只好仍留存于龙蟠里馆内。关于柳诒徵保护藏书之艰辛，具见该馆于1948年印行的《盋山庼存》。如淞沪会战爆发后，柳诒徵"无日无时不在忧惶悚惧之中，迭经赴省请示，亦未能遽定迁移藏庋之法"。无奈之下，他只能请故宫博物院南京分院院长马衡帮助，"请其顾念同舟，稍分隙地，保藏珍本，以备兵灾"。马衡同意将江苏国学省立图书馆的珍本藏于故宫博物院地宫，并给出了具体的建议。在这样的情况下，柳诒徵等人先将五大箱珍本运藏故宫博物院，后又将其余珍本、善本、写本、刻本等"继续装成一百零五箱，乘敌机来去之隙，赶雇卡车分批运送"，藏于故宫博物院第四库和第二库[①]。

日寇投降后，柳诒徵马上致电顾祝同转江苏省主席会商派员接收被劫夺之书籍，"犹恐电文不详，并已详托教部彭君百川，于前项寄存之书及敌伪将全馆所有移贮之书调派旧馆员详切调查，以便归馆"。[②] 1945年10月10日，柳诒徵回到南京，"亟向各方调查馆书所在，知寄存故宫博物院地库之一百一十箱及在馆中书楼以及密室所藏悉为敌伪攫取，分存数处"。馆中器具也分别被伪立国师、伪立中央图书馆所占用，也有部分为兵民掠去业已化为灰烬，馆舍也被中学所侵占。伪国师占用之器具现暂充临时中学之用，"馆中如即复员，尚须向临时中学商取若干床榻、桌椅、橱架，始可住宿办公"。更令柳诒徵痛恨的是，馆中原藏五大屋清季咸同光宣中江南各机关档案被

[①] 柳诒徵：《呈教育厅文》，1937年8月17日，江苏省立国学图书馆编：《盋山庼存》，江苏省立国学图书馆，1948年，第2—3页。

[②] 柳诒徵：《致马衡函》，1945年8月25日，《盋山庼存》，第30页。

敌伪"悉数售于民间作燃料,现已片纸无存"。① 为了收回藏书和馆舍,柳诒徵以年迈之躯,四处奔走,其间交涉之艰辛难以想象。如其初始的接收事宜非常不顺利,"荏苒数月,迄无眉目。除书籍封存伪文物保管委员会,静候部令,会同各机关派员清查,始可接收外,关于馆中房屋、器具及伪中央图书馆书籍、器具,均未能正式接收"②。为了藏书,为了国学图书馆的发展,柳诒徵竭尽所能,致函各相关单位及友朋,请求理解和帮助。此段经历,在其晚年自述中也曾有道及。国学图书馆"书籍、器物荡然无一存,房屋亦为学校所借用"。柳诒徵"各方接洽,努力访求,矢死力争,幸将馆书收回十九万册,房屋器具收回十之七八"。③ 一位年近七旬的老翁,为了图书馆藏书"矢死力争",个中之艰辛概可见矣。如柳诒徵为追回江北存储的藏书,"写信给许多人,千方百计打听下落,还设计了种种策略,想得到书单及藏匿地点。又怕知情人不肯提供线索,'以避嫌怨'。又打听友人,不知现行律中,购买贼赃之处分如何？总之,他是想尽了办法一定要将这批藏书追回。他告诉徐森玉说,'使诒得以就木之先,稍减罪戾,虽及黄泉,不忘大德'。真是说的十分痛切了。"④收回之藏书可见《国学图书馆现存书目》。至于为何会如此孜孜于图书馆事业,柳诒徵曾向蔡尚思道及:"我视图书馆重于自己的家,重视馆藏图书甚于自己的家产,爱护无微不至。"⑤

二、陈训慈保护文澜阁《四库全书》

抗日战争全面爆发后,为了避免文澜阁《四库全书》落入日本人之手,陈训慈和馆内同人于8月4日将阁书140箱、善本书88箱运到富阳渔山石马村赵坤良家保存。此举足见陈训慈之睿智。据毛昭晰言,他于1994年在日本京都读到日本学者松本刚的《略夺了的文

---

① 柳诒徵:《调查南京龙蟠里江苏省立国学图书馆报告》,《盋山胠存》,第32—34页。
② 柳诒徵:《呈江苏省政府教育厅》,《盋山胠存》,第50页。
③ 柳诒徵:《自传与回忆》,柳曾符、柳佳编:《劬堂学记》,第9页。
④ 黄裳:《柳翼谋先生印象记》,柳曾符、柳佳编:《劬堂学记》,第135—136页。
⑤ 蔡尚思:《柳诒徵学述》,柳曾符、柳佳编:《劬堂学记》,第5页。

化——战争和图书》一书,才知道杭州沦陷后不久,日本的"占领地区图书文献接收委员会"于1938年2月22日派了9个人从上海到杭州,花了许多时间寻找文澜阁《四库全书》,想把这部珍贵的图书劫夺到日本去,但他们的好梦落空了。①后因局势恶化,阁书辗转播迁,地经浙江、贵州和四川数省,时历八载,其间所需的经费之巨和交通工具的保障可以想见。为了解决经费问题,陈训慈曾多次至浙江省教育厅筹措运书经费,但多失望而归。他不禁慨叹:"今既无余钱,又乏交通工具,无米之炊,前已饱受痛苦,今将安所效力?瞻念万一疏失,将何以对浙人?何以对文化?不禁殷忧,尤不禁对主持教育行政者致其愤愤也。"②

　　无奈之下,陈训慈只能从自己微薄的积蓄和友人中想办法。1937年12月15日日记云:"又为运书款绌,已向张晓峰借二百金,自垫二百金,今悉罄,无以应挑工工资,乃往访振公,仅借得六十金,应付颇不易。"③为了最终解决经费问题,他只身回到老家慈溪官桥,在未经诸兄弟同意情况下(事实上当时与诸兄弟联系亦不易)将家中谷仓中的稻谷全部贱价出售,条件是必须现金交易,附近农民纷纷购买。正是在这样的情况下,陈训慈才仓促凑齐了搬迁所需经费。为了解决卡车问题,陈训慈"环顾似唯有浙大之卡车可借,乃同至浙大访鲁珍兄,谒竺师,及访机师张君,多方恳说,获其同意,明日可以车运一次"④。对于竺可桢在文澜阁《四库全书》事上之帮助,陈训慈坦言:"当库书尚未西迁时,这批笨重的线装书(包括方志及善本)初运至浙江富阳,需迅速转运浙南,但当时船只极少,浙图又无自己的卡车,省教育厅虽有经费而不允拨款,幸赖竺师对浙图之同情,对文物图书之重视,慨然命浙大腾出自己的运输卡车,多次为浙图抢运阁书

---

① 毛昭晰:《浙江图书馆志》,"序"。
② 《陈训慈日记》(手稿),1938年1月7日。
③ 《陈训慈日记》(手稿),1937年12月15日。
④ 陈训慈撰,徐永明整理:《〈陈训慈日记〉中有关文澜阁〈四库全书〉抗战迁徙事摘录》,(台北)《中国文哲研究通讯》第10卷第1期,2000年。

及其他书籍。"①与此形成鲜明对比的是主管浙江省立图书馆的浙江省教育厅却在此事上的不作为。阁书迁到建德北乡松阳坞后,为了解决继续播迁所需交通工具一事,陈训慈曾多次赴教育厅联络运书卡车,但多未能解决问题。如1938年1月11日日记所记:"为《四库全书》是否续迁事既自撰密呈面递矣,今日复先为张彭年科长一谈。……及晚访厅长许(绍棣)先生,先陈迁来办公运书及紧缩之情形,继遂陈述建德松阳坞离公路仅十里,其地易沦战区,最好迁往他省。许先生于前二度相见对此事甚冷淡,今日尚同情,惟致慨于公路局之弊政,云此次迁移并省府索车亦无之。"

文澜阁《四库全书》在1944年12月运到重庆后,在渝浙省人士发起组织文澜阁《四库全书》保管委员会,此举得到了教育部认可。1946年2月,教育部"聘徐青甫、余绍宋、竺可桢、陈叔谅并派蒋复璁、顾树森、贺师俊七人为委员。指定陈叔谅、蒋复璁、顾树森为常务委员。秘书及助理员可由常务委员自行聘派,或签请聘派。"②其后,陈训慈与保管委员会决议将阁书陆运回浙。1946年7月5日,离开杭州已届9年的文澜阁《四库全书》安全运回杭州。亲历其事的毛春翔感慨:"阁书颠沛流离,奔徙数千里,其艰危亦远甚于往昔,八载深锢边陲,卒复完璧归杭,是谁之力与?曰陈叔谅先生之力居多。凡人事安排,经费请领,防潮设备之改善,员工生活之维持,以及其他有关于阁书之安全者,皆赖先生主持维护于其间,前丁后陈,并垂不朽。"③阁书启运回浙之后,因为当时的浙江图书馆"有萎顿不能维持之势",势难保护好阁书,是故陈训慈又函恳教育部能"指示"浙江省重视文物保护,增加浙江图书馆的复员经费,"树立中央补助地方社教机关与学术事业之佳范"。关于文澜阁四库全书的修护经费,"请教部岁拨

---

① 陈训慈:《竺可桢出长浙大由来及其他》,《一代宗师竺可桢》(浙江文史资料选辑第40辑),浙江人民出版社,1990年,第31页。
② 《浙江省四库全书保管委员会名单》,中国第二历史档案馆藏,全宗号五,卷号11624。
③ 毛春翔:《文澜阁四库全书战时播迁纪略》,《图书展望》(复刊)第3期,1947年。

专款予浙江图书馆","如蒙设法,似可称为'文澜阁四库全书保藏研究费'"。① 当时陈训慈假定的经费是每月五六十万元,最终教育部补助的特别经费是1500万。因为物价上涨,最终浙江省立图书馆又向教育部申请追加1500万。这些经费的到位,对修护文澜阁四库全书起到了极其重要的作用。

限于学科背景等限制,南高学派并不长于图书馆学理论,但他们却在民国图书馆事业史上留下了浓重的色彩,这无疑很值得我们深思。我们认为,主要原因有二:

经世致用的治学特色。南高学派治学追求求真与致用的统一,最终目的还是为了致用。正如柳诒徵在强调历史研究的目的要对国家社会有用时所说的那样:"我们研究历史的最后目的,就在于应用。不但用此以处理一己之事,且可因此以推之各方面。……即所谓一隅反三,并不限定与历史上有同样的事实,而我能藉此以推知未来,或者因此而另组成他种学问。"② 图书馆学即为他们在此种理念下"重组"而成的"他种学问",而他们的图书馆事业则是经世致用理念下的具体实践。由于中国当时内忧外患,南高学派于图书馆事业更有着异于他人的紧迫感。因为图书馆不仅要服务专家学者,还要服务普通大众,以期能"推动一切事业,以增厚民族生存的力量"。③

柳诒徵的垂范作用。1927年6月,柳诒徵出任江苏省立国学图书馆馆长后立即延揽范希曾、向达和缪凤林等人襄助。其后不久,王庸和陈训慈在师友推荐下任教于江苏省立南京中学,郑鹤声则任职于国立编译馆,闲暇之余他们都去江苏省立国学图书馆向老师请益、看书,师生之间交游互动甚为频繁。而柳诒徵此时在诸生协助下开始的创办馆刊、撰写馆史、编写馆藏书目、印行善本书籍等事项,无疑又对他们产生了影响,尤其是柳诒徵"视图书馆重于自己的家,重视

---

① 陈训慈:《致朱家骅》,1946年6月1日,台北"中央研究院"近代史研究所档案馆藏,馆藏号:301—01—23—332。
② 柳诒徵:《历史之知识》,柳曾符、柳定生编:《柳诒徵史学论文集》,第82—83页。
③ 陈训慈:《图书与图书馆》,《陈训慈百年诞辰纪念文集》,第307页。

馆藏图书甚于自己的家产,爱护无微不至"的言行更是影响了陈训慈、向达等人的图书馆生涯,如陈训慈主持的浙江省立图书馆的很多事项可谓青出于蓝而胜于蓝。

此外,难能可贵的是,南高学派并不讳言自己在图书馆学理论方面的缺陷,反而因之主动与图书馆学专家互通声气,取长补短。如柳诒徵邀请李小缘、汤用彤、陈汉章等人为国学图书馆顾问,帮助处理相关馆务,[①]陈训慈邀请刘国钧、杜定友和马宗荣等人去浙江图书馆演讲,刘国钧的《图书馆管理法上之新观点》、杜定友的《图书馆馆员应有之素养》、马宗荣的《图书馆组织及管理浅说》都登载于《浙江省立图书馆月刊》等即为显例。也正是此种开放的心态与情怀,江苏省立国学图书馆和浙江省立图书馆成为民国时期省立图书馆中之翘楚,犹如顾廷龙所言:"(民国时期)省立图书馆作出较大贡献者,当推先生(柳诒徵)主持之江苏省立国学图书馆,陈叔谅先生主持之浙江省立图书馆,经费不腆,人员聊聊,而成绩可观,为学术界所赞扬。"[②]这也启示我们,当下的图书馆建设在人才建设方面不应囿于图书馆学专业一隅,向达和王庸所在的国立北平图书馆足为范例。

[①] 其中出力最多的当为图书馆学家李小缘,他不仅在图书馆理念上可以与柳诒徵互补,且在国学图书馆具体事务上多有作为。如国学图书馆征馆后山地事,李小缘即参与其中,在《江苏省立国学图书馆第九年刊》"纪事"中多有记载。如1936年2月19日,"李君小缘来馆勘视后山地亩",3月15日,"李小缘君来询山地事",4月2日,"李小缘君来谈山地事",5月3日,"李小缘来,邀同馆长至后山督率馆工将其茔地订立木桩,围以铅丝,自此馆后山地又增扩数亩矣"等。

[②] 顾廷龙:《柳诒徵先生与国学图书馆》,柳曾符、柳佳编:《劬堂学记》,第252页。

第六章
南高学派的爱国主义史学

南高学派成员均具有浓厚的爱国主义情结,此种思想无不体现于他们所撰文章之中。1921年,他们创刊《史地学报》,此时正值各国列强重新瓜分中国势力之时,各种善后事宜纷至沓来。面对多变的世界局势,南高学派成员给予很大关注。"就统计所得,在《史地学报》刊载的318篇文章中,有关当代史者有160篇,约占50.3%,可见史地学报派对时事的关心程度。而对时事的多所萦怀,正是经世史学的具体实践:视史学成为一门有用的学科,而非闭门造车。"①在具体的史学实践上,南高学派以洗刷学术耻辱,纠正外国学者偏见为己任,致力于表章中国传统文化和悠久而灿烂的历史,驳斥了盛行一时的中华民族西来说,主张书生报国,服务抗战。

第一节 "表章国光"

20世纪20—30年代,学界对中国传统文化多有批评,乃至出现了西化倾向。如有人"倡废汉字,甘做虎伥。……一切古书,拉杂摧

---

① 彭明辉:《历史地理学与现代中国史学》,第93页。

烧"。① 胡适则主张："我们必须承认我们自己百事不如人，不但物质机械上不如人，不但政治制度不如人，并且道德不如人，知识不如人，文学不如人，音乐不如人，艺术不如人，身体不如人。肯认错了，方才肯死心塌地的去学人家。"②实际上，学术层面上的西学并非处处超越中学。梅光迪就曾指出："西人所著论吾国之书，十九谩骂吾人，不欲多读，此等书吾辈视之，不值一笑。而其势力影响于其本国者至巨，甚可痛也。因彼辈绝少通吾国文字者，况问其能读吾古籍（李佳白、孙乐文辈，不过读《纲鉴易知录》及《四书合讲》），彼辈书中不过有几张吾国下等社会人相片，以为足代表吾人，岂不可耻。"③柳诒徵在《史地学报》发刊辞中亦如是慨叹："清季迄今，……国有珍闻，家有瑰宝，叩之学者，举之不知，而惟震眩于殊方绝国巨人硕学之浩博。即沾溉于殊方绝国者，亦不外教科讲义之常识，甚且掇拾剽末裨贩糟粕，并教科讲义之常识而不全，而吾国遂以无学闻于世。呜呼！今世人之所知者，已至于有史以前之史，大地以外之地，而吾所知如此，匪惟不能争衡于并世，且举先民之已知者而失坠之，而犹偭然自居于学者，其可耻孰甚？"④在避地重庆后，柳诒徵犹认为"近百年间，国力不振，遂若吾之窳敝，皆受前人遗祸，而不知表章国光"。⑤正是以"无学"为耻，所以南高学派同人在具体的学术研究中自觉地弘扬本国文化，"表章国光"，纠外国学者之偏。而"中国文化，表现在中国已往全部历史过程中，除却历史，无从谈文化"⑥；且"中国于各种学问中，惟史学最为发达；史学在世界各国中，惟中国最为发达"⑦，所以他们致力于国史的宣传。

不满外国学者对中国史事的描述，意图表章中国文化可以说是

---

① 顾实：《国学丛刊》，《国学丛刊》第1卷第1期，1923年，"发刊辞"。
② 朱文华编选：《反省与尝试——胡适集》，第11页。
③ 耿云志主编：《胡适遗稿及秘藏书信》第33册，黄山书社，1994年，第61—63页。
④ 柳诒徵：《史地学报·序》，《史地学报》第1卷第1期，1921年。
⑤ 柳诒徵：《国史要义》，第99页。
⑥ 钱穆：《中国文化史导论》，商务印书馆，1994年，"弁言"。
⑦ 梁启超：《中国历史研究法》，第10页。

南高学派同人的共同心声。柳诒徵认为,中国虽有悠久的历史文化,但"一翻世界之学术史,或教育、宗教、文艺、美术诸史,阒然无一支那人名。或有之,亦不过去之老子、孔子、玄奘、杜甫诸人"①,"实吾民之大耻,抑亦吾国学者之大耻"②。要改变此现状,国人就要努力向西方传播中国文化,以期改变中国学术的国际地位。虽有西人传播中国文化,但柳诒徵对此基本持否定态度。因为当时传播中国文化的来华西人多为传教士或外交官,囿于中国文字之困难及所接触到中国人的学术造诣,他们很难判断中国文化之优劣。

陈训慈在讨论中国史学会组建问题时,明确将表章中国文化作为史学会的重要功能之一。"中国文化在世界之地位,自为中国文化耳。而浅率西人,至有置之原始文化至西方文化之过渡",如孟罗《教育史》,论中国教育谬误甚多,而其视东方文化为过渡为尤甚。"诚使有史学会为之中心,于古文化为忠实之研究,以发现完全之过去,则必可畀中国文化以正当之地位。且传播吾国真史,使外人明了吾国之地位,是史学会不但有造于中国文化,且于世界文化有关也。"③"欲穷人类文化之全,断非西方文化可综其成",而必须博及东方尤其是中国文化。奈何西方学者始终无法认识到此点,对中国文化充满了偏见。所以,中国学者亟宜整理国史,"要知本国之史不修,留待外国学者,为吾所应为之事,实为人世之大羞;且一国之历史,唯其本国人言之较易而较真,外国学者,微论其能具公正之眼光与否,藉曰能之,亦常易无意以陷谬误"。如法国人拉克伯里认为中华民族与巴比伦同种,即为显例。国人"若尚不自图,拱手以国史让诸外人,则西人必更轻吾国无人"④;"斯则邦家之奇耻巨辱,庸非国人对于学术所负之大罪欤!"⑤

---

① 柳诒徵:《论大学生之责任》,《学衡》第6期,1922年。
② 柳诒徵:《中国文化西被之商榷》,《学衡》第27期,1924年。
③ 陈训慈:《组织中国史学会问题》,《史地学报》第1卷第2期,1922年。
④ 《美人研究中国史之倡导》,《史地学报》第1卷第3期,1922年,"译余赘言"。
⑤ 陈训慈:《中国之史学运动与地学运动》,《史地学报》第2卷第3期,1923年。

缪凤林也注意到外国学者误解中国历史事实的情况,主张宣传中国历史。他说,百年以来,西洋史学之发展,一日千里,编纂世界通史者亦不乏其人,但"其于东方各国,则大半模糊,尤以中国为甚"。如薛九克、推来二氏的科学史(Sidgwick and Taylor: A Short History of Sceence)于埃及、巴比伦犹有专章论述,中国则付之阙如。就史法言之,中国之有史法,可溯至《春秋》,而 Langlois 和 Seignobos 合著的《历史研究法导论》的序言中谓该书所论之历史考证法,东方各国无所闻,大谬。① 即如当时在中国学界流传甚广的孟禄《教育史》和威尔斯的《世界史纲》,也是存在大量的谬误。② 因为西方学者虽有研究中国历史的志愿,但"以文字之不同,典制之暌隔与史籍之浩如烟海,决难有成"。值此全球海通之际,"自我表扬,宣传吾国之历史,以答彼土之需求,因而免去种种误会,实吾史学界之天职"③。

郑鹤声也认为当时"欧西史家言中国史者,率臆度虚测,谬误滋多。若不自起整理,则辱没国体,遗羞学术"④。

张其昀则更是认为"民族文化之高下,亦可以其所产生之史家与史篇多寡之数为差",认定西方史学讨论史法始于伯伦汉姆,历史甚短,而中国史法始于《春秋》的春秋笔法,历史悠久。若以此来衡量民族文化之高下,中华民族诚然无愧为世界上最为发达之民族。⑤ 中国学者应"以至公至正之心,阐扬中华固有文化之真价值于世界,昭宣民众之声光,以答外邦之所求"⑥。"若使西人研究吾国历史者无完备确当之底稿足以依据,而徒搜索史源,网罗故事,从事于草创纂辑之

---

① 张其昀认为,"其在西洋,德史家贝恒(Bernheim)始考史著,裁定史例,距今仅三十二年耳"。而在中国则不同,《春秋》一书就已经发凡起例,讨论史法了。参见《刘知几与章实斋之史学》,《学衡》第5期,1922年。

② 如孟禄说"四书五经,一部为孔子之书,一部为孔子大弟子孟子之书,一部为后学者之书",威尔斯说"中国之饮茶,始于纪元后六世纪",诸如此类不谙中国史事者,不胜枚举。参见缪凤林:《中国史之宣传》,《史地学报》第1卷第2期,1922年。

③ 缪凤林:《中国史之宣传》,《史地学报》第1卷第2期,1922年。

④ 郑鹤声:《清儒之史地学说与其事业》,《史地学报》第2卷第8期,1924年。

⑤ 张其昀:《刘知几与章实斋之史学》,《学衡》第5期,1922年。

⑥ 张其昀:《美国人之东方史观》,《史地学报》第1卷第1期,1921年。

业；越俎代谋，必劳而寡功。往往以隔于文字，昧于掌故，徇至望文生义凭臆抽思，泛滥驰骋以逞其戾断；则其初欲望见东方文化之本色，其结果乃适与之相反，皮相之辞，荒谬之论，洋溢于彼方学者之口耳；是固大违西人之本愿，又讵非谈国故者之深耻欤。"①

基于上述认识，南高学派于国史撰述多有用心，其大者为柳诒徵的《中国文化史》《国史要义》，缪凤林的《中国通史纲要》《中国通史要略》，张其昀的《中华五千年史》等。柳诒徵因为"世恒病吾国史书，为皇帝家谱，不能表示民族社会变迁进步之状况"，为"明吾民独造之真际"，他撰《中国文化史》，"于帝王朝代、国家战伐，多从删略，唯就民族全体之精神所表现者，广搜而列举之"②，以期"中国历史亦植身于世界各国之列"③。在《国史要义》中，柳诒徵更是以"表章国光"为己任，发出了"疆域不正则耻，民族不正则耻"的沉痛呼声，表达了对国史"不甘为偏隅，不甘为奴房，不甘为附庸"强烈自信和爱国家、爱民族的思想。④ 缪凤林则因为"爱国雪耻之思，精进自强之念，皆以历史为原动力，欲提倡民族主义，必先昌明史学"⑤，而"世变日亟，睠怀时局，抚卷增喟，极知通史所系者巨"，所以他编撰《中国通史要略》，"就我国族所以开拓广土团结庶众及历久长存之本原，与其政治文化各种变迁之荦荦大者，略述其根柢与趋向，以饷学子。亦书生报国之一端也"。⑥

不满外国学者对中国史事的描述，意图表章中国文化可以说是当时大多数南北学者的共同心声。时任北大史学系主任的朱希祖在北大史学会成立会上说："我们中国图书事业不发达，外国史的参考书不能齐备，所以研究外国史，尚讲不到。但外国人讲我们中国史，

---

① 葛立芬(Griffin)：《美国人之东方史观》，张其昀译，《史地学报》第1卷第1期，1921年。
② 柳诒徵：《中国文化史》，"绪论"。
③ 柳诒徵：《中国文化史》，第647页。
④ 柳诒徵：《国史要义》，第88页。
⑤ 缪凤林：《中国通史要略》，第11页。
⑥ 缪凤林：《中国通史要略》，"自序"。

也是没有好的。所以我们自己整理中国史,是我们中国人唯一的责任。"①沈兼士也认为,东方文化自古以来就是以中国为中心,所以整理东方学以贡献于世界,实为国人一种责无旁贷的任务。"吾人对于从外国输入之新学,曰我固不如人,犹可说也;此等自己家业,不但无人整理之,研究之,并保存而不能,一听其流转散佚,不知顾惜",殊为可憾;"以中国古物典籍如此之宏富,国人竟不能发挥光大,于世界学术中争一立脚地,此非极可痛心之事耶!"②正是南北学者致力于表章国光,整理国史,在20世纪30、40年代出现了众多的近代史、通史、文化史、专门史、断代史、社会经济史等领域的著述,③也使得一些学科在此时期内形成。

第二节 "明吾民独造之真际"

柳诒徵编撰《中国文化史》的著述目的之一是"以明吾民独造之真际",其意所指为国内外学界一度盛行的否认中华文明是由中华民族自己创造的"中华民族西来说"。即使在1930年代,法国派来考察中国高等教育的马古烈博士仍声称中国文化源于亚美尼亚,"这里有语言文学和地质学上的两大证据"④。

对于中国文明的起源,西人曾提出过许多理论。"有言中国民族非土著为外来者。其间又区为多说。有言来自埃及者,特金土(Deguignes)主之。有言来自中央亚细亚者,鲍尔博士(Dr. Ball)、彭伯赖(R. Pumpelly)与罗滨生(Robinson)等主之。有言来自土耳其斯坦之西南和阗之俄亚希斯者,利希突芬(F. V. Richthofen)主之。

---

① 赵仲滨速记:《朱遏先教授在北大史学会成立会的演说》,《北大日刊》1922年11月24日。
② 沈兼士:《筹画北京大学研究所国学门经费建议书》,葛信益、启功整理:《沈兼士学术论文集》,中华书局,1986年,第362页。
③ 顾颉刚:《当代中国史学》,第79—99页。
④ 马古烈:《亚洲文化的变迁和他的特点》,《东方杂志》第27卷第11号,1930年。

有言来自印度者,岱乌士(Davis)等主之。有言来自印度支那半岛者,卫格尔博士(Dr. Wieger)主之。有言来自亚美利加之大陆或美洲北部者,赫胥黎(Huxley)、高平奴(Gobineau)等主之。而其最占势力者,莫如法人拉克伯里(Terriende Laconperie)自美索布达米亚西来之说。"①拉克伯里认为,"公元前23世纪左右,原居西亚巴比伦及爱雷姆(Elam)一带已有高度文明之迦克底亚-巴克民族(Bak tribes),在其酋长奈亨台(Kudur Nakhunte)率领下大举东迁,自土耳其斯坦,循喀什噶尔,沿塔里木河以达昆仑山脉,辗转入今甘肃、陕西一带,又经长期征战,征服附近原有之野蛮土著部落,势力深入黄河流域,遂于此建国。酋长奈亨台(Kudur Nakhunte)即中国古史传说中的黄帝(Huang Di),Huang Di 是 Nakhunte 的讹音,巴克族中的 Sargon 即神农,Dunkit 即苍颉;巴克本为首府及都邑之名,西亚东迁民族用之以为自身之称号,即中国古籍所言之'百姓';昆仑即'花国',因其地丰饶,西亚东迁民族到达后便以'花国'命名之,所以中国称'中华'。"②拉氏此说传到中国后,一度大受中国学者欢迎,响应之作纷起。如丁谦《中国人种从来考》,蒋智由《中国人种考》,章炳麟《种姓编》,刘师培《国土原始论》《华夏篇》《思故国篇》,黄节《立国篇》《种原篇》等,皆赞成或推扬拉氏之说。学者从文化上来论证中华民族西来,如"取以事纪年,佐证中国文化之西来,丁山考宗周鼎彝刻辞,认为以事纪年的证例"。阎宗临即认为:"只据这种近似事实,便断言中国文化来自西方,未免过分轻率,标特立异。马林诺夫斯基说:'考古学和历史,供给我们许多凭据,表明器具、艺术或社会制度,可以在不同的文化区域内单独发展的。'"③之所以在清末民初会出现这种在今天看来非常令人惊奇的现象,是因为"此说最受清末民初中

---

① 缪凤林:《中国民族西来辨》,《学衡》第37期,1925年。
② 转引自李帆:《人种与文明:拉克伯里学说传入中国后的若干问题》,《西南民族大学学报》2008年第2期。
③ 阎宗临:《古代中西文化交流略述》,《中西交通史》,广西师范大学出版社,2007年,第3页。

国学人之欢迎,以当时反满之情绪甚高,汉族西来之说,可为汉族不同于满族之佐证"①。

面对种种中华人种起源说,南高学派不以为然。他们坚信中华民族并非来自西方,中华文明乃中华民族之独创。所谓的"中国人种西来说"无非是"为欧西民族文化帝国主义之谰言,欲举我国文化而附庸之也"。谁知国中学者一闻其说,即群起响应,"信以为真,垂为定论。甚至形之著述,纂入课本。天下盲从之事,宁有过于此者!"②

柳诒徵从"人类之生历年久远""人类之生不限一地""一地之人各分部落"三点立论,指出"自生民之初至于有史时代,至少亦必经数十万年,若谓吾国茫茫九有,从古初无人类,必待至最近数千年中,始由巴比伦、中央亚细亚转徙而来,是则理之所不可信者也"。肯定了中华文明是中国人自我创造的产物,认为中国古代"东、中、西三方有最初发生之部落","羲、农后,所谓华夏之族,实由前此无数部落混合而成"③,而中国文明的源头就发生在这些居住在华夏大地上的原始居民中。"近世浅人,不识其源,乃造为民族西来。凡我文化,一出于巴比伦亚西里亚之说,然亦羌无确证,不足成为信谳也。"④

缪凤林认为,中国民族绝非西来。虽然当时中国境内没有可以明确确定人种来源的考古发现,但安特生根据仰韶出土的彩陶与俄属中亚的安诺所出土的彩陶有相似之处,断定两者文化同源,仰韶彩陶由西亚传入,中华民族亦源于西亚。"自西方远来之新文化,当其直达黄河流域之今甘肃中部时,即顺流而下,迅速以达黄河之下流及其支流域,至是遂与土著文化相混合,而成为当地石铜时代之文化。"缪凤林对此加以反驳,认为在远古时代,关梁不通,"彩陶由甘肃至河南,无论如何迅速,必需一较长之岁月"。如果说二者同时,当为分别

---

① 方豪:《中西交通史》,上海人民出版社,2008年,第22页。
② 郑鹤声:《应如何从历史教学上发扬中华民族之精神》,《教与学》第1卷第4期,1935年。
③ 柳诒徵:《中国文化史》,第7页。
④ 柳诒徵:《自立与他立》,《学衡》第43期,1925年。

发生；如果说是由西而东传，该如何解释这样一个年代学上的疑问呢？安诺苏萨最早在公元前三千年左右，而河南甘肃出土的彩陶最晚也在公元前四五千年，要比安诺苏萨出土陶器年代早一二千年。这说明，中国远古时代的彩陶不可能由西亚传入。① 在此基础上，缪凤林进而指出，之所以会出现人种西来说，并在中国流行，是拉克伯里和白河次郎等人仅凭一知半解来著书立说，国中学者又"于此新说之来，复不能审思明辨，或阙疑慎言，惟知巧为附会，助之张目，甚且并巴比伦史亦不知研究，徒拾彼等所说之一二以相矜夸，奉西戎为宗国，污先民而不恤"②。

束世澂在回答历史学会会员关于中国人种是否西来的问题时，也以仰韶发现为例，明确指出：安特生关于河南仰韶彩陶的论断"诚可谓远古中国与西方有文化交通之证，但若因此而遽谓中国人种西来，则亦失之武断"。当时地下考古发现虽然不多，但是也有一些足以证明中国文化并非西源，中国人种亦非西来。如中国特有的陶鼎、黑陶、白陶等多见于东北部，西部则少见。"况自周口店猿人发现，虽不能证明其与中国人有何关联，要足证明中国东北部在旧石器时代已有人类，即不能断言中国人种必自外来。"③

向达在《中西交通史》一书中，首章即为"中国民族西来说"。他坦言，因为仰韶的新发现，"虽不能即用以实证西来说，而西来说有复活之势"，但这不足以证明中国人种、中国文化源于西方。拉克伯里

---

① 缪凤林：《中国民族由来论》，《史学杂志》第 2 卷第 4 期，1930 年。关于此点，考古学家裴文中指出："在黄河流域所发现的彩陶，是中华民族的祖先所制造的。在我们看来，没有任何理由，能够认为中国彩陶文化是由西方传布来的。过去主张这种说法的人，固然受了当时有限的知识的限制，但很可能与诬蔑中国人民的'中华民族西来说'有关，他们是别有用心的！在伊朗、印度、苏联欧洲部分的乌克兰和欧洲的罗马尼亚等地，也都发现过类似的彩陶。在没有作绝对年代的鉴定之前，我们只能根据制形和花纹，作些猜测性的对比。就现在的情况看，东方和西方的彩陶文化是两种平行的、各自独立起源和发展的文化。这是比较妥当的结论。"（裴文中：《中国石器时代》，中国青年出版社，1954 年，第 51 页）

② 缪凤林：《中国民族西来辨》，《学衡》第 37 期，1925 年。

③ 束世澂：《中国古史上几个问题》，《读书通讯》第 23 期，1941 年。

所谓的中国人人种、文化源于巴比伦的那些证据,如"神农即萨贡,黄帝即那洪特云云,其实萨贡、那洪特俱是后来史家为措词方便,将很长的名词截剩这样的几个字,并不是原来就是如此。此外洪水传说,世界各国都有,这一定是远古天地初辟始有人类时的一种传说,也不足以为同源之证。至于象形文字、吉凶避忌、历算,则是原始民族观察自然界的现象,只要环境大致相同,都可生出同样的结果来"。所以,"主张中国民族西来,单靠这一点证据,还是不够的"。[1]

郑鹤声则在给福建省中等学校校长教职员等讲授中学历史教学法时,讲道:"我国自从黄帝开国以来,有久远的历史,有显著的文化。清朝末年以来,误信外人的谰言,认定我民族出自西方,固不免数典忘祖的笑柄。更有以黄帝尧舜为无其人,以夏禹为九鼎上之动物,是无异毁弃先民光荣的历史。"[2]

在极力驳斥"中华民族西来说"的同时,张廷休力主"中华民族是一个的",各民族自古就是同源的。张廷休在《苗夷汉同源论》中指出:"'中华民国'的人民,只有一个'中华民族',这构成'中华民族'的分子,凡出于中国史乘中的民族,统统在内。"他也观察到当时许多学者避地西南,开始利用当地资料进行民族研究,但许多研究成果不仅歪曲了历史,也在政治上造成了很坏的影响,所以他郑重劝诫当时从事西南民族研究的学者,在研究此类问题前,"必先抱定一种亲爱精诚的态度,认定苗夷与汉族,同是中华民族的一分子,文化的水准虽不免少有差别,生活的习惯亦有种种不同,但与汉人的关系,宛如一个家族的分房,绝对不能看作两个民族"。[3] 之所以有此主张,是因为当时一些学者滥用"民族"一词,喜欢用苗瑶民族、云南民族和摆夷民族等名称来指认西南民族,"这不但忽视了历史,而且在目下对于抗战的影响实在太坏了。听说现在日寇正在勾结暹罗,宣传滇桂为掸族故居而鼓励其收复失地。我们再正叫着云南民族,这是在替敌人

---

[1] 向达:《中西交通史》,第5页。
[2] 郑鹤声:《中学历史教学法》,正中书局,1936年,第96页。
[3] 张廷休:《苗夷汉同源论》,《中央周刊》第1卷第33期,1939年。

做宣传工作"①。张廷休的论断立足于抗战需要和当时西南地区具体情形,无疑是对当时"中华民族是一个"学术论辩的一种呼应。②

南高学派同人力主中国人种本土起源,中国历史文化由中华民族独立创造,无疑有助于振奋民族精神,提升国人的民族自信心和民族自豪感。他们的真知灼见,也已逐渐为考古发现所证明。因为在中国境内,"从猿到人相衔接各个环节的发现,加上其他多处直立人的发现,证实了我国应是人类起源的地区之一;中华民族绝非来自中华大地以外的任何一个地方"③。也正如严文明先生所言:"几十年以前,中国文化西来说曾经风行一时,那是某些西方学者在资料很不充分的情况下提出的一种假设,没有任何事实根据。自从中国革命取得成功,考古学随之取得巨大的进展,大量资料无可辩驳地证明中国文化是本土起源的,外来说已经基本上销声匿迹了。现在谈论得比较多的,是首先从中原起源,然后向周围传播扩张,还是同时在许多地方起源,相互影响传播,最后因中原地理位置优越而获得了较快的发展呢?"④

第三节 书生报国

南高学派在史学研究过程中,也会对时政有所评论,体现了他们对社会和国家前途的关注。如缪凤林对土地问题的关注,实际上就是对民生的关注。他在看了王世杰关于平均地权的文章后,"觉有许多矛盾和错误,中山先生'耕者有其田'的本意,王君似未了解;所举的方法,不能实现,亦不适合中国现在的状况"。所以,他列举了消极

---

① 张廷休:《再论夷汉同源》,《西南边疆》第6期,1939年。
② 关于"中华民族是一个"的争论,可参见周文玖、张锦朋:《关于"中华民族是一个"学术论辩的考察》,《民族研究》2007年第3期。
③ 王钟翰主编:《中国民族史》(上),武汉大学出版社,2012年,第52页。
④ 严文明:《中国文明起源的探索》,《中原文物》1996年第1期。

的方法和积极的方法,以期有助于"平均地权"①。关于独裁政治,陈训慈说:"吾人处今日之中国,不可不注意欧美以往之革命史,而欲知今日欧洲革命之酝酿,宜注意欧洲独裁政治之现状,与其今后之趋势也。""惟吾人惩往策来,要当知民治之真正胜利,必当有普及之教育,充分之政治训练,与安足之民生为之保障,更以进取之精神而时谋制度之适应。此则世界之爱护民治者所宜共晓,而在训政期内之中国国民尤当深思力行者也。"②张其昀同期刊有文章《江心坡与国防》,提出中国失去土地的几种方式,有出于战争者,有出于赠与者,有出于误勘者,有出于遗忘者。其中后两者"真为全民族之奇耻,其由于交涉者之无能,与国人之无地理知识,历史观念,显而易见。奇耻大辱,固无甚于此者矣"。③ 在承平之世如此,在乱世更是如此。

九一八事变之后,中日两国之间的关系日益紧张,中国进入了局部抗战时期。"在抗战期中,一切文化活动都应该集中于抗战有益的这一个焦点。"④有鉴于此,南高学派高扬爱国主义旗帜,以史为鉴,力图推动全民抗战。柳诒徵说:"我们要复兴民族,我们要唤起民族精神","先教一班士大夫有知识的人,明白人伦的道理,从少数人下手,然后再由根本推及枝叶,训导大多数的民众也明白这个道理。……先从切身做起,慢慢的将人伦的天性,推而至于一村一乡一省一国,使中国文化的精神,从新发扬起来,那便是中国民族复兴的良药,见了功效了!"⑤所以他反对当时一些学者的考据和疑古辨伪,认为他们"即使拆穿西洋镜,证实他是造谣言,我们得了一种求真的好方法,于

---

① 缪凤林:《评王世杰〈平均地权的方法〉》,《史学杂志》第1卷第2期,1929年。
② 陈训慈:《欧洲战后独裁政治之现状与其前途》,《史学杂志》第1卷第3期,1929年。
③ 张其昀:《江心坡与国防》,《史学杂志》第1卷第3期,1929年。
④ 郭沫若:《抗战与文化问题》,《郭沫若全集》第18卷,人民文学出版社,1992年,第221页。
⑤ 柳诒徵:《对于中国文化之管见》,《国风》第4卷第7期,1934年。

社会国家有何关系"①？主张史学应当讲求致用，和政治联系起来。②

面对日寇的步步紧逼，柳诒徵和张其昀等人在1932年发起创办了《国风》半月刊，鼓吹抗战。在发刊辞中，南高学派认为，"淞、沪之血未干，榆、热之云骤变，鸡林、马訾，莫可究诘；仰列强之鼻息，茹仇敌之揶揄。此何时？此何世？尚能强颜持吾国之风而鸣于世耶！……凡吾侪胸中愤起潮涌，欲一泄以告吾胞与者，凭恃时机，殆尚未晚。失今不图，恐更非吾所忍言矣！"所以他们的研究选题也多与日本有关。如柳诒徵的《江苏明代倭寇事略》；缪凤林的《中国民族论》《日本开化论》《日本军阀论》《日本军备与最近中日战争》《日本考略与日本图纂》《日本史鸟瞰》；张其昀的《热省形势论》《榆关揽胜》等无不如此。如缪凤林在《日本史鸟瞰》一文中系统描述了日本从建国至九一八事变时的主要历程，认为"中国为日本文化之母国，日本之开化悉由中国文化之输入，此日人所共许也"。虽然近"四十年来，日人之侮我与国人所受日人之耻辱至矣。然吾人一稽日史，则日本民族一切因成于人，其由獉狉而进于开明，悉吾华文化孕育之力"。流露出强烈的民族主义情感。③ 张其昀在《榆关揽胜》一文中，借孟姜女的故事来激励中国军民奋起抗战，收复失地。"盖中华民族，本富于自卫精神，凡为国牺牲之忍，最为一般民众所崇拜，孟姜女故事即为此种观念之具体化。……数千年来，中国屡受外族侵略，卒能巍然独存者，即赖有此种不屈不挠之精神耳。方今榆关失守，旆旗变色，海滨丽观，沦于异域，有志之士，当必有闻范郎姜女之遗风而奋起者，为中华民族保守国境，使传说上之孟姜女祠，恢复其应有之地位。"④

与此相呼应的是，柳诒徵通过其主持的江苏省立国学图书馆印行出版了一些与日本有关的著述，并撰写了跋语，希望能以史上抗倭

---

① 柳诒徵：《讲国学宜先讲史学》，《柳诒徵史学论文集》，第500—502页。
② 陈垣也认为，"凡问题足以伤民族之感情者，不研究不以为陋。如氏族之辩、土客之争、汉回问题种种，研究出来，于民族无补而有损者，置之可也"。参见陈智超编：《陈垣来往书信集》(增订本)，第1146页。
③ 缪凤林：《日本史鸟瞰》，《国风》第3卷第1期，1933年。
④ 张其昀：《榆关揽胜》，《国风》第2卷第7期，1933年。

事迹来警醒国民,提振民气。如第七年刊广告有"本馆印行关于辽事倭寇之书籍",计为《平倭通录》《辽事实录》《山海漫谈》《郑开阳杂著》四种,每种皆有提要。如介绍《山海漫谈》:"明长治任环撰。嘉靖间,环与倭夷大小百战,忠勇奋发,保障东南。此集诗文,恳挚卓荦,感人心脾,可激发爱国之心,增长御侮之胆。"①《明史》有《任环传》,王焕镳病其"失之略而微有误",另撰《明御倭名将任环传》,"广引明人有关著述及任环所自为文考证而充实之,于任环'御倭首在培养元气'之说及其忠勇贞廉之节操,特加表扬"②。陈训慈于九一八事变后,举办"九一八国耻展览会"以警醒杭州市民,有横条书:"杭市各界诸君,你们习于目前的安平,沉醉于西湖的游览,就忘了九一八吗?"③

对南高学派同人而言,对日本的关注是一个极大的转变。《史地学报》时期,他们都关注欧美史学,翻译和介绍了相当多的欧美史学论文,对于日本史学方面的介绍仅能在"史学界新闻"等栏目内触及。此时对于日本的极度关注,说明南高学派意欲国人对日本民族有所了解,振起民众的民族自豪感,能以自己的研究对中国军民的抗战稍尽绵力。

全面抗战爆发后,经过初始的防御阶段,中国军民进入了最艰苦的相持阶段。为了鼓舞民气,激励中国军民抗战到底,缪凤林撰文《国史上之战斗观:从国史上证明战斗至上为历史的真理》,认为一部中国的历史就是中国人民奋起战斗的历史。因为"吾民族国家之成立由于战斗、唐虞三代之兴盛由于战斗、春秋战国时代之发展由于战斗、秦汉之强大由于战斗、两晋南北朝时代北方诸族之强大由于战斗、隋唐之隆盛由于战斗、两宋之世北方诸族之兴由于战斗、明代之复兴由于战斗、清代之兴盛由于战斗",而抗战至今,已逾四载,中国赖以不败,全"赖我将士之忠勇搏斗,国族精神愈益淬厉"。"人类之

---

① 《本馆印行关于辽事倭寇之书籍》,《江苏省立国学图书馆第七年刊》"簿录",1934年。
② 王焕镳:《因巢轩诗文录存》,第89页。
③ 《馆讯鳞爪》,《浙江省立图书馆馆刊》第2卷第5期,1933年。

可贵,莫大于善用过去之经验,历史之记载,尤为人类过去之经验之总汇,一时代之事实苟为恒久的真理,必可于史册记载中得其佐证,亦惟史册上能证明的真理,斯应为吾人思虑言动之南针。间尝稽查国史,则知战斗至上实为历史的真实,全部史乘悉可为此真理作注解。"① 故而我国军民应当继续坚持抗战,争取最后的胜利。

陈训慈则在全面抗战爆发后,满怀爱国热情,联络浙江大学、浙江博物馆等单位,创办了《抗敌导报》,呼吁全国人民奋起抗击日本侵略者。《抗敌导报》名义上由数个单位合办,"实则编辑和发行主要是浙江图书馆主持,其他单位分担出版经费外,仅浙大派李絜非参与撰稿艺专供给木刻漫画专页的画稿而已。……对抗日救亡宣传,特别是杭州这样一个被国民党顽固派控制的城市,是起了一些作用的"。② 陈训慈在创刊时写了一篇《我们愿是全国总动员中的一员》代发刊词,鲜明提出要求全国人民奋起抗击日本侵略者。《抗敌导报》上,他还发表了《国际现状与自救之道》《后方对不起前方》《光荣抗战一月了》《善用广大的国际同情》《注视全局与摧破悲观》《南北战局的好转》等文章,宣传抗日救国道理,在抗战初期的东南救亡运动中发挥了积极作用。

张其昀从国防角度出发,发表了《国防丛谈》《江南春色与国防革命》《摩托与国防》《国防教育与小学教材》《中国之军人魂》等文章,呼吁全国民众团结一心,共同抗日。张其昀认为,中国的国防已经破产,破产的原因是国民对军事的漠不关心,"照理论上讲,中国国防的重心,不在少数的前方兵士,而在国军的全体,抑不在国军的全体,而在国民的全体。要使中国全土若一常备军营,全体国民若一常备军队。保护中国之权利应与全民共之,国防的真性质,应使全体国民来

---

① 缪凤林:《国史上之战斗观:从国史上证明战斗至上为历史的真理》,《思想与时代》第9期,1942年。
② 翁植耘:《〈图书展望〉和〈抗敌导报〉——回忆浙江图书馆两个刊物》,中国人民政治协商会议浙江省委员会文史资料研究委员编:《浙江文史资料选辑》第28辑,浙江人民出版社,1985年,第170页。

从事。然实际上则大失所望,国民与军事可谓毫无渊源,各不相谋,分为二橛。国民对于战争之内容及其成败利钝之故,置之不理,一若委之于将来之事变,听之于将来之命运。嗟夫!以此而临强敌,岂有不大败特败!国民皆视军事为军人之专利品,而不过问,军人亦视军事为其专利品,而不欲人过问也。人民日日希望政府,而政府不克举其所希望之实。这便是中国国防破产的根本原因。"在张其昀看来,"新的国防,应以国民全体为渊源","必须合全体国民的心和力以参与国防,组织成功真正的国民军",①并进而形成以智、仁、勇、信、严为核心的中国军人魂,因为"军人魂实为培养民族精神的沃壤,而为不可磨灭的精神遗产,智仁勇信严五者,永为中华民族精神上的万里长城"②。

郑鹤声在抗战时期撰写的《郑和》一书,于注重考证史事同时,不忘突出郑和之事功,以激起国人高昂的民族斗志,从而为抗战服务。他在《绪言》中就说,郑和出使的目的在于宣扬威德,扶助弱小,"以故海外人物,辐辏阙下,数百年来,号称盛事"。其著《郑和》就是为了发扬郑和的伟大精神,从而昭示后人。③

南高学派同人虽为一介书生,但他们秉承"经世"理念,通过手中的笔来为中华民族的生存斗争尽一份绵力,努力使民众相信"能建设长城运河等伟大工程,能以民众自力向四境及南洋海外拓殖,能征服吸收而且开化了许多外来民族,而且经过多次遭难而卒能屡克艰阻以重振的中华民族,虽然现在遭受万难,是必然要复兴,而且一定有比过去更为伟大的前程的"④。

南高学派爱国主义史学背后折射的是他们秉承的"经世致用"理念,虽然在一定时期内,南高学派致用的学术理念在傅斯年、顾颉刚等

---

① 张其昀:《国防丛谈》,《中央时事周报》第2卷第10期,1933年3月18日。
② 张其昀:《中国之军人魂》,《新南星》第5卷第11期,1939年。
③ 郑鹤声:《郑和》,第6页。
④ 陈训慈:《民族名人传记与历史教学》,《教与学》第1卷第4期,1935年。

人主导的求真理念前显得格格不入,但随着时局的变化,求真一派却是逐渐向致用一派倾斜乃至转变。顾颉刚就在不同场合发表了史学研究要注重致用的论调。他说:"当承平之世,学术不急于求用,……及至国势凌夷,跼天蹐地之日,所学必求致用,非但以供当前之因应而已。又当责以弘大之后效;……以我国今日所处地位之危险,学术实不容更有浪费,故定其价值之高下必以需用与否为衡量之标准。"①傅斯年作为一个"狂热的爱国者",也逐渐由求真转向追求史学研究的致用,一改从前的态度,主张在编书时对历史资料要"根据某种观点作严密的选择",而选择的标准就是"启发爱国心,民族向上心,民族不屈性和政治社会文物的相互影响"②。

事实上,九一八事变后,随着日本侵华加剧,学者要想继续学术研究,已经再也无法有以前的环境和心境了。"文献的沦陷,发掘地址的沦陷,重建的研究设备的简陋,和生活的动荡,使得新的史学研究工作在战时不得不暂告停滞,如其不致停顿。'风雨如晦,鸡鸣不已'的英贤,固尚有之;然而他们生产的效率和发表的机会不得不大受限制了。"③以前那种专注史料的历史研究方法,与当时严重的民族危机相较,相去甚远。当时人所迫切需要的,是如何从历史中寻求中华民族生存的力量与精神,而不是断断计较于中国历史的长短,或某些史书的真伪。正如钱穆在为顾颉刚《崔东壁遗书》作序时所言:"牢狱之呻吟,刀刃之血滴,触于目,刺于耳,而伤于心,一室徘徊,胸沸脉竭。……我民族之光荣何在?曰,在古史。我民族文化之真价值何在?曰,在古史。"④然"以今日中国情形观之,人不悦学,史传束阁,设天降丧乱,重罹外族入寇之祸,则不待新国教育三十年,汉祖唐宗,必已无人能知,而百年以后,炎黄裔胄,决可尽化为异族"。是则"为国

---

① 《禹贡学会研究边疆计划书》,《史学史研究》1981年第1期。
② 傅斯年:《闲谈历史教科书》,《教与学》第1卷第4期,1935年。
③ 张荫麟:《中国史纲》,"自序"。
④ 钱穆:《崔东壁遗书序》,崔述著,顾颉刚编订:《崔东壁遗书》,上海古籍出版社,1983年,第1047页。

民者,首须认清我为何种民族,对于本国文化,相与尊重而发扬之,则虽一时不幸而至山河易色,终必有复兴之一日"。① 南高学派同仁的史学主张与实践,实与章太炎之论若合符节。

面对严峻的民族危机,学者们的爱国心已经迫使他们再也不能进行"纯学术"研究,学以致用逐渐成为众多爱国学者的共同心声。抗战时期,南高学派和其他爱国史家们的史学实践一起汇聚成抗日战争时期的爱国主义史学洪流,"企图以祖国光荣史迹来增强民族自信心,来鼓励抗战精神"②,为中华民族的抗战事业做出了应有的贡献。

---

① 章太炎:《读史与文化复兴之关系》,张勇编:《章太炎学术文化随笔》,中国青年出版社,1999年,第42页。
② 叶蠖生:《抗战以来的历史学》,《中国文化》第3卷第2期,1941年。

结　语

阮元说："学术盛衰，当于百年前后论升降焉。"[①]与南高学派有密切关系的学衡派领袖吴宓在1963年时，有人请他将《学衡》创办的经过写成文字，吴宓婉拒了，并说："《学衡》社的是非功过，澄清之日不在现今，而在四五十年后。现在写，时间太早。"[②]现在距"五四"已有百年，距吴宓婉拒之时已过50年，是我们客观、全面评价这一时期学术的最佳时期了，而评价南高学派的学术成就和地位也正当时。大好的时代环境，需要我们对以往的学术做出公允的判断。事实上，学人或学派的学术成就往往随着时代氛围的变化而升降不一。20世纪90年代，钱穆在海峡两岸的不同身后处境即为显例[③]。

一、世变与史学

史学发展与时代变迁的关系至为密切，正如沈刚伯所说："世变愈急，即史学变得愈快，世变愈大则史学变得愈新。"[④]毛泽东指出："自从一八四〇年的鸦片战争以后，中国一步一步地变成了一个半殖民地半封建的社会。自从一九三一年九一八事变日本帝国主义武装

[①] 钱大昕：《十驾斋养新录》阮元序，江苏古籍出版社，2000年。

[②] 华龥农：《吴雨僧先生遗事》，黄世坦编：《回忆吴宓先生》，陕西人民出版社，1990年，第58页。

[③] 钱穆的研究在20世纪90年代，在大陆风起云涌，研究者众多，以国学大师视之，至今方兴未艾，而在台湾，当局和民间"主流人物，大多强调本土文化（指台湾地区的本土文化——引者注）、无条件的接受西方文化，而排斥中国自己的传统文化。所以在今天的台湾，钱（穆）先生竟成了一位不合时宜的学人"。（参见《钱胡美琦女士致辞》，台湾大学中国文学系印：《纪念钱穆先生逝世十周年国际学术研讨会论文集》，2001年）

[④] 沈刚伯：《史学与世变》，杜维运、黄进兴编：《中国史学史论文选集》第2册，第1110页。

侵略中国以后，中国又变成了一个殖民地、半殖民地半封建的社会。"①自1840年第一次鸦片战争爆发，直至1937年日本全面侵华，中国在这近百年的历史中，无时无刻不存在着亡国灭种的危险。前贤对此多有论说。孙中山说："方今强邻环列，虎视鹰瞵，久垂涎于中华五金之富，物产之饶。蚕食鲸吞，已效尤于接踵；瓜分豆剖，实堪虑于目前。有心人不禁大声疾呼，亟拯斯民于水火，切扶大厦之将倾。"②陈寅恪说："近数十年来，自道光之际，迄乎今日，社会经济之制度，以外族之侵迫，致剧疾之变迁；纲纪之说，无所凭依，不待外来学说之掊击，而已销沉沦丧于不知觉之间；虽有人焉，强聒而力持，亦终归于不可救疗之局。盖今日之赤县神州，值数千年未有之巨劫奇变。"③钱玄同说："现在，时世之乱过于五胡乱华、女真满洲入寇之时数百倍，国势险危，民生疾苦，报纸日有记载。"④众多前贤对于世变的认识，无不说明当时中国面临一个严峻的生存问题，"当时中国所面临的当务之急是，怎样抗拒外侮、救亡图存以免亡国灭种"。⑤ 这种亡国灭种的危机感在南高学派身上表现得尤为明显，因为他们身处的时代，尤其是20—40年代正是当时中国社会变动极其剧烈的时代。近现代中国最大的苦主无疑是日本，而作为有志于日本史研究的缪凤林，在考察日本历史的过程中，已经发现日本业已从"输入中国文化"转变为"劫夺中国主权"，"侵略中国为其唯一之国策"。⑥ 也正是从1928年的济南惨案开始，南高学派对日本给予了更大关注，并未如此前那样较多关注欧美史学动向。这使得很多学人身上为此都带有强烈的民族主义色彩。可以说，在中国近代历史上，每个有良知的

---

① 毛泽东:《中国革命和中国共产党》,《毛泽东选集》,第2卷,人民出版社,1991年,第626页。
② 孙中山:《檀香山兴中会章程》,《孙中山全集》第1卷,中华书局,1981年,第19页。
③ 陈寅恪:《王观堂先生挽词序》,《陈寅恪集·诗集》,生活·读书·新知三联书店,2001年,第13页。
④ 钱玄同:《钱玄同日记》中,北京大学出版社,2014年,第525页。
⑤ 何兆武:《中西文化交流史论》,第134页。
⑥ 缪凤林:《日本史鸟瞰下》,《国风》第3卷第3期,1933年。

学人都有民族主义情结,只是表现的强弱不一而已,①而这种表现强度上的差异,反映在史学研究的方向上,就出现了求真和致用的差异。柳诒徵等南高学人并未出过国门,但他们的忧患意识一直都很强烈,所以他们认为当下的史学研究应有裨于社会民生。南高学派成员多为中国国民党党员,他们的民族主义情结也不无孙中山"民族主义"的影响。孙中山所强调的民族主义,非常注重传统道德的作用,主张恢复固有道德以求恢复民族地位,从而求得国家的长治久安。他在《民族主义》的讲演中如是说道:"中国从前能够达到很强盛的地位,不是一个原因做成的。……要维持民族和国家的长久地位,还有道德问题,有了很好的道德,国家才能长治久安,……因为我们民族的道德高尚,故国家虽亡,民族还能够存在;不但是自己的民族能够存在,并且有力量能够同化外来的民族。所以穷本极源,我们现在要恢复民族的地位,除了大家联合起来做成一个国族团体以外,就要把固有的道德先恢复起来。有了固有的旧道德,然后固有的民族地位才可以图恢复。"孙中山所言的"固有的旧道德"指的是"忠孝、仁爱、信义、和平"②。据其后人孙穗芳总结,孙中山所强调的"固有的旧道德",主要指的是"四维八德",即:礼、义、廉、耻、忠、孝、仁、爱、信、义、和、平③。这无疑与后来柳诒徵等人注重史学研究中的民族主义和道德教化相当契合。朱师辙曾如此评价柳诒徵,这也可视为对南高学派的评价。"先生独能于世变方亟、学术庞杂、思想昏瞀之时,倡读史之纲要,述纂修之谊例,推之于古,反之于身,使人学一贯,形神弗离,以明史学准的,而于国本安危、民族盛衰尤深切致意,与时贤治

---

① 罗志田认为:"实际上,晚清以来一百多年间,中国始终呈现乱象,似乎没有什么思想观念可以一以贯之。各种思想呈现出一种'你方唱罢我登场'的流动局面,可谓名副其实的'思潮';潮起潮落。但若仔细剖析各类思潮仍能看出背后有一条线,虽不十分明显,却不绝如缕贯穿其间。这条线正是民族主义。"(《民族主义与近代中国思想》,台北东大图书股份有限公司,1998年,第4页)

② 孙中山:《三民主义·民族主义》,《孙中山全集》第9卷,中华书局,1986年,第242—243页。

③ 孙穗芳:《孙中山思想与现代中国》,《孙中山研究论集——纪念辛亥革命九十周年》,北京图书馆出版社,2001年,第13页。

史未可同科也。"①

二、趋新与守旧

南高学派的治史风格多为当世学者认定为"信古"一途,尤其是柳诒徵和缪凤林的著述多有学者批评此一倾向。事实上,南高学派的治史风格乃是趋新与守旧之间②,这应与柳诒徵的师承有很大关系。柳诒徵师承缪荃孙,缪荃孙"以为旧学宜保存,新学宜增入,当由旧学窥新学,不宜舍旧而图新,亦不能弃新而守旧。"③缪氏也曾和国粹学派的健将邓实一起编刊《古学汇刊》,提出"学无今古,亦无中西"。④ 亲炙缪氏的柳诒徵深受影响,治学并不拘泥于新旧与中西,正如其在东南大学国学研究会演讲"汉学与宋学"时所说的那样,"汉学"和"宋学"只是一名词而已,青年学子无须纠结于名词背后的家法与宗派,"认此等学术,即是学校中之某种某种学程,不必分别朝代,分别界限","无碍于为学"即可。"若讲汉学,即不可讲宋学;讲宋学,即不可讲汉学;入主出奴,互有轩轾,是亦不可以已乎。"⑤南高学派不治经学,但继承了汉学与宋学之精神,"汉学派的精神在'通经致用',宋学派的精神在'明体达用',两派学者均注重在'用'字。由经学上去求实用,去研究修齐治平的学问,即是从哲学、文学、史学上去研究人生问题、家庭问题、社会问题"。⑥ 除了柳诒徵的影响,南高学派成员求学时代的国文史地部办学宗旨无疑对他们也有着很大的影响。刘伯明在阐述国文史地部宗旨时提出:"本部旨在培养融贯中西学术

---

① 柳诒徵:《柳翼谋先生河南大学讲演集》,河南省立河南大学文学院,1933年,第2—3页。
② 关于南高学术的趋新与守旧的特点,已有学者注意此点。见郑华俊:《趋新与守旧之间的南高学术——以史家郑鹤声为例》,山东大学硕士论文,2012年。
③ 缪荃孙:《刘葆真太史文集·序》,刘可毅:《刘葆真太史文集》,见沈云龙主编:《中国近代史料丛刊续编第二辑》15—16,台湾文海出版社,1974年,第3页。
④ 缪荃孙:《古学汇刊序目》,邓实、缪荃孙编:《古学汇刊》第1册,广陵书社,2006年,第11页。
⑤ 柳诒徵讲演,赵万里、王汉笔记:《汉学与宋学》,东南大学、南京高师国学研究会编:《国学研究会演讲录》第一集,商务印书馆,1923年,第90页。
⑥ 钱穆:《汉学与宋学》,《中国学术思想史论丛》(八),《钱宾四先生全集》第22册,台北联经出版事业公司,1998年,第578—579页。

之人才……使学者以西洋眼光及方法,观察及研究吾国固有学问。不泥于古,不迷于新。"①此宗旨与缪荃孙和柳诒徵等人的学术理念相当一致。

缘是之故,南高学派对新旧史料并无亲疏之别。对于新、旧史料,南高学派多有体认。陈训慈指出:"近世史料之范围,其繁多远越前古。其间类别之法,则史家各异其趣。最近综纳,多有以'有意传沿'与'无意留遗'为两大别。""有意传沿之材料"包括文字记录(年纪、编年、传记、笔记、日记、谱系、碑铭档案)、口传(歌谣、传闻、故事、神话)、艺术作品(历史画、照像、景物雕刻、泉谱)等,"无意留遗之佐证"包括语言、遗迹、制度、物品(用具、美术品、手艺品)、文字(著述、文学、商业文件、碑铭档案)等。此类"有意的无意的各种史料,于史学皆有同样之价值。大史家不遗毫微,固将善用各方面之史料以成其信史也"。②关于新史料,柳诒徵认为,钱币、金石、甲骨、符牌、印押、器具以及画像、图绘,"皆研究史学者所当究心"。③"流沙竹简,高昌壁画,河洛新碑,洹水甲骨,古城逸器,往往而出。旧史所无,宜增图篆。"④对于甲骨的态度,柳诒徵非常一致,且很早就关注甲骨。在南高师任教时期,他就收藏了数百片甲骨相关专书,也常与学生郑师许讨论甲骨文字。据郑师许回忆:"那时柳翼谋师教授我级的国文历史,他藏有甲骨数百,和王襄的《殷契类纂》诸书;他住在学校附近,我每每晚饭后顺步到他家里谈天,有一次他把甲骨给我看,有一片他释为'取羔卜其三',我说应作'取羔亡其三',蒙他奖借了一两句,我便因此发愤了。"⑤在《论以〈说文〉证史必先知〈说文〉之谊例》发表前一

---

① 《文史地部上年度概况》(1920年),中国第二历史档案馆藏国立中央大学档案,全宗号648,卷宗号24,第136页。
② 陈训慈:《史学蠡测》,《史地学报》第3卷第1、2合期,1924年。
③ 柳诒徵《史学概论》,柳曾符、柳定生编:《柳诒徵史学论文集》,第97页。
④ 柳诒徵《中国史学之双轨》,《柳诒徵史学论文集》,第95页。
⑤ 郑师许:《我最初对于考古学的兴趣》,《中国学生》"新年特大号"第2卷1—4期合刊,1936年。

年,柳诒徵就曾详述自己对甲骨文和甲骨学的态度①。1925 年,柳诒徵受友人王伯沆之托分售刘鹗遗孀保存的甲骨,他自购了 200 版,皆为精品②。上述无不说明柳诒徵相当认同新史料对于史学研究的价值,对甲骨、竹简等新见史料持一种认可的态度,这显然有别于章太炎的怀疑态度③。缪凤林也认为:"研究中国古史,其根据凡二:曰古物,曰记载。"④所言的"古物"就包括甲骨、金文等;他对敦煌出土文献也多有关注,认为敦煌出土文献流传于民间者众多,"因国人智短虑浅,惟利是视,对此文化上之壤宝,得之者不知珍惜,遂多转鬻于日人。"⑤缪氏曾亲临南京明故宫考古发掘现场,"观察遗址及所得古物","发掘所得古物"也拟请柳诒徵和胡小石帮忙考订年代用途⑥。向达上课"特别强调文物考古资料在历史研究中的重要性"⑦,曾两次赴敦煌考察。对于利用甲骨、金文考史的大家王国维和罗振玉的著述,南高学派也是多所留心,且常引王国维的一些结论来证明己说。可见,南高学派并非不重视甲骨等新史料,只是受限于当时新史料掌握在北大派手中而已,拥有大量甲骨的罗振玉和甲骨专家王国维亦为北方学界所罗致而已。

因新史料不可得,南高学派特重对旧史料的运用。柳诒徵以为"学者欲讲史学,宜先究心古今书籍类别,而后可言读史之法"⑧。旧史料"无一事无来历,其小有出入,乃一时之疏,非故意以误后人,不

---

① 柳诒徵:《殷契钩沉·序》,柳定生、柳曾符编:《柳诒徵劬堂题跋》,第 136—137 页。
② 陈爱民、胡长春:《甲骨文书法史年表(1899—1999)》,《书法研究》2000 年第 6 期。
③ 章太炎说:"近有掊得龟甲者,文如鸟虫,又与彝器小异。其人盖欺世贾之徒,国土可鬻,何有文字?而一二贤儒信以为质,斯亦通人之蔽。……假令灼龟以卜,理兆错迎,衅裂自见,则误以为文字,然非所论于二千年之旧藏也。……龟甲何灵,而能长久若是哉!鼎彝铜器,传者非一,犹疑其伪,况于速朽之质。"(章太炎:《国故论衡》,上海古籍出版社,2003 年,第 43 页)
④ 缪凤林:《评马衡〈中国之铜器时代〉》,《史学杂志》第 1 卷第 3 期,1929 年。
⑤ 缪凤林:《敦煌出土古经录未著录之比丘尼戒本》,《史学杂志》第 1 卷第 2 期,1929 年。
⑥ 缪凤林:《南京明故宫发掘古物记》,《史学杂志》第 1 卷第 6 期,1929 年。
⑦ 蒋赞初:《江苏社科名家文库:蒋赞初卷》,江苏人民出版社,2015 年,第 4 页。
⑧ 柳诒徵:《史学概论》,《柳诒徵史学论文集》,第 99 页。

得执一以疑百也"。"古今共信之史籍",今日"岂可诬古轻疑,将古书一概抹杀"。他说:"今人读史动辄怀疑,以为此为某某作伪,此为某某增窜,嚣然以求真号于众;不知古人以信为鹄,初未尝造作语言以欺后世。若谓始善考史,昔之人皆逞臆妄作,则由未读古书,不详考其来历耳。"①缪凤林"私意先秦典籍,无论六艺经传,百家诸子,以至古史杂记所载古代传说,苟非汉后伪托,疑皆语有所本,且皆经层累亡失之余而仅存者,其或事有详略,文有异同。则以笔者识有高下,时有先后,或见仁见智之相违,或一传再传而致讹"②。是以南高学派传统史料方面的功底相当扎实,他们一般对传统史籍多有涉猎,乃至"啃"过很多大部头的。如缪凤林在中央大学被称为"大书箱",他对史料的掌握程度让学生辈的唐德刚惊叹不已。在唐德刚晚年的回忆文章中曾特别提及如下这段经历:

"进步"的同学们,也因为他"圈点二十四史",嫌他"封建反动"。我对他也不大"佩服",因为我比他"左倾"。可是这次吃烧饼,我倒和他聊了半天。我谈的当然是我的看家本领《通鉴》。谁知我提一句(当然是我最熟的),他就接着背一段;我背三句,他就接着背一页——并把这一页中,每字每句的精华,讲个清清楚楚。……缪老师那套功夫,乖乖,了得!其实今日台湾——甚至整个海内外——哪里能找到另外一只和他容量相同的"大书箱"?!③

另如束世澂1949年后依旧很重视史料,所编的"宋辽金元史"讲义,"史料重重叠叠,有整段整段地引用,有时一个标题下面,纯粹是用史料堆砌组成的"。"第三点'契丹族叠受四围大族打击'一段,共计321字,史料占235字,第七点'走向奴隶制',计491字,史料占

---

① 柳诒徵:《正史之史料》,《史地学报》第2卷第3期,1923年。
② 缪凤林:《与某君论古史书》,《学原》第1卷第2期,1947年。
③ 唐德刚:《史学与文学》,华东师范大学出版社,1999年,第158页。

344字。"当时学生评论束世澂的讲义"引号特别多,用自己的话则很少,就是有,亦大都是用于承上启下,或作连接词,或作开场白,或作结尾,真正用于分析史料的语句,则是凤毛麟角,少得可怜"。① 这与傅斯年所主张的"证而不疏"何其相似。虽然他们不全然趋新,但也绝不全然信古,更不主张复古。向达在《我们对于文化运动的意见》上签名,认为:"复古运动发展的结果,将是一服毒药,对于民族前途,绝没有起死回生的功效。"②

事实上,"新的稀有难得的史料当然极可贵,但基本功夫仍在精研普通史料"。③ 历史研究不应过重新史料,也不应忽略旧史料,而应注重新旧史料的结合。正如陈寅恪所言:"必须对旧史料很熟悉,才能利用新材料。因为新材料是零星发现的,是片段。旧材料熟,才能把新材料安置于适宜的地位。正像一幅已残破的古画,必须知道这幅画的大概轮廓,才能将一山一树置于适当地位,以复旧观。"④ 虽然南高学人强调史料范围的扩充,但他们并不否定旧史料,尤其是中国古代的正史,这在他们看来,这依旧是重要的史料来源,与他们抱有相同见解的有何炳松、章太炎等人⑤。可以说,在南高学派学人身上并未出现"史料的尽量扩充与不看二十四史"的吊诡现象⑥。正如陈汉章所言:"居今稽古,当博观焉而会其通,未可执器物一端,文史一句,以武断一代。"⑦

南高学派诸人虽未曾留学海外,但他们绝不缺少国际视野,并不

---

① 许庆生:《批判古代史教学中的资产阶级史学观点》,《历史教学问题》1958年第11期。
② 《我们对于文化运动的意见》,《青年界》第8卷第2期,1935年。
③ 严耕望:《治史三书》,第21页。
④ 蒋天枢:《陈寅恪先生编年事辑》(增订本),第96页。
⑤ 如何炳松曾在多个场合批评过度追求新史料,从而贬低正史的现象。他说:"我们要整理中国史,当然不能没有相当的史料。中国史料中最可珍贵的一种就是《二十四史》。现在好像有人以为有了通史就可以不要《二十四史》,这是完全不合理的主张。"(刘寅生、房鑫亮编:《何炳松文集》第2卷,商务印书馆,1997年,第263页)
⑥ 罗志田:《史料的尽量扩充与不看二十四史》,《历史研究》2000年第4期。
⑦ 陈汉章:《中国古代铁兵考》,《史学杂志》第1卷第4期,1929年。

会抵制西方史学,也力图会通中西史学。柳诒徵认为,当时中国学界翻译的威尔逊《历史哲学》、浮田河民的《史学通论》等书,"惜译者未尝究心国史,第能就原书中所举四史示例耳",但"其中所言原理,多可运用于吾国史籍"。① 正如《史地学报》创刊时,就有英文刊名,每期多有介绍欧美史地学文章和消息。其中陈训慈因为专修过英语,对西方学术动向尤为关注,经常绍介西方史学研究动态。如他曾推介法国人马斯伯罗的《中国上古史》,指出该书"论次中国自太古至秦之统一之史事,尤注重于社会状况,及文化发展之状况,出版以后,西人多推为中国史研究之巨著。全书共分九编二十六章,兹略举其内容要目如次,以见西人对于中国古史研究之一斑"②。但是,当时欧美汉学界能熟练运用中文的学者并不多。正如张其昀所言:"我们研究汉学,实非外人所能越俎代庖,缺点是我们的作品人家看不懂,或是一鳞半爪,未能集其大成。所以,本人近一二年来总在想,希望编印一种英文的《中国文化》季刊,将我国三个月来的出版,以及重要的论著,把它译成英文,有系统的介绍……与世界各国所有的汉学家一个一个联系,藉以沟通声气,增进相互的了解。"③更为直观的表现,当为南高学派对国际史学会的持续关注,陈训慈是其中的关键人物。他鉴于中国学界一直无人与会的情状,在叙述第六届国际史学会大会时,"吾人鉴于此次奥斯洛大会之盛况,促进史学之成绩,以及和谐合作与一致为真理努力之精神,甚望下届大会更有过之,而于史学研究之国际合作,有更多之实现。同时吾人以中国人之地位而言,尤望国内学术界得循政治之渐趋安定,而有健实之进步。届时国内史学界再不致如此次之漠视此会,而能有学术团体与政府之合作,推定代表前往参与也"④。尤其值得指出的是,南高学派对史学会的关注始于

---

① 柳诒徵:《史学概论》,《柳诒徵史学论文集》,第117页。
② 陈训慈:《述法人马斯伯罗〈中国上古史〉》,《史学杂志》第1卷第6期,1929年。
③ 洪玉钦:《张创办人与立法院》,潘维和主编:《张其昀博士的生活和思想》下册,"中国文化大学"出版部,1982年,第1489页。
④ 陈训慈:《国际史学会大会纪》,《史学杂志》第1卷第2期,1929年。

20世纪20年代初,一直在致力于创建全国性的史学会,中国史地学会和南京中国史学会就是他们的一种尝试,而且他们多参与了各地方性史学会,并最终推动和参加了1943年召开的中国史学会成立大会。

三、贡献与局限

南高学派形成于20世纪20年代,成员都经历了五四新文化运动的洗礼,科学方法与西洋语言对他们来说并不陌生。当时中国科学社的大本营就在南高师,南高学派中不少人也是中国科学社社员。趋新对他们来说应该不是难事,可是他们选择的却是趋新与守旧之间的学术路向,致力于昌明国粹,融化新知,着力点更多在中国史学本身,而非以西法治史学。这一群注重民族文化传承的学者,至少为民国史学发展做出了以下贡献:

一是他们向北大派发起了数次"冲锋",于胡适、傅斯年等人主张的科学史学之外,提出了近代史学转型的另一路向:新人文主义史学。"昌明国粹、融化新知"的中西并重,求真与致用的统一是对当时占据学界主流的学派的一种合理回拨,也是对当时乃至当下"唯西是从"治学倾向的警醒。

二是他们在中国文化史、中国通史、中国史学史、中西交通史、中国民族史等学科领域身体力行,留下了诸多经典之作,其影响必将历久弥深。近些年来,有多家出版社出版柳诒徵的《中国文化史》《国史要义》,向达的《唐代长安与西域文明》《中西交通史》,缪凤林的《中国通史要略》等,即为显例。

三是人才培养方面成绩斐然,薪尽火传具有很强的典范意义,昭示后世。柳诒徵即认为:"中国学术之命脉,完全在师弟之间精诚感召,薪尽火传",并为之以身作则,最终柳门成荫[1]。他所教的缪凤林、张其昀、陈训慈等人所在一班被吴宓称之为"空前绝后"。民国史学界亦已承认其学术地位。1940年,教育部史地教育委员会18名部聘

---

[1] 张其昀:《中华五千年史》第1册,"中国文化大学"出版部,1961年,第3页。

委员中柳诒徵、缪凤林、陈训慈、张其昀等名列其中;1943年,重庆中国史学会成立选出的21位理事中,柳诒徵、缪凤林、张其昀、陈训慈名列其间,向达为候补理事;中国史学会第一次理监事联席会议上,顾颉刚、傅斯年、朱希祖、缪凤林和陈训慈等9人被选为常务理事。同年,柳诒徵被增聘为教育部部聘教授,1948年又成为中央研究院第一届院士。又如向达在教学过程中培养了陈玉龙、何兆武、邹衡、杨志玖、肖良琼和张广达等人,皆在各自领域卓有成就。王庸的得意门生则有吴晗和谭其骧[①]。

四是南高学派注重史德,关注史学的道德教化和经世功能,是为爱国主义史学。他们致力于表彰国光,纠正外国学者言中国文化之失;也努力在各学科领域开疆辟土,希图与国际学界争胜;他们力斥"中华民族西来说"以"明吾民独造之真际";他们努力著书立说,以期能服务于这个时代;为年青一代树立了人格典范。

南高学派自然也有其局限性,最主要的就是"信古",尤其是柳诒徵和缪凤林。这也是一再为人所批评的,虽有其理念和价值在内,但这一倾向实毋庸讳言。柳诒徵称"吾国文明,在周实已达最高之度","自太古至秦、汉,为吾国人创造文化及继续发达之时期。自汉以降,则为吾国文化中衰之时期。虽政治教育仍多沿古代之法而继续演进,且社会事物,亦时时有创造发明,足以证人民之进化者。然自全体观之,则政教大纲不能出古代之范围,种族衰弱,时呈扰乱分割之状。虽吾民亦能以固有之文化,使异族同化于吾,要其发荣滋长之精神,较之太古及三代、秦、汉相去远矣"。[②] 缪凤林虽然不再把三皇五帝的传说视为信史,将唐虞以前称为"传疑时代",但仍然沿用柳诒徵《中国文化史》的说法,认为上古"文物之演进,至黄帝而盛",并引《世本》及《易传》为证,称天文、历法、算学、衣履等可能皆发明于其时;以为大禹是现代人的恩人,当时大禹治水"九州之水,所用徒役,都三百

---

① 夏鼐:《夏鼐日记》第9卷,华东师范大学出版社,2011年,第408页。
② 柳诒徵:《中国文化史》,第128、345页。

八十八万八千人。虽未必同时并作,亦必经年累月,更番迭起"。① 这显然是难以考信的。

另外,柳诒徵和缪凤林等人论著多用文言文写作而少用白话文也不能不说是其局限之处,这也在很大程度上影响了论著的传播和影响力,②因为五四运动以后,"不论教育性的书刊、文艺文和理论文,白话文都成了'正宗货'"③。就文体而言,"中国今日所常用的文体,大别言之,约有三类:其一为古文,其二为骈文,其三为今代语体文。三者中惟今代语体文与一般的阅者,比较相宜;其余二种,因与今代通行的语言,相差较远,以撰为史,或不免以词害义,不易阅读"④。同时因为语言文体上的旧形式,也很容易被人贴上"保守"的标签。对此,南高学派成员也多不认可"保守"的标签。张其昀说:"世人多称南高学风偏于保守,这是一种误解,与其称保守,不如称为谨慎较近事实。南高的精神中科学的成分极重,他们不囿于成见……"⑤"本人在南高求学期间,正当新文化运动风靡一世,而南高师生,主张融贯新旧,综罗百代,承东西之道统,集中外之精神。"⑥

抛开"信古""疑古""释古"等与古史史料的纠缠,南高学派无疑是民国史学洪流中一重要支流,他们对新史料与西法并不陌生,也提倡使用新史料与西法治中史,但决不以西法为上。王庸就认为,"国人之研究中国古史者,苟能善用现代民族学上之发明与材料,当有不少明通之创获可得,不仅是研究国史者之一个新路,亦研究中国民俗

---

① 缪凤林:《中国通史纲要》第1册,第263页。
② 彭明辉就认为,柳诒徵的《国史要义》是史学理论方面的重要著作,"此书撰述体例以类相从,将中国传统史学做一条理分析,有别于梁启超的《历史研究法》。但可能因为《国史要义》文字过于深奥的缘故,读者较少,影响力似不若梁启超,惟见解之深刻却有过之而无不及"(彭明辉:《历史地理学与现代中国史学》,第98页)。
③ 黎锦熙:《〈新著国语文法〉今序》,《黎锦熙语言学论文集》,商务印书馆,2004年,第350页。
④ 罗香林:《拟编中国通史计划书》,《国立中山大学文史学研究所月刊》第1卷第3期,1933年。
⑤ 张其昀:《南高之精神》,《国风》第7卷第2期,1935年。
⑥ 张其昀:《华冈学园的萌芽》,《张其昀先生文集》第17册,"中国文化大学"出版部,1982年,第9038页。

学者所当注意也。近今研究国史者,其所以能发前人之未发,一面固因新材料之发现,一面亦多得诸西方学术之启示;……至于专研民族学者,亦不能以介绍西人成绩与考察国内民族自限,更当着眼于历史之渊源,庶可通古今而明条贯;否则详流而略源,知今而昧古,即使钻研有得,恐尚不免残缺不全,或且窒碍难通,事倍功半耳"①。即如一度被人视为冬烘先生的柳诒徵,其《中国文化史》和《国史要义》亦"旁涉域外",遑论其余南高诸子。虽然作为一个学派已然消逝,但南高学派的学术主张依旧余音绕梁,他们的一些主张的合理性正在被时代所证实。正是这批"从未出国门的苦学者",在趋新与守旧之间展示了史学现代化途径中的另一路向。

---

① 王庸:《读春秋·公矢鱼于棠说——略论治古史及民族学方法》,赵亚中编选:《王庸文存》,第346页。

主要参考文献

一、档案与资料汇编

《核定及指派部聘教授案(四)》,台北"国史馆"教育部档,档案号:019000001487A。

《朱家骅档案·人才人事·陈训慈》,台北"中央研究院"近代史研究所档案馆藏,馆藏号:301-01-23-332。

《浙江省四库全书保管委员会名单》,中国第二历史档案馆藏,全宗号五,卷号11624。

《南京高等师范学校一览》(1918年)

《东南大学一览》(1923年)

国立中央大学文学院编:《国立中央大学一览第二种:文学院概况》,1930年。

河南省立河南大学文学院:《柳翼谋先生河南大学讲演集》,1933年。

象山县政协文史资料委员会编:《经史学家陈汉章》,黄山书社,1997年。

《南大百年实录》编辑组编:《南大百年实录·中央大学史料选上》,南京大学出版社,2002年。

浙江图书馆编:《浙江图书馆志》,中华书局,2000年。

二、1949年前的期刊

《成大史学杂志》

《出版月刊》

《传记文学》
《东方杂志》
《读书月刊》
《国风》
《国立武汉大学文哲季刊》
《国学丛刊》
《国学季刊》
《江苏省立国学图书馆年刊》
《教与学》
《清华学报》
《清华周刊》
《人间世》
《时事新报·学灯》
《史地学报》
《史学》
《史学年报》
《史学述林》
《史学与地学》
《史学杂志》
《思想与时代》
《图书馆增刊》
《图书季刊》
《图书评论》
《图书展望》
《文艺》
《文哲学报》
《西南边疆》
《新青年》
《学风》

《学衡》

《禹贡》

《浙江省立图书馆馆刊》

《中国青年》

《中国学生》

《中外杂志》

《中央周刊》

《子曰丛刊》

三、专著

陈训慈:"浙江文化概说"(未刊稿)。

陈训慈:《西洋通史》(无版权信息)。

陈训慈:《中国近世史》,美丰祥印书馆,1931年。

柳诒徵:《国立中央大学国学图书馆小史》,中央大学国学图书馆,1928年。

柳诒徵:《中国文化史》,东方出版中心,1996年。

柳诒徵:《国史要义》,商务印书馆,2011年。

刘掞藜:《中国民族史》(无版权信息)。

刘掞藜:《中国上古史略》(无版权信息)。

刘继宣、束世澂合著:《中华民族拓殖南洋史》,国立编译馆,1935年。

缪凤林:《从国史上所得的民族宝训》,新中国文化出版社,1940年。

缪凤林:《中国通史纲要》,南京钟山书局,1932年。

缪凤林:《中国通史要略》,东方出版社,2008年。

束世澂:《郑和南征记》,青年出版社,1941年。

向达:《中外交通小史》,商务印书馆,1930年。

向达:《中西交通史》,中华书局,1934年。

向达:《唐代长安与西域文明》,重庆出版社,2009年。

张其昀:《中国民族志》,商务印书馆,1928年。

郑鹤声:《历史教学旨趣之改造》,正中书局,1935年。

郑鹤声:《郑和》,胜利出版社,1945年。

郑鹤声:《中国史部目录学》,商务印书馆,1956年。

郑鹤声:《中国近世史》,上海书店出版社,1989年。

陈裕菁译订:《蒲寿庚考》,中华书局,1929年。

沈松侨:《学衡派与五四时期的反新文化运动》,台湾大学委员会,1984年。

孙永如:《柳诒徵评传》,百花洲文艺出版社,1993年。

郑师渠:《在欧化与国粹之间——学衡派文化思想研究》,北京师范大学出版社,2001年。

高恒文:《东南大学与学衡派》,广西师范大学出版社,2002年。

沈卫威:《"学衡派"谱系——历史与叙事》,江西教育出版社,2007年。

范红霞:《柳诒徵文化思想研究》,人民出版社,2010年。

周佩瑶:《"学衡派"的身份想象》,福建教育出版社,2013年。

瞿林东:《20世纪中国史学散论》,安徽师范大学出版社,2010年。

桑兵:《晚清民国的学人与学术》,中华书局,2008年。

桑兵:《晚清民国的国学研究》,上海古籍出版社,2001年。

王汎森:《古史辨运动的兴起——一个思想史的分析》,台北允晨文化实业股份有限公司,1987年。

王汎森:《中国近代思想与学术的系谱》,吉林出版集团有限责任公司,2011年。

王汎森:《傅斯年:中国近代历史与政治中的个体生命》,生活·读书·新知三联书店,2012年。

胡逢祥:《社会变革与文化传统》,上海人民出版社,2000年。

王学典:《20世纪中国史学评论》,山东人民出版社,2002年。

王学典、陈峰:《二十世纪中国历史学》,北京大学出版社,2009年。

王学典:《新史学与新汉学》,上海古籍出版社,2013年。

罗志田:《民族主义与近代中国思想》,台北东大图书股份有限公司,1998年。

罗志田:《近代中国史学述论》,北京师范大学出版社,2015年。

彭明辉:《历史地理学与现代中国史学》,台北东大图书股份有限公司,1995年。

周文玖:《中国史学史学科的产生和发展》,北京师范大学出版社,2002年。

许冠三:《新史学九十年》,岳麓书社,2003年。

张广智:《20世纪中外史学交流》,北京师范大学出版社,2007年。

张越:《新旧中西之间:五四时期的中国史学》,北京图书馆出版社,2007年。

谢保成:《民国史学述论稿(1912—1949)》,上海人民出版社,2011年。

陈宝云:《学术与国家:〈史地学报〉及其学人群研究》,安徽教育出版社,2010年。

李红岩:《中国近代史学史论》,中国社会科学出版社,2011年。

马亮宽、李泉:《傅斯年传》,红旗出版社,2009年。

史景迁:《追寻现代中国》,台北时报文化出版社,2003年。

顾颉刚:《当代中国史学》,上海古籍出版社,2002年。

梁启超:《中国历史研究法》,上海古籍出版社,1998年。

顾潮:《历劫终教志不灰——我的父亲顾颉刚》,华东师范大学出版社,1997年。

吴学昭:《吴宓与陈寅恪》,生活·读书·新知三联书店,2014年。

徐旭生:《中国古史的传说时代》,北京科学出版社,1960年。

李学勤:《走出疑古时代》,辽宁大学出版社,1994年。

陈以爱:《中国现代学术研究机构的兴起——以北大研究所国学门为中心的探讨》,江西教育出版社,2002年。

田旭东:《二十世纪中国古史研究主要思潮概论》,中华书局,

2003年。

张京华:《古史辨派与现代学术走向》,厦门大学出版社,2009年。

石田一良:《文化史学:理论和方法》,浙江人民出版社,1989年。

常金仓:《穷变通久:文化史学的理论与实践》,辽宁人民出版社,1998年。

郑先兴:《文化史研究的理论与实践》,中央编译出版社,2004年。

何兆武:《中西文化交流史论》,湖北人民出版社,2007年。

蔡尚思:《中国思想研究法·中国礼教思想史》,复旦大学出版社,2015年。

绍特维尔著,何炳松、郭斌佳译:《西洋史学史》,商务印书馆,1929年。

魏应麒:《中国史学史》,商务印书馆,1941年。

李大钊:《史学要论》,河北教育出版社,2000年。

金毓黻:《中国史学史》,商务印书馆,2010年。

方豪:《中西交通史》,上海人民出版社,2008年。

修彩波:《近代学人与中西交通史研究》,光明日报出版社,2010年。

杨圣敏主编:《中国民族志》,中央民族大学出版社,2003年。

林惠祥:《中国民族史》,上海书店出版社,2012年。

王钟翰主编:《中国民族史》(上),武汉大学出版社,2012年。

吕思勉:《中国民族史·中国民族演进史》,上海古籍出版社,2012年。

马戎:《中国民族史和中华共同文化》,社会科学文献出版社,2012年。

王桐龄:《中国民族史》,吉林人民出版社,2013年。

裴文中:《中国石器时代》,中国青年出版社,1954年。

严绍璗:《汉籍在日本的流布研究》,江苏古籍出版社,1992年。

邓尔麟:《钱穆与七房桥世界》,蓝桦译,社会科学文献出版社,1995年。

唐德刚:《史学与文学》,华东师范大学出版社,1999年。

谢泳：《没有安排好的道路》，云南人民出版社，2002年。

荣新江：《敦煌学新论》，甘肃教育出版社，2002年。

何炳棣：《读史阅世六十年》，广西师范大学出版社，2005年。

康乐、彭明辉编：《史学方法与历史解释》，中国大百科全书出版社，2005年。

张灏：《幽暗意识与民主传统》，新星出版社，2006年。

张晓唯：《旧时的大学和学人》，中国工人出版社，2006年。

郭秉文：《中国教育制度沿革史》，福建教育出版社，2007年。

熊十力：《十力语要》，上海书店出版社，2007年。

王子舟：《图书馆学是什么》，北京大学出版社，2008年。

施耐德：《真理与历史：傅斯年、陈寅恪的史学思想与民族认同》，关山、李貌华译，社会科学文献出版社，2008年。

严耕望：《治史三书》，上海人民出版社，2011年。

孙文泱增订：《增订书目答问补正》，中华书局，2011年。

姚名达：《中国目录学史》，岳麓书社，2013年。

刘巍：《中国学术之近代命运》，北京师范大学出版社，2013年。

伯希和：《郑和下西洋考交广印度两道考》，冯承钧译，上海古籍出版社，2014年。

黛安娜·克兰：《无形学院——知识在科学共同体的扩散》，刘珺珺、顾昕、王德禄译，华夏出版社，1988年。

罗杰·斯克拉顿：《保守主义的含义》，刘皖强译，中央编译出版社，2005年。

罗尔夫·魏格豪斯：《法兰克福学派：历史、理论及政治影响》，孟登迎、赵文、刘凯译，上海人民出版社，2010年。

夏晓红、吴令华编：《清华同学与学术薪传》，生活·读书·新知三联书店，2009年。

王德滋主编：《南京大学百年史》，南京大学出版社，2002年。

朱斐主编：《东南大学史》，东南大学出版社，1991年。

四、日记、年谱

傅乐成:《傅孟真先生年谱》,台北传记文学出版社,1979年。

金毓黻:《静晤室日记》第6册,辽沈书社,1993年。

顾潮:《顾颉刚年谱》,中国社会科学出版社,1993年。

吴宓著,吴学昭整理:《吴宓自编年谱:1894—1925》,生活·读书·新知三联书店,1995年。

吴宓著,吴学昭整理:《吴宓日记》,生活·读书·新知三联书店,1998年。

曹伯言整理:《胡适日记全编》,安徽教育出版社,2001年。

刘节:《刘节日记》上,大象出版社,2009年。

顾颉刚:《顾颉刚日记》,中华书局,2011年。

夏鼐:《夏鼐日记》第9卷,华东师范大学出版社,2011年。

郭廷以:《郭量宇先生日记残稿》,"中央研究院"近代史研究所,2012年。

王承军:《蒙文通先生年谱长编》,中华书局,2012年

杨天石整理:《钱玄同日记》,北京大学出版社,2014年。

五、书信、回忆录

江苏省立国学图书馆编:《盋山牍存》,1948年。

耿云志编:《胡适遗稿及秘藏书信》第9、33册,黄山书社,1994年。

耿云志、欧阳哲生编:《胡适书信集》,北京大学出版社,1996年。

陈智超编注:《陈垣来往书信集》(增订本),生活·读书·新知三联书店,2010年。

吴宓:《吴宓书信集》,生活·读书·新知三联书店,2011年。

顾颉刚:《顾颉刚书信集》,中华书局,2011年。

李璜:《学钝室回忆录》增订本上册,明报月刊社,1979年。

司徒雷登:《在华五十年——司徒雷登回忆录》,程宗家译,刘雪芬校,北京出版社,1982年。

张朋园等:《郭廷以先生访问纪录》,台北"中央研究院"近代史研究所,1987年。

黄世坦编:《回忆吴宓先生》,陕西人民出版社,1990年。

张玉法、陈存恭、黄铭明:《刘安祺先生访问纪录》,"中央研究院"近代史研究所,1991年。

唐德刚:《胡适口述自传》,华文出版社,1992年。

罗尔纲:《师门五年记·胡适琐记》(增补本),生活·读书·新知三联书店,1998年。

张杰、杨燕丽选编:《追忆陈寅恪》,社会科学文献出版社,1999年。

高增德、丁东编:《世纪学人自述》第2卷,北京十月文艺出版社,2000年。

李继凯、刘瑞春选编:《追忆吴宓》,社会科学文献出版社,2001年。

陈仪深等:《郭廷以先生门生故旧忆往录》,"中央研究院"近代史研究所,2004年。

黎东方:《平凡的我——黎东方回忆录》,中国工人出版社,2011年。

六、文集

阎文儒、陈玉龙编著:《向达先生纪念论文集》,新疆人民出版社,1986年。

柳曾符、柳定生编:《柳诒徵史学论文集》,上海古籍出版社,1991年。

柳曾符、柳定生编:《柳诒徵史学论文续集》,上海古籍出版社,1991年。

柳曾符、柳定生编:《柳诒徵劬堂题跋》,台北华正书局,1996年。

柳曾符、柳佳编:《劬堂学记》,上海书店出版社,2002年。

张其昀:《张其昀先生文集》第21册,"中国文化大学"出版部,1991年。

王焕镳:《因巢轩诗录文存》,上海古籍出版社,2005年。

浙江图书馆编:《陈训慈百年诞辰纪念文集》,北京图书馆出版社,2006年。

沙知编:《向达学记》,生活·读书·新知三联书店,2010年。

荣新江、林世田编:《纪念向达先生诞辰110周年国际学术研讨会论文集》,中华书局,2011年。

赵亚中编选:《王庸文存》,江苏人民出版社,2014年。

罗岗、陈春艳编:《梅光迪文录》,辽宁教育出版社,2001年。

梅铁山主编:《梅光迪文存》,华中师范大学出版社,2011年。

张大为、胡德熙编:《胡先骕文存》,江西高校出版社,1995年。

胡先骕:《胡先骕诗文集》,黄山书社,2013年。

欧阳哲生编:《胡适文集》,北京大学出版社,2013年。

吴宓:《吴宓诗集》,商务印书馆,2004年。

吴宓:《吴宓诗话》,商务印书馆,2005年。

钱穆:《钱宾四先生全集》,台北联经出版事业公司,1998年。

顾颉刚等:《古史辨》,上海古籍出版社,1982年。

顾颉刚:《顾颉刚古史论文集》,中华书局,2011年。

顾颉刚:《宝树园文存》,中华书局,2011年。

葛信益、启功整理:《沈兼士学术论文集》,中华书局,1986年。

梁启超:《饮冰室合集》,中华书局,1989年。

刘寅生、谢巍、房鑫亮编校:《何炳松论文集》,商务印书馆,1990年。

周谷城:《周谷城教育文集》,吉林教育出版社,1991年。

中国人民政治协商会议江苏省无锡县委员会编:《钱穆纪念文集》,上海人民出版社,1992年。

刘寅生、房鑫亮编:《何炳松文集》,商务印书馆,1996年。

朱维铮编:《周予同经学史论著选集》(增订本),上海人民出版社,1996年。

刘乃和编校:《中国现代学术经典·陈垣卷》,河北教育出版社,1996年。

曹毓英编,《钱基博学术论著选》,华中师范大学出版社,1997年。

朱文华编:《反省与尝试——胡适集》,上海文艺出版社,1998年。
钱玄同:《钱玄同文集》第2卷,中国人民大学出版社,1999年。
陈寅恪:《陈寅恪集》,生活·读书·新知三联书店,2001年。
沈益洪编:《泰戈尔谈中国》,浙江文艺出版社,2001年。
欧阳哲生主编:《傅斯年全集》,湖南教育出版社,2003年。
郑振铎:《中国新文学大系·文学论争集》,上海文艺出版社,2003年。
余定邦、牛军凯编:《陈序经文集》,中山大学出版社,2004年。
童书业:《童书业史籍考证论集》,中华书局,2005年。
张光直主编:《李济文集》第1卷,上海人民出版社,2006年
徐建荣主编:《孤云汗漫——朱偰纪念文集》,学林出版社,2007年。
林同华主编:《宗白华全集》第2卷,安徽教育出版社,2008年。
陈润成、李欣荣编:《张荫麟全集》上卷,清华大学出版社,2013年。
冯承钧:《冯承钧学术论文集》,上海古籍出版社,2015年。
杜维运、黄进兴编:《中国史学史论文选集》第1、2册,台北华世出版社,1976年。
杜维运、陈锦忠编:《中国史学史论文选集》第3册,台北华世出版社,1980年。
张玉法主编:《中国现代史论集》第6辑,台北联经出版事业公司,1980年。
思与言杂志社编:《史学与社会科学论集》,台北明文书局,1983年。
关玲玲、杨宗霖编校:《李东华教授论文集》,台湾稻乡出版社,2013年。

七、学术论文

林丽月:《张荫麟史学理论评析》,《台湾师范大学历史学报》第6

期,1978年。

向达:《敦煌通信》,《文教资料简报》1980年第11—12合期。

张维华、于化民:《略论中西交通史研究》,《文史哲》1983年第1期。

朱维铮:《中国文化史的过去和现在》,《复旦学报》1984年第5期。

程焕文:《中国近代图书馆学期刊史略(上)》,《图书馆》1985年第5期。

陈玉龙:《向达先生的治学道路及其学术成就》,《史学月刊》1987年第3期。

李学勤:《走出疑古时代》,《中国文化》1992年第2期。

严文明:《中国文明起源的探索》,《中原文物》1996年第1期。

陈尚胜:《郑鹤声教授对中国历史研究的贡献》,《文史哲》1996年第3期。

李洪岩:《史术通贯经术——柳诒徵文化思想析论》,《国际儒学研究》第3辑,1997年。

张妙娟:《张荫麟的通史理论与实践——以〈中国上古史纲〉为例》,《史耘》第3、4期,1998年。

李贵生:《论乾嘉学派的支派问题——兼论学派的一般性质》,《书目季刊》第33卷第1期,1999年。

罗志田:《史料的尽量扩充与不看二十四史》,《历史研究》2000年第4期。

王晴佳:《白璧德与学衡派——一个学术文化史的比较研究》,《"中央研究院"近代史研究所集刊》第37期,2002年。

胡逢祥:《科学与人文之间——关于现代史学建设路向的一点思考》,《史学理论研究》2003年第3期。

胡逢祥:《历史学的自省:从经验到理性的转折——略评20世纪上半叶我国的史学史研究》,《华东师范大学学报》2004年第1期。

胡逢祥:《中国现代史学制度建设及其运作》,《郑州大学学报》

2004 年第 2 期。

王信凯:《〈学衡〉中的柳诒徵》,《中国历史学会史学集刊》2004 年第 35 期。

陈平原:《大师的意义以及弟子的位置——解读作为神话的"清华国学院"》,《现代中国》第 6 辑,北京大学出版社,2005 年。

谢灼华:《二十世纪上半叶浙江省立图书馆馆刊的历史地位》,《图书馆研究与工作》2006 年第 1 期。

周文玖、张锦朋:《关于"中华民族是一个"学术论辩的考察》,《民族研究》2007 年第 3 期。

瞿林东:《中国史学史研究八十年》(上),《淮阴师范学院学报》2007 年第 2 期。

张越:《中国史学史学科的发展路径与研究趋向》,《学术月刊》2007 年第 11 期。

段怀清:《梅光迪年谱简编》,《新文学史料》2007 年第 1 期。

李帆:《人种与文明:拉克伯里学说传入中国后的若干问题》,《西南民族大学学报》2008 年第 2 期。

钱茂伟:《论浙学、浙东学术、浙东史学、浙东学派的概念嬗变》,《浙江社会科学》2008 年第 11 期。

王文光、段丽波:《林惠祥的中国民族史及其对中国民族史学发展的贡献》,《云南民族大学学报》2008 年第 5 期。

区志坚:《道德教化在现代史学的角色》,《史学史研究》2010 年第 2 期。

陈勇:《钱穆与柳诒徵的学术交往》,《中国社会科学报》,2010 年 5 月 20 日,第 17 版。

许小青:《南高学派与现代中国的文化民族主义——以孔子观为中心的探讨》,《华中师范大学学报》2011 年第 5 期。

尚小明:《由"分期"史到"断代"史——民国时期大学"中国通史"讲授体系之演变》,《史学集刊》2011 年第 1 期。

章清:《"通史"与"专史":"民国史"写法小议》,《近代史研究》

2012年第1期。

王应宪:《20世纪上半叶中国史学史学科建设再探讨》,《华东师范大学学报》2012年第5期。

周荣:《刘掞藜的古史思想——以武汉大学图书馆藏民国老讲义为蓝本》,《武汉大学学报》2014年第1期。

葛兆光:《叠加与凝固——重思中国文化史的重心与主轴》,《文史哲》2014年第2期。

汪荣祖:《新文化的南北之争——重新认识新文化运动的复杂面向》,《上海文化》2015年第10期。

胡逢祥:《论抗战时期的民族本位文化史学》,《史学月刊》2016年第4期。

八、学位论文

王信凯:《柳诒徵研究》,台湾佛光人文社会学院硕士研究生论文,2005年。

郑华俊:《趋新与守旧之间的南高学术——以史家郑鹤声为例》,山东大学硕士论文,2012年。

渠颖:《刘掞藜史学研究》,华东师范大学硕士学位论文,2016年。

赵凤霞:《抗战前浙江省立图书馆馆刊研究》,苏州大学硕士论文,2013年。

施昱承:《"本史迹以导政术":柳诒徵的文化史书写》,台湾大学文学院硕士学位论文,2013年。

索 引

A

爱国主义 260,271,275,277,288

安阳 85,86,95

B

白璧德 34,54,69,71,74,75

保守 16,19,49,50,65,100,103,
　　117,120,130,272,289

保守主义 77

北大派 3,22,35,49,54,78-82,84,
　　86,87,99,100,103,106-108,
　　110,113,283,287

北方史学 105

北平图书馆 41,156,194,195,238,
　　242,243,245,246,248,250,259

"笔削" 154

弁言 51,52,104,110,116,123,128,
　　144,172,226,261

"表章国光" 175,260,261,264

秉志(农山) 4,13,14,30,55

伯希和 73,108,111,190-192,199

C

蔡尚思 42,49,99,168,175,236,
　　237,241,255

层累地造成的古史 90,93

曾膺联 12,30

"昌明国粹" 55,150

陈功甫 160

陈汉章 80,88,94,166,259,285

陈衡哲 14,30,32,181-183,225,
　　227,232

陈三立 53

陈序经 22

陈训慈(叔谅) 2,4,6,17-19,23,
　　30-33,36-39,43,45,66,71,
　　73,74,105,108-110,120,131,
　　134-137,139,141,142,146,157-
　　159,161,163-167,169-171,
　　181,183,188,189,215,216,218-
　　222,224-229,232,233,235,237-
　　240,242,245-248,251-253,
　　255-259,262,271,273-275,
　　282,286-288

陈寅恪 4,60,61,66,75-77,114,
　　137,138,144,155,159,169,184,
　　185,195,214,232,279,285

陈垣 37,47,49,98,106,107,111,
　　184,185,195,226,230,247,272

传统　5,8,11,16,19-22,30,34,35,
　　38,39,42,49,50,55,65,77,78,
　　84,86,100,103,104,112-116,
　　118-122,124,125,127,130,
　　136,150,151,153,161,171-
　　174,177,179,180,186,199,217,
　　221,222,240-242,246,248,
　　260,278,280,284
传统史学　44,49,107,169,171-
　　173,175,177,179-181,289

D

道德教化　16,18,38,280,288
邓实　281
地学研究会　6,23
丁谦　266
《东北史纲》　97,98,102,106
东亚各国史　181,182
读书杂志　82,91
杜景辉　14,30,32,225
杜威　22,113,178
杜维运　44,106,180,278

F

发刊辞　32,52,229,261,272
"发扬中国固有之文化"　150
范希曾　24,31,33,42,183,226,240,
　　243-245,258
分期　127,131,134,141,142,157,
　　160,162,163,180,181,197,206,
　　208,209

冯承钧　165,185,190,191,195,198,
　　199
伏尔泰　124
傅斯年(孟真)　6,22,40,43,44,47,
　　60,78,80,81,84-87,96-98,
　　102,103,106,108,109,111,114,
　　117,140,141,156,184,218,225,
　　230-233,275,276,285,287,288

G

纲目体　127,134,143,179
《古史辨》　43,80,82,83,85,90-93,
　　99,105,160
《古学汇刊》　281
故宫博物院　254
顾颉刚(顾先生)　6,37,42-44,48,
　　49,66,72,78,80-88,90-94,
　　100,102,103,105,108,134,140,
　　141,153,157-159,179,185,
　　195,198,203,213,229-234,
　　265,275,276,288
顾泰来　14,30,32,225
顾祝同　254
郭斌龢　3,19,64
郭秉文　10-12,16,17,31,56,57,
　　225
《国风》　2,3,18-20,30,31,37,38,
　　40,42,44,48,50,89,104,116-
　　124,129,146,150,190,215,253,
　　271,272,279,289
国立编译馆　26,41,147,148,194,

索 引 307

258
《国立中央大学国学图书馆小史》
　　236,239
《国史要义》 18,38,45,47,117,122,
　　134,164,168,169,172-180,
　　261,264,287,289,290
《国学季刊》 30,107,130
过探先 12,14,30

H

哈佛大学 12-14,40,59
何日章 95,96
贺昌群 187,195,198,247
亨利·玉尔(Henry Yule) 187-
　　189,195
胡敦复 31,225
胡堇人 91
胡明复 30
胡朴安 100
胡适(胡适之) 6,20-22,30,43,48,
　　49,54,57,58,70,76-82,86-
　　90,93,94,98-101,103,105-
　　109,111,113,116,117,127,129,
　　130,132,133,137,140,160,172,
　　225,231,247,261,287
胡先骕(步曾) 4,5,11,13,14,18,
　　20,51-59,64,65,70,72,74,76,
　　99,116,119
黄节 74,266
黄式三 167
黄以周 167

黄宗羲 150,167
会通 43,47-49,139,229,232,286

J

江谦 9-12,16
《江苏省立国学图书馆年刊》 2,244,
　　245
《江苏省立国学图书馆图书总目》
　　240,241
江苏省立国学图书馆(中央大学国学
　　图书馆) 24,26,31,33,37,38,
　　40-42,49,168,236,237,239-
　　242,245,250,251,254,255,258,
　　259,272,273
金毓黻 104,148,163,167,168,171,
　　180,232
经世致用 18,35,45,47,76,167,
　　235,258,275
景昌极 4,20,24,33,35-37,40,42,
　　44,56,64-67,71,104,105,117,
　　118,123,183,225
九一八事变 97,141,156,271-273,
　　276,278
旧史料 153,199,282,283,285

K

卡特(T. F. Carter) 194,247,248
《抗敌导报》 274
科学 2,3,10,13,14,16,17,19,20,
　　30,41,44,48-50,65,75,78,79,
　　82,83,93,95,100,103,104,106,

108-111,113-118,123-125,
133,140,144,158-160,165,
167,170,175,179,200,205,212,
223,230,232,241,242,248,263,
287,289

科学方法　17,30,33,44,97,104,
107,109,110,113,117,124,164,
165,287

孔子　3,21,34,35,54,70,75,81,
112,122,123,129,131,136,175,
193,262,263

L

拉克伯里　202,207,262,266,268

礼教　20,35,116,122,123,175

李璜　81

李瑞清　9,11

李思纯　57,64,65

李小缘　235,259

历史教科书　48,76,110,141,144-
146,155,276

历史教学　46,76,142,143,216,220,
267,269,275,285

历史学会　61,104,217,222,224,
227-231,234,268

《历史语言研究所工作之旨趣》　44,
85,86,109,111,218

梁启超(任公)　3,30,32,48,49,52,
55,60,69,78,87,116,117,120,
124,136-139,159-165,168,
169,172,173,179,180,184-

186,189,200,225,235,244,261,
289

林惠祥　200,206,207,209,214,216,
217

刘伯明　5,12,14-18,55-59,64,
65,281

刘节　184,195,213,247

刘师培　145,266

刘掞藜　6,28,31,32,37,42,43,45,
72,73,82,90-93,105,144-
146,157-159,169,172,200,206-
210,212-214,216,225,237

刘知几　72,139,143,145,164,172,
179,212,221,244,263

柳门　4,6,53,287

柳诒徵(翼谋、柳公、劬师、柳先生)
2,4-6,8-10,15-18,20,22,
30-42,44-49,51-57,59,61-
70,72-74,77,87,89,90,93-
96,98-101,104,105,107-110,
112,116-119,121-134,137,
139,140,142-146,150,154-
156,161-166,168,169,172-
182,185,187-189,196,203,
214,215,225-229,232,235-
237,239-242,244-246,251,
253-255,258,259,261,262,
264,265,267,271,272,280-
284,286-290

楼光来　14,15,57

鲁迅　4,20,21,78,79

陆维钊　26,32,109,141,144-146,
　　183,225
《路易十四时代》　124
罗时实　55
罗香林　148,289

M

马承堃　52,59
马衡(马君)　112,227,229,253,254,
　　283
马可波罗(马哥孛罗)　187-189,196
梅光迪(梅子、迪生)　4,5,11,13-
　　15,18,34,51-59,64,65,70-
　　72,74,76,77,104,116,261
蒙文通　6,36
民族精神　17,76,119,135,142,148,
　　149,194,201,205,210,213,215-
　　217,229,237,270,271,275
民族西来说　153,196,203,268
民族主义　3,22,46,49,75,76,100,
　　102,114,135,142-144,148,
　　149,153,175,186,187,193,205,
　　213,215,216,264,272,279,280
缪凤林(赞虞、缪先生)　2,4,6,18,
　　24,31-33,35-40,43,46-48,
　　51,56,64-67,71,73,77,87-
　　90,97-99,101,104,106,109,
　　112,118,120,122-124,131,
　　140-143,145-156,159,162-
　　166,169,172,180,182,200-
　　206,208,212,213,215,216,220-
　　222,225-229,232,245,258,
　　263,264,266-268,270-274,
　　279,281,283,284,287-289
缪荃孙　8,37,42,55,243,281,282

N

南方史学　105
南高精神　18-20
南高学风　10,12,16-20,106,289
南京中国史学会　33,38-41,182,
　　226,227,234,287

Q

钱基博　14,54,79,80
钱塈新　24,31,42,65,66,96,97
钱穆(宾四)　5,6,21,22,40,47,61,
　　92,107,112,113,120,121,127,
　　130,134,140,141,144,151,152,
　　155,156,166,175,225,231,232,
　　247,261,276,278,281
钱玄同　4,5,20,21,72,82,85,90-
　　94,116,227,279
钱锺书　104
乾嘉考据　80,83,109
求真　6,35,43-47,52,75,76,83,
　　100-102,105,107,258,271,
　　276,280,284,287
全祖望　167

R

人伦道德　121,122,126,129

任鸿隽　14,30,253

《日本论丛》　36,40,215,227

日本史　36,40,46,112,145,215,273,279

《日本史鸟瞰》　36,272

S

三民主义　81,145,280

桑原骘藏（桑原）　111,182,190,227

商务印书馆　18,23,24,30,32,33,39,41,52,66,69,72,73,76,90,94,96,100,111,117,120,122,124,126,137,141,152,157,161,162,167,168,170,184,192,194-196,210,211,225,226,244,247,248,253,261,281,285,289

《尚书》　79,94,128,153

邵晋涵　167

邵祖平　52,53,56,58,59,67

《申报》　31,228,253

沈刚伯　278

沈兼士　111,227,265

施之勉　131

《时代公论》　37,104,130

实事求是　100,145,152,153

史德　45,145,172,173,175,177,288

《史地学报》　2,3,5,23,29-32,38-42,45,51,54,62,71-74,77,89,93,94,101,105,108-110,112,120,139,141,144-146,161,162,171-173,183,188,219-225,244,248,260-264,273,282,284,286

史地研究会　1,6,23,29-32,34,37-39,41,42,73,77,105,109,161,162,164,182,183,219,220,222-227,234

史法　42,45,168,170-172,174,263

史料学派　80,82,84,85

史识　53,139,159,172,173

史术　18,47,95,173,177

《史通》　145,162,172,176,180

《史学概论》　47,94,108,118,145,161,164,172,282,283,286

《史学述林》　104

《史学研究法》　161,169

《史学要论》　101,102

《史学与地学》　2,31-33,39,72,113,139,164,226,244

《史学杂志》　2,31-33,39,41,44,45,60,72,96,97,101,109,112,117,120,124,140,142,146,151,161,163,165-168,173,182,187,189,190,201-203,205,215,226,227,234,244,268,271,283,285,286

《书目答问补正》　240,243,245

束世澂　6,31,42,131,164,181,188-190,192-194,268,284,285

《说文解字》《说文》　91,92,94

司徒雷登　11

《四库全书》　242,255-257

苏渊雷　128,180

孙德谦　55,64,74

T

泰戈尔　22,118,119

《谈浙江文化问题》　135,136

汤用彤（锡予）　13－15,37,55,61,64,225,259

《唐代长安与西域文明》　42,187,190,195,198,287

唐德刚　113,284

陶希圣　156,230,231

天一阁　39,190

田波烈　230,231

田义生　147,153,154

通论　52,61,63,65,66,172,246,286

通史致用　6,45

童书业　140,147,153,154,156,193

《图书展望》　31,165,215,216,230,231,238,245,246,257

W

万斯同（季野）　39,138,163,167

王伯沆　4,53,283

王国维　4,36,60,64,65,73,86,96,164,165,186,200,214,230,283

王焕镳（驾吾）　3,26,37,42,66,116,163－165,241,245,273

王桐龄　166,182,200,207－209,212,217,227

王庸　6,31,36,37,42,66,68,113,169,171,172,181,184－187,195,199,225,235,242,243,247,258,259,288－290

卫聚贤　229,232,233

文化理念　34,35,77

文化训练　124

文澜阁　39,240,242,255－258

《文澜学报》　244－246,253

《文史通义》　162,166,172,180,211

《文哲学报》　5,31,71,77,104

"吾民独造之真际"　153

吴宓（吴子、雨僧）　4,5,11,13－16,18,32,34,38,40,49,51－61,64－77,104,169,181,278,287

吴越史地研究会　229,234

五四新文化运动　20,21,115,116,125,136,173,287

X

西化　20－22,116,117,260

西洋文化　20,70,117,119,120

夏曾佑　138,147,156

现代化　7,49,78,114,218,290

现代史学　18,33,44,49,86,103,112,133,159,163,172,218

向达（觉明、方回、佛陀耶舍）　6,31－33,35－37,41,43,65,66,73,106,111,112,131,142,165,169,170,181－185,187－190,194－199,214,225,226,232,235,242,243,245－248,258,259,268,

269,283,285,287,288

萧叔绚　30

谢国桢　36,37,195,236,237,247

心术　18,45

新人文主义　22,34,54,69,74,75,287

新史料　94,190,191,282,283,285,289

新史学　78,80,82,86,90,103,105,107-109,112,113,138,164,165,169,170,173,179,180

新文化运动　5,20,22,35,44,57,65,67,70-72,76,77,81,105,107,116,119,122,289

新文学　4,5,21,56,57,71,75,141

新学　44,165,200,265,281

新学术　38,43,48,86,104

徐炳昶(旭生)　83,232

徐森玉　255

徐则陵　13,15,16,30,32,52,59,169,220,225

学分南北　3,103

《学衡》　3-5,17,32,34,35,40,41,48,49,51,52,54-69,71-77,89,98,104,112,117,118,121,122,125,128,130,133,139,143,150,162,182,203,212,221,262,263,266-268,278

Y

严耕望　103,127,285

杨杏佛　12,15,30,55

姚名达　137,172,244

疑古派　1,48,53,80,82-84,86,105,140,179

异族　125,128,129,132,149,179,201,203,204,206-210,214,215,276,288

易长风潮　32,37,52,59,161,225

殷契钩沉　73,283

殷墟　83,86,95,109,157,203

Z

张尔田　55,244

张其昀(晓峰)　2,3,6,11,17-19,24,31-33,35,37-40,43,45,46,48,50,65,66,72-74,104,106,117,119,120,123,124,131,139,143-146,161,162,164,165,167,169,171,172,200,210-214,221,224-226,228,229,232,256,263,264,271,272,274,275,286-289

张廷休　6,24,31,42,232,269,270

张星烺　185,187,188,195,197,198,226,227

张荫麟　37,40,64,74,83,141,154,155,276

章学诚(章实斋)　46,72,108,139,143,164,166,167,172,179,211,212,221,244,263

赵万里　164,194,195,237,247,281

索 引

浙江省立图书馆　2,39,228,236-240,242,244-248,250-253,257-259,273

《浙江省立图书馆图书总目》　240,242

《浙江省立图书馆小史》　239,240

《浙江省立图书馆月刊》　31,245,249,259

《浙江省史略》　39,134

《浙江文化概说》　36

浙江文献展览会　39,252,253

整理国故　43,48,81,86,100,107,137

郑和　41,131,187,189-194,199,275

《郑和南征记》　192-194

郑鹤声　2,4,6,18,26,31-34,36,37,40-43,65,66,72,73,76,77,97,98,120,121,124,131,143,146,157-159,161-164,168,181,182,184,189-194,199,214,221,222,225,226,228,232,237,243,244,258,263,267,269,275,281

致用　6,35,43-45,49,72,75,100,102,103,107,258,272,275-277,280,281,287

《中国地理学史》　185

《中国地学论文索引》　243

《中国古代史》　138,147

《中国教育史》　46

《中国近世史》　41,120,158,159

《中国历史新研究法》　168

《中国民族史》　40,42,200,203,205-210,212,214,216,217,270

《中国民族志》　40,200,210-214,217

《中国上古史略》　42,157,158

《中国史部目录学》　36,120,243,244

中国史地学会　6,33,38-40,225-228,234,287

中国史学史　3,41,44,157,159-163,167,168,171,180,181,278,287

中国通史　40,42,46,111,112,131,136-138,140,141,144,146-148,153,154,156,157,159,165,172,206,287,289

《中国通史纲要》　40,140,142,143,145-149,151-157,159,201-204,206,215,227,264,289

《中国通史要略》　40,48,145-149,151-153,159,201,203-205,216,264,287

《中国文化史》　18,35,38,46,55,59,62,63,65-67,69,70,77,89,98,99,116,117,119,123-129,131-134,136,137,142,144,146,150,166,169,174,181,196,203,214,227,264,265,267,287,288,290

中国学会　100

中国学术　2,21,44,79,89,100,103,

111,112,120,121,156,160,173,220,246,262,281,287

《中国哲学史大纲》 87,90

《中华民族拓殖南洋史》 192,194

中华民族西来说 153,196,201,202,207,231,260,265,268,269,276,277,288

《中外交通小史》 42,184,195-197

《中西交通史》 42,193,195-197,199,266-269,287

《周官》 45,179

《周礼》 79,86,89,128,129,131

《周颂说》 96

《组织中国史学会问题》 71,105,218-220,222,262

后　记

　　笔者自 2000 年考入华东师范大学历史系从房鑫亮师、胡逢祥师攻读研究生，2005 年博士毕业后任教于浙江工商大学。虽所教学科与中国史学史无关，但南高学派是我一直关注的一个话题。2012 年，二度申报的《南高学派研究》课题获得国家社科基金青年项目立项。在工作后的这七年中，我其实并未继续深入研究南高学派，因为自感就学术渊源或资历而言，由南京大学历史学院和校史办的学者来从事此项研究可能更为合适，所以 2006 年开始转而研究陈训慈，并计划之后研究缪凤林与张其昀，分别为二人各撰一传记与年谱，2009 年陈训慈传出版后因故并未进行缪凤林与张其昀的专题研究，学术兴趣也随之转移到民国图书馆史。《南高学派研究》课题立项后进展尚可，2016 年本可结题，却因小儿出生打断了这一进程，最终 2017 年方才去结题。结题后本想再参照专家的一些意见和学界最新成果加以改写，奈何琐事繁多与学术兴趣转移等因素，未能全数吸收采录。

　　本书的撰写，不敢奢望能反映南高学派的全貌，唯欲通过考察南高学派与学衡派和北大派之间的学术关联，以及他们在相关学科的建树来揭示中国史学由传统向现代转型的路径之一。要加以说明的是，本书特设一章讨论南高学派的对手方北大学派，据此本应另设一章以讨论南高学派的盟友如钱穆、蒙文通等人与南高学派之间的学术互动，因钱穆和蒙文通等人相关成果较多，尤其是钱穆，加之笔者对此无甚新见，故暂付阙如。

　　感谢业师房鑫亮教授和胡逢祥教授一直以来的关爱和指点。感谢王东教授在硕博阶段的点拨，尤其是博士论文答辩前的鼓励也是我工作后会继续南高学派研究的动力之一。王老师虽非我的导师，我之为学与为人其实受他影响甚大，不愿再去修改本书，除了本人之慵懒外，也因王老师的一个"偏见"，那就是"一本著作自他出版之时起，便有了独立的生命"，而我无疑放大了这一"偏见"。感谢华东师范大学历史系召开史学史国际史学研讨会时候的邀约，虽然因故两次都没有与会，但逼着我去写了《柳诒徵与国史要义》等文章，无疑促进了课题的进展。

感谢台湾"中央研究院"史语所的王汎森教授，他允许我旁听了8周的中国近代史学课程，还特意抽出一个下午的时间与我交谈，解答我的一些疑惑，本书框架结构的调整就来自王老师的启示；感谢"中央研究院"近史所的张朋园研究员和潘光哲研究员，他们允许我就一相关主题在那里与他们进行交流，并给出了中肯的意见；感谢东吴大学历史系的黄兆强、林慈淑、刘龙心三位教授，黄淑惠小姐，中国文学系的丁原基教授，谢谢你们的招待和安排，使得我在东吴大学过得很安逸。感谢"中国文化大学"的王吉林教授以八旬高龄给我讲述了相关史事，加深了我对学分南北的一些认识。

感谢江南大学党委书记朱庆葆教授将拙著收入"大学与现代中国"丛书，感谢南京大学学衡研究院院长孙江教授、历史学院武黎嵩教授、原校史办公室主任牛力教授，他们允许我在南京大学讲我眼中的南高学派，并提出了宝贵意见。

感谢青岛大学的侯德彤编审，他不以拙文为陋，书中文字多有刊发于《东方论坛》者。相交十余年，却始终未曾谋面。

感谢柳诒徵先生裔孙柳曾兴先生，他惠寄了不少资料，很关心课题进展。对于他，我也是充满了愧疚，十年前初次见面，后决定撰写《柳诒徵传》，却因多种因素，至今未曾完稿。

感谢南京大学出版社接纳本书，感谢黄睿女士、郑晓宾先生与相关工作人员为本书出版所做的十分专业的工作。

最后要感谢家父母和岳父母，因为幼子体弱多病，三次住院，他们不顾年迈，替我承担起了大部分照顾女儿和儿子的重任。尤其是家父母，放弃了悠然而闲适的农家生活，来到被钢铁水泥包围的城市，一住经年，虽然不适应却始终在坚持。

关于南高学派的研究并未结束，许多方面尚待开拓，尤其是相关人物的学术成就与著述，可喜的是颜克成博士和王瑞博士分别以缪凤林和张其昀为研究对象完成了博士学位论文，南京大学也已有研究生开始关注景昌极等南高学人。真诚希望有更多学者来推进南高学派著述的整理与研究。

吴忠良

2015 年 1 月 29 日

初记于台北东吴大学教师住宿区 70 之 45

2021 年 5 月 15 日

补记于杭州